Tansy E. Hoskins

Das antikapitalistische Buch der Mode

AF557984

Tansy E. Hoskins

Das antikapitalistische Buch der Mode

Vorwort von Andreja Pejić

Aus dem Englischen von
Marlene Fleißig und Magdalena Kotzurek

Rotpunktverlag

Der Verlag bedankt sich bei folgenden Institutionen für die Unterstützung dieses Buchs:

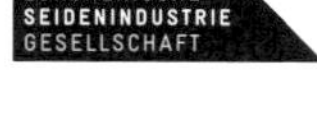

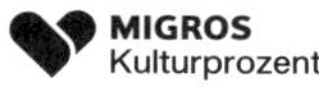

Der Rotpunktverlag wird vom Bundesamt für Kultur mit einem Strukturbeitrag für die Jahre 2021 bis 2024 unterstützt.

Die Originalausgabe erschien 2022 unter dem Titel *The Anti-Capitalist Book of Fashion* und basiert auf dem Werk *Stitched Up. The Anti-Capitalist Book of Fashion* von 2014, beide bei Pluto Press, London, www.plutobooks.com.

Die erste Ausgabe der deutschen Fassung, erschienen 2016 beim Rotpunktverlag, wurde von Magdalena Kotzurek übersetzt. Die ursprüngliche Übersetzung wurde mit einigen Angleichungen in die vorliegende, stark erweiterte deutsche Neuausgabe übernommen.

© 2014, 2022 Tansy E. Hoskins

© 2016, 2023 Rotpunktverlag, Zürich,
für die deutschsprachigen Ausgaben

www.rotpunktverlag.ch

Umschlagbild: Andrey Kiselev, 123rf.com

Lektorat: Mirella Mahlstein

Korrektorat: Jürg Fischer

Umschlag und Satz: Patrizia Grab

Druck und Bindung: Friedrich Pustet, Regensburg

ISBN 978-3-03973-004-9

Überarbeitete und stark erweiterte Neuausgabe 2023

Dieser Titel ist auch als E-Book erhältlich.

Für meine Eltern, Kay und Gareth, in tiefer Liebe und Zuneigung

Und in liebevollem Gedenken an Neil Faulkner – Proletarier aller Länder, vereinigt euch!

Inhalt

Vorwort

Fast hundert Jahre sind sie alt, die kraftvollen Worte des kommunistischen Revolutionärs Leo Trotzki zum Thema Kunst und seine hellsichtige Zukunftsvision:

> [Die Kunst wird] natürlich allgemeiner, reifer und bewusster sowie zur höchsten Form des sich vervollkommnenden Lebensaufbaus auf allen Gebieten [...] und [ist] nicht nur ein ›schönes‹ Anhängsel am Rande. Alle Sphären des Lebens: die Bodenbearbeitung, die Planung menschlicher Siedlungen, der Bau von Theatern, die Methoden der gesellschaftlichen Kindererziehung, die Lösung wissenschaftlicher Probleme, die Schaffung eines neuen Stils werden alle und jeden einzelnen zutiefst erfassen. Die Menschen werden sich in ›Parteien‹ teilen: in Fragen über einen neuen gigantischen Kanal, über die Verteilung von Oasen in der Sahara [...] Diese Gruppen werden von keinerlei Klassen- oder Kasteneigennutz vergiftet sein. Alle werden in gleichem Maße an Errungenschaften der Gesamtheit interessiert sein. Der Kampf wird stets einen rein ideellen Charakter tragen. Er wird nichts von Profitgier, Gemeinheit, Verrat, Bestechlichkeit und von all dem an sich haben, was das Wesen der ›Konkurrenz‹ in der Klassengesellschaft ausmacht. Aber dadurch wird der Kampf nicht minder packend, dramatisch und leidenschaftlich sein. [...] Der durchschnittliche Menschentyp wird sich bis zum Niveau des Aristoteles, Goethe und Marx erheben. Und über dieser Gebirgskette werden neue Gipfel aufragen.[1]

Das war Trotzkis Vision für die sowjetische Gesellschaft aus dem Jahr 1924. Wie wir wissen, hat sich diese Vorstellung nicht bewahrheitet. Die Russische Revolution fand global keine Nachahmung, Stalins Doktrin des »Sozialismus in einem Land« setzte sich durch, und der Staat verkam zu einer bürokratischen Diktatur. Der Arbeiterklasse wurde die Macht entzogen, es folgte ein politischer Genozid und die meisten russischen Revolutionsführer wurden schließlich im Zuge der »Großen Säuberung« hingerichtet. Trotzki selbst wurde aus Russland verbannt und 1940 in Mexiko von einem der vielen Schergen Stalins getötet.

Zeitgleich war der Nationalsozialismus in Deutschland erfolgreich auf dem Vormarsch, und ein weiterer Weltkrieg brachte zahllose Tote, unermessliche Zerstörung und einen noch grauenhafteren Genozid. Sei es in Afrika, Asien oder Südamerika – überall scheiterten Bewegungen, die für eine bessere Welt kämpften. 1991 wurde die Sowjetunion aufgelöst, was einen vollkommenen und endgültigen Verrat an den noch übrigen Errungenschaften der Russischen Revolution bedeutete. Der Kapitalismus hat nicht unbedingt bis heute als am weitesten verbreitete Gesellschaftsordnung überlebt, weil es an revolutionärem Willen oder revolutionären Bewegungen fehlen würde, sondern weil es keine wirklich der Idee verpflichtete revolutionäre Führung gibt. Wir sind noch nicht am Ende der Geschichte angelangt, befinden uns nicht in einer perfekten, hypermodernen New-Age-Cyberwelt oder einer schöngefärbten alternativen Realität, erleben nicht das spirituelle Erwachen eines Dritte-Welle-Feminismus. Wir haben alle Tragödien des vergangenen Jahrhunderts in das unsrige mitgenommen, von einem Weltkrieg bisher einmal abgesehen, aber auch der ist nicht auszuschließen. Wir stehen kurz vor der ökologischen Katastrophe. Auf unserem Planeten verfügen acht Milliardäre über mehr Geld als die gesamte ärmere Hälfte der Weltbevölkerung. Noch immer gibt es Armut, Hunger, Ignoranz, Depression, Krankheit und Epidemien. Zwar haben wir einen unermesslichen technologischen Wandel erlebt, in vielerlei Hinsicht allerdings auch einen großen kulturellen und intellektuellen Verfall. Meine Generation ist aufgewachsen umgeben von sozialem Rückschritt, nicht von sozialem Fortschritt.

Man kann anführen, dass es in den Führungsriegen mittlerweile diverser zugeht, dass Minderheiten in den oberen Rängen stärker repräsentiert sind, aber das ist kein *wirklicher* Fortschritt. Heutzutage haben wir die Tendenz, individuellen beruflichen Aufstieg mit großen sozialen Errungenschaften zu verwechseln. Wenn ein paar Menschen im Lotto gewinnen, selbst wenn es hundert oder tausend mit den verschiedensten Hintergründen, Geschlechtern und Hautfarben sind, kommt das noch keiner realen, spürbaren Verbesserung des Lebensstandards von Millionen und Abermillionen Menschen gleich. Radikale Wohlstandsverteilung könnte trans Menschen das Leben retten, wohingegen eine bloße Veränderung der Sprechweise, der Einstellung oder bei der Besetzung von Film- und Fernsehrollen – oft durch Identitätspolitik mittels Einschüchterung und Angriffen auf die künstlerische Freiheit herbeigeführt – nicht ausreicht.

Und trotzdem, wenn ich Trotzkis Worte lese, erfüllen sie mich mit großer Hoffnung für die Kunst, die Mode und unsere gemeinsame Zukunft. Wir sollten auch nicht außer Acht lassen, dass die Russische Revolution, wenngleich sie nicht die Gesellschaft hervorbrachte, die wir uns wünschen würden, bemerkenswerte Prinzipien sowie Entwicklungen in der Wirtschaftsplanung, Wissenschaft, Kunst und Kultur hervorbrachte.

Bei Dates sind die Männer oft überrascht von meiner politischen Bildung; dasselbe Erstaunen nehme ich auch bei Presseleuten oder im Freundeskreis wahr. Für die meisten Menschen scheinen Modeln und Marxismus zwei vollkommen unterschiedliche Welten zu sein, die sich auch niemals vermischen sollten. Tansy Hoskins leistet bei der Anwendung des Marxismus auf die Mode gute Arbeit. Trotzki wandte ihn auf die Kunst seiner Zeit an. Es mag stimmen, dass sich die Mode ein sehr elitäres, kaltherziges, überpoliertes und unnötig zickiges Image aufgebaut hat, sie vielleicht sogar, wie Tansy schreibt, »das Lieblingskind des Kapitalismus« und eine skrupellose, profitgierige Industrie ist – dennoch bleibt sie eine Kunstform. Schließlich erschaffen Designer:innen etwas. Für mich lässt sich Mode am ehesten mit Architektur vergleichen, weil sich auch da die Gefühle der Technik, Konstruktion und äußeren Ästhetik unterordnen, während sie in der

Musik, im Theater, im Film und in der Malerei im Vordergrund stehen. Nichtsdestotrotz können Gefühle, Empathie, ein Verständnis für die jeweilige Zeit und die Geschichte sowie die Liebe für die ganze Menschheit jede Kunstform und jede Person nur besser machen. Im Bauhaus hat man das verstanden. Heute geht es bei der Mode zu sehr um das Kleidungsstück und nicht genug um den Menschen, der es trägt. Der kulturelle Niedergang und das vorherrschende kapitalistische Denken führen dazu, dass es in den meisten kreativen Bereichen an Achtung gegenüber dem Menschen fehlt. Für die Mode gilt das ganz besonders. Daher haben wir auch keine große Kunst, keine großen Kunstschaffenden oder Gelehrten hervorgebracht. Wo ist der Shakespeare unseres Zeitalters? Wo ist der Shakespeare der Mode?

Ein spiritueller New-Age-Freund hat mir einmal gesagt, ich sei keine echte Marxistin, weil ich bei Walmart einkaufe. Es war vermutlich als Witz gemeint; trotzdem deutet diese Denkweise darauf hin, dass es in der Mittelklasse eine ganze Schicht »radikaler« Menschen gibt. Sie alle eint ein progressives Konsumdenken. *Das antikapitalistische Buch der Mode* zeigt deutlich, dass das Problem über eine einzige, zwei oder gar ein Dutzend Firmen hinausgeht. Progressives Konsumdenken ist schön und gut, wenn man die Arbeiterklasse oder Ärmere mit weitaus weniger Kaufkraft nicht belehrt oder verurteilt. Echten strukturellen Wandel kann es jedoch nur geben, wenn das gesamte System organisiert und fortlaufend angegriffen wird. Ein solcher Angriff ist nur mit der Kraft einer informierten, von sozialistischen Zielen durchdrungenen Arbeiterklasse möglich. Kreativität ist ungemein wichtig, um ein Bewusstsein für etwas zu schaffen und es zu schärfen.

Ich zog wegen der Coronapandemie nach New Mexico und suchte mir einen Teilzeitjob als Kellnerin. In Amerika bin ich als *Food Runner* eine Hilfskraft ganz unten in der Restauranthierarchie. Das mag manche Menschen schockieren. Sie verstehen aber nicht, dass Kleidung an Millionäre zu verkaufen einen nicht unbedingt selbst reich macht. Die Leute glauben, dass Models zur absoluten Elite gehören. Irrtum! Nur weil reiche Männer mit uns schlafen wollen, werden wir nicht automatisch Teil ihrer Klasse. Gut, unmöglich ist es nicht, aber da muss frau schon einiges an schmutziger, degradierender Arbeit investieren, was mich nie wirklich interessiert hat; ich habe höchstens mit dem Gedanken gespielt. Allerdings gibt es zahlreiche Models, die aus sehr armen und schwierigen Verhältnissen stammen, und tatsächlich holt uns die Branche aus unserem Umfeld heraus. Für manche kann Modeln die Chance sein, der Armut zu entkommen – auch wenn Kendall Jenner dafür kein gutes Beispiel sein mag. Letztlich führt es meist zu einem Leben in der oberen Mittelklasse, und nur ein sehr kleiner Prozentsatz schafft es in die Elite.

Ich selbst erhielt zwar unheimlich viel Medienaufmerksamkeit, aber nicht viel Geld, da ich immer als zu künstlerisch galt. Manche Models sind eher geeignet für Fashion-Magazin- oder Haute-Couture-Aufträge, andere eher für kommerziellere Jobs. Die kommerziellen Kunden wehrten sich mit Händen und Füßen gegen die Vorstellung von einem transgender Supermodel. Doch ich bin wohl schon immer gegen den Strom geschwommen, habe die Hand gebissen, die mich gefüttert hat – schlecht für meinen Kontostand. Prominente waren nicht gerade dafür bekannt, geschlechtsangleichende Operationen publik zu machen, bis ich auf den Plan trat. Mir hat mal eine etwas rückständige Person auf Instagram geschrieben: »Du hast alles kaputt gemacht, jetzt kann ich nicht mal mehr ein Model von Victoria's Secret anschauen, ohne zu denken, dass sie vielleicht ein Mann ist!!« Dann verklag mich eben – viel Geld wirst du damit nicht machen. Die Karriere eines Models ist bekanntermaßen kurz. Es ist relativ einfach, das angesagteste Gesicht überhaupt zu werden; schwierig ist es, so etwas aufrechtzuerhalten. Ich war nie die erste Wahl der Modeelite, aber sie war auch nicht unbedingt meine. Ich denke, dass der Eindruck, den ich hinterlassen habe, ausreicht, um irgendwann ein Comeback zu starten; aber ich mache mir keine allzu großen Hoffnungen.

Ohne jeglichen Glamour stand ich eines Abends bei der Arbeit im Küchenbereich und las auf dem Handy das Neuste zu Omicron nach, als es im Restaurant geschäftig wurde. Da kam meine Managerin und schnauzte mich an: »Steck das Handy weg, Andreja!« Ich tat, wie mir geheißen, dachte mir aber: »Du besitzgeile fiese Alte, wir riskieren hier alle unser Leben, damit dein Restaurant offenbleiben kann! Ich reiß mir hier den Arsch auf, wie wär's mit ein bisschen Achtung?« Sie weiß wahrscheinlich nicht, dass ich irgendwie berühmt bin, also behandelte sie mich wie alle anderen Angestellten. Darum frage ich, wo bleibt die Achtung für eine ganze Klasse Menschen, die unsere Gesellschaft tagtäglich am Laufen hält? Ohne diese Klasse gäbe es keine Intellektuellen, keine Restaurants, keine moderne Technologie und auch keinen Elon Musk. Bitte hört auf, die Arbeiterschaft wie Hunde zu behandeln – schlimmer noch, als ewige Opfer –, und fangt an, sie als das zu betrachten, was sie sind, eine mächtige, revolutionäre Kraft. Macht Kunst, entwickelt eine Ästhetik und Moral, die die Menschen dazu inspiriert, nach mehr zu streben und für ein besseres Leben für alle zu kämpfen. Aufklären und inspirieren oder sich verdünnisieren. Ehrlich gesagt ist meine Managerin gar nicht so schlimm, manchmal ist sie ganz nett, und sie arbeitet sehr viel mehr als Herr Musk.

Es ist wichtig, dass alle, besonders die Kreativen, verstehen, dass nicht die Menschen das Problem oder die Hauptursache für alle sozialen Missstände sind. Das System ist das Problem. Je größer mein Hass auf den Kapitalismus, umso größer wird meine Liebe für die Menschheit. Denn es ist doch so: Wenn wir in der Lage sind, Menschen zum Mond zu schicken, die ganze Welt mit dem berüchtigten Internet zu verbinden und Roboter zu bauen, dürfte es doch auch möglich sein herauszufinden, wie wir in einem besseren sozioökonomischen System als dem jetzigen leben könnten. Wir können in einer befreiten, sozialistischen, nicht zugrunde gehenden, hochkünstlerischen Welt leben, in der schöne Mode nicht nur einigen wenigen vorbehalten ist. Wo die Mode die Menschheit liebt und die Menschheit die Mode. Es ist an der Zeit, das Establishment infrage zu stellen, an der Zeit, dem Teufel, der Prada trägt, den Rücken zu kehren und auch der Idee, dass alle gern so opportunistisch wären wie dieser Teufel.

Andreja Pejić

Andreja Pejić, 1991 im ehemaligen Jugoslawien geboren und 2000 nach Australien ausgewandert, ist Aktivistin, renommiertes Model und Schauspielerin. Als erste trans Frau, die die internationalen Laufstege eroberte, ist sie eine Vorreiterin in der Modebranche. Sie trägt dazu bei, dass sich die Wahrnehmung von trans Menschen in der Öffentlichkeit verändert.

Dank

Ein Buch zu schreiben, ist ein sozialer Prozess. Ich stehe weiterhin in der Schuld all derjenigen, die bereits in der Danksagung des *Antikapitalistischen Buchs der Mode* von 2014 erwähnt sind, sowie der Wissenschaftler:innen, Aktivist:innen, Revolutionär:innen und allen anderen, die seither meine Arbeit unterstützt haben. Das Gerippe des ersten Buchs bleibt bestehen, und folgende Menschen haben dabei geholfen, dass dieser aktuellen Version neue Muskeln und Sehnen, neues Fleisch und neue Haut wachsen.

Für das Vorwort darf ich mich bei der brillanten Revolutionärin Andreja Pejić bedanken; sie war meine erste und einzige Wahl dafür. Für ihre Gutherzigkeit, Kameradschaftlichkeit, überragende Arbeit und ihr inspirierendes Dasein möchte ich mich bei Nandita Shivakumar, Mayisha Begum, Asad Rehman, Ruth Ogier, Jody Furlong, Kirsty Fife, Amneet Johal, Bryn Hoskins, Janet Cheng, Laura Harvey, Bel Jacobs, Alice Wilby, Tegan Papasergi, Florent Bidios, Richard Kaby, Juan Mayorga, Dil Afrose Jahan und Nidia Melissa Bautista bedanken. Ein besonderes Dankeschön gilt Riley Kucheran, der mit mir an Teilen dieses Texts gearbeitet und mich intellektuell gepuscht hat, bis zur dunklen, winterlichen Ziellinie. Meine Liebe und Verbundenheit gelten Tom B. P. Sanderson – es lässt sich nicht in Worte fassen, wie viel ich dir verdanke.

In dieser Zeit habe ich auch meinen Freund, Genossen und Mentor, den marxistischen Historiker, Archäologen und Autor Neil Faulkner, verloren. Neil verdanke ich die Entschlossenheit, beim Verfassen des Vorgängerbuchs mein Bestes zu geben. Einmal schrieb er mir: »Das Einzige, was es sich zu tun lohnt, ist, für einen Systemumsturz zu kämpfen, und dafür ist die eigene Menschlichkeit zentral.« Du fehlst uns, Neil.

Danke an Pluto Press – an meinen Starverleger und Freund David Castle, an Emily Orford, Chris Browne, Kieran O'Connor, Robert Webb, Melanie Patrick, James Kelly, Sophie O'Reirdan und Patrick Hughes. Danke Dan Harding und Dave Stanford für das Lektorat und Babette Radclyffe-Thomas für die Hinweise zu China. Ich möchte mich auch bei Andrew Gordon, David Evans und dem gesamten Team bei David Higham Associates bedanken. Überhaupt ist es großartig, dass sich auf der ganzen Welt weiter Menschen für unabhängige, radikale Veröffentlichungen einsetzten.

Als ich dieses Buch während der Coronapandemie schrieb, musste ich krankheitsbedingt sechs Wochen pausieren. Mir ist bewusst, dass es mit Dank nicht getan ist; dennoch bin ich dem Personal des National Health Service und den im Gesundheitswesen und öffentlichen Dienst Tätigen auf der ganzen Welt äußerst dankbar. Diejenigen, die in der Bekleidungsindustrie arbeiten, sind immer noch stärkstens von der kapitalistischen Ausbeutung betroffen und daher traf auch die Pandemie sie besonders hart. Ich hoffe, mit diesem Buch etwas zur Dokumentation der Ungerechtigkeit in der Modeindustrie beizutragen, aufzuzeigen, welche Gewalt notwendig ist, um diese Ungerechtigkeit aufrechtzuerhalten, und auch, dass es weiterhin Widerstand gibt.

Vor uns liegt eine Herausforderung, die die Pandemie wie ein Kinderspiel aussehen lässt. Wir alle, jede und jeder Einzelne von uns, müssen uns dem Widerstand anschließen. Wir dürfen keine Klimakatastrophe im Namen des Kapitalismus zulassen. John Berger hat mir einmal einen Ratschlag in Form eines Stichworts gegeben, das ich hier wiederholen möchte: Mut. Die Bewegung für den Wandel erwartet Sie! Schließen Sie sich uns an!

Ich weiß nicht, wann das Wort Mode entstand, aber es war ein übler Tag. Tausende Jahre kamen die Menschen mit dem aus, was man Stil nannte, und vielleicht kehren wir in weiteren tausend Jahren dahin zurück.[2]

Elizabeth Hawes, 1937

Wegschauen ist ein ebenso politischer Akt wie Hinschauen.[3]

Arundhati Roy

Ein Grund sind wohl die mageren Vorteile, die Unterdrückung manchmal mit sich bringt und mit denen wir gelegentlich uns abzufinden bereit sind. Am effizientesten ist der Unterdrücker, der seine Untergebenen dazu überredet, seine Macht zu lieben, zu begehren und sich mit ihr zu identifizieren. Jede Praxis politischer Emanzipation umfasst daher die komplizierteste Form der Befreiung. Die Kehrseite der Geschichte ist ebenso wichtig. Wenn es einer solchen Herrschaft über einen längeren Zeitraum nicht gelingt, ihren Opfern ausreichende Befriedigung zu verschaffen, dann werden diese gewiss zu guter Letzt rebellieren. Wenn es vernünftig ist, sich angesichts gefährlich und undurchsichtig erscheinender politischer Alternativen mit einer zweifelhaften Mischung aus Misere und belanglosem Vergnügen zufriedenzugeben, dann ist es ebenso vernünftig, zu rebellieren, wenn die Misere eindeutig die Befriedigung überwiegt und es wahrscheinlich ist, dass man mit einer solchen Aktion mehr gewinnt als verliert.[4]

Terry Eagleton

Einleitung

Geschichten aus Sabhar

Die Albträume rauben Moushumi den Schlaf. Und selbst an sonnigen Tagen holen sie die dunklen Erinnerungen ein. Die junge, hübsche Moushumi mit dem goldenen Nasenring arbeitete damals erst seit zwei Monaten im siebten Stock; sie verdiente Geld, um ihre Familie zu unterstützen. Jetzt sitzt sie mit gebeugten Schultern, der Andeutung einer Stirnfalte und gequältem Blick zu Hause. Ihr kleiner Sohn bleibt immer in ihrer Nähe; er versteht nicht, warum seine Mutter nicht mehr lächelt. Auch Arisa, eine erfahrene Näherin Anfang vierzig, war dort, vier Stockwerke unter Moushumi. Sie war aus Rangpur in den Süden gezogen, um ihre Familie aus der finanziellen Not zu befreien. Ihre drei Kinder trauern um sie und sagen, dass sie niemals in einer Textilfabrik arbeiten werden. Eine Frau namens Rekha berichtet von ihrer ebenfalls getöteten Nichte Dulari, einer klugen Achtzehnjährigen, die mit der Aushilfstätigkeit im Textilbereich ihre Ausbildung bezahlen wollte, um dann einen Bürojob bekommen zu können. Neben Rekha lässt der sechsjährige Shamim das Hosenbein seines Vaters nicht los. Nachdem seine Mutter Jaheda bei dem Einsturz umgekommen war, zog seine zehnjährige Schwester zur Großmutter ins Dorf, aber Shamim ist zu verstört und weicht seinem Vater nicht von der Seite, aus Angst, ihn auch noch zu verlieren.

Am Rande von Dhaka, in der Industriestadt Sabhar, lag der achtstöckige Fabrikkomplex Rana Plaza, in dem fünf Bekleidungsfabriken untergebracht waren. Der überfüllte, schlecht gebaute Komplex wurde zum Symbol globaler Ungleichheit, als er am 24. April 2013 in sich zusammenstürzte. Seine überlasteten Stützen knickten ein und gaben unter dem Gewicht zu vieler Stockwerke, zu vieler Maschinen und Stoffballen und zu vieler Menschen auf engem Raum nach. Der als tödlichster unbeabsichtigter Gebäudeeinsturz der heutigen Zeit geltende Vorfall wurde von Gewerkschaften weltweit als industrieller Massenmord bezeichnet. Man geht von 1138 Toten aus. Tausende Weitere waren unter den Trümmern gefangen; einige von ihnen mussten sich selbst Gliedmaßen amputieren, um befreit werden zu können. Derweil enthüllten die Fernsehberichte über die vielen Toten und die furchtbaren Verletzungen der Überlebenden dem Rest der Welt eine erschreckende Wahrheit: Hier läuft etwas so verkehrt, dass Objekte wertvoller sind als Menschenleben und ihre Würde.

Als Tagelöhner die Trümmer mithilfe von Körben auf dem Kopf wegschafften, kam das ganze Ausmaß einer außer Kontrolle geratenen Industrie ans Licht. Illegal errichtete Gebäude brechen unter dem Gewicht von Mensch und Maschine zusammen, während Modefirmen Milliardengewinne machen. Millionen verarmter Frauen arbeiten in unserer modernen Welt sechs Tage die Woche an Maschinen oder bügeln als Textilqualitätsprüferinnen Hemden und schneiden lose Fäden ab, während sich Milliardäre Luxusjachten leisten.

Es konnten 29 weltweit vertretene Marken ermittelt werden, die Bestellungen in mindestens einer der Bekleidungsfabriken im Rana-Plaza-Gebäude aufgegeben hatten. Darunter waren Primark, Matalan, Benetton, Mango, C&A, Walmart, The Children's Place und KiK.[1] Primark gab später zu, zwei Sicherheitsinspektionen des Rana Plaza durchgeführt und ihm eine Unbedenklichkeitsbescheinigung ausgestellt zu haben. Dass es sich bei dem Gebäude um eine Todesfalle handelte, war vor Ort allgemein bekannt. Am Tag vor dem Einsturz hatte man große Risse am Gebäude festgestellt, und die Angestellten schätzten die Gefahr als zu groß ein, um die Arbeit aufzunehmen. An jenem Morgen im April diskutierten sie auf dem Hof vor dem Gebäude mit dem Management – nicht einen Fuß wollten sie hineinsetzen. Aus ihrer Weigerung entwickelte sich ein Streit und schließlich ein Ultimatum: Wer nicht hineingehe und arbeite, würde ein Monatsgehalt verlieren. Ein Monat ohne Lohn bedeutet für eine bangladeschische Textilarbeiterin Hunger und Wohnungsverlust – zu bitter, um in Betracht gezogen zu werden. Dieser Moment auf dem Vorplatz darf nie vergessen werden, da in ihm eine weitere immerwährende Wahrheit steckt: Die Modeindustrie misst der Kleidung, die sie verkauft, mehr Wert zu als dem Leben der Menschen, die sie herstellen.

Rana Plaza ist eine Katastrophe, die denjenigen gehört, die an jenem Tag starben. Den Müttern, die nie die Leichen ihrer Töchter fanden, den kleinen Kindern, die in der Zeit danach zu Schatten ihres verbliebenen Elternteils wurden. Den Rettungskräften, Rikschafahrern und Studierenden, die herbeieilten, um Menschen aus den Trümmern zu holen. Den Fabrikangestellten, deren Gliedmaßen zerquetscht und abgetrennt wurden, und denjenigen, deren Narben nicht sichtbar sind, bis man ihnen in die Augen schaut. Unabhängig davon, woher man kommt oder wer man ist, gibt es zwei Dinge, die alle verstehen können und gegen die man etwas tun kann: Rana Plaza war kein Unfall, und die Bedingungen, die den Tod von 1138 Menschen verursachten, haben sich bis heute nicht geändert.

Ich habe einen Großteil der ersten Version dieses Buchs schon 2012 geschrieben und es fertiggestellt, bevor es zu dem Einsturz kam. Doch schon damals war Bangladesch der zweitgrößte Textilproduzent weltweit, der jedes Jahr Milliarden von Kleidungsstücken lieferte und internationale Modelabel mit extrem niedrigen Löhnen lockte, mit fehlenden Sozialleistungen und schlechten Gesundheits- und Sicherheitsstandards. Vor Rana Plaza hatte es bereits eine Reihe von Katastrophen in der bangladeschischen Textilindustrie gegeben, am schlimmsten war der Brand in der Tazreen-Kleiderfabrik sechs Monate zuvor, bei dem 112 Menschen ums Leben kamen. Doch danach ging auch schon alles weiter wie gehabt.

Bangladeschische Aktivist:innen und Arbeitsrechtler:innen hatten das Grauen von Rana Plaza lange vorhergesehen. Deswegen ist und bleibt dieses Buch, obwohl ich die erste Fassung von 2014 vor dem Rana-Plaza-Unglück geschrieben hatte, in gewisser Hinsicht immer auch ein Versuch, eine Antwort auf die Frage zu finden: Wie konnte es zu dem Einsturz kommen? Dabei geht es nicht nur um die Frage der Gebäudesicherheit in Bangladesch, auch nicht allein um das Problem der Fast Fashion oder um einzelne schlechte Unternehmen oder böse

Milliardäre. In diesem Buch geht es um die Modeindustrie, aber es ist gleichermaßen ein Buch über den Kapitalismus, ein brutales, ungleiches Wirtschaftssystem, in dessen verdorbener Grausamkeit Gewalt und Zerstörung steckt. Mode und Kapitalismus sind so eng miteinander verflochten, dass es ohne die kapitalistische Ausbeutung des Globalen Südens, von Frauen und Arbeitsmigrant:innen und ohne rassistische koloniale Handelspraktiken gar keine Modeindustrie gäbe. Man kann Mode erst verstehen, wenn man den Kapitalismus verstanden hat.

Rana Plaza war kein Unfall, und Rana Plaza ist auch nicht Geschichte. Es hätte der Wendepunkt sein sollen, der die Modeindustrie für immer verändert. Doch auf die Coronapandemie reagierten die Modefirmen ähnlich wie damals auf die Katastrophe in Sabhar. So wie bei Rana Plaza sehen wir auch im Jahr 2021, dass Kleidung noch immer höher gewichtet wird als ein Menschenleben. All die hübschen, von überbezahlten Nachhaltigkeitsbeauftragten verfassten Greenwashing-Broschüren haben nichts verändert. Multinationale Unternehmen begegneten der Pandemie, indem sie Tausende kleine Fabriken mit Stornierungen oder dem Einbehalten von Zahlungen in die Knie zwangen. In der gesamten Branche – in Guatemala, Honduras, Indien, Indonesien, Kambodscha und Myanmar – sind im Textilgewerbe tätige Menschen krank geworden und gestorben, während sie Hoodies, Leggings, Jeans, T-Shirts und BHs nähten. Tatsächlich wurde die Frage einer indischen Textilarbeiterin an mich herangetragen: »Warum muss ich dabei sterben, Kleider für Ausländer zu machen?« Noch Jahre nach Rana Plaza existiert die Erwartungshaltung weiter, dass das Risiko – sei es in der Weltwirtschaft oder in den Fabriken – von den ärmsten Menschen der Welt getragen werden soll. Wie schon bei Rana Plaza sind diejenigen, die dazu bestimmt wurden, diese unerträgliche Unsicherheit während der Coronapandemie zu ertragen, diejenigen, deren Leben für weniger Wert als der Profit befunden wurde, in überwältigender Mehrheit Frauen aus den ärmsten Teilen des Globalen Südens. Und wie bei Rana Plaza sind sie mit demselben Ultimatum konfrontiert: in einer Todesfalle arbeiten oder verhungern. Bevor diese Krise überhaupt vorüber ist, droht uns schon die nächste globale Katastrophe: der Klimawandel, dem wir, wenn wir nichts tun, genauso Milliarden Menschen im Globalen Süden opfern werden. Wir müssen gemeinsam handeln, und zwar schnell, um unseren Planeten zurückzugewinnen und kategorisch diesem ungleichen, unwürdigen, gescheiterten System ein für alle Mal ein Ende zu machen.

Die Definition, was Mode überhaupt ist, ist unscharf.[2] Der Begriff »Mode« kann sehr weit gefasst werden, und man könnte auch diesem Buch den Vorwurf machen, dass es zu dieser Unschärfe beiträgt, denn die Firmen, die in diesem Buch thematisiert werden, reichen von Chanel über Walmart und Louboutin bis hin zu H&M und Tesco. Ich habe nicht zwei Bücher – eines über Designermode und eines über die Modeketten – geschrieben, sondern eines, in dem beide Aspekte gemeinsam vorkommen. Denn die Grenzen zwischen Designermode und Fast Fashion verschwimmen derzeit immer stärker. Die britischen Modeketten River Island, Topshop und Whistles waren auf der London Fashion Week, die US-Marke J. Crew auf der New York Fashion Week vertreten und H&M mit einer Modeschau im Pariser Musée Rodin im Rahmen der Paris Fashion Week.

Versace, Giambattista Valli, Stella McCartney, Lanvin und Maison Martin Margiela – sie alle haben Kollektionen für H&M entworfen. Isaac Mizrahi, Marc Jacobs, Phillip Lim und Prabal Gurung waren als Designer für den US-amerikanischen Discountriesen Target tätig und Jean Paul Gaultier und Karl Lagerfeld als Kreativdirektoren von Coca-Cola. Berühmte Modehäuser nehmen mehr Geld durch Parfums und Badeöle ein als durch den Verkauf von Kleidern, die 50 000 US-Dollar kosten.[3] Massenproduzierte Sonnenbrillen, It-Bags, Boxershorts, Kosmetika, Designer-T-Shirts und Jeans, auf deren Label das Wort »Couture« aufgedruckt ist, machen den Großteil der Einnahmen in der Designermodebranche aus. Wieso sollte man also nur über die Umweltverschmutzung sprechen, die Fast-Fashion-Unternehmen in Ländern wie China verursachen, wenn gleich in der Fabrik nebenan It-Bags produziert werden?[4] Wieso nur die problematischen Vorstellungen zu Körper und Hautfarbe auf den Laufstegen in Paris und

Mailand zum Thema machen, wenn Modeketten die gleiche exklusive Ästhetik nachahmen? Wieso so tun, als gäbe es übermäßigen Konsum nur bei den billigsten Marken?

Mode ist immer ein soziales Produkt. Alle Materialien und alles Können, aus denen großartige Arbeiten entstehen, sind zuvor gesellschaftlich produziert worden. So wie der beste Pianist einen Flügel braucht, den zuvor jemand gebaut hat, brauchen auch die talentiertesten Designerinnen Stifte, Papier und Materialien, die jemand produziert hat, eine Reihe von Fertigkeiten, die sie von Lehrkräften gelernt haben, eine Tradition, um ihr zu folgen oder gegen sie zu rebellieren, und nicht zuletzt die immense Unterstützung von Designteams, Verwaltungsangestellten, Finanzierungsträgern und häufig auch Haushaltspersonal.[5] Allein die vielen Gerichtsprozesse, die wegen Urheberrechtsverletzungen gegen Marken wie Zara geführt werden, zeigen, wie stark sich Fast Fashion von der Haute Couture inspirieren lässt. Doch die Haute Couture hängt ihrerseits auch wieder von den Ketten ab, weil über diese ihre Ideen und ihr Brand erst auf die Straße gelangen und bekannt werden (und auch die Haute Couture begeht Ideenklau am laufenden Band).[6] Die gesellschaftliche Produktion von Mode zu ignorieren, heißt, sie zu verklären.

Dieses Buch analysiert und entmystifiziert die Modeindustrie und ihre Ideologie, anstatt weiter an ihrem sorgfältig gepflegten Mantel der Exklusivität zu nähen. So bekommt die Designermode keinen besonderen Sockel, und die Definition von Mode, mit der ich arbeite, ist einfach und praktikabel: sich verändernde Kleidungsstile und Erscheinungsbilder, denen Gruppen von Menschen folgen.[7] Mir ist bewusst, dass schon allein so eine Definition Kontroversen auslösen kann, die einige für prokrustisch[8] halten (nach der griechischen Sage von Prokrustes, der den Menschen die Beine abhackte, um sie auf die gewünschte Größe zu stutzen). Mode, so wird gemeinhin angenommen, ist ein rein europäisches Konzept, im 15. Jahrhundert im französischen Burgund, der sogenannten »Wiege der Mode«, entstanden und untrennbar mit dem Kapitalismus verbunden.[9] Diese historische Einordnung stelle ich nicht infrage und finde es dennoch problematisch, wie auf diese Weise Mode historisch zu einem Privileg wohlhabender und weißer Menschen wird. Es ist eine weitverbreitete Einstellung, dass all diejenigen, die nicht dazu gehören, keine »richtige« Mode machen. Was aus Paris, Mailand, London oder New York kommt, ist demnach Mode, aber alles andere sind nur Kleider oder noch einfacher: Bekleidung. Der überwiegende Teil der Weltbevölkerung verbleibt aus dieser Perspektive »ohne Mode«, was leicht die Assoziation »ohne Geschichte« hervorruft.[10] Julius Nyerere, der erste Präsident der Republik Tansania, sagte einmal: »Von den Verbrechen des Kolonialismus war kein einziges so schlimm wie der Versuch, uns weiszumachen, wir hätten keine eigene Kultur oder dass alles, was wir hatten, wertlos sei.« Eine solche rassistische Haltung entmenschlicht den Globalen Süden und legitimiert die Ausbeutung der dort lebenden Menschen. »Das letzte Bedürfnis des Imperialismus sind keine Rohstoffe, auch nicht die Ausbeutung von Arbeitern oder die Kontrolle über Märkte. Es ist eine Menschheit, die einfach nichts zählt«[11], so schrieb der marxistische Kunstkritiker John Berger Ende der 1960er Jahre.

»Globaler Süden« ist ein relativ neuer Begriff, der die Ausdrücke »Dritte Welt« oder »unterentwickelte Länder« ablöst. Er ist politisch und hängt mit der Globalisierung und den damit einhergehenden Problemen zusammen. Laut dem Anthropologen Thomas Hylland Eriksen repräsentiert der Globale Süden die Länder, die »den Kräften des globalen Neoliberalismus unterworfen« sind, in Abgrenzung zu jenen Ländern, die diesen Neoliberalismus anderen aufzwingen. Profitiert ein Land von der globalisierten, neoliberalen, kapitalistischen Wirtschaft, zählt man es zum Globalen Norden, leidet es unter diesem System, zum Globalen Süden. Doch natürlich macht die Ungleichheit nicht vor Grenzen halt – auch in Indien findet man Milliardäre und mächtige Eliten, und selbst in Großbritannien, Deutschland oder der Schweiz gibt es Lebensmitteltafeln. »Globaler Süden« sollte daher eher als Konzept denn als Linien auf der Landkarte betrachtet werden.[12]

Mode als etwas Westliches zu definieren, ist bestürzend weltfremd, wenn man sich einmal anschaut, wo Mode heutzutage designt und produziert wird. In so unterschiedlichen Ländern wie China, Kolumbien, Indien und Nigeria gibt es eine florierende Textilbranche, während Sparmaßnahmen und der Neoliberalismus die europäischen Löhne so weit gedrückt haben, dass Konzerne nun um die Aufmerksamkeit der chinesischen Konsument:innen kämpfen. Diese stellen heute den drittgrößten Markt für Luxusgüter und dürften voraussichtlich in den nächsten Jahren alle anderen überholen.[13] Aus all diesen Gründen habe ich mich für eine bewusst offene und inklusive, realitätsnahe und nicht abgehobene Definition entschieden, die die Modeindustrie nicht schöner macht, als sie ist.

Die Realität ist weit davon entfernt, schön zu sein. Das erste Mal, dass ich der Realität der Bekleidungsproduktion Auge in Auge gegenüberstand, war 2008 auf einer Recherchereise in Dharavi, dem berüchtigten Armenviertel der indischen Großstadt Mumbai. Dharavi ist mit über einer Million Einwohnern eine Stadt für sich. Stellenweise stehen die Häuser so eng beieinander, dass ihre Dächer die dazwischenliegenden Gassen komplett überdecken, und die Straßen sind gesäumt von vielen kleinen Werkstätten. Viele Betriebe sind gleichzeitig Arbeitsort und Wohnstätte für ganze Familien, und die Räume platzen aus allen Nähten. Dort nähen auch Kinder, und es ist so dunkel, dass sie sich dabei die Augen verderben. Einmal wollten wir uns mit ein paar Kindern unterhalten, die an einer Webmaschine arbeiteten, und mussten dafür auf eine wackelige Leiter steigen. Andere Kinder saßen auf dem harten Holzboden und bestickten elegante Schals mit Perlen. »Die kleinsten Finger für die kleinsten Perlen«, sagte unser Guide und schüttelte traurig den Kopf.[14]

Als wir etwas später um eine Ecke bogen, traf mich der Geruch der in der Hitze zum Trocknen aufgehängten Ziegenhäute scharf in der Kehle und ich musste würgen, sehr zur Belustigung der Gerber. Von den Häuten tropfte es auf den staubigen Boden, während in den Werkstätten rund um den Hof Taschen genäht und Lederbänder zu Gürteln und Schmuck geflochten wurden. »Produzieren Sie auch für internationale Kunden?«, fragte ich einen der Werkstattbesitzer. Er lachte, sagte »natürlich«, und zeigte auf mich, »zum Beispiel für Sie«. Er deutete auf den Gürtel, den ich mir am Abend zuvor gekauft hatte. Geflochtenes Leder, mit blauer und goldener Farbe besprüht, und zwar von Menschen, die, wie ich nun wusste, ohne Schutzkleidung oder Mundschutz arbeiten.

Seitdem habe ich zu Textil-, Bekleidungs- und Schuhfabriken recherchiert und manche davon rund um die Welt besucht, von Bangladesch über Mazedonien bis hin zu den Topshop-Lagerhäusern im britischen Solihull. Ich habe Vorsitzende von Bekleidungsgewerkschaften in Myanmar interviewt, die für ihren Protest Gefängnisstrafen absitzen mussten, habe mich mit Überlebenden von Fabrikbränden getroffen und auch mit kriminalisierten Arbeitsrechtsaktivist:innen, und ich habe multinationale Lieferketten und Menschenrechtsverstöße in der Modeindustrie angeprangert. Ich habe verfolgt, wie die Situation immer autoritärer und gefährlicher wurde, wie sich CEOs in Drachen verwandelten, die wie im Märchen über Berge von Gold wachen, und habe gesehen, wie die Erde erzitterte vor dem Punkt, an dem es kein Zurück mehr gibt.

Dieses Buch wird daher die Modeindustrie nicht verklären, denn ich vertrete die Position, dass Modekreationen, die zwar Zeichen der Zeit oder Produkte des gesellschaftlichen Bewusstseins sein können, an erster Stelle eines sind: Industrieprodukte. Ein Damenkleid ist nicht nur ein Symbol, es ist auch eine von einem Unternehmen produzierte Ware, die einen Gewinn erwirtschaften soll, meist auf Kosten der Umwelt. Designerinnen und Designer sind Arbeitskräfte, und sie stellen ihr Können in den Dienst eines Unternehmens, das damit Profit erzielt und ihnen ein Einkommen verschafft. So ist es, ganz egal wie extravagant ihre Arbeit im Einzelnen sein mag.[15] Die Pariser Fashion Week ist in diesem Sinne wenig mehr als eine ziemlich teure Verkaufsmasche.[16] Die Modeindustrie als das zu analysieren, was sie ist – eine Industriebranche – soll dafür sorgen, dass sich auch die Diskussion in diesem Buch in materiellen Gefilden bewegt. Denn der Kampf jener Frauen und Männer, die sich gegen ihre Ausbeutung und Unterdrückung auflehnen, hat rein gar nichts Akademisches an sich.

Als ich anfing, die Modeindustrie zu kritisieren, fragte mich jemand, woher ich mir eigentlich das Recht nehme, über eine Branche zu schreiben, in der ich selbst nie gearbeitet habe (mal abgesehen von den unvermeidlichen Aushilfsjobs in einigen Kleidergeschäften). Meine Antwort war: Ich musste es einfach tun. Denn ich hatte noch kein Buch gefunden, das diesen allgegenwärtigen Teil meines Lebens in ausreichender Weise beschrieben hätte. Es gab bislang kein Buch über Mode, das alles thematisiert hätte, von dem ich mir wünsche, wir könnten es überwinden: die schrecklichen Arbeitsbedingungen, die Umweltverschmutzung, die Essstörungen (mit denen einige meiner Freund:innen kämpfen mussten), den Rassismus, den die Mode vorantreibt, Selbstzweifel und der unersättliche Wunsch nach mehr, egal wie viel man shoppen geht. Zudem bin ich gegen die Vorstellung, dass nur diejenigen, die in den Chefetagen der Modebranche sitzen, über sie schreiben sollten. Modekonzerne versuchen, alle und jeden zu beeinflussen – man muss auf ihre Ideen reagieren und sie gegebenenfalls ablehnen. Wenn wir diese Macht schon über uns ergehen lassen müssen, sollten wir uns zumindest das Recht nehmen, sie infrage zu stellen[17] – und gegen sie zu protestieren. Die Tatsache, dass ich kein Rädchen im Getriebe des Modebusiness war, gab mir die Freiheit zu schreiben, ohne mir Sorgen um meine Berufsaussichten machen zu müssen. Das ist wichtig, vor allem, wenn man es mit einer Branche zu tun hat, in der es so wenig Kritik gibt. »Ein künstlerisches Umfeld ohne kritisches Feedback ist kein gesundes künstlerisches Umfeld«, so der Modefotograf Nick Knight.[18]

Nachdem ich nun mehr als zehn Jahre lang über Mode geschrieben habe, bin ich überzeugter denn je davon, dass es unabhängiges, kritisches, links orientiertes Denken und Handeln braucht. Ich habe dieses Buch jedoch nicht geschrieben, um nur zu kritisieren. Ich konnte *Das antikapitalistische Buch der Mode* nur schreiben, weil ich Mode tatsächlich ebenso großartig und spannend wie schrecklich und zum Verzweifeln finde. Modekreationen können inspirieren und umwerfend sein, und die Mode ist eine Kunstform, die unglaublich viel Können und Einsatz verlangt: »In einer Gesellschaft, die von Schriftstellern und Dramatikern erwartet, in ihrem Leben ein oder zwei große Werke zu schreiben, nehmen wir es als gegeben hin, dass ein Modedesigner jedes Jahr eine herausragende Kollektion entwirft.«[19] Für jedes kritische Wort in diesem Buch existiert ein wunderschön handgefertigtes Kleidungsstück, das es schafft, seinen Zeitgeist einzufangen. Aber wer hat es gemacht und wieso konnte er oder sie es eigentlich nicht selbst tragen?

Geschichte wird so gelehrt, als habe es nur Monarchen und Generäle gegeben und als würden auch nur sie zählen. Selbst heute, in dieser extrem ungleichen Welt, wird uns eingebläut, dass es die royalen Familien, CEOs und Stars seien, die den Wohlstand generieren, und dass es ohne sie nicht gehe. In der Modeindustrie zeigt sich das an dem überholten Mythos, wonach Schönheit und gestalterische Kreativität nur einer kleinen Clique vorbehalten sei. Hier fällt mir der Anfang von Bertolt Brechts Gedicht »Fragen eines lesenden Arbeiters« ein, mit dem sich dieser Mythos gut hinterfragen lässt:

> Wer baute das siebentorige Theben? /
> In den Büchern stehen die Namen von Königen. /
> Haben die Könige die Felsbrocken herbeigeschleppt?[20]

Das Gedicht erinnert daran, dass jede Art von Produktion stets ein gesellschaftliches Unterfangen ist, dass Wohlstand und Schönheit immer aus der menschlichen Arbeit und der Natur heraus entstehen und dass unbekannte Handwerksleute es weitaus mehr verdienen, dass wir uns an sie erinnern und sie respektieren, als jede Berühmtheit. Außerdem ruft es uns ins Gedächtnis, dass wir CEOs und Monarchen nicht brauchen – wir verfügen bereits über das nötige Wissen, die Macht und die Ressourcen, um aus unserer Gesellschaft eine gleichberechtigte und nachhaltige zu machen, in der wir alle versorgt sind. Zurzeit jedoch sind die Träume und Projektionsflächen, die die Mode bietet, nur für wenige zugänglich. Wir leiden mehr unter einer »Besitzzwangsstörung«[21], als dass wir uns an unserer Kleidung erfreuen. Und Mode ist, wie jede Kunstform, in ein Netz aus Kommerz und Wettbewerb verstrickt. Gerade weil ich Mode großartig und schrecklich zugleich finde, schreibe ich dieses Buch, und zwar in der Hoffnung, dass die Mode und die, die sie tragen, eines Tages frei sein werden.

Zu guter Letzt bleibt zu sagen, dass ich aus einer kapitalismuskritischen Perspektive über Mode schreibe, weil es für mich unmöglich wäre, die Probleme, die in diesem Buch behandelt werden, separat zu betrachten. Es ist unmöglich, über die Umweltfolgen der Modeproduktion zu sprechen, ohne gleichzeitig darüber zu schreiben, welche Auswirkungen Fabriken auf die Menschen haben, die dort arbeiten. Darüber zu schreiben, wie Menschen behandelt werden, beinhaltet auch, Rassismus und Körperlichkeit zu thematisieren, was wiederum eine Diskussion über Entfremdung und Konsum erfordert, genauso wie über den Einfluss der monopolisierten Eigentumsverhältnisse in der Modeindustrie und deren Medienunternehmen. Es wäre konstruiert, diese Probleme separat betrachten zu wollen, denn das hieße, die fundamentale Rolle zu verkennen, die der Kapitalismus bei alledem spielt. »So etwas wie Kämpfe für Einzelfragen gibt es nicht, denn unsere Leben drehen sich nicht um Einzelfragen«[22], so sagte einmal die Feministin Audre Lorde.

Die Situation der ausgebeuteten Arbeiter:innen im bangladeschischen Sabhar wiederholt sich weltweit als ein historisch relativ neues Phänomen, das aus Kolonialismus und Neoliberalismus hervorgegangen ist. Neoliberalismus bezeichnet ein Wirtschaftsmodell, das in den 1980er Jahren von Margaret Thatcher und Ronald Reagan und in den 1990er Jahren von Bill Clinton und Tony Blair verfochten wurde. Seine Merkmale sind die Liberalisierung des Handels, die globale Integration von Kapitalmärkten, Deregulierung, der Rückzug des Staates und die Privatisierung öffentlicher Dienstleistungen. All das wird als etwas Unausweichliches dargestellt, als folgte es Naturgesetzen, vergleichbar mit der Schwerkraft.[23] Neoliberale Wirtschaftsstrategien bewirken Lohndumping und bringen Beschäftigte und Unternehmen auf der ganzen Welt dazu, sich in einem *race to the bottom* gegenseitig zu unterbieten. Um den Konsumrückgang auszugleichen, wird intensiv für Privatkredite geworben, was sich insbesondere auch bei der Mode zeigt.

Neoliberalismus und Globalisierung gehen Hand in Hand. Das Schlagwort »Globalisierung« kam 1893 auf und bezeichnet einen der schnellsten und bedenklichsten sozialen und wirtschaftlichen Wandel der Menschheitsgeschichte. Es ist ein nützlicher Begriff, um den

Prozess der rasanten industriellen Eroberung zu beschreiben, die von Technologien – vom Modem über die Ölraffinerie bis zum Düsenflieger – angestoßen wurde. Als Folge dieses unausgewogenen Systems leben wir heute in einer globalen Gesellschaft, in der Mangelernährung zum Tod von jährlich 3,1 Millionen Kindern unter fünf Jahren beiträgt, während 2019 gleichzeitig insgesamt 281 Milliarden Euro für Luxusartikel ausgegeben wurden.[24]

Die Finanzkrise von 2008 war das Ergebnis neoliberaler Strategien, welche die deregulierten Finanzdienstleistungen in Europa und den USA gegenüber dem verarbeitenden Gewerbe privilegierten. Das führte dazu, dass sich durch eine systematische Ausweitung der Hypothekenvergabe an Schuldner mit geringer Bonität eine Immobilienblase bildete. Als diese dann platzte, gab es Bankenrettungsprogramme – erzwungene Wohlstandstransfers von Arm zu Reich – von historischem Ausmaß.

Die Verwirrung und Unsicherheit, die der Neoliberalismus, die Finanzkrisen, der Rassismus sowie nun auch die Coronapandemie mit sich brachten, veranlasst viele Menschen dazu, sich nach alternativen Antworten umzuschauen. Der Antikapitalismus als Bewegung kam 1999 in die Schlagzeilen, als Demonstrant:innen in Seattle einen Gipfel der Welthandelsorganisation störten. 2001 folgten Massenproteste beim G8-Gipfel in Genua und das globalisierungskritische Weltsozialforum in Porto Alegre, das sich 2004 in Mumbai wiederholte. Es gab eine neue globale Friedensbewegung und soziale Massenbewegungen in ganz Lateinamerika. 2011 kam es zu Occupy Wall Street, und beim Arabischen und Nordafrikanischen Frühling im selben Jahr handelte es sich zu einem großen Teil um Revolten gegen neoliberale Strukturen. Aktuellere Beispiele, die den globalen Geist des Antikapitalismus für sich entdeckt haben, sind Black Lives Matter und die aufkeimende Umweltbewegung. Außerdem leben feministische Proteste und Bewegungen für die Abschaffung von Gefängnissen sowie für Tierrechte wieder auf. Die kapitalismuskritische Bewegung ist kraftvoll und dynamisch, aber nicht immer vereint.

Doch dass es nicht das eine antikapitalistische Manifest gibt, heißt nicht, dass nicht auf Alternativen zum Kapitalismus hingearbeitet werden muss. »Antikapitalistisch« bedeutet in diesem Buch die Ablehnung des kapitalistischen Systems als Ganzes, weil der Kapitalismus selbst der Systemfehler ist, der Sweatshops, Kinderarbeit, Umweltzerstörung und Entfremdung hervorruft. Das Problem sind nicht bloß einzelne schlechte Unternehmen oder schlechte Politiker:innen (obwohl es sie natürlich gibt), sondern ein schlechtes System, das zerstörerischen Regeln folgt. Die wiederkehrende Krise brachte die Schriften des einflussreichsten antikapitalistischen Denkers wieder auf die Bühne. Karl Marx und die Werke derer, die er beeinflusst hat, spielen eine zentrale Rolle in jedem einzelnen Kapitel dieses Buchs.

Aber was hat Karl Marx mit Karl Lagerfeld zu tun? Wie hängen der Neoliberalismus oder die Wirtschaftskrisen mit der Modebranche zusammen? Sie alle sind so untrennbar miteinander verbunden, dass man das Eine nicht ohne das Andere verstehen kann. Obwohl die Mode »das Lieblingskind des Kapitalismus«[25] ist, wird die Branche von Krisen hart getroffen. Durch die Finanzkrise von 2008 verloren zehn Millionen Menschen in China auf einen Schlag ihre Arbeit, und die Schockwellen gelangten bis in die obersten Schichten der Modeindustrie. Der prekäre Zustand der Branche verleitete den CEO einer Modefirma zu der Aussage: »Es ist, als säße ich ganz entspannt beim Galadinner, während direkt unter mir ein Vulkan brodelt.«[26] Auch die Coronapandemie führte zur Schließung von Läden und bedeutete für manch bekannte Marke das Aus, während der Markt für Luxusartikel um 23 Prozent einbrach.[27] Viel wichtiger ist jedoch, dass der unverantwortliche Umgang der Industrie mit den Folgen der Pandemie großes Leid, Hunger und den finanziellen Ruin für Millionen von Textilarbeiter:innen bedeutete. Die Modeindustrie lässt die Eigenheiten des Kapitalismus in aller Deutlichkeit erkennen: Profitstreben und Ausbeutung; die Macht, über die Produktionsmittel der Gesellschaft zu verfügen; und schließlich seine Folge, die dringende Notwendigkeit, das System einer Generalüberholung zu unterziehen.

Trotz seiner Labilität und Ungerechtigkeit wird der Kapitalismus oft verteidigt, denn »wenn etwas zu nah an unserem Auge ist, kann es nicht mehr objektiv betrachtet werden«.[28] Genau wie die Redensart besagt, dass Fische nicht wissen, dass sie in Wasser schwimmen[29], sprachen bis zur globalen Finanzkrise von 2008 nur wenige Leute über den Kapitalismus als System. Unser Leben war eben einfach unser Leben, wir nahmen es nicht wie ein Leben im Kapitalismus wahr. Ich beabsichtige hier also nicht in erster Linie, ein Standardwerk über Mode zu schreiben, sondern vielmehr, das System sichtbar zu machen, in dem sie sich befindet. Dieses Buch ist eine Analyse der systemischen Auswirkungen des Kapitalismus auf die Modeindustrie und, andersherum gesehen, auch eine Analyse der engen Verbindung des Konzepts Mode und der sozialen Prozesse im Kapitalismus. Im Laufe der Kapitel des Buchs werden wir die Scheinwerfer so eingestellt lassen, dass wir einige grundlegende Charakterzüge des Kapitalismus im Detail beleuchten können.

Ideologie

Um die Welt, in der wir leben, zu verstehen, müssen wir sie uns anschauen. Die Art und Weise, wie Menschen ihre Umgebung betrachten und was sie dabei sehen, ist immer stark von Ideologie beeinflusst, also von Vorstellungen, Werten und Gefühlen, die reflektieren, wie Menschen ihre Gesellschaft und die Welt um sie herum zu verschiedenen Zeitpunkten wahrnehmen.[30]

Nehmen wir als Beispiel das Kleid, das Queen Victoria 1837 bei ihrer Krönungszeremonie trug. Ist es das Symbol des göttlichen Rechts einer Familie, über alle anderen zu herrschen? Steht es für den auf legitime Weise angehäuften Reichtum eines zivilisatorischen Reiches und für eine Hierarchie von Nationen, Ethnien und Klassen, die Ordnung, Handel und eine Blütezeit für die Schneiderkunst mit sich brachte? Oder verkörpert es die Abermillionen Menschen in Indien, die während des »spätviktorianischen Holocausts« verhungerten, der für die Ungleichheit zwischen dem Globalen Norden und dem Globalen Süden verantwortlich ist?[31] Repräsentiert es die verarmten Näherinnen, die bei Kerzenlicht arbeiteten und dabei langsam erblindeten? Oder etwa den Frühkapitalismus, der Kunstwerke aus Organza, Perlen und vergoldetem Garn finanzierte, die nicht demokratisch legitimierte, sondern durch Abstammung vorbestimmte, rassistische Anführer einer Gesellschaft kleideten? Die Kontrolle darüber, welcher dieser Standpunkte gerade der allgemein akzeptierte sein soll, ist ein mächtiges Werkzeug. Durch die Geschichte hindurch haben sich kleine Gruppen durch Ideologie ihren Besitz und ihre Macht gesichert, ohne sich täglich mit Waffengewalt verteidigen zu müssen.[32] Die Essenz aller Ideologien ist es, die Macht der herrschenden sozialen Klasse legitimieren zu können.[33] Stellen Sie sich kurz vor, durch die Londoner National Gallery zu spazieren. Sie sind umgeben von riesigen Monarchen- und Aristokratenporträts. Von den Ölgemälden über die Goldrahmen bis zu dem Gebäude – alles strahlt Autorität aus, alles deutet auf das göttliche Recht der Reichen hin, so zu regieren, als wäre es unvermeidlich.

Die Autorität der Mode funktioniert auf eine ähnliche Weise: Sie ist für diejenigen, die sie tragen, wie ein solider Rahmen aus Gold. Auch die Mode selbst benötigt einen Goldrahmen. Denn wir sprechen letztlich und trotz allem nur von Stoff, ganz gleich, wie kunstvoll er verarbeitet wurde. Mode ist nicht einfach die Kleidung an sich, sondern das Drumherum. Laufstege, Prestige, Medienhypes und raffinierte Geschäfte ergeben zusammen etwas, das nahezu religiösen Charakter hat.[34] Die Ehrfurcht, die man in der National Gallery verspürt, stellt sich auch in Modemuseen und Louis-Vuitton- oder Chanel-Filialen ein. Von den Räumen und Kleidungsstücken geht eine Art selbstgerechte Macht aus – Chanel, und nur Chanel allein, könne so etwas Wunderbares herstellen, also gehört Chanel an die Spitze. Ideologien stellen sicher, dass diese Machtstrukturen ganz implizit wirken oder überhaupt nicht wahrgenommen werden.[35]

Mode ist ein Schlüssel für das Verständnis von Ideologien. Sie ist so stark mit Macht und Status verbunden, dass es ausreicht, die Kleidung zu wechseln, um jemandem das Prestige der herrschenden Klasse zu verleihen. In zahlreichen Filmen – *Der Prinz und der Bettelknabe, Aladdin, Pretty Woman, Manhattan Love Story, Ritter aus Leidenschaft, Der Graf von Monte Christo, Aschenputtel* oder Ridley Scotts *Robin Hood* – sehen wir, was passiert, wenn die Kleidung der Armen mit denen der Reichen getauscht wird: Das Einzige, was sich an der

Hauptfigur verändert, ist ihre Kleidung, und plötzlich gesteht man ihr alle Privilegien der herrschenden Klasse zu. »Es gibt keinen Unterschied zwischen einem Ritter und jedem anderen Mann – bis auf seine Kleidung«, sagt Russell Crowe als Robin Hood. Die Rolle von Kleidung wird in all diesen Filmen deutlich: Sie legitimiert Macht und festigt die Vorstellung, dass diejenigen, die gerade ganz oben sind, auch dort bleiben sollen. Festigt Mode somit Klassengrenzen? In jedem Fall ist Mode ein einfaches Mittel für Reiche, ihre Macht zu signalisieren und zu reproduzieren.[36] Sobald die Massen Zugang zu einem bestimmten Trend haben (oder nahe daran sind), wechselt die herrschende Klasse zum nächsten und bleibt so weiterhin allen anderen einen Schritt voraus.

Als Kunstform spielt Mode auf dem Feld der Ideologie eine komplexe Rolle. Mode kann unterdrücken und befreien, großartig und schrecklich sein, revolutionär und reaktionär. Sie ist von Natur aus widersprüchlich, so wie alles, was Kultur ist, und so wie jede gesellschaftliche Realität.[37] Der einzige Grund, warum wir nicht im permanenten Aufstand leben, liegt in der Fähigkeit der dominanten Kultur, die gewaltigen Widersprüche zu glätten und zu verbergen. *Das antikapitalistische Buch der Mode* thematisiert diese Widersprüche. Mode kann also inspirieren und uns von einer besseren Zukunft träumen lassen, aber eben auch sehr repressiv sein. Wenn Mode der Macht widersteht, ist sie selbst eine überzeugende Form von Macht.[38] Mode ist imstande, den Zeitgeist einzufangen und Gesellschaft und Kunst zusammenzubringen. Mode bewegt sich also innerhalb von Ideologien und hält gleichzeitig Abstand zu ihnen. Kunst ist damit ein Medium, durch das die Ideologien, die zur Entstehung von Kunst beitragen, wahrgenommen werden können.[39] Anders gesagt, Kunst reflektiert Ideologie nicht bloß. Das Erleben von Kunst – Mode eingeschlossen – ist eine Möglichkeit, die Situation zu erleben, welche die Kunst darstellt. Das bedeutet nicht, dass Mode eine bestimmte Zeit wahrheitsgetreu wiedergibt. Bertolt Brecht schreibt, dass Kunst – wenn sie das Leben denn widerspiegelt – dies mit speziellen Spiegeln tut. Mode verfremdet, was sie spiegelt. Und was ausgelassen wird, erzählt oft genauso viel wie das, was gezeigt wird.[40] Wenn wir Ideologien verstehen, können wir sowohl die Vergangenheit als auch die Gegenwart besser verstehen – und dieses Verständnis ist notwendig zur Befreiung.[41]

Wozu Mode?

Ich möchte Sie einladen, beim Lesen dieses Buchs zwei Hauptfragen im Hinterkopf zu behalten. Erstens: *In was für einer Gesellschaft möchten Sie leben?* In einer wie der aktuellen, in der manche verhungern, während andere so viel Geld scheffeln, dass sie es niemals ausgeben könnten? In einer Welt, in der sich die Warnsignale häufen und die von Bränden, Wirbelstürmen und Überflutungen heimgesucht wird? Sind in Ihrer Vorstellung ganze Arten ausgestorben? Werden Wälder dem Erdboden gleichgemacht? Ist das Leben durch Vorurteile wie Rassismus und Homophobie eingeschränkt? Hängt der Zugang zu medizinischer Versorgung, Wohnraum, Bildung, Freizeitaktivitäten und weiteren Möglichkeiten vom Zugang zu Wohlstand ab? Sind die schlechtesten Menschen an der Macht?

Wenn das nicht Ihre ideale Gesellschaft ist, wie würden Sie sie zum Besseren verändern? Vielleicht sähe sie ein bisschen anders aus, etwa mit kostenlosem Zugang zum Gesundheits- und Bildungssystem. Vielleicht wäre die Gesellschaft aber auch eine ganz andere, in der es keine Millionäre, geschweige denn Milliardäre gibt. Vielleicht ist es dann eine, in der Menschen nur so viel arbeiten, wie es für die Gemeinschaft notwendig ist, und den Rest der Zeit würden sie malen, gärtnern, schreiben, Musik machen und die Welt auf Windschiffen bereisen. Eine Gesellschaft, in der die Produktionsmittel – von Solaranlagen bis zu Hanffeldern – Kollektiveigentum sind und alles so durchdacht organisiert ist, dass es im Einklang mit der Natur steht. Eine Welt, in der es keine Waffen, keinen Fleischkonsum, keine fossilen Brennstoffindustrien und keine industriellen Gefängniskomplexe gibt; in der Rassismus, Kolonialismus, Sexismus, Homophobie, Transphobie, Ableismus und dergleichen bekämpft und verbannt wurden. Eine Welt, in der Literatur, Kunst, Musik und Theater so weitverbreitet und wunderbar sind wie nie zuvor.

Wie Ihre ideale Gesellschaft aussieht, hängt ganz von Ihnen ab. Sie können sich hier alles ausmalen. Wenn Sie zu einer Antwort gekommen sind, schließt sich die zweite Frage an: *Wozu ist in einer solchen Gesellschaft die Mode da?* Zum Spaß oder um den Körper zu schützen und zu stärken? Dient sie als kreatives Ventil? Ist sie dazu da, Kultur und Geschichte zu repräsentieren, zu verführen oder zurückzuweisen? Soll sie Unterschiede zur Geltung bringen und würdigen oder gar unsere Stimmung oder die Mondphasen darstellen? Soll sie Freude machen?

Mit diesem Gedankenexperiment sollen die Fragen, die typischerweise zum Thema Mode gestellt werden, neu formuliert und die Mode als Ausdruck tiefer liegender gesellschaftlicher Themen hervorgehoben werden.[42] Dass die Modeindustrie so ist, wie sie ist, liegt am Kapitalismus. Derzeit ist sie dazu da, einem kleinen Klüngel von Menschen Milliarden zu bescheren, ein System der Unterjochung aufrechtzuerhalten, Bevölkerungsgruppen zu beschränken und zu kontrollieren und von Ungleichheit und Krisen abzulenken. Der Kapitalismus hat die Mode gebrochen, sodass sie jetzt als Vorwand der Reichen herhalten muss, um die Armen auszubeuten. Egal, wie Ihr Bild von der idealen Gesellschaft aussehen mag, ich bezweifle, dass Sie dabei diesen Zweck von Bekleidung im Kopf hatten. Und darum haben wir ein hartes Stück Arbeit vor uns.

Wie gehe ich im *Antikapitalistischen Buch der Mode* vor? Thema des ersten Kapitels ist der monopolisierte Besitz von Modekonzernen, mit einem historischen Abriss zur Entstehung von Massenmode und Exkursen zu den Unsummen, die man mit ihr verdienen kann. Im zweiten Kapitel beleuchte ich den Monopolcharakter der Modemedien – sowohl im Print- als auch im Digitalbereich – und thematisiere die Welt des Überwachungskapitalismus und der sozialen Medien.

Das dritte Kapitel diskutiert die Vorstellung vom Kunden als König und die Behauptung, dass die Konsument:innen Schuld an den Schattenseiten der Mode tragen. Ich frage, welche Rolle Klassenunterschiede, Schulden und Kredite, Werbung, Warenfetischismus und Entfremdung hierbei spielen. Das vierte Kapitel ist die Kehrseite davon:

Es untersucht die Modeproduktion und die Gewalt, den Sexismus und den Rassismus, die das Fabriksystem am Laufen halten. Ich gehe auf historische und aktuelle gewerkschaftliche Kämpfe des Sektors ein und nehme Argumentationen für Sweatshops auseinander, indem ich versuche zu zeigen, wer wirklich von der Ausbeutung profitiert. Dass die Modeindustrie Menschen schlecht behandelt, hängt unumstößlich damit zusammen, dass sie auch den Planeten schlecht behandelt. Im fünften Kapitel stelle ich dar, warum Umweltzerstörung untrennbar mit Kapitalismus und Kolonialismus verknüpft ist und wie wir einen Ausweg aus diesem Dilemma finden können.

Das sechste Kapitel analysiert die Verbindungen zwischen der Modeindustrie und Körperbildern, Essstörungen und Frauenrechten. Ich untersuche die Auswirkungen von Mode auf die Frauen, die als Models arbeiten, und auf die breite Öffentlichkeit und gehe den Fragen nach, wieso das gängige Schönheitsideal so eingeschränkt ist und wie die Möglichkeiten der digitalen Bearbeitung die Realität schlechtmachen. Das siebte Kapitel sucht nach einer Antwort auf die Frage, ob Mode rassistisch ist. Es behandelt die Repräsentation von People of Colour (PoC) in der Branche, kritisiert die Praktik der kulturellen Aneignung, setzt sich mit der Frage auseinander, wieso es solchen Rassismus gibt und welches seine besonderen Ausprägungen in unserer Zeit des Neoliberalismus und der Finanzkrisen sind.

Kapitel acht bis zehn widme ich den Versuchen, das System zu verändern. Das achte Kapitel handelt vom Widerstand gegen die Modeindustrie. Was passiert, wenn Menschen ihre Kleidung und ihr Erscheinungsbild nutzen, um Mode die Stirn zu bieten? Kann Mode ins Gegenteil verkehrt oder abgelehnt werden? Zählt es schon als Rebellion, sich anders zu kleiden? Ist es möglich, eine Industrie zu schockieren, die es selbst liebt, zu schockieren? Kann man Vereinnahmung entgehen? Das neunte Kapitel wirft einen Blick sowohl auf geschichtliche als auch auf aktuelle Bemühungen, die Modeindustrie umzugestalten. Warum ist die Antwort von Büchern über grüne Mode so oft moralisches Kalkül? Können Unternehmen überhaupt grün sein? Sind Gewerkschaften oder Gesetze die Lösung? Gibt es so etwas wie einen gerechten Kapitalismus? Das zehnte Kapitel schließlich analysiert, wie wir uns in einer idealen Gesellschaft kleiden könnten. Wer würde Kleidung designen und produzieren? Wie würde die Modewelt ohne soziale Zuschreibungen von Geschlecht, ohne Konstrukte wie *race* (»Rasse«) oder Klasse aussehen? Würde sie überhaupt existieren?

Ich stimme dem Aktivisten und Ökonomen Michael Albert zu, der schrieb, dass »unsere negativen und kritischen Botschaften nicht Wut und Aktivismus erzeugen, sondern lediglich noch mehr Beweise dafür anhäufen, dass der Feind außer Reichweite ist«.[43] Obwohl es entscheidend ist, die Machenschaften der Modeindustrie zu enthüllen, hoffe ich, dass ich nicht in die Falle getappt bin, die Michael Albert meinte. Somit enden die drei letzten Kapitel mit Verbesserungsvorschlägen für die Zukunft. Ich möchte hier noch einmal betonen, dass die Modeindustrie als Teil des Kapitalismus gesehen werden muss. Der Kapitalismus ist kein Naturzustand, sondern ein wirtschaftliches System mit einer Geschichte, und was angefangen hat, kann auch wieder enden.[44] Wie Ursula Le Guin es ausdrückte: »Wir leben im Kapitalismus und glauben, seiner Macht nicht entkommen zu können – andererseits war das damals auch mit dem göttlichen Recht der Könige so. Gegen jede von Menschen ausgeübte Macht können Menschen sich wehren und sie verändern.«[45] Ich hoffe, dass dieses Buch dazu beitragen kann, den Kapitalismus wieder in den Fokus zu rücken, damit er eben nicht mehr zu nah an unserem Auge ist für eine objektive Betrachtung. Mein Ziel ist, mit diesem Buch einen Faden aus dem kapitalistischen System herauszulösen und zu zeigen, was hinter der Kleidung steckt, die wir tagtäglich tragen. Hoffentlich werden Sie am Ende des Buchs weiter an diesem Faden ziehen wollen, bis sich dieses ganze System irgendwann entwirrt und wir daraus etwas Neues und Schönes entwerfen können.

Mode besitzen 1

Linkenholt ist ein beschauliches Dorf in der südenglischen Grafschaft Hampshire. Gänseblümchen wachsen am Wegrand, auf den gepflegten Rasenflächen stolzieren Truthähne umher und der winzige Dorfladen wird aus einem Zimmer im Erdgeschoss eines Wohnhauses heraus betrieben. Der Bus kommt nur auf Bestellung, der Schmied arbeitet manchmal tagelang, ohne einen anderen Menschen zu Gesicht zu bekommen, und man erzählt sich immer noch die Geschichte der zwei Schwestern, die eines Abends mit ihren Fahrrädern den Hügel hinunter zu einem Tanz fuhren und dort zwei Brüder trafen, die später ihre Ehemänner wurden. Die beiden Damen sind inzwischen um die achtzig Jahre alt.

Linkenholt und die etwa 800 Hektar Land in der Umgebung des Dorfes wurden 2009 zum Verkauf angeboten. Es war ein außergewöhnliches Ereignis, das international Aufsehen erregte – komplette englische Dörfer sind schließlich nicht oft auf dem Markt zu haben. Inmitten der Finanzkrise belief sich die Kaufsumme auf etwa 25 Millionen Britische Pfund, was deutlich unter dem tatsächlichen Wert lag. Das Schicksal der Region und der Ortsansässigen gelangte durch dieses Geschäft in die Hände eines einzigen Mannes: Stefan Persson. Sie lernten ihn schon einen Tag nach Unterzeichnung des Kaufvertrags kennen, als der neue »Gutsherr« ein Spanferkel spendierte, allen die Hand schüttelte und alles in allem einen guten Eindruck machte. Seit diesem Tag hat man ihn allerdings nie wieder gesehen. Weder lebt er in der Nähe, noch kommt er vorbei, um auf seinen Ländereien Fasane zu schießen. Die nächstgelegene Verbindung zu den Reichtümern dieser ominösen Gestalt liegt in der siebzehn Kilometer entfernten Kleinstadt Newbury. Es handelt sich um ein großes Geschäft mit Glasfront und rotem Logo, wo man Leggins, günstige Jeans, Kapuzenpullover und paillettenbesetzte Kleider kaufen kann. Es ist immer voll, genauso wie die anderen rund 4500 Filialen der günstigen Modekette, die inzwischen den ganzen Planeten umspannt. Die Rede ist von H&M, dem schwedischen Textilhandelsunternehmen, das Stefan Persson von seinem Vater geerbt hatte. Auch nach seinem Rücktritt als Aufsichtstratsvorsitzender im Mai 2020, ein Posten, den er 22 Jahre innehatte, bleibt er die reichste Person Schwedens. Auf der Website des Wirtschaftsmagazins *Forbes* gibt es eine Echtzeit-Rangliste der Reichsten aller Reichen. Sie aktualisiert sich alle fünf Minuten und berechnet ausgehend vom aktuellen Börsenkurs, wer von den Milliardären und Milliardärinnen auf dieser Erde gerade noch reicher geworden ist. Es macht relativ schnell süchtig, sie immer wieder aufzurufen, und als ich 2021 das letzte Mal nachschaute, belief sich Perssons Vermögen auf 22,5 Milliarden Dollar. Von all den Leuten, mit denen ich in Linkenholt gesprochen habe, kauft niemand bei H&M ein. Aber es war ihnen allen klar, dass sie ihre Miete an einen Menschen überweisen, der zu den reichsten der Welt gehört. Linkenholt habe er wohl mit dem Geld gekauft, das er gerade in seiner Hosentasche hatte, sagten sie trocken und lachten. Das heißt aber nicht, dass irgendjemand schlecht von Persson gesprochen hätte, im Gegenteil. Die Haltung im Dorf war eher Dankbarkeit dafür, dass er das Leben im Dorf so beließ, wie es immer gewesen war, jedenfalls bisher.

Es ist dennoch etwas paradox, dass Persson dieses Dorf gehört. Dass ein Mann, der sich mit Fast Fashion eine goldene Nase verdient hat, gleichzeitig hilft, romantisches Dorfleben in England zu bewahren. H&M-Kleider werden in Fabriken in Ländern von Tunesien bis China gefertigt. Es sind Massenprodukte, die kostbares Trinkwasser und landwirtschaftliche Ressourcen verbrauchen und die Umwelt gravierend verschmutzen. Im Januar 2021 verschwand die 21-jährige Textilarbeiterin Jeyasre Kathiravel. Später fand man ihre Leiche. Sie war von ihrem Vorgesetzten beim H&M-Zulieferer Natchi Apparel, der zum viertgrößten Bekleidungsexporteur Indiens gehört, vergewaltigt und getötet worden. Im Zuge der Ermittlungen gaben weitere 25 Frauen an, dass sexualisierte Gewalt und Belästigung in der Fabrik an der Tagesordnung waren.[1]

Auf den ersten Blick besteht keinerlei Zusammenhang zwischen diesen schockierenden Geschehnissen und dem friedlichen Linkenholt, aber der Eindruck täuscht. Sie alle sind Teil der kapitalistischen Wirtschaftsordnung, die ermöglicht, dass sich enorme Vermögen in den Händen einer einzelnen Person konzentrieren. Derartige Konzentrationen von Reichtum und Macht ziehen sich wie ein roter Faden durch die Welt der Mode. Die Gewinne aus dem Geschäft mit Kreativität und Schönheit fließen wieder und wieder in die Taschen milliardenschwerer Aktionäre. Aber wie um alles in der Welt konnten es eigentlich so viele, die ihr Geld mit T-Shirts und Haarspangen verdienen, in die *Forbes*-Liste der reichsten Menschen der Welt schaffen?

Die neue Mrs. Jones

An sich ist massengefertigte Mode ein neues Phänomen, denn Kleider waren lange ausschließlich ein Zeitvertreib für Reiche. Der Rest der Gesellschaft beschränkte sich jahrhundertelang gezwungenermaßen auf das absolute Minimum. Friedrich Engels, Mitverfasser des Kommunistischen Manifests, schrieb 1844 Folgendes über das Elend, das er in den britischen Armenvierteln erlebt hatte: »Bei einer sehr, sehr großen Anzahl [...] sind die Kleider wahre Lumpen, die oft gar nicht mehr flickfähig sind oder bei denen man vor lauter Flicken die ursprüngliche Farbe gar nicht mehr erkennt. [...] Sie tragen [...] ›einen Anzug von Fetzen‹.«[2] Mit der industriellen Revolution kam die maschinelle Verarbeitung von Rohstoffen, darunter auch Baumwolle. Kleidung wurde trotzdem meist noch in privaten Werkstätten produziert, wo die Löhne sehr niedrig und die Arbeitsbedingungen unsicher und unhygienisch waren. Unfälle waren an der Tagesordnung und endeten oft tödlich. Um 1900 beschäftigte die Textilindustrie in Großbritannien 1,25 Millionen Menschen. Damit war sie der zweitgrößte Arbeitgeber für Frauen und der fünftgrößte für Männer.[3]

Einer der ersten Pioniere, die die Textilproduktion aus den Heimwerkstätten in große, zu diesem Zweck gebaute Fabriken verlagerten, war der nicht gerade mittellose jüdische Geschäftsmann Meshe David Osinsky, der 1900 vor dem Antisemitismus im Russischen Kaiserreich nach Leeds geflohen war. Seine Karriere begann er als Hausierer, der Schnürsenkel verkaufte. Schon kurze Zeit später eröffnete er jedoch unter dem Namen Montague Burton seinen eigenen Laden, wo man für die gerade noch bezahlbare Summe von 11 Shilling und 9 Pence einen Anzug erwerben konnte. 1909 war Burton stolzer Besitzer von vier Geschäften und einer Fabrik, den Progress Mills in Leeds.

Als fünf Jahre später der Erste Weltkrieg ausbrach, besaß er bereits vierzehn Geschäfte. Die Hersteller von Männerbekleidung hatten sich damals nach und nach auf die Massenproduktion einiger weniger Modelle und Farben spezialisiert, die allmählich zur Uniform des arbeitenden Mannes wurden.[4] Zu dieser allgemeinen Entwicklung kam nun die Nachfrage nach tatsächlichen Uniformen, als 5,5 Millionen Männer an die Front berufen wurden. Auch Frauen wurden für den Kriegseinsatz uniformiert. Bei der Sektion für Frauen des britischen Landwirtschafts- und Fischereirates konnten Arbeiterinnen aus der Landwirtschaft günstige Kleidung beziehen, zum Beispiel Latzhosen. 1918 bekamen die vier Millionen Kriegsveteranen bei ihrer Entlassung aus den britischen Streitkräften wahlweise einen Anzug (den sogenannten *demob suit*) oder eine Bekleidungsbeihilfe. All dies führte dazu, dass Burtons Unternehmen um 1925 die größte Textilfabrik Europas besaß. Berufstätige Frauen konnten sich in den 1920er Jahren, wenn sie ein wenig sparten, Kleider aus den Warenhäusern leisten; die meisten nähten jedoch weiterhin selbst. Besonders beliebt waren von Paris inspirierte Schnittmuster aus Modejournalen, wie dem seinerzeit tonangebenden Magazin *Mabs Fashions*, die mit günstigen Stoffen umgesetzt werden konnten.

Mit der Weltwirtschaftskrise der 1930er Jahre gab es auf einmal zwei Millionen Arbeitslose. In Großbritannien schlugen sich die Armen ohne Mäntel und mit löchrigen Schuhen durch. Es war normal, nur eine Garnitur Kleider zu besitzen. »Wie erstaunlich, dass im Zeitalter der Elektrizität, des Chroms, der Transatlantikflüge und der Radiostationen die Armen weiterhin so leben wie Bauern im 18. Jahrhundert«, schrieb dazu 1933 der Journalist H. V. Morton.[5] Gleichzeitig befand sich Hollywood in seinem einflussreichen Goldenen Zeitalter. »Nicht wenige Fabrikarbeiterinnen tun so, als wären sie Schauspielerinnen«[6], mokierte sich beispielsweise J. B. Priestley, Schriftsteller und damaliger Medienstar, über die von Hollywood inspirierten Moden unter der etwas wohlhabenderen Stadtbevölkerung.

Um 1939 besaß Montague Burton 595 Geschäfte, fünf davon lagen sogar auf der Londoner Einkaufsmeile Oxford Street.[7] Die Nachfrage nach Uniformen stieg im Zweiten Weltkrieg noch weiter an, doch gleichzeitig zehrte der Krieg »wie ein riesiger Bandwurm«[8]: Es gab Rationierungen, Fabrikarbeiter wurden an die Front geschickt und der Gesamtkonsum von Kleidung verringerte sich. Der Bekleidungshandel wurde zwischen 1941 und 1952 durch das *Utility Clothing Scheme*, ein staatliches Rationierungsprogramm, unterstützt (und Burton wurde gerettet).

Bereits 1917 hatten sich verschlechternde Lebensstandards und die Kunde von der Oktoberrevolution in Russland für eine Welle des Aufruhrs und des Unmuts gesorgt, und der Zweite Weltkrieg löste erneut Angst vor einem Aufstand aus. Als Großbritanniens Nachbarländer nach und nach von der Wehrmacht besetzt wurden, mussten zwangsläufig gesellschaftspolitische Zugeständnisse gemacht werden, um die Briten zum Kampf für ihr Land zu gewinnen. »Wenn von uns keine Reformen kommen, kommt von ihnen die Revolution«, so formulierte es damals Quintin Hogg von den Konservativen. Die von Neville Chamberlain geführte Regierung hoffte, das *Utility Clothing Scheme*, das qualitativ hochwertige Kleidung für alle erschwinglich machte, würde seinen Teil dazu beitragen, dass die Stimmung nicht kippte. Chamberlain, eigentlich ein Verfechter des freien Marktes, ordnete somit widerstrebend Rohstoffkontrollen an. Bis zum Mai 1940 war die Regierung alleinige Importeurin von 90 Prozent aller Rohstoffe geworden, darunter auch Wolle.[9]

Die durch das *Utility Clothing Scheme* eingeführten Maßnahmen setzten Mindeststandards für die Produktion, legten aber auch Obergrenzen für den Materialverbrauch mit Maximalwerten für Rocklängen, Ärmelweiten, Hosenaufschlägen und Gummibändern fest.[10] Mehrmals betonte das britische Handelsministerium, es beabsichtige nicht, ein »Modediktator« zu sein, sondern trage vielmehr für die bestmögliche Nutzung der vorhandenen Ressourcen Sorge.[11] Das Modemagazin *British Vogue* segnete *Utility Clothing* ab und schrieb, es sei ein Weg, sich »diesen Zeiten gemäß« zu kleiden.[12]

Wieder einmal arbeiteten Frauen in kriegsgebeutelten Ländern in Munitionsfabriken, als Busfahrerinnen, als medizinisches Personal an der Front oder verrichteten andere körperliche Arbeit. Sie trugen Hosen und Pullover und banden ihr Haar mit Tüchern zurück. In der Californian Radio Plane Company, einer US-amerikanischen Rüstungsfabrik, traf der Fotograf David Conover auf eine Arbeiterin namens Norma Jean Baker. Die Fotos, die er von ihr für die Zeitschrift *Yank, the Army Weekly* machte, waren der Startschuss für Marilyn Monroes Karriere.

1945 endete der Krieg, aber die schweren Zeiten und die Rationierungen zogen sich über das Kriegsende hinaus. Die zentrale Planung der Textilproduktion wurde abgeschafft, Preis- und Qualitätskontrollen hingegen nicht. Journalisten schrieben über *Utility Clothing*, die britischen Arbeitskräfte sähen gut gekleidet aus.[13] Einer von ihnen meinte, Mode sei »zum ersten Mal in der Geschichte« etwas, das »vom Proletariat und nicht von den Privilegierten« gemacht wurde.[14]

Große Veränderungen waren im Gange. Traditionell war Paris das Modezentrum der Welt gewesen. Dort wurden Trends kreiert, die sich nach und nach auch in anderen Ländern durchsetzten. Im Krieg verlor die französische Hauptstadt kurzzeitig diese Führungsposition in Sachen Schneiderkunst.[15] Der Plan der Nationalsozialisten, die Pariser Modeindustrie nach Berlin oder Wien zu versetzen, ging nicht auf. Stattdessen zerstörten sie nahezu den ganzen Prêt-à-porter-Sektor, der weitgehend jüdisch gewesen war. Für die Hersteller in New York waren die Einbrüche bei den französischen Exporten die Chance, sich als alternatives Zentrum der Modeschöpfung zu präsentieren. Denn für einen Großteil des Sektors war die kriegsbedingte Flaute in Design und Konsum desaströs. Wie sollte man Geld mit Moden verdienen, die nicht so schnell aus der Mode kommen? Wie als Reicher seinen Status zur Schau stellen, wenn Vorstellungen von Gleichheit dazu anhielten, Exklusivität und Luxus über Bord zu werfen?

Jean-Baptiste Colbert, ein Berater des Sonnenkönigs Ludwig XIV. von Frankreich, hatte die wirtschaftliche Bedeutung der Pariser Modeindustrie folgendermaßen auf den Punkt gebracht: »Mode ist für Paris etwa das Gleiche wie die Goldminen Perus für Spanien.« Fest dazu entschlossen, die eigene Goldmine am Laufen zu halten, organisierte 1945 der Pariser Modeverband Chambre Syndicale de la Haute Couture eine Tournee der neusten Pariser Modekreationen mit dem Titel »Le Théâtre de la Mode« durch die Großstädte Kopenhagen, Barcelona, London und New York. Um in den kriegsverwüsteten Städten keinen Anstoß zu erregen, wurden die luxuriösen Designs als eine Form des Widerstands verkauft: herrliche Kleidungsstücke, genäht von »halb erfrorenen Händen in einer ausgehungerten Stadt«.[16]

Ein Mann verkörperte wie kein zweiter die Pariser Anstrengungen, die Position an der Spitze zurückzuerobern – ein Mann, der während des Kriegs Kleider für die Frauen von Nazioffizieren und französischen Kollaborateuren entworfen hatte: Christian Dior.[17] Nach Kriegsende setzte er sich dafür ein, dass feste Hierarchien wieder ihren Platz in der Mode fanden. Im Februar 1947 präsentierte er eine Kollektion, die von den Medien als der »New Look« betitelt wurde. Dior selbst beschrieb ihn so: »Wir kamen aus einer Zeit der Kriege und Uniformen, einer Zeit der weiblichen Soldaten, die wie Boxer gebaut waren. Ich entwarf weibliche Blumen, zarte Schultern, wohlgeformte Dekolletés, Taillen, so dünn wie Lianen, und Röcke, so ausladend wie Blüten.«[18] Was der New Look im Prinzip tat, war Bewegungsfreiheit und Körperkraft durch eine ultrakonservative Vision von Weiblichkeit zu ersetzen, die, um das Ganze auf die Spitze zu treiben, auch noch durch Korsetts ergänzt wurde. Der Look passte zur politischen Agenda, Frauen zurück zu Heim und Herd zu schicken. Die große Betonung der Hüften konnte zudem als modischer Hinweis darauf gelesen werden, dass Frauen nach der vorherrschenden Meinung dazu da waren, Kinder zu gebären.[19] Als nach Kriegsende 1,25 Millionen Frauen zeitgleich aus der Industriearbeit ausschieden[20], war das eine eindeutige Botschaft: Frauen brauchten keine Arbeitskleidung mehr zu tragen.

Dutzende Bücher und Artikel sind darüber geschrieben worden, dass Frauen damals genau das wollten und dass es letzten Endes die Weltdamen selbst gewesen seien, die sich bewusst für den New Look entschieden.[21] Dies zu behaupten, heißt aber auch, das politische Klima jener Zeit und die Macht des Systems zu verkennen. Wie es in der Modebranche üblich ist, erhielt der Stil eine umfangreiche Berichterstattung durch ein ausgefeiltes Mediennetzwerk, unter anderem durch Magazine wie *Vogue* und *Harper's Bazaar, Mademoiselle, Seventeen* und *Women's Wear Daily*. Für den New Look wurden spezielle Zeitungswerbungen geschaltet, Modehäuser verschickten kostenlose Musteroutfits an Journalisten, die einflussreiche Frauen in diesen Kleidern fotografierten, Kaufhäuser und Geschäfte bewarben den Stil und ermutigten ihre Kundinnen dazu, sich komplett neu einzukleiden.

Die finanzielle Rückendeckung für den New Look bekam Dior von Marcel Boussac, dem damals reichsten und einflussreichsten Unternehmer Frankreichs. Bekannt als »König der Baumwolle«, sponserte er den Designer mit bis dato beispiellosen 60 Millionen Francs. Es ist kein Zufall, dass für einen Rock im Stil des New Look um die 14 Meter Stoff benötigt wurden – eine riesige Menge, verglichen mit den ressourcenschonenden Modellen der frühen 1940er Jahre. Boussac war überzeugt, dass die materialreichen Röcke des New Look nicht nur die Pariser Modeindustrie, sondern auch den Textilhandel wiederbeleben würden.[22]

Nach einem Jahrzehnt voller Tod und Entbehrungen war der Wunsch, nicht mehr wie Aschenputtel, sondern wie Cinderella auszusehen, wirklich real.[23] Unter denen, die kein Essen, keine Arbeit und keine Wohnung hatten, war der New Look dagegen nicht beliebt. »40 000 Francs für ein Kleid und keine Milch für unsere Kinder!« war ein Ausruf, der aufkam, als Diors Kreationen in den französischen Geschäften debütierten.[24] Die Kritik richtete sich nicht nur gegen die Unmengen an luxuriösen und teuren Stoffen, die der Stil verschlang, sondern auch gegen die auffälligen, prunkvollen Accessoires und Schmuckstücke, die vor Augen führten, wer sich das leisten konnte und wer eben nicht. Während man in Nordamerika Proteste gegen den New Look organisierte, verlangten Menschen in Großbritannien sogar von der Labour-Regierung, ein Gesetz gegen die langen und verschwenderischen Röcke zu erlassen. »Ich weiß wirklich nicht, ob ich versuchen sollte, mir richtig viele Kleidercoupons zu erschnorren und so an Geld zu kommen, oder ob ich mich einfach damit abfinden sollte, schäbig auszusehen«, so sagte es 1947 eine Frau aus der Arbeiterklasse.[25]

In Großbritannien existierten der New Look und die unter dem *Utility Clothing Scheme* produzierte Kleidung mehrere Jahre parallel nebeneinander, wobei der Pariser Stil wegen andauernder Rationierungen Einschränkungen in Kauf nehmen musste. Nach Kriegsende setzten sich Einzelhändler und Hersteller für die Abschaffung des Rationierungsprogramms ein, während Gewerkschaften für seine Weiterführung kämpften. Die Meinungsverschiedenheiten über die Bereitstellung günstiger und guter Kleidung machten deutlich, dass sich das Bündnis, das es in den Kriegsjahren zwischen Regierung, Wirtschaft und Arbeiterschaft gegeben hatte, aufzulösen begann. Die Gesellschaft war wieder dabei, sich zu polarisieren.[26] Salopp gesagt, stand die Frage *Utility* versus New Look damals auch für einen politischen Scheideweg: Zu wessen Vorteil sollte eine Gesellschaft funktionieren? Damit sind wir wieder bei unserem Gedankenexperiment, wofür Mode eigentlich da ist. Dafür, dass wir qualitativ hochwertige, langlebige und schön gestaltete Kleidung tragen können? Oder dafür, dass Unternehmen Profit machen?

George Orwell hatte 1937 in *Der Weg nach Wigan Pier* beschrieben, wie die Massenproduktion von Kleidern dazu beitrug, oberflächliche Klassenunterschiede zu verwischen.[27] Aber während die Rationierungen im Krieg die schlimmste Armut verringern konnten, kehrte sich dieser Trend mit dem New Look um, und Arbeiterinnen mussten sich wieder ganz hinten anstellen. Der Sieg des New Look zog in der Nachkriegszeit neue Klassengrenzen mit Kleidung. Es profitierten das große Geschäft und die, die bereits reich gewesen waren; Frauen und die Arbeiterklasse hatten das Nachsehen.

Der Britische Verband der Bekleidungs- und Modeindustrie (Apparel and Fashion Industry Association, AFIA) befand sich zu Beginn der 1950er Jahre an der Spitze einer veränderten Branche. Die geplante Massenproduktion lief auf Hochtouren und mit einem Minimum an Arbeitskraft; sie war wissenschaftlich, mechanisiert und beschäftigte sowohl ausgebildete Führungskräfte als auch Fachkräfte.[28] Es gab Potenzial für die Massenfertigung sowohl von Männer- als auch von Frauenmode; den Frauen fehlte es nur noch an Geld, um sich Kleider kaufen zu können. Würde sich das ändern, stünden goldene Zeiten bevor.

Der kapitalistische Boom der Nachkriegsjahre von 1948 bis 1970 war das Ergebnis der andauernden Rüstungsausgaben während des Kalten Kriegs sowie des Konsenses unter den Regierungen, dass der Staat durch sein Eingreifen eine dezidierte Rolle in der Industrie und der sozialen Wohlfahrt spielen sollte.[29] Als im Zuge dessen die Arbeitslosenquote in den USA bis auf 3 Prozent und in Großbritannien auf 1,5 Prozent sank, öffnete sich der Arbeitsmarkt auch wieder für Frauen.[30] Die Zahl verheirateter berufstätiger Frauen stieg sprunghaft an und überstieg bald die Zahl der arbeitenden alleinstehenden Frauen. Sie wuchs weiter und weiter, bis in den 1980er Jahren über die Hälfte aller verheirateten Frauen einer bezahlten Arbeit nachgingen.[31]

In Großbritannien konnte man schon seit Beginn des 20. Jahrhunderts den Aufschwung einer unabhängigen Jugendkultur beobachten, und bis in die 1950er Jahre war, inspiriert von Großbritannien, auch in den USA eine lebendige Jugendkultur entstanden. In Frankreich gab es dergleichen nicht, weshalb London mit dem *Youthquake* der 1960er Jahre Paris zeitweise den Rang als Modezentrum streitig machte (den Ausdruck *Youthquake* prägte Diana Vreeland, die von 1963 bis 1971 Chefredakteurin der US-amerikanischen *Vogue* war). Brigitte Bardot erklärte Chanel, Haute Couture sei »für Omis«[32], und die Zeit des Minirocks brach an. Die Swinging Sixties forderten zwar die alte Garde heraus, brachten aber dennoch keine Demokratisierung in Sachen Mode. Hatten zuvor die *grandes dames* und deren Vermögen und sozialer Status im Fokus der Modeindustrie gestanden, so waren es nun die Umsätze, die mit der jungen Generation gemacht werden konnten.[33]

Mode geht dorthin, wo das Geld ist. Diese Ansicht vertrat die einflussreiche US-amerikanische Modejournalistin Tobé Coller Davis. Sie wies darauf hin, dass 1929 in den USA 1 Prozent der Bevölkerung über 20 Prozent aller Vermögen verfügte. Bis 1953 sank diese Zahl auf weniger als 8 Prozent.[34] Andere aus der Branche teilten diese Meinung. »Ich verkaufe eher 5000 Stück eines Produkts, das 10 Dollar kostet, als ein einzelnes Produkt, das 500 Dollar kostet«, so ein Einkäufer, der damals vom Luxuskaufhaus Saks Fifth Avenue zum Kaufhaus Sears gewechselt hatte, das sich an ein Massenpublikum richtete. Stanley Marcus, Besitzer des Nobelkaufhauses Neiman Marcus, fasste den Kurswechsel so zusammen: »Wir richten uns nun darauf aus, nicht nur Ölhändler als Kunden zu haben, sondern vor allem deren Sekretärinnen.«[35]

Die Erkenntnis, dass auch Geld gemacht werden konnte, indem man sich nicht nur an die Spitzenverdiener richtete, veränderte die Strategie der ganzen Branche. Die Textilproduktion hatte sich gewandelt, die Menschen verfügten über mehr Einkommen als je zuvor, und es arbeiteten so viele Frauen wie noch nie. Tobé Coller Davis umschrieb die Situation damals mit dem Ausdruck »die neue Mrs. Jones«: »Wir haben es hier mit über 30 Millionen Frauen zu tun. Das sind nicht mehr nur einzelne Gehälter von, sagen wir mal, 4000 Dollar. Das sind ganze Niagarafälle an Einkommen, insgesamt um die 100 Milliarden Dollar. Wenn es jemals einen Markt gab, dann sind wir jetzt mittendrin«.[36]

Den Massenmarkt besitzen

1966 designte Paco Rabanne als Werbegag für die Scott Paper Company ein Kleid aus Papier. Sein Statement dazu kann heute als prophetisch bezeichnet werden: »Das Kleid ist sehr billig und kann nur ein- oder zweimal getragen werden. Für mich ist es die Zukunft.«[37] 55 Jahre später ist der Modemarkt geprägt von unter Hochdruck hergestellter Massenware in Überproduktion und aggressiven Maßnahmen zur Kostensenkung. Anstatt der traditionell saisonalen Kollektionen bringt Zara nun jedes Jahr 24 davon heraus. Bei H&M sind es zwischen 12 und 16 Kleiderkollektionen, die aber jede Woche aktualisiert werden.[38]

Auch Luxusmarken haben dazu beigetragen, dass es nicht mehr nur Saisonkollektionen gibt. Burberry beispielsweise ist führend mit seinem »See Now, Buy Now«-Modell (sehen und sofort kaufen), Mode also, die man unmittelbar nach der Laufsteg-Show erwerben kann. Eine Konkurrenz für beide Modelle stellt die überaus schnelllebige »Slash-Fashion«-Methode der digitalen Modemarken wie Boohoo, SHEIN, Pretty Little Thing oder Fashion Nova dar. Im Februar 2020 berichtete *Vice*, Boohoo habe in nur einer einzige Woche 772 verschiedene Bekleidungsartikel hochgeladen – also im Schnitt 116 pro Tag.[39] Mit der Explosion der Onlinemodeseiten kamen auch Plattformen für den Verkauf gebrauchter Artikel auf, wie Depop (die zu Etsy gehört), eBay oder Vinted. Eines ist jedoch unverändert geblieben: Noch immer gehören die Markencluster großen internationalen Konzernen, die sie auch international führen.

Als im Dezember 2020 während der Coronapandemie Millionen von Arbeitskräften in der Textilindustrie ihre Jobs verloren und hungern mussten, belief sich der Wohlstand der Milliardäre weltweit insgesamt auf 11,95 Billionen Dollar. Das Vermögen der zehn Reichsten stieg seit Beginn der Pandemie um 540 Milliarden Dollar. Laut Oxfam hatte einer von ihnen mittlerweile sogar so viel Geld, dass er jedem und jeder seiner 876 000 Angestellten einen Bonus von 105 000 Dollar hätte zahlen können und dann immer noch so reich gewesen wäre wie vor der Pandemie.[40] Die Rede ist von Amazon-Gründer Jeff Bezos, dem unangefochtenen Warlord des Onlineshoppings. Trotz aufstrebender Konkurrenz, wie dem Lebensmittelriesen Walmart, kann Amazon vorläufig weiterhin einen Löwenanteil des Onlinehandels in den USA für sich beanspruchen.[41]

Amazon steht wegen seiner Arbeitsbedingungen permanent unter Beobachtung, seien es Coronaausbrüche in den Fabriken, aggressives

Vorgehen gegen Gewerkschaften, unterirdische Löhne für Lagerarbeiter:innen oder hohe Verletzungsraten. Amazon scheint sich davon jedoch nicht beirren zu lassen und verleibt sich weiter den Einzelhandel im Modesektor ein. Laut einem Experten stellt die Plattform eine existenzielle Bedrohung für die gesamte traditionelle Modeindustrie dar.[42] Zwar legt Amazon nicht offen, wie viele Verkäufe auf den Bereich Mode entfallen, doch Spezialisten sehen das Unternehmen als führenden Modehändler in den USA, mit über 30 Milliarden Dollar Umsatz.[43] Dass zu Amazons Einflussbereich und Kundschaft teure Marken und Boutiquelabels gehören, zeigt einmal mehr, dass eine Unterteilung in Durchschnitts- und Luxusmode wenig sinnvoll ist. Ein weiteres Unternehmen, welches seine Gewinne mit Internetverkäufen erwirtschaftet, ist ASOS. Die Firma verschickt ihre Waren in 239 Länder, ohne auch nur einen einzigen Laden zu besitzen. Für 2020 gab das Unternehmen 2,7 Milliarden Onlineshopbesuche an und Einnahmen von 1,98 Milliarden Pfund innerhalb von sechs Monaten.[44]

2006 entschlossen sich zwei Angestellte einer Firma, die sowohl ASOS als auch Primark belieferte, den Zwischenschritt zu überspringen und ihren eigenen Onlineshop zu eröffnen. So gründeten Mahmud Kamani und Carol Kane die Firma Boohoo. Der britische Onlinemodehändler setzt darauf, extrem schnell extrem kleine Stückzahlen zu produzieren (manchmal sogar nur ein paar Dutzend), sie dann auf ihre Website hochzuladen und nur das nachzuproduzieren, was sich auch tatsächlich verkauft. Vom Entwurf eines Artikels zu dessen Verkauf dauert es mitunter nur zwei Wochen. Bezeichnend für diese Slash-Fashion-Methode ist auch die Gewohnheit, die Lager mit drastischen Rabattaktionen, bei denen die Bestände für nur ein paar Pennys zu haben sind, leerzuräumen.

Wie auch bei anderen Arten der Modeproduktion zahlen die Arbeitskräfte und die Umwelt einen hohen Preis dafür. 40 Prozent der Waren von Boohoo werden im Vereinigten Königreich hergestellt. Recherchen im Sommer 2020 ergaben, dass die Angestellten der Werke im englischen Leicester, die für Boohoo produzierten, trotz des damaligen Mindestlohns von 8,72 Pfund lediglich 3,50 Pfund pro Stunde bekamen. Mahmud Kamanis Vermögen beläuft sich derzeit auf 1,4 Milliarden Pfund.[45] Neben ihren eigenen Marken gehören der Aktiengesellschaft Boohoo auch Karen Millen, Nasty Girl, Pretty Little Thing, Coast, Miss Pap, Oasis, Warehouse, Wallis, Dorothy Perkins, Burton und Debenhams. Einige davon wurden aufgekauft, nachdem sie bankrott gegangen waren, was teils mit den wirtschaftlichen Auswirkungen der Pandemie zu tun hatte. In China fährt die Slash-Fashion-Marke SHEIN Erträge ein, von denen Boohoo nur träumen kann. Der von Chris Xu (bekannt als Yangtian Xu) gegründete Onlinekleiderhändler mit Hauptfokus auf die USA wurde 2021 laut *Forbes* auf 15 Milliarden Dollar geschätzt.[46] Recherchen in Guangzhou im November 2021 deckten auf, dass die Angestellten in den SHEIN-Fabriken 75 Stunden die Woche für einen Hungerlohn arbeiten.[47]

Zwar sollte man den Stellenwert des Onlinehandels nicht unterschätzen, doch im März 2021 entfielen in den USA von 100 in Waren investierten Dollar nur 14 auf Onlineshopping.[48] Physische Ladengeschäfte (oder Unternehmen, die beides anbieten) machen noch immer Hunderte Milliarden Dollar im Modeeinzelhandel aus.

2021 stand auf Platz 11 der *Forbes*-Liste der reichsten Menschen Amancio Ortega, dessen Firma Inditex die Welt mit billigen Hemden, Kleidern, Schuhen und Blazern versorgt. Ortega gründete das Unternehmen 1963 in Spanien mit seiner damaligen Frau Rosalia Mera (die, als sie 2013 verstarb, über ein Eigenvermögen von 6,1 Milliarden Dollar verfügte). Der Konzern ist vor allem für seine Marke Zara bekannt; ihm gehören aber auch Pull&Bear, Massimo Dutti, Bershka, Stradivarius, Oysho, Zara Home und Uterqüe. Laut eigenen Angaben verkaufte Inditex im Jahr 2018 1 597 260 495 Artikel.[49] Als die erste Version dieses Buches 2014 erschien, betrug Ortegas persönliches Vermögen 57 Milliarden Dollar – im Laufe der Finanzkrise sollte es um zweistellige Milliardenbeträge ansteigen.[50] 2021 belief es sich auf 77 Milliarden Dollar. Nach dem Tod ihrer Mutter wurde Sandra Ortega Mera zur reichsten Frau Spaniens. Ortega und Stefan Persson von H&M sind natürlich bei weitem nicht die einzigen Milliardäre des Massenmarktes Mode. Die spanische Firma Mango bringt ihren Gründern, der Familie Andic, Milliarden ein. Das Modeunternehmen, das 2017 einen Umsatz von 2,5 Milliarden Dollar machte, hat 2100 Filialen in so unterschiedlichen Ländern wie Belarus und Irak.

Zu den Marken des japanischen Unternehmens Uniqlo, gegründet von Tadashi Yanai, gehört zum Beispiel Helmut Lang. Lag Yanais Nettovermögen 2014 noch bei 15,5 Milliarden Dollar, war es bis 2021 bereits auf 38,5 Milliarden angestiegen, was ihn zu einem der reichsten Menschen Japans macht. Der dänische Milliardär Anders Holch Povlsen, der größte private Grundbesitzer Schottlands, hält einen beträchtlichen Anteil von ASOS. Außerdem besitzt er die Modegruppe Bestseller, zu der unter anderem Vero Moda gehört. 2019 verloren die Povlsens drei ihrer vier Kinder bei den Bombenanschlägen in Sri Lanka am Ostersonntag mit insgesamt 290 Todesopfern.

Zu den Milliardären aus dem Bereich Sportbekleidung gehören der Gründer von Lululemon sowie führende Manager der chinesischen Firma Anta Sports Products. Obwohl sich der Nike-Gründer Phil Knight 2016 zur Ruhe setzte, verfügt er über ein Vermögen von stolzen 40,4 Milliarden Dollar. Heinrich Deichmann, der CEO von Europas größtem Schuhhändler Deichmann, ist 7,12 Milliarden Dollar schwer. In Großbritannien besitzt Mike Ashleys Fraser Group mehrere Marken wie Sports Direct, Jack Wills und Slazenger und ist auch mit 12,5 Prozent an Mulberry beteiligt. Ein großer Teil des Bekleidungsumsatzes wird außerdem in Supermärkten gemacht. Zu den größten Kleidermarken des Vereinigten Königreichs gehört George von der Supermarktkette ASDA, die nach eigenen Angaben pro Woche 800 000 Besuche auf ihrer Modewebsite zählt.

Wenn über massenproduzierte Mode gesprochen wird, muss natürlich auch Primark genannt werden, das Unternehmen, das für viele zum Synonym der Übel von Fast Fashion geworden ist. Der Primark-Flagshipstore am Londoner Oxford Circus verkaufte in den ersten zehn Tagen nach seiner Einweihung eine Million Kleidungsstücke.[51] Besitzer von Primark ist das Börsenunternehmen Associated British Foods, das zu 54 Prozent der britischen Investmentgesellschaft Wittington Investments gehört; diese wiederum wird durch die Familie Weston kontrolliert und besitzt teilweise oder vollständig Sweaty Betty, Fortnum & Mason sowie Heals. Die *Sunday-Times*-Liste der reichsten Personen oder Familien im Vereinigten Königreich von 2021 nennt die Familie Weston, die seit langem die konservative Partei finanziell unterstützt, auf Platz zehn, mit einem Vermögen von 11 Milliarden Dollar.[52] Wem Primark zu heruntergekommen ist, der kann einmal über die Oxford Street gehen und sein Geld bei Selfridges ausgeben, das bis vor kurzem ebenfalls der Familie Weston gehörte.[53]

Die Modeindustrie ist geschickt darin, den Anschein von Wahlmöglichkeiten zu erwecken, wobei vermeintlich konkurrierende Marken tatsächlich zum selben Unternehmen gehören. Ein Beispiel aus den USA ist der Freizeitausstatter VF mit dem Firmenslogan »Unser Ziel ist es, Initiativen für einen nachhaltigen und aktiven Lebensstil zur Verbesserung der Lebensqualität der Menschen und unseres Planeten zu fördern«[54]. Dutzende Marken gehören zu dem Konzern, darunter Supreme, Vans, Timberland, Dickies, Eastpak, Jansport und The North Face. Analog dazu sind Gap, Banana Republic, Old Navy, und Athleta allesamt Teil der Gap Inc. mit der Losung »Wir schaffen zielgerichtete, milliardenschwere Marken, die den Lebensstil der Menschen prägen«[55].

Ein weiterer US-amerikanischer Riese ist PVH, zu dem Tommy Hilfiger und Calvin Klein gehören. Allein die Einzelhandelsumsätze der Marken von Calvin Klein beliefen sich 2019 auf 9,4 Milliarden Dollar; 2010 waren es noch 6,7 Milliarden gewesen. Ein Großteil dieser Einnahmen speist sich aus Lizenzverträgen. Designerinnen und Designer verkaufen durch Lizenzvergaben das Nutzungsrecht an ihren Namen, wodurch Dritte Dinge produzieren und unter dem Markennamen verkaufen dürfen. Calvin Klein hat Lizenzverträge für Parfums, Frauenbekleidung, Schuhe, Brillen, Uhren und Schmuck. Ein anderes Unternehmen, das sehr viel in Lizenz produzieren lässt, ist die börsennotierte Ralph Lauren Corporation, zu dem die verschiedenen Ralph-Lauren-Marken und Club Monaco gehören.

Kehren wir noch einmal zurück zu Burton. Als Montague Burton 1952 starb, verschwand sein Unternehmen nicht, ganz im Gegenteil. Die Burton Group hatte sich bis 1987 auf fünzehn Vertriebsmarken erweitert, darunter auch Topshop. Der Umsatz mit Damen- und

Kinderbekleidung war höher als bei der Männermode und betrug 1 338 600 000 Pfund.[56] Die Burton Group heißt seit 1997 Arcadia Group und ist seit 2002 im Besitz von Taveta Investments, die Burton von der Londoner Börse nahm. Taveta Investments wird vom englischen Milliardär Philip Green kontrolliert, dem 2005 das höchste Gehalt der britischen Geschichte überwiesen wurde: 1,2 Milliarden Dollar. Praktischerweise ist das Unternehmen auf seine Ehefrau Tina Green eingetragen, die ihren Wohnsitz in Monaco hat.

Das Fürstentum Monaco zählt 35 000 Einwohner und 350 000 Bankkonten.[57] Zu Fuß braucht man keine Stunde, um es einmal abzulaufen, ein fünf Kilometer langer Spaziergang, bei dem man an Handtaschen vorbeikommt, die so viel kosten wie Autos, und Autos, die so viel kosten wie Häuser. Die Küste sieht aus wie ein Postkartenschnappschuss der französischen Riviera, wo im Schatten von Hotels und Casinos Beachvolleyballturniere stattfinden. Was gibt es in Monaco sonst noch zu sehen? Zum Beispiel eine ganze Menge Hundehaufen, denn schließlich würde es den Herrchen und Frauchen nicht im Traum einfallen, sich dazu herabzulassen, die Häufchen wegzuräumen. Enge Gassen schlängeln sich in der Altstadt an den Wohnhäusern vorbei, Apotheken und Boutiquen stehen den älteren Menschen und ihren Haustieren zur Verfügung. Ein Bus aus Nizza setzt Urlaubsgäste am Hafen von Monaco ab, die keine Sekunde zögern und mit dem Selfieschießen beginnen. Man posiert vor Jachten mit Namen wie *C'est La Vie* – als Multimillionär hat man gut reden. Pärchen spazieren durch den Hafen, wo ein weißglänzendes Boot größer ist als das nächste. Sie glänzen so schön, weil Hilfskräfte sie auf Knien rutschend sorgfältig poliert haben.

Als es zur erwähnten Rekordzahlung bei Arcadia kam, gehörte den Greens eine dieser Jachten, die so riesig war, dass man sie Superjacht nennen musste. Sie trug den Namen *Lionheart* – Löwenherz. Nicht ohne Ironie ist, dass in Michael Winterbottoms Film *Greed* – »Gier« – die Hauptfigur Sir Richard McCreadie (gespielt von Steve Coogan und lose an Philip Green angelehnt) am Ende von Löwen zerfleischt wird.

Die Jacht und der Wohnsitz in Monaco zeigen, dass die Greens keine Steuern auf die erhaltene Riesensumme zahlten. Die Greens sind die Antwort auf die Frage der *New York Times*, warum Monaco als »Relikt des europäischen Mittelalters« überhaupt ein Land ist. Es sind Geschichten wie diese, die den französischen Präsidenten Charles de Gaulle 1962 zur Blockade von Monaco brachten. Das kleine Nachbarland sollte den französischen Bürgern nicht erlauben, dort zu leben und Steuerzahlungen zu vermeiden. Aber gegen Superjachten gibt es heutzutage keine Blockaden.

Philip Green hatte zudem mit heftiger Kritik zu kämpfen, als er über 500 Millionen Pfund aus der mittlerweile nicht mehr bestehenden Kaufhauskette British Home Stores (BHS) abzog, was letztlich den Konkurs der Firma und einen maroden Pensionsfonds für die 11 000 Mitarbeitenden zur Folge hatte. 2015 verkaufte Green BHS für ein Pfund. Bei dem Käufer handelte es sich um Dominic Chappell, einen »ehemals bankrotten Geschäftsmann und Rennfahrer ohne Erfahrung im Einzelhandel.«[58] Als BHS im April 2016 pleite ging, hinterließ das ein Pensionsfondsdefizit von 571 Millionen Pfund. Green stand unter Verdacht, Chappell die Firma verkauft zu haben, um nicht mehr für die Altersvorsorge seiner Angestellten verantwortlich zu sein, stritt dies jedoch vehement ab. Zwei Jahre später lenkte er in Verhandlungen mit der Rentenregulierungsbehörde ein und zahlte 363 Millionen Pfund in bar, um das Loch zu stopfen.[59] 2020 wurde Dominic Chappell zu sechs Jahren Gefängnis wegen Steuerhinterziehung von 584 000 Pfund verurteilt, nachdem er auf die 2,2 Millionen Pfund Einkommen nach seinem Ankauf von BHS keine Steuern gezahlt hatte.[60] Mit dem Leak der Pandora Papers 2021 wurde öffentlich, dass Tina Green, als BHS schon am Krückstock ging, heimlich über Offshore-Firmen vier Luxusimmobilien im Gesamtwert von 37,5 Millionen Pfund erworben hatte.[61]

Das war jedoch erst der Anfang von Greens Ende. 2018 titelte der *Daily Telegraph* zusammen mit der Silhouette eines Mannes: »Der britische #MeToo-Skandal, der nicht enthüllt werden kann.« Ein »führender Geschäftsmann« hatte mit einer einstweiligen Verfügung versucht, die Veröffentlichung von Ermittlungen zu seinem persönlichen Verhalten zu verhindern. Doch Lord Peter Hain, ein Labour-Mitglied des britischen Oberhauses, wagte in dieser Pattsituation etwas: Er berief sich auf seine parlamentarischen Privilegien (die ihm rechtliche Immunität vor Konsequenzen wie Verleumdungsklagen garantieren) und gab den Namen des fraglichen Geschäftsmanns preis. Es handelte sich um Philip Green.

Hain erklärte dazu: »Was mir an diesem Fall Sorge bereitete, war das Zusammenspiel von Reichtum, sowie der damit einhergehenden Macht, und Missbrauch.«[62] Nachdem die Verfügung schließlich aufgehoben worden war, veröffentlichte der *Telegraph* eine ganze Liste von Anschuldigungen, die Rassismus, sexuellen und physischen Missbrauch gegenüber früheren Angestellten sowie die Vertuschung dieser Vorfälle beinhaltete. Green behauptet, nie etwas Gesetzeswidriges getan zu haben.[63]

2019 strich die *Sunday Times* Philip Green von ihrer *Rich List*, er war nun kein Milliardär mehr. Die Ersteller der Topliste beschrieben die Arcadia Group, einstiger Star des Einzelhandels, als aufgrund seiner großen Verschuldung »wertlos«. 2020 meldete die Arcadia Group Insolvenz an, und ihre Marken wurden unter den Onlinehändlern Boohoo (Burton, Wallis, Dorothy Perkins) und ASOS (Topshop, Topman, Miss Selfridge) aufgeteilt.

Von den ehemals 13 000 Angestellten der Arcadia Group behielt nur ein Bruchteil ihren Job. Im März 2021 berichtete die *Retail Gazette*, die Gruppe versuche Möbel und Einrichtung zu verkaufen, darunter Computer, Kameras, Schreibtische und Bürostühle, um ihre Gläubiger auszuzahlen. Unter anderem gab es schwarze Lackschreibtische und eine Hausbar mit Glasfront von Green & Mingarelli Design zu ersteigern, einer Inneneinrichtungsmarke von Tina Green. Während ich diesen Text schreibe, hält Philip Green noch immer den Ehrentitel *Sir*, den er seit dem Ritterschlag durch Tony Blair trägt.

Steuergerechtigkeit

Bei Bekleidung handelt es sich um physische Objekte, die problemlos quantifizier- und steuerbar sein sollten. Und dennoch haben die Behörden, besonders in Italien, immer wieder mit Steueraffären von

Luxusmarken zu tun. *Bloomberg* berichtete über die Steuerumgehung von Inditex (wozu auch Zara gehört), als die Firma zwei Milliarden Dollar in eine kleine Tochtergesellschaft steckte, die in der Schweiz und den Niederlanden tätig ist.[64] Ein klassisches Beispiel dafür, Gewinne dort zu parken, wo am wenigsten Steuern anfallen. Die Nutzung von Steueroasen ist eine überaus beliebte Praxis in der Modeindustrie. Laut beim britischen Handelsregister hinterlegten Unterlagen gehört New Look einer Muttergesellschaft mit Sitz im Steuerparadies Jersey. Dasselbe gilt für Boohoo. Ein Großteil der Branche setzt auf diese Taktik. Mit den Panama Papers – Terabytes an vertraulichen Dokumenten des panamaischen Rechtsdienstleisters Mossack Fonseca – kamen auch große Namen der Modebranche ans Licht, die über Auslandskonten verfügen: die in London lebende Designerin Roksanda Ilincic; der Gründer von Mexx; der Eigentümer von Jordache Janes; und Valentino Garavani, Namensgeber der Luxusmarke Valentino.[65]

Mit Steuereinnahmen wird das finanziert, was unsere Gesellschaft braucht, um zu funktionieren: Schulen, Krankenhäuser, Straßen und so weiter. Außerdem werden dadurch Wohlstand und Ressourcen in einem System umverteilt, in dem nicht alle die gleichen Chancen haben. Zahlen Unternehmen keine Steuern, wird eine größere Steuerlast auf die arbeitenden Menschen abgewälzt und wertvolle öffentliche Dienstleistungen werden abgebaut. Besonders hart trifft dies Frauen, die zu den am schlechtesten Bezahlten der Gesellschaft gehören und zudem oft unbezahlte Sorgearbeit leisten müssen.

»Die Modeindustrie ist ein großartiges Beispiel für etwas, das die weltweite Verteilung von Wohlstand und steuerpflichtigen Gewinnen beeinflusst«, so die Steuerexpertin Clair Quentin. »Für die Menschen werden die Dinge immer wichtiger, die durch die Kleidung repräsentiert werden – die Designs, die Labels und die Marken. Das bedeutet, dass die Modeindustrie eher auf geistigem Eigentum als auf Produktion basiert. Geistiges Eigentum ermöglicht es Firmen einfach, ihre Gewinne außer Landes zu verstecken und keine Steuern darauf zu zahlen.«

In reichen Ländern werden die Marken entwickelt und die Kleider entworfen, produziert werden sie aber in sehr armen. »Selbst wenn also die Erträge der Modebranche in vollem Umfang besteuert würden und nicht in der Geheimhaltung unterliegende Steuergebiete flößen, würden die Gewinne dort anfallen, wo das Design, das Management und der Einzelhandel sitzen und nicht in den Billiglohnländern, in denen produziert wird«, erklärt die Steuerexpertin. Auch wenn in Bangladesch Kleidung im Wert von 20 Milliarden Dollar für den Export hergestellt wird, ist der Gewinn, den die Fabriken damit machen, relativ gering, nachdem sie von den Auftraggebern gemolken wurden. Am Ende bleibt für Bangladesch kaum besteuerbarer Gewinn, den das arme Land doch so dringend für die öffentliche Infrastruktur benötigen würde. Quentin schließt daraus: »In der sogenannten entwickelten Welt gratulieren wir uns für unseren anspruchsvollen Kleidergeschmack. Betrachtet man das System aber aus steuerlicher Perspektive, ist es genau dieser Anspruch, widergespiegelt im scheinbaren Wert des geistigen Eigentums, der den materiellen Lebensbedingungen von Frauen weltweit kontinuierlich schadet.«

Und nun denken Sie einen Moment an eine der stark unterfinanzierten öffentlichen Leistungen in Bangladesch: eine richtige Aufsichtsbehörde zur Überprüfung von Baurichtlinien. Eine solche Stelle für Gesundheitsschutz und Arbeitssicherheit hätte Tragödien wie Rana Plaza verhindern können.

Haute Couture besitzen

Im Geschäft mit der Massenmode wimmelt es nur so von Milliardären, und das gleiche gilt für ihre ältere und glamourösere Schwester, die Haute Couture. Bernard Arnault ist der CEO und Hauptanteilseigner von LVMH (Moët Hennessy Louis Vuitton). 2012 war er der reichste Europäer und viertreichste Mensch der Welt, sein Vermögen belief sich auf 41 Milliarden Dollar.[66] 2021 waren es 190 Milliarden Dollar, und wenn der Aktienpreis seiner Marken gut steht, macht er manchmal Jeff Bezos den Posten als reichster Mann der Welt streitig. Sein Geld macht er mit Alkohol, Immobilien und Modemarken. Arnault ist der Vorsitzende und Mehrheitseigner der Luxusgütergruppe Christian Dior, der wichtigsten Beteiligungsgesellschaft von LVMH. Und das LVMH-Monopol mit seinen siebzig Marken ist der weltweite Branchenführer der Luxusgüterindustrie. Die wichtigste Marke steckt dabei auch im Namen der Gruppe: Louis Vuitton. Sie hat den Spitznamen »Luxus-Microsoft«[67] oder auch McDonalds der Luxusindustrie: »Sie ist unangefochtener Marktführer, rühmt sich mit Millionen verkaufter Produkte, hat Filialen bei allen wichtigsten Touristenattraktionen – meist nur einen Steinwurf vom nächsten McDonalds entfernt – und ihr Logo hat den gleichen Wiedererkennungswert wie das goldene M.«[68]

Der französische Geschäftsmann Arnault verdiente sein Geld zunächst in der Immobilienentwicklung und konzentrierte sich dann zwei Jahrzehnte lang darauf, große Anteile von Luxusunternehmen in seinen Besitz zu bringen. Der enge Freund des ehemaligen französischen Präsidenten Nicolas Sarkozy wurde in Frankreich zur Zielscheibe antireicher Ressentiments, und zwar in einem solchen Ausmaß, dass eine Zeitung die Schlagzeile »Verpiss dich, du reicher Idiot!« auf ihre Titelseiten druckte (»Casse-toi riche con«).[69] Zur selben Zeit wurde er in Großbritannien für seine Verdienste um Unternehmen und »die größere Gemeinschaft im Vereinigten Königreich« zum Ritter geschlagen.[70] Arnault ist berühmt-berüchtigt für seine skrupellosen Taktiken bei der Übernahme von Unternehmen, die eine neue Ära in der Modewelt und das Ende des *old boys' club* einläuteten. Als sich LVMH 2011 heimlich mit 22 Prozent der Anteile in das Unternehmen Hermès einkaufte, hatte dies große Empörung und gerichtliche Auseinandersetzungen zur Folge. Die Familie Dumas, der Hermès gehört, hat in der Zwischenzeit ihren Anteil von 50 Prozent in einer geschützten Holding gesichert. *Bloomberg* geht von einem Vermögen der Dumas von 49,2 Milliarden Dollar aus, womit sie zu den reichsten Familien der Welt gehören.[71] Hermès sowie Chanel (im Privatbesitz von Alain und Gerard Wertheimer, deren Vermögen 2013 auf 19,2 Milliarden Dollar und 2021 auf 33 Milliarden Pfund geschätzt wurde) sind nun wohl »besser als Fort Knox«[72] gegen Übernahmen geschützt. Im Januar 2021 kaufte LVMH den US-Juwelier Tiffany & Co.

für 15,8 Milliarden Dollar auf, die wohl größte Übernahme einer Luxusmarke überhaupt.

Einer der Hauptkonkurrenten von LVMH ist ein Luxuskonzern, der ebenfalls von einem Multimilliardär geleitet wird, nämlich François-Henri Pinault. Zum Kering-Konzern gehören Marken wie Gucci, Bottega Veneta, Saint Laurent, Alexander McQueen, Balenciaga, Brioni, Christopher Kane, McQ, Stella McCartney, Tomas Maier, Sergio Rossi und Puma. Früher hieß Kering PPR, das sich wiederum aus Pinault-Printemps-Redoute entwickelt hatte, einer 1963 gegründeten Holz- und Baustofffirma. 2021 schätzte man Kering auf 95 Milliarden Dollar.[73] Die spanische Unternehmensgruppe Puig mit ihren fünf Luxusmarken, darunter Jean Paul Gaultier, Carolina Herrera und Paco Rabanne, kontrolliert einen Großteil des globalen Edelparfummarktes. Der Konzern Richemont besitzt einen weiteren Teil des Luxusmarktes, mit Marken wie Chloé oder Alaïa sowie den Verkaufsplattformen Net-a-Porter und Yoox.

Einige Marken sind weiterhin unabhängig. Traditionell besteht unter den italienischen Luxusmodehäusern eher die Tendenz, unabhängig und in Familienbesitz zu bleiben. Der Familienkapitalismus ist das Markenzeichen der italienischen Wirtschaft, und die Muster aus der Modeindustrie wiederholen sich in anderen Branchen der industriellen Herstellung. Um 2013 herum haben jedoch Veränderungen eingesetzt. Die Prada Group ging 2012 an die Börse.[74] Versace gehört nun zu Capri Holdings Limited und steht damit in einer Reihe mit den Marken Jimmy Choo und Michael Kors. Ähnlich erging es dem Unternehmen Marni, das jetzt wie Viktor&Rolf oder Diesel zu OTB gehört. Weiterhin in Privatbesitz sind Chanel, Hermès und die Max Mara Fashion Group sowie auch Dolce & Gabbana. Nach einem langwierigen Rechtsstreit wurden Domenico Dolce und Stefano Gabbana vom Vorwurf der Steuerhinterziehung im Zusammenhang mit dem Verkauf ihrer Marken Dolce & Gabbana und D&G an ihre in Luxemburg ansässige Holdinggesellschaft Gado Srl. freigesprochen. Alleinaktionär von Giorgio Armani S.p.A. ist weiterhin der italienische Modedesigner Giorgio Armani, der seit 1978 von Italiens größtem Textilhersteller, dem Gruppo Finanziario Tessile (GFT), unterstützt wird. Armani hat keine Kinder oder sonstigen Erben, weswegen man vermutet, dass nach seinem Tod eine Treuhandgesellschaft sein Unternehmen weiterführen wird.

Einer der bekannten Namen hatte weniger Glück. Der französische Designer Christian Lacroix machte trotz Lobreden der Kritik und Celebritystatus über zwanzig Jahre lang keine Gewinne. Sein Unternehmen ging 2009 in Konkurs und wurde von der US-amerikanischen Falic Fashion Group übernommen. Als Lacroix das Unternehmen verließ, verlor er gleichzeitig die Rechte an seinem eigenen Namen. Er designt jetzt Innenräume und Uniformen für Bahnunternehmen und arbeitet mit großen Handelsketten zusammen. Opfer solch faustischer Namenverluste wurden auch Halston, Martin Margiela, Jil Sander (gleich dreifach), Karen Millen und Jimmy Choo.[75]

Innenansicht aus der Luxuswelt

Konzerne lassen sich ihre Marken Millionen kosten. Puig setzte sich bei der Übernahme von Jean Paul Gaultier gegen die Mitkonkurrenten durch und hat dafür ein Darlehen von 14 Millionen Euro aufgenommen. Diese riesigen Summen werden als gute Investitionen angesehen, da weder die Finanzkrise noch die Coronapandemie die enormen Gewinne des Luxussektors verhinderten – Gewinne, die aus dem Besitz von Designs, Label oder Marken resultieren.

Dass weiterhin Luxusartikel verkauft werden, ist der beste Beweis dafür, wie ungleich sich Krisen auswirken. Als ich dieses Buch überarbeitete, fiel mir besonders auf, in welch astronomische Höhen die Vermögen der Modemilliardäre geschossen waren. Am Beispiel Mode zeigt sich überdeutlich, dass die Reichen immer reicher und die Armen immer ärmer werden. Luxusmilliardäre machen weiterhin so viel Geld, weil die Reichen selbst in Zeiten globaler Krisen und der Not wohlhabend genug sind, ihr Kaufverhalten nicht ändern zu müssen. Luxusmarken sind Statussymbole, mit denen die eigene gesellschaftliche Position markiert werden kann. Thorstein Veblen beschrieb erstmalig diesen Geltungskonsum. Die wohlhabenden, »feinen Leute« nutzten demnach den Konsum, um ihren Reichtum und ihre Macht zu demonstrieren. Nichts leichter als das: einfach teure Kleidung anziehen, oder Partner:in und Kinder damit einkleiden, und dann dort umherstolzieren, wo man gesehen wird.

Ein weiterer Grund für die anhaltend hohen Umsätze des Sektors ist, dass seine Gewinne nicht nur auf sehr teuren Kleidern beruhen. Es wird vielmehr eine Strategie angewandt, die bekannt ist als das Pyramidenmodell: Eine kleinere Menge von Luxusartikeln wie Reisegepäck und Couture richtet sich an die vermögenden Kunden, die größten Profite werden jedoch mit Produkten für den Massenmarkt gemacht (die trotzdem stark überteuert sind).

Wie es die Star-Stylistin Maeve Reilly im Interview mit *Fashionista* sagte: »Die meisten gehen nicht in ein Geschäft, um ein hunderttausend Dollar teures Ballkleid zu kaufen. Sie gehen dorthin, um den Blazer oder die Tasche, das bauchfreie Top oder die Schuhe von der Marke zu kaufen, von der auch das Kleid ist.«[76] Sich auf diese einfacheren Produkte zu konzentrieren, kurbelt den Verkauf an. Einige Marken beherrschen diese Unterscheidung besonders gut. »Chanel ist ein wahrer Meister der Kategorientrennung«, so ein Luxusexperte. »Ihre Strategie ist es, ikonische Produkte der Kernkategorie auf das obere Preissegment zu beschränken, während andere Produktkategorien – zum Beispiel Lippenstifte – geschickt in niedrigeren Preisklassen positioniert werden, um eine auf sozialen Aufstieg bedachte Kundschaft anzusprechen.«[77] Kosmetik und Parfums machen schätzungsweise einen Drittel des Jahresumsatzes von Chanel aus.[78]

Blickt man in die 1950er Jahre zurück, sieht man, dass Lizenzvergaben eine wahre Goldgrube für den Luxussektor waren. Anders als Cristóbal Balenciaga, der seinen Namen nicht auf Lizenzprodukten sehen will[79], vergab Christian Dior Lizenzen für alles, von Handtaschen bis zu Hüten. Das Massenprodukt mit den meisten Lizenzvergaben, ohne das der Luxussektor gar nicht überleben würde, ist und bleibt jedoch das Parfum. Die meisten Parfums kommen nicht von den Modehäusern selbst, sondern werden von multinationalen Konzernen wie Procter & Gamble und Coty kreiert, die die Lizenzen erworben haben. Mit ihnen werden enorme Gewinne gemacht. Die Hersteller verkaufen die Ware zum Zweieinhalbfachen der Kosten an den Lizenznehmer, der sie wiederum für das Zwei- bis Vierfache vertreibt und so Gewinne zwischen 30 und 40 Prozent für sich verbucht.[80] Der Pharmariese Coty, der zu 60 Prozent der deutschen JAB Holding Company gehört, produziert Düfte für Dutzende Marken, darunter Miu Miu, Burberry, Calvin Klein, Katy Perry oder adidas.

Typisch für das Pyramidenmodell sind auch die massenproduzierten It-Bags. Der Ausdruck »It-Bag« kommt angeblich von Miuccia Pradas Kommentar: »It's so easy to make money«.[81] Das Phänomen der It-Bags – der Taschen, die man haben muss – schien 2006 den Höhepunkt der Absurdität erreicht zu haben, als bei Louis Vuitton eine einfache, karierte Tasche erschien, von der gleichen Sorte, wie man sie auf Straßenmärkten bekommt und wie sie früher für schmutzige Wäsche verwendet wurde – nur dass sie bei Louis Vuitton um die 1200 Pfund kostete. Im gleichen Stil produzierte Jil Sander eine braune Papiertüte als Geldbörse, die für 290 Dollar verkauft wurde, während Balenciaga eine Tasche herausbrachte, die der blauen von Ikea frappierend ähnlich sah – für 1705 Pfund.

Der ehemalige Chefdesigner von Bottega Veneta, Tomas Maier, bezeichnete den Hype um die It-Bags als »total schwachsinnigen Marketingscheiß«: »Du machst eine Tasche, schickst sie ein paar berühmten Menschen und kriegst die Paparazzi dazu, die Stars dabei zu fotografieren, wie sie mit ihr das Haus verlassen. Die Fotos verkaufst du dann an die Klatschpresse und am Ende lässt du gegenüber einem Magazin noch die Bemerkung fallen, dass es eine Warteliste gibt.«[82] Selbst während der Coronapandemie wurde der weltweite Markt für Luxusartikel 2020 auf 349,1 Milliarden Dollar geschätzt. Prognosen gehen von einem Wachstum auf 403,1 Milliarden im Jahr 2027 aus.[83] Bei Luxusgütern gibt es einen enormen Preisaufschlag; Taschen werden für mehr als das Zehnfache ihrer Produktionskosten verkauft und eher vernichtet, als dass ihr Preis heruntergesetzt würde.[84]

Manche Luxusprodukte werden wirklich noch im Kunsthandwerk angefertigt, und es wird mehrere Monate lang an einem einzigen Paar Schuhe gearbeitet. Einer der Gründe, wieso Taschen so hohe Gewinne einbringen, ist allerdings, dass beispielsweise in »Made in Italy« wenig Italien steckt. Im Zuge der Recherchen für mein zweites Buch über Schuhe und Globalisierung (*Foot Work. What Your Shoes Tell You About Globalisation*) besichtigte ich eine Schuhfabrik in Nordmazedonien. Haufenweise Schuhe und Schuhkartonstapel verkündeten allesamt »Made in Italy«, wobei wir uns weitab von Mailand befanden. Möglich ist dies aufgrund des sogenannten *Outward Processing Trade*, auch passiver Veredelungsverkehr genannt. Diese in die EU-Gesetzgebung hineinkonzipierte Gesetzeslücke erlaubt es Herstellern, Rohstoffe oder halbfertige Vorprodukte aus der EU auszuführen, sie andernorts fertigstellen zu lassen und zu reimportieren.

Dieses System wurde von der EU in den Siebzigern auf Betreiben von Deutschland und Italien hin entwickelt, die ihre arbeitsintensive Bekleidungs- und Schuhproduktion in Niedriglohnstaaten auslagern und dabei ihre eigenen Industrien schützen wollten. Wie es ein Fabrikbesitzer, mit dem ich gesprochen habe, ausdrückte: »›Made in Italy‹ bedeutet bloß ›Finished in Italy‹, in Italien fertiggestellt«. Und dabei kann der letzte Schritt einfach nur das Schuheputzen oder In-den-Karton-Packen sein.[85] Auf den Schuhen kann nicht »Made in North Macedonia« stehen, wie es korrekt gewesen wäre, denn dann würde die Kundschaft billigere Preise fordern. Schließlich besteht das tiefsitzende Vorurteil, dass »Made in Italy« Überlegenheit signalisiert. Durch die passive Veredelung verwehrt man den Ländern und Menschen, die in Wirklichkeit Güter wie diese »Luxus«-Schuhe herstellen, die ihnen gebührende Anerkennung. Die Löhne bleiben weiterhin niedrig, und Staaten wie Nordmazedonien haben kaum eine Chance, das Ansehen ihrer eigenen Marken oder ihres Landes aufzuwerten.

Neben Taschen werden auch Gürtel, Schlüsselanhänger, Schals und Portemonnaies an Leute vermarktet, die davon träumen, sich ein wenig Luxus zu leisten. Für die TV-Serie *Secrets of the Superbrands* reiste die BBC zur italienischen Brillenfabrik Luxottica, wo jährlich 55 Millionen Sonnenbrillen für Unternehmen wie Chanel, Prada, Bulgari, Ralph Lauren und Paul Smith produziert werden. In der Fabrik wird aber nicht nur produziert, viele der Designerstücke werden vor

Ort auch entworfen. Eine Sonnenbrille dieser Marken kostet mehrere Hundert Euro und ist doch eigentlich nicht mehr als ein bisschen Kunststoff und Glas, eingefasst in eine Illusion: den Luxus. Der Gründer von Luxottica, Leonardo Del Vecchio, verfügte mit seiner Familie im Jahr 2021 über 34,1 Milliarden Dollar.[86]

Designland China

Die Coronapandemie traf China heftig, doch selbst das verpasste dem Lxusmarkt im Reich der Mitte keinen Dämpfer. Die Unternehmensberatung Bain stellt in ihrem Bericht *China's Unstoppable 2020 Luxury Market* fest, dass manche Firmen zwei- oder sogar dreistellige Wachstumsraten verzeichnen konnten. Die ersten Lockdowns bremsten die Verkaufszahlen, die im April 2020 aber bereits wieder anstiegen. Da die chinesische Konsumschar nicht zu Shoppingzielen wie Paris oder New York reisen konnte, kaufte sie vor Ort ein. Der Markt für Luxusgüter auf dem chinesischen Festland bewegt sich derzeit zwischen 346 und 354 Milliarden Renminbi.[87]

Beim Luxuskonsum erleben wir also gerade einen nie dagewesenen geografischen Wandel. Der große kapitalistische Boom im sogenannten Westen nahm 1973 ein jähes Ende. Die Länder, die während des Zweiten Weltkriegs hohe Rüstungsausgaben gehabt hatten, verloren nach Kriegsende ihre Wettbewerbsfähigkeit. Die Kriegsverlierer Deutschland und Japan hingegen standen wirtschaftlich gesehen nun allmählich sehr gut da.[88] Japans Rüstungsausgaben machten nur 1 Prozent seines Bruttoinlandprodukts aus; da war Spielraum, um sich beispielsweise auf neue Technologien zu konzentrieren. Das Land erlebte einen wirtschaftlichen Aufschwung eigener Art, was unter anderem die Basis für eine leidenschaftliche und gut betuchte Luxuskundschaft schuf. China wiederum spielt mittlerweile eine so große Rolle für die Luxusindustrie, dass diese »eine Lungenentzündung bekommt, wenn sich China erkältet«.[89] Johann Rupert, der Chef des schweizerischen Luxuskonzerns Richemont, sagte einmal über die prekäre Lage des chinesischen Marktes und über das Gefühl, dass derzeit viele Marken zu stark abhängig von China sind: »Es ist, als säße ich ganz entspannt beim Galadinner, während direkt unter mir ein Vulkan brodelt. [...] Wir tun zwar, als wäre nichts, binden uns morgens die Krawatte und legen die Armbanduhr an, das Essen wird immer besser, der Wein wird immer besser, das Wetter ist toll. Aber wir sollten uns nichts vormachen. Irgendwo dort brodelt es in einem Vulkan, und egal ob er in diesem Jahr oder in zehn oder zwanzig Jahren ausbricht, er ist da. Wir sind China ausgeliefert.«[90]

Während der weltweite Luxusmarkt im Jahr 2020 Schätzungen zufolge um 23 Prozent schrumpfte, macht Festlandchina nun einen fast doppelt so großen Anteil an diesem Markt aus. Das bedeutet ein Wachstum von etwa 11 auf 20 Prozent im selben Jahr. Laut Bain sind damit die Weichen für China gestellt, um 2025 der größte Player auf dem Luxusmarkt zu sein – und das unabhängig davon, ob der weltweite Handel mit dem Luxus ein ähnliches Niveau erreicht wie vor der Pandemie.[91] Das Gerangel um das Gewinnen und Halten der chinesischen Klientel geht weiter, obwohl aus den Führungsetagen der Luxusmarken immer wieder rassistische Kommentare und Vorfälle durchsickern. Während des Entstehungsprozesses dieses Buchs sah sich die hinter dem Instagram-Account *Diet Prada* stehende Person, selbsternannter digitaler Wachhund der Modebranche, einer 665-Millionen-Dollar-Verleumdungsklage von Dolce & Gabbana gegenüber. *Diet Prada* hatte Stefano Gabbana zugeschriebene Aussagen verbreitet, die so rassistisch waren, dass D&G Verluste auf dem chinesischen Markt machte.[92]

Doch nicht nur Edelfirmen reißen sich um China. Auch Mainstreammarken wie H&M, Uniqlo, Nike und Zara sind in China etabliert. Selbstverständlich hat China jedoch eigene starke Unternehmen auf dem Massenmarkt. Neben SHEIN kann man, um nur einige zu nennen, auch HLA Corporation, Septwolves, Belle International, Metersbonwe, MJstyle, Li Ning und Anta anführen.

Die Hongkonger Handelsgruppe Li & Fung ist vielleicht nicht jedem ein Begriff, darf aber in einer Auseinandersetzung mit Modelieferketten nicht fehlen. Das Unternehmen wurde 1906 in Guangzhou ursprünglich als Porzellan- und Antiquitätenhandel gegründet. In den 1950ern stellte es auf andere Bereiche um, darunter auch Bekleidung, die 1997 80 Prozent seines gesamten Geschäfts ausmachte.[93] Als gigantisch großer Zwischenhändler der Bekleidungsbranche hat Li & Fung zwei Hauptstärken: Sie übernehmen für die Firmen das Management der Lieferketten und beschaffen billige Kleidung von den Herstellern. In einer wissenschaftlichen Publikation wird Li & Fungs Entwicklung zum »one-stop shop« beschrieben, also der einzigen Anlaufstelle für den Einzelhandel im Westen. Das geschieht, indem sie alles bereitstellen: »Produktdesign und -entwicklung, Rohstoffe und Fabrikkapazitäten, Produktionsplanung und -management, Qualitätskontrolle und Versandoptimierung.«[94] Allerdings wird auch für Li & Fung die Luft dünner, da andere Marken wie Inditex, die über ihr eigenes Lieferantenmanagementsystem verfügen, direkt mit den Produktionsstätten verhandeln. Hinzu kommen die von Donald Trump Mitte 2018 ausgerufenen US-Handelsbeschränkungen für chinesische Importe, gefolgt von der Ankündigung im März 2019, die USA würden in diesem Jahr weniger als die Hälfte ihrer Ware aus China beziehen.[95] Li & Fung, weiterhin eine der größten Organisationen zur Koordinierung von Lieferketten weltweit, geriet in heftige Kritik, nachdem sie während der Coronapandemie Bestellungen bei den Fabriken stornierte.

Das Zentrum der Mode mag sich sowohl im Luxussegment als auch auf dem Massenmarkt Richtung Osten verschieben, doch auf globaler Ebene konzentrieren sich Wohlstand und Macht noch immer auf eine Handvoll superreicher Milliardäre aus Europa und Nordamerika.

Als ich 2013 gerade den Vorgänger dieses Buchs fertiggestellt hatte, schrieb die Website *Business of Fashion*, dass die weltweite Modeindustrie 1,5 Billionen Dollar wert sei. Acht Jahre später korrigierten McKinsey und *Business of Fashion* diesen Wert auf 2,5 Billionen.[96] Eine zusätzliche Billion Dollar in den Taschen der Milliardäre, mit der Dutzende Superjachten gekauft, Privatinseln bezahlt, Hubschrauber oder Villen erworben wurden. Die Menge des Geldes mag sich verändert haben, doch wem das Geld gehört, ist gleich geblieben. Was zählt, ist monopolisiertes Eigentum, und für die Konsument:innen die Illusion der Entscheidungsfreiheit. Die Reichen haben sich in Drachen verwandelt, während die Armen den Hungertod sterben. Trends und Krisen kommen und gehen, aber eine Sache steht festgeschrieben: Ob Arbeiter:innen oder Konsumenten:innen, Mode ist immer nur eine Ausrede für Ausbeutung und Ungleichheit. Und damit das alles so weitergeht, braucht die Modeindustrie eine Bühne, die ihre Produkte zu Legenden macht. Diese Bühne – die Medien – sind Thema des folgenden Kapitels.

Modemedien 2

In der Kunst wie in der Literatur kommt es auf den Rahmen an […]. Durch ihn existiert das Bild, da er es vom Rest abgrenzt. Gleichzeitig erinnert er an – und steht in gewisser Weise für – alles, was nicht Teil des Bildes ist.[1]
Italo Calvino

Ob Modemagazine mit dreihundertjähriger Tradition oder berühmte Meinungsmacher:innen – als Modemedien vermitteln sie zwischen Marken und Konsument:innen; sie präsentieren Kleider, mit denen der Großteil der Menschen nie in Kontakt kommen wird, und machen sie erst zu »Mode«. In dieser Zeit des Übergangs zu digitalen Medien, in der sogar virtuelle Kleider, die man in der realen Welt gar nicht tragen kann, für 8000 Pfund[2] verkauft werden, musste dieses Kapitel fast vollständig überarbeitet werden. Es beinhaltet nun auch die Rolle von Influencer:innen, Onlineaktivismus, die Auswirkungen der sozialen Medien auf unser Gehirn, Data Mining und Datenschutz sowie den Zusammenhang zwischen Modenachrichtenseiten und Überwachungskapitalismus.

Modemagazine

Schauen wir uns zuerst die Modemagazine an, eine Branche, die seit der Veröffentlichung der ersten Frauenzeitschrift, *The Ladies' Mercury*, im Jahr 1693 einen weiten Weg zurückgelegt hat.[3] Heute handelt es sich um ein milliardenschweres Netzwerk aus Medienmarken, das von einer Handvoll global agierender Konzerne gesteuert wird. Die heutigen Modemagazine richten sich an zwei Zielgruppen, die für die Einkünfte sorgen: das Lesepublikum und die Werbetreibenden.[4]

Condé Montrose Nast kämpfte sich in den ersten Jahren des 20. Jahrhunderts im US-amerikanischen Verlagswesen nach oben, bis er eine elitäre Frauenzeitschrift mit einer kleinen, gut betuchten Leserschaft fand, auf die er all seine Anstrengungen konzentrierte. Sein Ziel: maximale Profite. Nasts Strategie bestand darin, jeden Anschein der Massenmarkttauglichkeit fallen zu lassen und den Fokus stattdessen auf eine vermögende Minderheit zu richten, die die Anzeigenkundschaft anlocken würde. »Stellen Sie sich vor, Sie hätten ein Tablett, auf dem zwei Millionen Nadeln liegen. Nur 150 000 davon wären vergoldet, die restlichen 1,85 Millionen nutzlos. Wenn Sie aber einen Magneten besäßen, der nur die Nadeln anzieht, die vergoldet sind – welch riesiger Vorteil!«[5] Nast erwarb 1909 die *Vogue* und unterwies seine Angestellten, nicht nur »alle Leser der einen, besonderen Klasse zu erreichen, sondern auch alle anderen rigoros auszuschließen«.[6]

Die britische Ausgabe der *Vogue* wurde 1916 lanciert, gerade als mitten im Ersten Weltkrieg die Importe aus den USA eingestellt wurden. Die französische Ausgabe startete vier Jahre später. Infolge des Börsenkrachs von 1929 entglitt Nast die Kontrolle über sein Unternehmen, und er machte fünf Millionen Dollar Schulden. Das nach ihm benannte Verlagsimperium dagegen florierte und wurde zum Inbegriff des luxuriösen Glamours. 1959 übernahm der US-amerikanische Medienmogul S. I. Newhouse Condé Nast Publications. Seitdem gehört das Unternehmen zum Medienkonzern Advance Publications, der bis heute im Besitz der Milliardärsfamilie Newhouse ist. Zum Unternehmensportfolio von Condé Nast gehören *The New Yorker*, *Teen*

Vogue, Glamour, GQ, Condé Nast Traveller, Allure, Vanity Fair, Them, LOVE, Wired und *Tatler.*

Ein Zeitgenosse und großer Rivale von Condé Nast war William Randolph Hearst, der die Vorlage für die Filmfigur Citizen Kane lieferte. Hearst machte regelmäßig von den in seinem Besitz befindlichen Medien Gebrauch, um seine Kandidaturen für öffentliche Ämter zu pushen, darunter eine erfolglose Kandidatur für die US-Präsidentschaft im Jahr 1916.[7] Heute erscheinen bei Hearst unter anderem Magazine wie *Cosmopolitan, Elle Red* und *Harper's Bazaar.* Weitere Modezeitschriften sind *Grazia* und *Closer*, die zur Bauer Media Group gehören, oder die nur noch digital erhältliche *Marie Claire* vom Medienunternehmen Future PLC. Mit wenigen Ausnahmen, wie der im Privatbesitz befindlichen *Business of Fashion*, sind alle traditionellen Modemedien in der Hand weniger Firmen. Hier geht es um das Publizieren im weitesten Sinne, nicht nur um Websites und digitale Versionen von Magazinen, sondern auch um E-Commerce und die Analyse der Nutzerdaten, um die Verkaufszahlen zu steigern. Die verschiedenen Tochterunternehmen der großen Konzerne arbeiten natürlich auch zusammen, und zwar mit Rückendeckung von enormen Summen an Kapital. AOL Time Warner kann beispielsweise ein Buch publizieren, daraus eine Fernsehsendung und danach einen Film machen und diese mit allen erdenklichen, extra darauf zugeschnittenen Merchandise-Produkten vermarkten. Gleichzeitig können diese Produkte in den eigenen Medien beworben werden, man kann sie auf Markenfestivals präsentieren oder sogar im Universitätskontext. Eine Redakteurin sagte zu dieser über alle Plattformen reichende Zusammenarbeit einmal: »Wir nutzen alles, was wir tun, um für alles, was wir tun, zu werben«.[8]

Auch in anderen Sektoren gibt es große den Markt dominierende Monopole, etwa in der Tabakindustrie, beim Erdöl oder in der Computertechnologie. Eine ungesunde Konzentration von Eigentum in den Händen weniger macht die Branche verwundbar gegenüber Marktschwankungen, Firmenpleiten oder Vormachtstellungen einzelner Unternehmen. In den Modemedien werden aber unsere Meinungsbildung, Kultur und Informationen von wenigen Großkonzernen kontrolliert.[9] Die Mode ist eine Branche, die vorgibt, für Wahlmöglichkeiten und Vielfalt zu sorgen. Im Fall der Modepresse kann von Vielfalt jedoch keine Rede sein. Es scheint zwar die Möglichkeit einer Entscheidung zwischen *Glamour* und *Vogue* oder zwischen *Elle* und *Harper's Bazaar* zu geben. Aber das ist gerade einmal die Entscheidung zwischen zwei Medienunternehmen, die den gleichen profitorientierten Regeln folgen und sogar im Besitz derselben Riesenkonzerne sind.

Eine komplementäre Verbindung

1893 senkte Frank A. Munsey den Preis des *Munsey's Magazine* von 3 auf 1 Dollar. Obwohl er sich also dafür entschied, sein Magazin unter den Produktionskosten zu verkaufen, machte er einen großen Gewinn, denn er vergrößerte seine Zielgruppe und finanzierte sich durch Werbeeinnahmen.[10] Heutzutage werden Zeitschriften weiterhin weit unter den Produktionskosten verkauft, denn für die Differenz und darüber hinaus die Profite kommt die Werbung auf. Eine Schätzung geht davon aus, dass die Magazine ohne Anzeigen das doppelte kosten müssten.[11] Der Politikwissenschaftler Dallas Smythe vertritt die These, dass Massenmedien das Ziel verfolgen, ein Publikum zu produzieren, das sie dann an die Werbeagenturen verkaufen können – zum Beispiel durch kostenlose redaktionelle Inhalte.[12]

Die Aufgabe des Modejournalismus ist demzufolge, die Leserschaft zu liefern, damit die Werbetreibenden Anzeigen schalten.[13] Die Redaktion hingegen ist dafür zuständig, eine Umgebung zu schaffen, mit der Werbeagenturen eine Marke gern in Verbindung bringen.[14] Studien zeigen direkte Zusammenhänge auf zwischen der Werbung, die in einem Magazin geschaltet wird, und den Themen, die behandelt oder auch ausgespart werden. Dass Rauchen Lungenkrebs und übermäßiges Sonnenbaden Hautkrebs verursachen kann, sind nur zwei Beispiele für Themen, die lange umgangen wurden, um die Anzeigenklientel nicht zu verärgern.[15] Und welche Themen will man heute lieber verschweigen? Dallas Smythe stellte fest, dass die Medien nicht nur den Status quo zementieren, sondern auch aktiv ernsthafte gesellschaftliche Fragestellungen unterdrücken.[16]

Neben der Schaffung einer attraktiven Atmosphäre setzen Redaktionen auch darauf, spezifischen Content als Gegenleistung für Anzeigen zu produzieren. Die ehemalige Redakteurin Gloria Steinem bezeichnet diese Art von Quidproquo-Pseudobeiträgen, die Werbung unterstützen und ergänzen, als »komplementäre Kopie« (*»complementary copy«*[17]). Ein Paradebeispiel dafür sind Artikel zu Schönheitsgeheimnissen, die die Anzeigenkundschaft aus dem Bereich Kosmetika anlocken. Diese Praxis ist schuld an der riesigen Menge von Artikeln zu Parfums, in denen meist nur Flaschen und Verpackung beschrieben werden, da den Presseleuten irgendwann die Adjektive für die Düfte ausgehen.

Eine Mischung aus Features und Anzeigen sind die Advertorials. Dafür werden aus Vorlagen, die dem Design eines Magazins entsprechen, Anzeigen für Marken gestaltet. Eigentlich müsste diese Art von Text klar als Werbung markiert werden, nicht selten verschmelzen sie aber mit den restlichen Artikeln. Vielleicht wäre es zutreffender, einfach den gesamten Inhalt in Modemagazinen als Advertorial zu bezeichnen. »Die wichtigste Tatsache zum Zeitschriftenbusiness lautet, dass man über die berichtet, die Anzeigen schalten«, so ein langjähriger Herausgeber der *Vogue*.[18] Das brisante Interview der *Vestoj* mit der ehemaligen Fashion-Direktorin der *British Vogue*, Lucinda Chambers, schlug in dieselbe Kerbe: »Das Juni-Cover mit Alexa Chung in einem albernen Shirt von Michael Kors *ist* Mist. Aber er ist ein großer Werbekunde, deswegen musste ich es machen.«[19]

Verärgere den Kaiser nicht

Im krassen Gegensatz zu anderen Kulturpublikationen sind Modemagazine gegenüber den Werken, die sie zur Schau stellen, absolut unterwürfig. So verkorkst wie die Modeindustrie ist, fragt man sich, wo die harsche Kritik der Presse bleibt. Früher bestand die berechtigte Sorge, nicht zu den Shows der Designer:innen eingeladen zu werden, wenn man sie kritisierte. Negative Äußerungen kamen deshalb eher von Zeitungen, die weniger abhängig von den Einnahmen aus Werbeanzeigen im Modebereich waren. Derlei Kritik bezog sich aber meist auf das Design, nicht auf das System an sich. Sie war kein Versuch, Firmen wegen der Missachtung des Arbeitsrechts oder wegen Umweltverschmutzung anzuprangern. In den letzten zehn Jahren hat sich die Medienwelt hier etwas verbessert. Doch noch immer sind anklagende Artikel spärlich gesät im Vergleich zu den Unmengen an immergleichen einschmeichelnden Verkaufstexten und dem sinnlosen Blabla, das einen dazu animieren soll, noch mehr zu kaufen.

Was als Modejournalismus durchgeht, ist zu 99 Prozent überhaupt kein Journalismus. Der fiktive Mr. Dooley aus den Kolumnen des US-amerikanischen Journalisten und Humoristen Finley Peter Dunne meinte, die Aufgabe der Zeitungen sei es, »die Verstörten zu beruhigen und die Beruhigten zu verstören«.[20] Das trifft auf den Modejournalismus absolut nicht zu. Er ist nicht dazu in der Lage, die Menschen durch den umfassenden strukturellen Wandel zu führen, der entweder durch eine Klimakatastrophe ausgelöst werden wird, oder durch die konkreten Maßnahmen, die es braucht, um eine solche zu verhindern.[21] Doch vor allem schaffen es die Modemedien nicht, über die Frage des Konsums – was man kaufen soll und was nicht – hinauszugehen. Vielmehr verkaufen sie den Menschen aggressiv Produkte, die sie nicht brauchen, indem sie ein Gefühl der Unsicherheit schüren. Natürlich gibt es auch ein paar gute Journalist:innen, die sich mit Mode auseinandersetzen. Aber vom Modejournalismus wird so wenig erwartet, dass er meist nur kritiklos Pressemitteilungen und Shoppingempfehlungen wiederkäut.

Um das zu begreifen, muss man zwei Konzepte näher beleuchten: Selbstgefälligkeit und Mythenbildung. Für den prekären Zustand der Modemedien ist wohl kaum eine Verschwörung böswilliger, wahrheitsverdrehender Redakteur:innen verantwortlich. Er ist vielmehr das Ergebnis selbstgefälliger Redaktionsmitglieder und Presseleute mit Mangel an Lebenserfahrung, die sich nicht betroffen fühlen oder nicht genug dafür interessieren, ordentlich über den Globalen Süden zu berichten. Daher werden wesentliche Probleme der Lieferketten ignoriert (bis sie so groß werden, dass man ihnen zumindest ein, zwei Symbolartikel zugesteht), und es wird derselbe langweilige Inhalt recycelt, oftmals für ein elitäres Publikum, das mindestens genauso selbstgefällig ist.[22]

Ein weiterer Grund für die Modemedien, nicht zu kritisieren, ist ihr persönliches Interesse daran, den Mythos und den Glamour der Branche aufrechtzuerhalten. Dem durch Kritik zu schaden, würde bedeuten, sich selbst zu schaden. Nicht nur, weil es dann keine Fashion Weeks oder Parties mehr für sie gäbe und auch keine Insta-Follower, sondern weil ernsthafte Kritik die gesamte Branche bloßstellen würde. Hat der Kaiser nichts auf dem Leib, gilt das auch für die Modemedien. Denn hätte man sich einmal zu gründlichen Nachforschungen und Kritik verpflichtet, wo würde man damit aufhören? Daher müssen alle Beteiligten der Modebranche den Mythos aufrechterhalten, dass ihre Industrie die einzige Quelle für schöne Kleidung ist und dass alles gut ist und für immer so weitergehen kann. Modemedien sind also nicht bloß Opfer der Werbetreibenden, sondern sind aktiv und integral an der Mythenbildung beteiligt.

Blogg dich an die Spitze

In den 2010er Jahren stellten Modeblogs den magazindominierten Modejournalismus mit einer plötzlichen Flut unautorisierter Berichterstattung auf den Kopf, die zudem erschreckend einfach gestrickt war: Man brauchte nichts weiter als »einen Blog, einen Fotoapparat und eine gesunde Portion von persönlichem Stil«[23]. Für die Anhängerschaft der Modeblogs bedeutete dies nichts weniger als die lang erwartete Demokratisierung der Mode und des Modejournalismus. Weg waren Klassenschranken auf dem Weg zu einem Job, der bislang die richtige Universität, teure Kleider, unbezahlte Praktika und einflussreiche Verwandte vorausgesetzt hatte. Man konnte von überall herkommen und musste nicht einmal wie ein typisches Model aussehen. Der wahrgewordene amerikanische Traum im Glanze digitaler Herrlichkeit – oder etwa nicht?

Sieht man sich genauer an, was es alles braucht, um einen erfolgreichen Modeblog zu führen, wird klarer, wer die Menschen sind, die von einem Blog beziehungsweise einer Website leben können: eine Fotokamera, einen Computer, Englischkenntnisse, ziemlich viele Klamotten, ein Netzwerk von Kontakten mit Interesse an der Modebranche und der Populärkultur, viel Zeit, Startkapital, die Möglichkeit zu reisen, ein wohlüberlegtes Auftreten, das anerkannten Schönheitsstandards entspricht, keine Hemmungen, für die Produkte multinationaler Konzerne zu werben und eine redaktionelle Umgebung zu schaffen, die attraktiv für diese Konzerne ist. Die Modebranche sprang schnell auf die Bloggingindustrie an und pickte sich ihre Lieblinge heraus. Diese waren bald schon VIP-Gäste, Taschen wurden nach ihnen benannt, sie erhielten Aufträge für Zeitschriften und Buchverträge, verlangten Zehntausende Dollar für einen Auftritt, verkauften Werbeflächen auf ihren Websites, räumten Modeljobs ab und engagierten Hollywoodagenten.

Nichts davon deutete auf eine Demokratisierung der Mode hin. Bloggende können zwar Einfluss darauf nehmen, was Konzerne produzieren, denn mit ihrem von der Gesellschaft inspirierten Style dienen sie der Branche oft als unbezahltes »Lookbook«. Sie können außerdem die Verkaufszahlen der Kleidung fördern, die sie bewerben. Aber die Macht, eine Branche zu beeinflussen, ist nicht unbedingt gleichbedeutend mit der Macht, sie zu kontrollieren.

Der Influencer-Markt

Englische Wörterbücher führen mittlerweile zwei Definitionen des Wortes »Influencer«. Man meint damit erstens »jemanden, der das Verhalten anderer Personen beeinflusst oder verändert« und zweitens »eine Person, die von einem Unternehmen dafür bezahlt wird, Produkte in den sozialen Medien so zu zeigen und zu beschreiben, dass andere sie gern kaufen wollen«.[24] Obwohl es in jeder Branche Influencer:innen gibt, denkt man dabei sofort an Mode. Influencer-Marketing gehört inzwischen zu den wichtigsten Kommunikationsstrategien von Firmen, um ihre Klientel zu erreichen. Influencer:innen erwecken dabei den Anschein von Vertrauen und Authentizität. Die erfolgreichsten unter ihnen im Bereich Mode sind übertrieben reich geworden, indem sie ihr Aussehen und ihr Leben als Werbefläche an Unternehmen verkaufen. Influencer:in zu sein, ist ein viel gescholtener Beruf, schließlich werden Menschen dafür bezahlt, dass sie alles bewerben – von Kleidung über Makeup, Wahlbeteiligung, Diätprodukte bis hin zu Schönheitschirurgie.

Es gibt eine besonders reaktionäre Schnittmenge der Influencer-Kultur und der Modeindustrie. Der folgende Teil mag hart klingen, soll aber nicht auf Einzelpersonen abzielen, sondern auf eine Praxis, die dem Kampf für soziale Gerechtigkeit immer wieder schadet. In letzter Zeit werden Stars, B-Promis oder Influencer:innen vermehrt von Modemarken dafür bezahlt, ihre Nachhaltigkeitsverdienste zu bewerben. Ausgewählt werden sie dafür aus verschiedenen Gründen. Erstens haben sie eine große Anzahl an Followern. Zweitens gibt es etwas an ihrem Aussehen oder ihrer Identität, das die Modeindustrie kommerzialisieren möchte (die Branche besteht hauptsächlich aus langweiligen weißen Frauen). Drittens ist es leider so, dass gewisse Menschen zu Symbolen der Nachhaltigkeit auserkoren werden, weil die Industrie sie für nützliche Idioten hält, die für Geld alles machen. Die Auserwählten sind nicht etwa aus den Bereichen Klimawissenschaft, Klimagerechtigkeitsforschung oder Arbeitsrechtsaktivismus; es sind Menschen, die für die entsprechende Summe alles sagen. Und damit meine ich wirklich *alles*, denn zu behaupten, eine große Modefirma sei nachhaltig, ist ungefähr so, als würde man behaupten, Rauchen sei super für Kinder und die Ölindustrie habe in Nigeria Großes für die Menschenrechte getan.

Der vierte Grund, warum gewissenlose Promis und Influencer:innen lukrative Verträge bekommen, hängt mit ebenjenen Bewegungen zusammen, die sie mit ihren Worten und Taten unterminieren. Modefirmen bezahlen Influencer:innen dafür, sie nachhaltig zu nennen, da die Klimagerechtigkeitsbewegung die Branche in der Zange hat. Wir erleben zum ersten Mal, dass sich weltweit ein starker Widerstand gegen Unternehmen aus dem Bereich fossile Brennstoffe, Tabak, Bergbau und Mode regt. Diese Klimasünderbranchen sind sich bewusst, dass sie nun endlich als problematisch angesehen werden. Sie setzen daher gezielt auf die Taktik, korrupte und gewissenlose Influencer:innen und Prominente zu engagieren, um Bewegungen, die etwas verändern wollen, zu untergraben.

Kommerzialisierung der Persönlichkeit

Damit will ich nicht sagen, dass alle, die als Influencer:innen arbeiten, skrupellos sind. Es gibt überall auf der Welt Menschen, die ihre Fangemeinde dazu nutzen, Bewegungen für soziale Gerechtigkeit zu unterstützen. Neben den unsympathischen obersten Rängen dieser Zunft gibt es auch eine große Gruppe an weniger sichtbaren Influencer:innen, die oftmals arg von den Firmen ausgebeutet werden. Mikro-Influencer:innen mit weniger Followern (10 000 bis 100 000), aber einer höheren Engagement-Rate als Accounts mit einer größeren Anhängerschaft (10 000 000), werden immer interessanter für die Modefirmen.[25]

Unter den Accounts auf TikTok oder Twitch, die plötzlich berühmt wurden, sind auch solche, die sich jahrelang für einen Verdienst abgemüht haben, der weit unter dem liegt, den sie den Marken jetzt einbringen. Laut Politikwissenschaftsprofessorin Jodi Dean basiert diese Art von Geschäftsmodell darauf, das Feld zu erweitern und dann aus den Wenigen, die es bis ganz nach oben schaffen, Profit zu schlagen. In einer Alles-oder-nichts-Gesellschaft wird allen versprochen, dass sie es schaffen können, doch nur sehr wenigen gelingt es tatsächlich. Für Dean ist diese Konkurrenz zwischen den Menschen eine spezielle Form der Ausbeutung im neoliberalen Kapitalismus: »Es geht zunehmend weniger um ein vertraglich festgelegtes Recht auf Entlohnung der eigenen Arbeit als ums Gewinnen oder Verlieren, sodass die Vergütung wie ein Preis behandelt wird [...] Die Menschen arbeiten für die Chance auf ein Gehalt.«[26] Zwar könnte man einwenden, dass schließlich niemand gezwungen sei, in diesen wirtschaftlichen Konkurrenzkampf einzutreten – egal ob man Influencer:in, Autor:in oder Künstler:in werden möchte. Doch da sich der ganze Bereich verändert hat, beschneidet diese Art der »Preis-Logik«-Ausbeutung auch die Aussichten derjenigen, die sich dem Wettbewerb entziehen wollen.[27] Wie auch in der traditionellen Modelindustrie sehen sich die weniger bekannten Influencer:innen gezwungen, jede Bezahlung und Bedingung zu akzeptieren. Der Clou beim Influencer-Marketing ist, es mühelos aussehen zu lassen. Dabei ist es ein richtiges Metier und harte Arbeit, wenngleich das dem hauptsächlich von jungen Frauen dominierten Berufsfeld oft abgesprochen wird.

Ein spannender Artikel im *Dismantle Magazine* beschreibt, wie die allumfassende Social-Media-Arbeit die Influencer:innen »selbst zu Produkten« macht. Man hat dadurch kaum Möglichkeiten, sich von der produktiven Arbeit abzugrenzen, was das Gefühl der Entfremdung verstärken kann. Die Firmen verlangen von ihren Influencer:innen Authentizität, damit die Nutzenden viel Zeit auf ihren Seiten verbringen, doch »genau das ist auch, was vom Kapitalismus gemessen, seziert und zu Profit gemacht wird.« Wer sein Leben auf Social Media lebt, legt sein ganzes Wesen »unters Mikroskop der sich verändernden Marktwirtschaft«. Influencer:innen sind damit gleichzeitig Arbeitskraft und Produkt. Und die Eigenschaft, Arbeitskraft und Produkt zu sein, »lebt als Raster der Monetarisierung im Körper«. Dieser nicht beneidenswerte Zustand ist ein Beispiel dafür, dass der Kapitalismus ständig nach neuen Dimensionen der Kommerzialisierung strebt.[28]

Hinter der scheinbaren Unabhängigkeit und Authentizität steckt das große Geschäft. Wenn Unternehmen für Posts, Stories, Videos, Fotos oder Erfahrungsberichte bezahlen oder Werbegeschenke machen, ist der Content beeinflusst. Der Einwand, dass »sie mir ja nicht gesagt haben, wie ich es schreiben soll«, ist einfach naiv. Wenn man das Geld oder Geschenk annimmt, darf man mit einer bestimmten Erwartungshaltung rechnen. Das gilt auch für Blogs oder Influencer:innen, die behaupten, nur mit Firmen zusammenzuarbeiten, deren »Ästhetik mit der unseren übereinstimmt«.[29] Das ist ganz klare Unternehmens-PR, die sich als hippe, junge Meinung tarnt und so oft umgeschrieben oder neu gedreht wird, wie die Firma es verlangt.[30] Diese Industrie ist das Ergebnis eines übergeordneten Systems, in dem es keine Internetsteuer auf Werbeeinnahmen oder staatliche Mittel für Kulturschaffende wie Blogger:innen und Influencer:innen[31] gibt. Existenzsicherung bedeutet daher den Verkauf von Werbeflächen und Ausverkauf. Was sie dabei verdienen, ist jedoch nichts im Vergleich zu den Gewinnen der Plattformen, die die digitale Landschaft dominieren.

Verhaltensmodifikations-Imperien

Als ich das letzte Mal nachgesehen habe, hatten 2,89 Milliarden Menschen ein Facebook-Konto. 3,51 Milliarden nutzten mindestens ein Hauptprodukt des Meta-Konzerns – Facebook, WhatsApp, Instagram oder Messenger – und das jeden Monat.[32] Instagram und TikTok hatten jeweils eine Milliarde User, 2,29 Milliarden nutzten die Google-Plattform YouTube, und 330 Millionen Personen waren bei Twitter. Diese Tech-Giganten verfügen über haufenweise Geld. Der Gründer von Facebook beziehungsweise Meta, Mark Zuckerberg, gehört zu den reichsten Menschen der Welt, sein persönliches Vermögen betrug zeitweise 140 Milliarden Dollar. Aber woher kommt all dieses Geld? Auf den ersten Blick bieten diese Firmen Kontaktmöglichkeiten, Information und Unterhaltung an. Kratzt man aber an der Oberfläche, wird es ziemlich schnell ziemlich unheimlich. Man darf den Grundsatz nicht vergessen: Wenn du nicht für das Produkt bezahlst, bist du selbst das Produkt. Und in unserem Fall: »Dein persönliches Verhalten ist zu einem Produkt gemacht worden.«[33]

In seinem Buch *Zehn Gründe, warum du deine Social Media Accounts sofort löschen musst* nennt Jaron Lanier die sozialen Netzwerke zu Recht »Verhaltensmodifikations-Imperien«[34]. Mit unseren Smartphones, so Lanier, tragen wir jeden Tag Geräte mit uns herum, die sich zur algorithmischen Verhaltensmodifikation eignen. Damit sind wiederholte Techniken gemeint, die dazu verwendet werden, Tieren oder Menschen ein Verhalten anzutrainieren oder eine Sucht zu heilen beziehungsweise hervorzurufen. Eine der wichtigsten Verhaltensmanipulationen beinhaltet, uns zum Shoppen zu bringen. Während man früher in der Werbung den Erfolg einer Anzeige daran maß, wie viele Produkte verkauft wurden, messen die Firmen heute, warum und wie jeder und jede Einzelne – also Sie und ich – sein Verhalten ändert. Die ganze Zeit sind wir Algorithmen und Social-Media-Feeds ausgesetzt, die unsere Handlungen beeinflussen wollen. Dieses Tracking des Nutzerverhaltens betrifft sehr private Daten: Wohin unser Blick auf der Seite wandert und wie lange er dort verweilt; in welcher Zyklusphase man sich gerade befindet; ob man traurig ist oder

Medikamente nimmt; ob eine Anzeige, die nach einem fröhlichen Katzenvideo 5 oder 4,5 Sekunden lang läuft, einen eher dazu bringt, etwas zu kaufen. Diese Möglichkeit zur Manipulation unseres Verhaltens bieten die Tech-Unternehmen Interessierten an, die dafür bezahlen, Einfluss auf unsere Handlungen nehmen zu können.[35] Wer wissen will, wo das alles hinführen kann, muss nur einmal die Cambridge-Analytica-Berichte zur Wahlmanipulation lesen.

Überwachungskapitalismus und die Modemedien

Die emeritierte Professorin für Betriebswirtschaftslehre Shoshana Zuboff hat den Begriff »Überwachungskapitalismus« für dieses Phänomen geprägt. Sie meint damit »die einseitige Nutzung privater menschlicher Erfahrung als kostenlose Rohstoffe, die in Verhaltensdaten übersetzt werden. Diese Daten werden dann berechnet, als Vorhersagen gebündelt und auf Märkten für zukünftiges Verhalten gehandelt – für Geschäftskunden, die ein kommerzielles Interesse daran haben zu wissen, was wir jetzt und in einer nahen oder ferneren Zukunft tun werden.«[36]

Websites sind heutzutage nicht mehr nur statische Seiten, sondern bestehen aus einer Vielzahl an dynamischen Inhalten verschiedensten Ursprungs. Es gibt zum Beispiel Tools, um Anzeigen zu schalten, Analysen durchzuführen und mit Fingerprinting in Erfahrung zu bringen, wer die jeweiligen User sind und wie sie mit der Website interagieren. Diese Tools können eine unbedenkliche Methode für Betreiber von Internetseiten sein, um Informationen zu sammeln und ihr Angebot zu verbessern, oder Zahlungen über andere Dienstleister zu ermöglichen. Aber oftmals werden sie so aufgebaut und verwendet, dass sie die Privatsphäre der Nutzenden unterminieren und uns beim Browsen heimlich von Seite zu Seite folgen.[37] Es gibt heutzutage Hunderte Firmen, die darauf spezialisiert sind, unser Surfverhalten nachzuverfolgen und zu erfassen, indem sie winzige Bilder oder unsichtbare Scripte auf Websites einbauen. Diese Tracking-Unternehmen verfolgen uns ohne unsere Zustimmung über mehrere Websites hinweg. Im Grunde ist das Stalking.

Ich habe ein Experiment gemacht und war 45 Minuten auf acht der gängigen Modenachrichtenseiten unterwegs: *Refinery29* und *i-D* (beide gehören *Vice*), *Stylist*, *BoF*, *Dazed*, *Fashionista*, *British Vogue* und *WWD*. Dabei ließ ich die von Mozilla entwickelte Browsererweiterung Lightbeam laufen, die – auch über unterschiedliche Websites hinweg – die Cookies von Drittanbietern anzeigt. Die kleinen weißen Dreiecke, die bei Lightbeam die Kontakte eines Drittanbieters symbolisieren, bombardierten meinen Bildschirm wie kleine Projektile. Immer wenn ich eine andere Seite öffnete, folgten mir auch viele der Tracker.

Die Drittanbieter nehmen also alle Informationen, die sie über uns auf einer Seite sammeln können (auf welche Artikel wir geklickt haben) mit auf die nächste Seite (Informationen über unseren Wocheneinkauf) und auch auf die folgende (Zugfahrkarten oder vielleicht ein neues Paar Schuhe). Je mehr Daten sie sammeln, umso wertvoller werden diese. Als wäre das nicht schon schlimm genug, werden diese Daten mit unseren Konten auf den sozialen Medien zusammengeführt, sodass die Firmen umfangreiche, klar erkennbare Profile erstellen können. Diese Datensätze enthalten keine wahllosen Informationen, sondern präzise Details darüber, wer wir sind, über unser Onlineverhalten und das der Menschen in unseren sozialen Netzwerken.

Dieser Eingriff in die Privatsphäre ohne Einwilligung ist absolut verwerflich – und auf Modenachrichtenseiten gang und gäbe. In dieser Dreiviertelstunde meines Experiments tauchten 629 Drittanbieter-Anfragen auf meinem Browser auf. Als ich die Seiten einzeln testete, waren die schlimmsten Übeltäter mit Abstand *Refinery29* und *WWD* mit jeweils 259 und 213 Trackern. Dabei ist wichtig, dass man auf diesen Seiten nicht lange surfen muss, um sich die Stalking-Cookies einzufangen. In derselben Sekunde, in der ich *WWD* öffnete, erschienen 151 davon in meinem Browser. Auf Platz drei folgte *Fashionista* mit 159, dann *The Cut* mit 129 und die *British Vogue* mit 123; dahinter *i-D* mit 103, *Dazed* mit 95, *Stylist* mit 83 und *Business of Fashion* mit 55 Drittanbieter-Anfragen. Die Modeseiten von Zeitungen waren nicht besser. Als ich auf die Style-Rubrik der *New York Times* klickte, fing ich mir 74 Tracking-Cookies ein, bei *Guardian Fashion* 113 und bei

Telegraph Fashion 148. Auf der Suche nach einer weniger invasiven Seite stieß ich auf *BBC News* mit 19 Trackern von Drittanbietern, von denen die meisten *BBC*-Analysen waren. Bei *The Fashion Law*, *Fashion United* und *Now Fashion* waren es immer unter 20 Cookies. Auch wenn diese Werte sich täglich ändern und nach User unterscheiden können, sind sie noch immer beträchtlich.

»Bei Modeseiten denken die Werbetreibenden wahrscheinlich, dass die Menschen, die solche Seiten besuchen, offener für Shoppingangebote sind als die, die allgemeinere Meldungen lesen. Somit bietet es sich an, ihre Daten zu sammeln, analysieren und weiterzuverkaufen«, so Eliot Bendinelli von der Menschenrechtsorganisation Privacy International. »Möglicherweise sehen sich die großen Nachrichtenseiten auch unter stärkerem öffentlichem Druck beim Datenschutz und der Vermeidung problematischer Anzeigen, sodass sie ihre Anzeigen und Cookies sorgfältiger auswählen, während Modeseiten weniger Druck oder Kontrolle verspüren dürften und nach dem Motto ›je mehr, desto besser‹ vorgehen.«

Modeseiten halten uns außerdem am Ball, indem sie sich als Informationsquelle im Stil eines »informierten besten Freunds« präsentieren. Das heißt, beim Surfen werden nicht nur die mit Mode zusammenhängenden Daten der Menschen gesammelt. Wer hofft, dass bei der Onlinesuche (zum Beispiel nach Ratschlägen zu Medikamenten, Sex, Drogen, Alkohol, Schwangerschaft oder Schulden) die persönlichen Informationen nicht an Dutzende nicht vertrauter Firmen weitergegeben werden, hat sich geschnitten; denn genau so läuft es.[38] Um das zu überprüfen, besuchte ich acht Medienseiten – *The Guardian*, *BBC*, *i News*, *The Times*, *New York Times*, *Houston Chronicle*, *Huffington Post* und *The Atlantic* – und zählte am Ende 434 Cookies von Drittanbietern. Mein Versuch zeigt, dass es in den Medien insgesamt ein großes Problem mit Drittanbieter-Tracking gibt und dass diejenigen, die gern über Mode lesen, dafür bestraft werden. Wer Modenachrichten liest, dem heften sich 200 Cookies von Drittanbietern an die Fersen – eine geschlechtsspezifische, kommerzielle Auswertung, die auf junge Menschen abzielt, die vielleicht gar nicht merken, wie ihnen geschieht.

Der unter Druck geratene Google-Konzern verkündete 2021, die Cookies von Drittanbietern nicht mehr zu unterstützen, was aber nicht bedeutet, dass Google in Zukunft unsere Daten nicht mehr sammeln oder sie für zielgerichtete Werbung nutzen will.[39] Einer der wichtigsten Gründe, warum unsere Persönlichkeiten abgepackt und als Daten verkauft werden, ist, dass Unternehmen versuchen können, uns Sachen zu verkaufen, die wir nicht brauchen. Ständig bekommt man zu hören, dass man mit dem Modekonsum einfach aufhören muss, aber diese vereinfachende Herangehensweise lässt die systemische Problematik der Privatsphäre im Internet und der Datenerhebung ohne Zustimmung außer Acht. Wie wir noch sehen werden, ist der Konsum ein sozialer Akt, und jeder Versuch ihn einzuschränken, muss sich mit dem strukturellen Zwang des psychologischen Targetings auseinandersetzen, das diese ungesunde, verzerrte Beziehung zum Modekonsum steuert.

Eine neue Abhängigkeit

Nicht nur beim täglichen Surfen wird man überwacht und hat dieses verzerrte Selbstgefühl. Laut Marx will uns der Kapitalismus zu Sklaven »unmenschlicher, raffinierter, unnatürlicher und *eingebildeter* Gelüste« machen. Er hätte auch über Silicon Valley oder die sozialen Medien schreiben können, als er meinte: »Jeder Mensch spekuliert darauf, dem andern ein *neues* Bedürfnis zu schaffen, um ihn zu einem neuen Opfer zu zwingen, um ihn in eine neue Abhängigkeit zu versetzen [...].«[40]

Milliarden Menschen haben sich ein Social-Media-Profil zugelegt, weil sie in dieser entfremdeten Welt Anschluss suchen. Vor allem in urbanisierten Konsumgesellschaften versuchen die Menschen, ihren einsamen, unerfüllten, überarbeiteten Leben zu entfliehen, und die sozialen Medien versprechen ihnen emotionale Erfüllung.[41] Da kommt einem eine weitere Aussage von Marx in den Sinn: »Jedes wirkliche oder mögliche Bedürfnis ist eine Schwachheit, die die Fliege an die Leimstange heranführen wird [...].«[42] Tatsächlich dürfte ein Einblick in die schier unendliche Zahl an scheinbar perfekten Leben im Internet eher unglücklich als zufrieden stimmen. Mehrere medizinische Studien haben bereits die negativen Auswirkungen von Social Media auf die mentale Gesundheit nachgewiesen, besonders durch die Mode-App schlechthin – Instagram.[43]

2021 veröffentlichte das *Wall Street Journal* geheime Facebook-Dokumente, laut denen dem Unternehmen bewusst sei, dass Instagram ein signifikantes Gesundheitsrisiko für eine erhebliche Anzahl Nutzender darstellte, insbesondere für Mädchen im Teenageralter. Facebook/Meta Platforms stellte in seinen Analysen unter anderem fest: »Bei einer von drei Teenagerinnen verstärken wir die negative Körperwahrnehmung«, und »32 Prozent der Teenagerinnen gaben an, dass sie sich, wenn sie mit ihrem Körper unzufrieden waren, durch Instagram noch schlechter fühlten.« Außerdem ergaben die Untersuchungen von Facebook, dass »sich auf Instagram zu vergleichen verändern kann, wie junge Frauen sich sehen und beschreiben« und dass Teenager dezidiert Instagram als Grund für ihre Ängste und Depressionen nannten. Außerdem berichtete das *Wall Street Journal*, dass erschreckenderweise bei Jugendlichen mit Selbstmordgedanken 13 Prozent der britischen und 6 Prozent der amerikanischen Nutzenden diese auf Instagram zurückführten.[44] Während sich andere Apps auf Leistung oder Meinungen fokussieren, geht es bei Instagram vor allem um den perfekten Körper und das perfekte Leben. Kein Wunder, dass diese Seite, auf der die User außer ihrer Bezugsgruppe auch allen möglichen Stars, Fitnesstrainer:innen oder Influencer:innen folgen können, mit Essstörungen, Körperschemastörungen und Depression in Zusammenhang gebracht wird. Trotzdem predigt Facebook weiter, dass »es sich positiv auf die mentale Gesundheit auswirken kann, über soziale Apps mit anderen Kontakt zu haben.«[45]

Marx zufolge können menschliche Bedürfnisse nur in dem Maße befriedigt werden, in dem sie zur Akkumulation von Reichtum beitragen.[46] Während wir also auf den sozialen Medien Kontakte und ein Gemeinschaftsgefühl suchen, sind wir nicht nur ein Produkt, sondern auch gleichzeitig unbezahlte Arbeitskräfte. Wir verwandeln unser Leben in optimierten Content, damit Zuckerberg und Konsorten noch ein paar Milliarden mehr machen können. Weiter argumentierte Marx, dass die menschliche Natur nicht unveränderlich ist, sondern durch wiederholte Handlungen geformt werde.[47] Die schlechte Nachricht ist, dass wir in einem Teufelskreis gefangen sind, der uns in unglückliche Versuchsratten verwandelt; die gute, dass wir daran etwas ändern können.

Ruft es bei Ihnen eine Abwehrreaktion hervor, wenn Sie diese Dinge über Social Media lesen? Das ist interessant, denn Firmen wie Instagram und Twitter haben Milliarden dafür ausgegeben, dass unsere Social-Media-Konten uns wie Erweiterungen unseres Selbst vorkommen. Werden dann die Firma oder das System angegriffen, fühlt sich dies wie eine Bedrohung an. Jaron Lanier plädiert dafür, sich vollkommen aus allen sozialen Medien zurückzuziehen, beschwichtigt aber seinen Adressatenkreis: »Falls du gute Erfahrungen mit sozialen Netzwerken gemacht hast, kannst du beruhigt sein: In diesem Buch steht nichts, was diese Erfahrungen entwerten würde.« Er hoffe stattdessen, dass die Gesellschaft einen Weg finden wird, das beizubehalten und zu verbessern, was wir an den sozialen Medien so lieb gewonnen haben, indem wir klare Grenzen ziehen.[48]

Die sozialen Medien haben die Möglichkeiten zur Vernetzung vollkommen verändert. In Großbritannien lobten junge Schwarze Menschen die durch Social Media beförderte größere Diversität: »In meiner Kindheit im Vereinigten Königreich gab es kaum jemanden im Fernsehen, der wie ich aussah. Das hat sich mit den sozialen Medien geändert.«[49] Andere marginalisierte Gruppen, wie beispielsweise Menschen mit Behinderung, haben einen Raum für ihren Aktivismus gefunden, in dem ihre Stimme gehört wird. Junge Menschen, die sich als LGBTQ+ (lesbisch, schwul, bisexuell, transgender und queer oder *questioning*) identifizieren, haben Zugang zu Communities und Ressourcen, die früher viel schwerer zu finden waren. Es ist großartig und unterstützenswert, wenn Menschen sich miteinander vernetzen. Aber warum, fragt Lanier, sollte der Preis dafür die extreme Manipulation durch Dritte sein?[50] Oder wie Shoshana Zuboff es formuliert: »Der Überwachungskapitalismus ist nicht ohne den Zusatz ›digital‹ vorstellbar, wohl aber die digitale Welt ohne Überwachungskapitalismus.«[51] Man kann also die positiven Seiten des Internets lieben, ohne die Überwachung, Manipulation und die Angriffe auf unser kollektives psychisches Wohlergehen hinzunehmen. Schauen wir uns also noch einmal die Frage an, die sich durch dieses Buch hindurchzieht: In was für einer Gesellschaft wollen wir leben und welche Rolle spielen die Modemedien in ihr? Was wir ganz sicher nicht wollen, ist, dass soziale Netzwerke und Nachrichtenseiten unsere privatesten menschlichen Erfahrungen auf Kosten unserer mentalen Gesundheit zu Profit machen.

Wir werden es im sechsten Kapitel zum Thema Körperbild sehen: Die Aussage, der Kapitalismus – in diesem Fall Tausende Algorithmen, die sich verhaltenspsychologische Erkenntnisse zunutze machen und direkt auf unser Gehirn abzielen – könne Auswirkungen auf uns haben, muss nicht als Beleidigung aufgefasst werden. Ich persönlich habe Instagram als ziemlich einschneidend wahrgenommen. Auf einmal war ich nur noch auf zwei Zähler reduziert, die Anzahl meiner Follower und die meiner Likes. Das war eine destruktive, süchtigmachende und entfremdende Erfahrung. Die ganze Zeit war mir, als wäre ich nicht gut genug. Als ich den Dokumentarfilm *Das Dilemma mit den sozialen Medien* sah, verstand ich endlich meine Rolle in dieser Maschinerie: Erfolg auf Instagram zu haben, würde bedeuten, Teil eines Schneeballsystems zu sein und andere Menschen dazu zu bewegen, mehr Zeit mit einer App zu verbringen, die sich nachweislich negativ auf die psychische Gesundheit auswirkt. Ich habe also meinen Instagram-Account gelöscht. Derzeit habe ich zwar andere Social-Media-Profile, aber keine Apps auf meinem Mobiltelefon. Ich bereue es nicht, habe mehr Raum, mehr Zeit zu schreiben, und mein Kopf dankt es mir.

Keine Kunst für Algorithmen

Meine Abkehr von Instagram führte zu unterschiedlichen Reaktionen. Manche applaudierten mir und sagten, auch sie wollten sich abmelden. Manche hielten Instagram für harmlos. Dann gab es solche, die sich durch meine Entscheidung, mein Konto zu löschen, angegriffen fühlten. Hauptsächlich wohl, weil sie ihre eigene Situation als zu verfahren empfanden, um ebenfalls ihr Konto zu löschen. Dieses Gefühl, keine Wahl zu haben, das besonders in der Kreativszene vorherrscht, muss man genauer anschauen. Instagram steht mittlerweile für Mode. Es gibt kaum noch Designer, Fotografinnen, Studierende oder sogar Journalistinnen und Aktivisten, die kein Profil haben. Als würde ein eigener Account eher bedeuten, dass man zu einer dieser Gruppen gehört, als tatsächlich etwas zu designen, fotografieren, sich für etwas zu engagieren oder Artikel zu schreiben. Es ist auch nicht so, als wären die Kreativen glücklich mit ihrem Social-Media-Dasein. Eine informelle Befragung von Grafikfachpersonen ergab, dass Instagram, »obwohl alle es als wirksames und notwendiges Marketing-Instrument ansahen, bei ihnen negative Gefühle und Unzufriedenheit mit ihrer Arbeit auslöste«.[52] Sie verglichen sich ständig mit anderen Usern und beurteilten ihre Arbeit danach, ob sie auf Instagram erfolgreich war, und weniger danach, was sie in kreativer Hinsicht bedeutete.

Wir brauchen, wie Jaron Lanier sie nennt, »Lösch-Pioniere«: Menschen, die Wege finden, ohne all diese tückischen Apps zu leben, die manche schon von Geburt an begleiten. Dafür müssen wir unser Sozial- und Arbeitsleben neu denken; herausfinden, wie wir persönliche und politische Informationen mit Netzwerken teilen und über Grenzen hinweg Inklusion und Kommunikation gewährleisten können;[53] uns gegen den Wahnsinn wehren, dass Kunst- oder Literaturschaffende nach ihrer Followerzahl beurteilt werden – »als wäre der tatsächliche Berührungspunkt nicht das Werk an sich«[54]. Wir müssen eruieren, wie wir unsere Zeit und Energie von den Zuckerbergs dieser Welt zurückbekommen, und wie wir unterstützende Künstlergemeinschaften im echten Leben kreieren können, in denen die Menschen nicht anhand ihrer Profile beurteilt oder eingestuft werden, wo der Sinn ihres Lebens nicht in der Optimierung besteht. Hier gibt es so viele Möglichkeiten, und wir brauchen Kreative und kreative Ideen, damit wir nicht wie Marx' Fliege an der Leimstange enden. Aber je mehr Kreative festhängen, umso schwieriger wird es.

Kommunikativer Kapitalismus

Über den emotionalen Schmerz einzelner Personen hinaus gibt es ein viel größeres Problem, das die Auswirkungen des Internets auf den Widerstand und unsere kollektive Fähigkeit, einen sozialen Wandel herbeizuführen, betrifft. Die Professorin für Politikwissenschaft Jodi Dean hat die Theorie des »kommunikativen Kapitalismus« entwickelt. Sie besagt, dass die für eine Demokratie als zentral angesehenen Werte in vernetzten Kommunikationstechnologien materialisiert sind. Zu diesen Werten gehören Zugänglichkeit, Teilhabe, Transparenz, offene Diskussionen, eine Stimme zu haben und so weiter – also alles, wofür Demokratie und das Internet stehen sollten.

Doch anstatt dass all diese Kommunikations- und Kontaktmöglichkeiten zu Freiheit, Demokratie und einer gerechten Wohlstandsverteilung führen würden, wird der politische Wandel von einer »Bildschirmflut« verhindert.[55] Dem Konzept des kommunikativen Kapitalismus kann man sich durch Deans Frage annähern: »Woran liegt es, in einer Zeit der revolutionierten Kommunikationsmittel, in der Menschen ihre Meinungen beitragen können und schnellen Zugang zur Meinung anderer haben, dass die Demokratie trotzdem gescheitert ist?«[56]

Lassen Sie uns dies aus der Sicht des Modeaktivismus betrachten. Wir wissen mehr denn je darüber, unter welchen Umständen und wo unsere Kleidung produziert wird, nie zuvor war die Wut über die Arbeitsbedingungen und die Umweltzerstörung größer, und sie scheint nicht abzuebben. Gleichzeitig ist es auch das erste Mal, dass wir über einen einzigen Klick nicht nur mit Tausenden Gleichgesinnten auf der ganzen Welt verbunden sind, sondern auch mit Regierungen, Politiker:innen und globalen Institutionen. Man sagt uns, dass wir Unternehmen direkt kontaktieren und ihnen – sowie der ganzen Welt – unsere Gedanken mitteilen können. Und trotzdem ist die Lage in jeder Hinsicht schlechter: Die Löhne in den Fabriken sind niedriger, globale Systeme drohen zusammenzubrechen, die Pandemie hat die Reichen reicher und die Armen ärmer gemacht. Es gibt keinerlei Demokratie in der Modeindustrie.

Was ist da los? Laut Dean ist das Problem nicht, dass die Menschen nicht engagiert oder mitfühlend wären, sondern dass »unser Engagement in einer Weise eingenommen wird, die das System stärkt, anstatt es zu untergraben«.[57] Die demokratische Rhetorik, die das Internet gern propagiert, dient tatsächlich dazu, den Einfluss des Kapitalismus auf vernetzte Gesellschaften noch zu stärken. Es ist also nicht nur so, dass die aktuelle Infrastruktur nicht fähig ist, eine Demokratie zu schaffen, die Themen wie Ungleichheit, Sicherheit in Fabriken, Klimawandel und Krieg angeht. Schlimmer noch, sie bringt uns dazu, der Technologie, die angeblich alles möglich macht, zu huldigen (obwohl alles immer schlimmer wird). Gleichzeitig löst der kommunikative Kapitalismus traditionelle Formen des Widerstands ab, die einen großen sozialen Wandel bewirken können, wie physische Demonstrationen, Streiks, klassengeprägte Organisation und Aktionen.[58] Die Theorie des kommunikativen Kapitalismus behauptet nicht, dass vernetzte Kommunikation es niemals schaffe, politischen Widerstand zu begünstigen, oder dass alle Aktivitäten im Internet belanglos seien. Wie der Fall Jeyasre Kathiravel (dazu später) zeigt, eignet sich das Internet gut zur Vernetzung. Doch bleibt die Frage: »Warum gibt es in dieser als Kommunikationszeitalter gefeierten Ära keine Resonanz?«[59]

Modekampagnen fetischisieren gern Technologie und die Verbrauchermacht. Im Globalen Norden setzt man eher auf passive Onlinekampagnen als auf physische kollektive Aktivitäten wie Proteste, Ladenblockaden, Demonstrationen und Streiks oder Solidarisierung mit der Arbeiterschaft. Eine große Ausnahme ist die Bewegung XR (Extinction Rebellion), deren Demonstrationen bei der Londoner Fashion Week unter anderem so erfolgreich waren, weil diese Form des Protests heutzutage nicht mehr üblich ist.

Die Konzentration auf Onlinekampagnen drosselt die Fortschrittsrate, stellt die Kämpfe der Arbeitnehmenden im Globalen Süden ins Abseits und entzieht ihnen wichtige Ressourcen. Als ich Nandita Shivakumar, Indien-Koordinatorin des Arbeits- und Sozialbündnisses Asia Floor Wage Alliance (AFWA), interviewte, berichtete sie vom Ungleichgewicht zwischen der Arbeiter- und der Verbrauchermacht, die nur bis zu einem gewissen Grad Veränderungen bewirken kann. »Die

Verbrauchermacht kann nicht die Speerspitze einer Kampagne sein, nicht die der Bewegung. Verbraucherkampagnen nehmen zu viel Raum ein, greifen zu viel Geld ab; aber in die Arbeiter:innenbewegungen des Globalen Südens wird nicht genug Geld und Energie investiert.«

Wir alle können etwas gegen dieses Missverhältnis der Macht tun: keine Kampagnen unterstützen, die nicht über Onlinekonsum hinausgehen und nicht im Zusammenhang mit Arbeitnehmerorganisationen im Globalen Süden stehen; nicht akzeptieren, dass unser politischer Wille dadurch ausgebremst wird, dass wir eine Onlinepetition unterschrieben oder einen Post geteilt haben; uns nicht von bewährten Formen des aktiven politischen Kampfes abkehren, oder wie Dean es formuliert, die Technologie als politisch fetischisieren, damit sie unsere Arbeit macht.[60] Man darf Followerzahlen nicht mit effektivem Aktivismus verwechseln. Grundsätzlich haben Menschen oder Organisationen, die ganz vorne mit dabei sind, wirklich etwas in der Modeindustrie zu verändern (und die hauptsächlich im Globalen Süden sitzen), entweder keine Online-Follower oder nur sehr wenige.

Wie Dean schreibt, ist Technologie inhärent politisch und sollte nicht von anderen politischen Kämpfen abgekoppelt werden. Jegliche Form der Technologie ist »im Kontext der Brutalität des globalen Kapitals« entstanden und existiert aufgrund von »rassistisch motivierter Gewalt und Spaltung«. Websites, Apps und Geräte werden uns nicht retten. Vielmehr benötigen sie einen politischen Rahmen, der sowohl ihre Ursprünge, Nutznießer und wahren Zwecke anerkennt, während wir die harte Organisationsarbeit und den Kampf fortsetzen. Wie Lola Olufemi es in *Feminism Interrupted* formulierte: »Aktivistische Arbeit fordert unermüdlichen Einsatz, aber es ist wichtig, dass wir sie trotzdem leisten, denn sie ist eine der wenigen Methoden, die uns eine Chance geben, unsere Lebensweise zu verändern.«[61]

Gerechtigkeit für Jeyasre

Jeyasre Kathiravel war eine 21-jährige Dalit aus dem indischen Tamil Nadu. Als erste aus ihrem Dorf besuchte sie eine weiterführende Schule, und sie arbeitete in einer Textilfabrik namens Natchi Apparel in einem ländlichen Teil von Tamil Nadu. Die Firma gehört zu Eastman Exports Global Clothing, dem viertgrößten Bekleidungsexporteur Indiens, und beliefert auch den multinationalen Modekonzern H&M. Jeyasre wollte diesen Job nur so lange machen, bis sie eine andere Stelle finden würde. Doch am 1. Januar 2021 sollte Jeyasre zur Arbeit gehen und nie zurückkommen. Nach einer weitläufigen, viertätigen Suchaktion ihrer Familie mit der Gemeinde fand man sie tot in einem Stück Brachland. Sie war vergewaltigt und getötet worden. Ihr Vorgesetzter bei Natchi Apparel gestand die furchtbare Tat und wurde unter Anklage gestellt.

Jeyasre Kathiravels Tod hätte verhindert werden können und müssen. Sie war bei der Arbeit immer wieder von dem Mann, der sie letztlich angreifen und töten würde, belästigt worden. Nach dem Verbrechen an Kathiravel berichteten noch mehr als 25 weitere Frauen über Belästigung und sexuellen Missbrauch bei Natchi Apparel. Geschlechtsspezifische Gewalt in der Fabrik war also an der Tagesordnung. Außerdem schilderten Angestellte, sie seien gezwungen worden, unter gnadenlosem Druck täglich über tausend Kleidungsstücke anzufertigen.[62]

Jeyasre Kathiravel war Mitglied der einzigen von Dalit-Frauen geführten Gewerkschaft Indiens, der Tamil Nadu Textile and Common Labour Union (TTCU). Die TTCU startete mit der Unterstützung der indischen Asia Floor Wage Alliance und der Organisation Global Labor Justice in den USA eine Kampagne, die drei Ziele erreichen wollte: erstens eine Entschädigung für Jeyasres Familie; zweitens das Ende jeglicher Nötigungen und Vergeltungsmaßnahmen gegen ihre Familie, ihre Arbeitskolleg:innen und die Gewerkschaft; und drittens eine vollstreckbare Vereinbarung zwischen den Modefirmen, Eastman Exports und TCCU zur Unterbindung geschlechtsspezifischer Gewalt und aller Einschränkungen der Vereinigungsfreiheit.

Der 1. April 2021 wurde als weltweiter Aktionstag ausgerufen, um unter dem Motto »Justice For Jeyasre« Gerechtigkeit für sie zu fordern. Das war mitten in der Coronapandemie, und hier in London bestand zum einen das Risiko, sich in einer Menschenmenge anzustecken, zum anderen drohten Bußgelder von 10 000 Pfund für die Organisation von Demonstrationen.[63] Die Aktionsgruppe UK Justice For Jeyasre rief dazu auf, sich mit Plakaten mit dem Schriftzug #JusticeForJeyasre vor der nächsten H&M-Filiale zu fotografieren, Banner zu gestalten und sie aus dem Fenster zu hängen, »Die-ins« vor dem H&M zu veranstalten oder die Feeds der Kette zu übernehmen und durcheinanderzubringen. Jede Aktion sollte über alle Social-Media-Konten verbreitet und H&M in jedem Beitrag markiert werden. Die Kampagne stellte so viele digitale Hilfsmittel wie möglich zur Verfügung: Beispiel-Tweets auf Englisch und Schwedisch, Musterbriefe und -posts sowie Infografiken. All dies wurde über die Asia Floor Wage Alliance mit der TTCU und Jeyasres Familie abgestimmt, sodass die Nachrichten in ihrem Sinne und dem der Arbeitnehmenden waren.

Am Morgen des Aktionstags versprach H&M eine Entschädigungszahlung. Ungeachtet dieses Beschwichtigungsversuchs beteiligten sich Hunderte von Menschen an Aktionen, damit auch die anderen beiden Forderungen erfüllt würden. In London riskierten die Teilnehmenden an kleineren Demos vor H&M-Filialen Geldstrafen. Vor dem H&M-Flagshipstore in der Oxford Street wurden im Rahmen der Proteste Blumen in Gedenken an Jeyasre niedergelegt. In Manchester nähten Freiwillige der gemeinnützigen Gruppe Stitched Up ein Justice-For-Jeyasre-Banner. Auch in Kontinentaleuropa gab es Aktionen. In Deutschland wurden kleinere Proteste organisiert und in den Niederlanden zündete XR Rauchbomben und demonstrierte vor H&M. Den ganzen Tag über war auf Social Media zu sehen, wie Menschen Schilder, Grafiken und Stickereien gestalteten.

Der Blog *Oh So Ethical* wird von einer 26-jährigen Britin mit bangladeschischen Wurzeln betrieben, die es vorzieht, anonym zu bleiben. Sie war maßgeblich an der Organisation von UK Justice For Jeyasre beteiligt, zusammen mit War on Want und Fashion Act Now (und auch ich habe die britische Kampagne mitorganisiert). »Das war die beste Kampagne, an der ich je beteiligt war«, schreibt *Oh So Ethical*:

> Der enge Kontakt mit der TTCU und AFWA sowie mit Jeyasres Familie gab mir das gute Gefühl, mit ihrer Zustimmung und der der Gewerkschaft zu handeln. Es ist wirklich wichtig, dass dein Aktivismus darauf aufbaut zu wissen, was die Arbeitnehmenden und Gewerkschaften wollen. Daher war die Möglichkeit, zu überprüfen, was wir machen und veröffentlichen, so wichtig. Es ist ein wirklich sensibles Thema, aber wir waren so entschlossen, weil wir die Zustimmung hatten und wussten, dass es richtig war.

Drei Wochen später hielten indonesische Gewerkschaften und Frauenrechtsorganisationen eine Präsenzmahnwache ab, bei der sie das von Aktivist:innen in London designte »blutbefleckte« Logo von H&M verwendeten. Es gab auch eine Onlinemahnwache mit über tausend Menschen aus 33 Ländern, die zusammenkamen, um sich solidarisch mit der Familie von Kathiravel und der TCCU zu zeigen. Neben der Gewerkschaftsführerin von TCCU, Thivya Rakini, sprach auch Jeyasres Mutter Muthulakshmi Kathiravel: »Als Mutter wünsche ich so etwas keiner Tochter oder irgendeiner Arbeiterin. [...] Ich habe meine wunderbare Tochter verloren, sie kommt nicht mehr zurück. Ich betrachte alle, die im Textilbereich arbeiten, als meine Töchter. Was meiner Tochter zugestoßen ist, darf keiner jungen Arbeiterin je wieder geschehen.«[64]

So viel Verbundenheit wäre – vor allem mit den Einschränkungen durch die Pandemie – ohne das Internet nicht möglich gewesen. Doch war es nicht das Internet, das den Kampf gegen geschlechtsspezifische Gewalt begann, und es lag auch nicht am Internet oder an einer App, dass diese Veranstaltung so kraftvoll war. (Und würden wir die Rolle von Apps wie Instagram in diesem Kampf abwägen, würden wir wohl eher zum Schluss kommen, dass sie es H&M und Co. erst ermöglichten, es so aussehen zu lassen, als wäre alles gut.)

Dieser 1. April 2021 verdankt seine Potenz dem physischen Risiko, dem sich die Leute an jenem Tag durch ihr Engagement aussetzten und ihrer Energie. In stärkerem Ausmaß lässt sich das an größeren Kämpfen wie dem sogenannten Arabischen Frühling beobachten, bei den Protesten im Gezi-Park in der Türkei, bei Occupy Wall Street und der Black-Lives-Matter-Bewegung. Sie alle hatten ihren Ursprung angeblich hauptsächlich in den sozialen Medien.[65] Jodi Dean argumentiert, dass diese Bewegungen aber gerade deshalb so wichtig sind, weil die Menschen, anstatt zu Hause an ihren Laptops oder Smartphones zu hängen, wirklich nach draußen gingen. Sie drängten auf die Straßen, um Seite an Seite mit Fremden für ein politisches Ziel zu kämpfen, oft trotz tödlich gewalttätiger staatlicher Unterdrückung. In all diesen Fällen empfand man Instagram-Posts oder Onlinepetitionen als unzureichende politische Praxis bei der Bekämpfung von Ungerechtigkeit.[66]

Das Ende dieses Kapitels ist gleichzeitig der Auftakt für das nächste. Denn der Hauptzweck der Modemedien liegt nicht im Kritisieren, Informieren, Führen oder Unterhalten, sondern im Anheizen des Konsums von Abermilliarden Kleidungsstücken.

3 Die Logik des Kaufens

Kleider funktionieren wie politische Meinungen. Es gibt immer eine neuere, aufregendere Idee am Horizont, besonders wenn verschiedene Parteien im Spiel sind.[1]

Anne Fogarty, *Das kleine Buch für die gut gekleidete Ehefrau*

Das ist mein Leichtes für den Abend – Jackrabbit hat es entworfen. Ein Leichtes ist ein Einmal-Kleidungsstück für festliche Anlässe. Aus Alge, mit natürlichen Farbstoffen. Danach kommen sie auf den Kompost. Mit Kostümen ist es anders. Kostüme leiht man sich für einmal oder für einen Monat aus dem Kleiderverleih. Dann gibt man sie zurück, sodass jemand anders sie leihen kann. Aber ein Leichtes ist eine Flause, die man nur einmal trägt.

Marge Piercy, *Woman on the Edge of Time*

Im Jahr 2020 war der physische und soziale Radius coronabedingt extrem eingeschränkt. Im Vereinigten Königreich war es oft nicht erlaubt, zu Hause Besuch zu haben. Über Monate gab es kein geselliges Beisammensein, kein Pendeln zur Arbeit und keine Schulfahrten. Es wurde viel davon geredet, dass dies eine weltweite Pause sei und dass die Menschen wiederentdeckten, was abseits der Alltagshektik wirklich zählte. Keine Pause gab es allerdings beim Kaufen von nicht notwendigen Dingen.

Im April 2020 unterhielt ich mich mit Jak, einem gestressten Auslieferungsfahrer für ASOS. Zwar gab es weniger Bestellungen, aber es gab sie. Innerhalb seines Einzugsgebiets brachte er immer wieder denselben Leuten Pakete. Man öffnete die Tür, ohne Jak Zeit zu geben, die sicheren zwei Meter zurückzutreten; er musste Aufzugknöpfe drücken und Türgriffe berühren, die möglicherweise infiziert waren. Er verfügte nicht über die entsprechende persönliche Schutzausrüstung, und nur eine einzige Person hatte sich überhaupt Gedanken darüber gemacht, was er in ihrem Leben leistete, und sich bei ihm bedankt. Jak war nicht gerade begeistert, sein Leben zu riskieren, weil jemand ein neues T-Shirt wollte.

Als hier zu Beginn der Pandemie Toilettenpapier gehamstert wurde, wurde es zu einer Art Nationalsport, die Einkaufsgewohnheiten anderer Leute zu verurteilen. Es ist verführerisch, die ASOS-Kundschaft einfach als hoffnungslos selbstsüchtig abzutun und ihr die Willenskraft und moralische Stärke abzusprechen, die im Umgang mit einer globalen Krise angebracht wären. Dasselbe gilt für die Primark-Klientel, die den Zorn der Massen auf sich zog, als sie nach dem Lockdown vor dem Billigladen Schlange stand. Aber einem solchen Urteil fehlt es an kritischen Erkenntnissen zum Konsum. Wenn wir über die Kaufenden und das Kaufen hinwegsehen, werden wir nie verstehen, wie wir uns kollektiv in diese Lage manövrieren konnten.

Es gibt viele Gründe, übermäßigen Konsum und das, was ihn vornehmlich antreibt – die Überproduktion –, anzufechten. Schließlich befinden wir uns in einer extremen Klimakrise und müssen die Verteilung und Nutzung von Ressourcen grundsätzlich überdenken. Dies muss jedoch durch Kritik am Kapitalismus geschehen, und durch Versuche, ihn umzustürzen, und nicht indem wir Menschen angreifen, die in einem Strudel festhängen.

Jeder »auf seine eigne rohe Einzelnheit isoliert«[2], wie Engels es formulierte, scrollen wir uns durch Onlineshops und definieren unsere Verbindung zur Welt über unsere Beziehung zu Dingen anstatt zu anderen Menschen oder dem Planeten, auf dem wir leben. Nach den meisten Maßstäben – und gemessen am Chaos, in dem unsere Welt steckt – ist das keine gesunde Art zu leben. Von Kleidung bis Elektronik ist jegliche Ware, die uns umgibt, ein Produkt der Gewalt. Egal, ob man die Gewalt der kolonialen Handelswege anschaut oder die Arbeitskräfte unserer Zeit, die in brennenden Fabriken gefangen sind. Am anderen Ende der Lieferketten brodelt es unter der Oberfläche, und man ist unzufrieden mit dem Leben: sinnlose Jobs, akuter Kontrollverlust und ein System, das Shopping als Erlösung darstellt, als Identität, Gemeinschaft und Unterhaltung in einem.

Ist es da wirklich ein Wunder, dass die Menschen im Neoliberalismus nach Jahrzehnten der Propaganda, wonach die Gemeinschaft tot und »der Kunde König« sei, sich mit Shopping über die Traurigkeit und Ungewissheit während einer Pandemie hinwegtrösten? Dass wir uns manchmal den Dingen, die wir kaufen, stärker verbunden fühlen als Menschen wie Jak, die sie uns nach Hause liefern? Man hat uns einen Albtraum verkauft, in dem die gemeinschaftliche Frage »Was brauchen wir?« weniger Priorität hat als die Konsumentenfrage »Was will ich?«.[3] Dabei ist für alle offensichtlich, wo es bei dieser Strategie hakt: Wir sind miteinander verbunden und können es nicht allein schaffen. Wir verdienen ein besseres Leben, das nicht nur auf »Doomscrolling«, also den exzessiven Konsum negativer Nachrichten im Internet, ausgerichtet ist; oder auf das Um-die-Wette-Hamstern von Klopapier, weil wir überzeugt sind, dass uns im Fall der Fälle keiner helfen wird.

In diesem Kapitel geht es darum, wozu die Mode derzeit da ist. Wie sie als System der Ausbeutung an beiden Enden der Modeherstellung funktioniert und die Ausbeutung, die stark mit dem vorherrschenden Wirtschaftssystem verbunden ist, rechtfertigt. Bevor wir tiefer in das komplexe Thema Konsum einsteigen, möchte ich Sie noch einmal an die zentrale Frage in diesem Buch erinnern: In was für einer Gesellschaft wollen wir leben, und welche Rolle spielt Mode in ihr? Denken Sie beim Lesen darüber nach, wie anders nicht nur die Kleidung, sondern auch die Welt sein könnte.

Begehren

Eine dunkle Straße in Paris. Es regnet, und eine Frau begeht von Begierde getrieben ein Verbrechen. »Da war es. Es starrte mich an. Ich musste es haben!« Sarah Jessica Parker tritt ein Schaufenster ein, greift nach einem Parfumflakon und wird im nächsten Moment in Handschellen von einem Polizisten abgeführt, während sie um einen letzten Spritzer Parfum bettelt. Am Ende des Clips sieht man sie hinter Gittern, wo sie mit irrem Blick und ohne Reue ihr Mantra wiederholt: »Ich musste es haben!«

Die Werbung für Sarah Jessica Parkers Parfum Covet (auf Deutsch: »Begehren«) ist einem früheren Dior-Werbeclip für das Parfum Addict verblüffend ähnlich. Darin ist Schauspielerin und Model Liberty Ross in einem verregneten Paris auf der Flucht, nachdem sie ein Schaufenster eingeschlagen hat, um ein Parfum zu stehlen. Das Spiel mit der Anziehungskraft, die Objekte ausüben können, und die Anspielung auf die Irrationalität weiblichen Kaufens geben zu verstehen, dass ein derartiges Verbrechen verständlich, witzig und sexy ist.

Im Sommer 2011 wurde Großbritannien von einer Welle des Aufruhrs erschüttert. Die Unruhen begannen nach dem Tod von Mark Duggan, der bei einem Polizeieinsatz im Londoner Stadtteil Tottenham starb, woraufhin im ganzen Land Gebäude in Flammen aufgingen und komplette Innenstädte verwüstet wurden. Über die Gründe – Polizeigewalt, soziale Ausgrenzung, Armut – wird seitdem viel diskutiert. Ein bemerkenswerter und immer wiederkehrender Punkt in diesen Diskussionen waren die Plünderungen von Kleider- und Schuhgeschäften. Inmitten des Chaos wurde in den Medien insbesondere eine Szene immer wieder gezeigt. Die 22-jährige Shereka Leigh wurde von einer Überwachungskamera dabei gefilmt, wie sie Schuhe, die sie mitgehen ließ, noch kurz vorher im Laden anprobierte.

Man verurteilte sie zu acht Monaten Gefängnis, nachdem bei ihr weitere gestohlene Dinge gefunden worden waren, deren Wert sich auf bloß einige Hundert Pfund belief.

Die sozialen Unruhen und die darauffolgenden harten Urteile zeigen auf, dass sich die gesellschaftlichen Diskurse in komplett verschiedene Richtungen bewegen. Es heißt »ich shoppe, also bin ich«, dass Shopping Erfolg bedeutet und man alles Erdenkliche tun soll, um konsumieren zu können. Unsere Fähigkeit zu shoppen, auszusortieren und zu ersetzen, ist ein zu einem wichtigen Indikator für sozialen Status und persönlichen Erfolg geworden.[4] Auch wenn Werbung in der Art von *Covet* und *Addict* kriminelle Handlungen bagatellisiert, vergisst sie zu erwähnen, dass solche Diebstähle scheinbar nur funktionieren, wenn die Täterin schön, reich und weiß ist. Andernfalls landet man schon mal sechzehn Monate im Gefängnis, wenn man Eiscreme stiehlt, oder verbüßt ein halbes Jahr dafür, dass man eine Flasche Wasser im Wert von 3,50 Pfund geklaut hat.[5] Die Ursachen der Unruhen in Großbritannien sind nicht angegangen worden, ganz im Gegenteil. Sie haben sich weiter verschärft. Rufe nach Veränderung werden oft abgetan aus der Angst heraus, sie könnten eine Verschlechterung des Lebensstandards oder eine dauerhafte Knappheit zur Folge haben. Doch das Problem ist nicht Knappheit, sondern Ungleichheit. Wenn wir nur einen kurzen Moment innehalten, sehen wir das riesige Leuchtschild, das uns die Pandemie vorgehalten hat, und das uns entgegenblinkt: Der Kapitalismus hat die Menschheit im Stich gelassen. Wie kann es sein, dass der Amazon-Gründer Jeff Bezos dank seines Onlineshopping-Imperiums einer der reichsten Menschen der Welt ist, während über 9 Prozent der Weltbevölkerung mit nur 1,50 Pfund pro Tag in extremer Armut leben? Um unsere Konsumweise verändern zu können, müssen wir erst der Ungleichheit ein Ende bereiten.

An Unruhen und Aufständen zeigt sich, dass die Emotionen der Menschen durch die Kombination von Armut und der ständigen visuellen Berieselung mit Dingen, die sie nie haben werden, hochkochen. Zu erwarten, dass sie stillhalten, ist naiv. Wie es der bedeutende Soziologe Zygmunt Bauman formulierte:

Objekte der Begierde, über deren Fehlen man sich in heftigster Weise ärgert, gibt es heutzutage viele und vielfältige. Ihre Anzahl, wie auch die Versuchung, diese Dinge besitzen zu wollen, wächst von Tag zu Tag. Im gleichen Zug wachsen jedoch auch Zorn, Demütigungen, Gehässigkeit und Groll, die dadurch entstehen, dass man sie nicht hat – genauso wie der Drang zu zerstören, was man nicht besitzen kann. Geschäfte zu plündern und sie anzuzünden – das kommt aus demselben Impuls und befriedigt dieselbe Sehnsucht.[6]

Die Zwei-Klassen-Mode

Die Oxford Street im Londoner West End ist die geschäftigste Einkaufsstraße Europas. Auf dem Weg durch die Menschenmenge kommt man an mehreren H&M-Filialen vorbei, die jährlich mit bis zu fünfzig Kollektionen aufwarten; an Nike Town, wo es vorkommen kann, dass nachts ganze Schlangen fanatischer Schuhfans anstehen; an Primark, wo während der Schlussverkäufe Prügeleien ausbrechen; und an Uniqlo, dem japanischen Unternehmen, das damit wirbt, 613 verschiedene Socken zu produzieren.

Das alles ist nur möglich, weil es in unserer Gesellschaft einen Überschuss gibt. Im Gegensatz zu Tieren, die nur produzieren, was sie brauchen, gehen Menschen über ihre unmittelbaren physischen Bedürfnisse hinaus und produzieren ein Übermaß an Essen, Unterkünften, Kleidung und anderen Gütern. Es gäbe mehr als genug gesellschaftliche Reichtümer, um alle zu unterstützen, aber schon ein kurzer Spaziergang über die Oxford Street zeigt, wie ungleich die sozial produzierten Überschüsse verteilt sind. Trotz der Coronapandemie wird die Luxusbranche im Jahr 2020 auf 349,1 Milliarden Dollar geschätzt[7], während an der U-Bahn-Station Bond Street weiterhin Obdachlose um Kleingeld betteln. Ungeachtet der enormen Ungleichheiten wird weiterhin das Argument vorgebracht, dass Mode inzwischen egalitär sei.

Es stimmt, dass es mittlerweile nicht mehr den Gutverdienenden vorbehalten ist, Modetrends zu folgen und haufenweise Kleidung zu besitzen. Slash-Fashion-Outlets wie Boohoo oder SHEIN fluten den Markt mit unendlich vielen günstigen Artikeln, genau wie Primark oder Peacocks, während H&M und Target Designerkollektionen herausbringen. Auch gebrauchte Mode gilt wieder als cool; Secondhand-, Vintage- oder Kiloläden, eBay, Depop und Vinted handeln mit Kleidung aus zweiter Hand. Die breite Verfügbarkeit von relativ günstiger Kleidung (zweifelhafter Qualität und Wahlmöglichkeit) bedeutet trotzdem nicht, dass Mode demokratischer geworden ist. In Bezug auf die größten Probleme der Branche gibt es keine Demokratie.

Der Konsum von Kleidung ist zutiefst ungleich, und jegliche Generalisierungen über Modekonsument:innen sind irreführend. Die US-amerikanische Wissenschaftlerin und Aktivistin Juliet Schor sagt, dass wir nicht nur die Frage stellen sollten, *wieso* wir so viel konsumieren, sondern vor allem, *wer* so viel konsumiert.[8] Eine statistische Angabe wie die 300 Millionen Paar Schuhe, die in einem Jahr in Nordamerika aussortiert wurden, liefert auf den ersten Blick eine klare Aussage.[9] Sie verdeckt aber die Tatsache, dass etwa fünfzig Millionen US-Amerikanerinnen und Amerikaner unter der Armutsgrenze leben und weitere hundert Millionen mit einem sehr geringen Einkommen auskommen müssen.[10] Berechtigte Bedenken, insbesondere über die Auswirkungen der Mode auf die Umwelt, können nicht durch die pauschale Forderung angegangen werden, dass wir alle weniger kaufen sollen. Eine solche Forderung ist für diejenigen irrelevant, die sowieso schon dazu gezwungen sind, sich zwischen einem neuen Paar Schuhe und einem Mittagessen für die Kinder entscheiden zu müssen.[11]

Im Sommer 2020 wurde in Großbritannien der Lockdown aufgehoben und die Temperaturen stiegen. Als Primark wieder öffnete, brach auf Social Media die Verachtung für diejenigen hervor, die in Schlangen vor den Filialen standen. In manchen Posts wurden die Primark-Kund:innen für den Klimawandel und die schlechten Bedingungen in den Fabriken verantwortlich gemacht. Andere Beiträge rieten ihnen dazu, das Geld zu sparen und etwas zu kaufen, was sie »wirklich wollten«, oder vertraten die Meinung, für Fast Fashion anzustehen, mache einen automatisch rassistisch. Wieder andere forderten dazu auf, lieber Secondhand zu kaufen – und vergaßen dabei anscheinend, dass, wenn die Secondhandläden wieder öffnen würden, mindestens die Hälfte des Sortiments von Primark oder der Konkurrenz stammen würde. Es gab unendlich viele Posts, und die Fotos von den Warteschlangen verstärkten das Gefühl, dass »diese Leute« sich schämen sollten.

In jenem Juni wurde jedoch nicht der Kapitalismus als System der Unterdrückung kritisiert, sondern vielmehr über die Menschen hergefallen, die davon unterdrückt werden –, und so ist es in vielen Diskussionen rund um Modekonsum bis heute. Man muss die Mode aber vor allem als Einnahmequelle der Unternehmen ansehen und darf die Schuld nicht bei den Menschen in den Schlangen suchen.

Es sind strukturelle Probleme, die es der Modeindustrie ermöglichen, die Menschen und den Planeten auszubeuten. Sie lassen sich nicht im luftleeren Raum lösen. Die Modeindustrie könnte nicht existieren ohne die Ausbeutung der folgenden eng miteinander zusammenhängenden Ressourcen: 1. Frauen, 2. People of Colour 3. die Arbeiterklasse weltweit und 4. der Planet (die Biosphäre und die Tiere). Jede Aktion, jeder Post, jede Kampagne muss diese vier intersektionalen Themen in den Mittelpunkt stellen. Andernfalls schaden sie mehr, als sie nützen.

Außerdem muss Konsumkritik sowohl Haute Couture als auch Durchschnittsmode miteinbeziehen; sie darf sich also nicht ausschließlich auf Fast Fashion konzentrieren. Nach dem Lockdown machte der Hermès-Flagshipstore in Guangzhou mit 2,7 Millionen US-Dollar den höchsten Tagesumsatz, den eine Luxusboutique in China je eingebracht haben dürfte. Dazu passt, dass Louis Vuitton einen Gesichtsschutz für 1000 Dollar verkaufte. Einen größeren Affront kann man sich kaum vorstellen (wie viel andere Schutzausrüstung hätte man stattdessen herstellen können?), und trotzdem wurden nicht anklagende Fotos geteilt, wütende Posts abgesetzt oder Haare gerauft über die Luxuskäufer:innen. Die Zurschaustellung von übermäßigem Reichtum ist ebenso ein Produkt der Armut wie ein 2-Euro-Bikini; es gibt keinen Luxus ohne extreme Ungleichheit und Ausbeutung. Es gibt auch keinen Hinweis darauf, dass teure Kleidung zu kaufen besser wäre, oder dass wohlhabende, »gute« Konsument:innen einen kleineren CO_2-Fußabdruck hinterlassen würden. Die Menge an Kohlendioxid, die ein reicher Haushalt in den USA in einem Jahr allein durch Autofahrten ausstößt, ist größer als die gesamte CO_2-Bilanz eines ärmeren Haushalts in acht Monaten.

Macht Stil uns erst zu Menschen?

Wenn man die Verbindung zwischen dem Modekonsum und dem gesellschaftlichen Faktor »Klasse« ausblendet, suggeriert man damit fälschlicherweise eine nicht vorhandene Gleichheit und wertet zudem Identität stärker als materielle Lebensumstände. Scott Schuman veröffentlichte 2009 auf seinem Modeblog *The Sartorialist* unter dem Titel »Not Giving Up, NYC« das Foto eines Obdachlosen. Schuman und seine Fans waren erstaunt und entzückt, weil der obdachlose Mann blaue Schnürschuhe mit einer blauen Brille und blauen Handschuhen kombiniert hatte. Das, darüber waren sie sich einig, verlieh ihm etwas Würdevolles und hieß, dass er »nicht aufgegeben« habe. Die Kommentare lauteten zum Beispiel: »Eindrucksvoll. Er sieht nicht mal obdachlos aus. Blau sieht toll an ihm aus«, oder »Ich schaue mir oft an, was Obdachlose anziehen. Sie geben mir Inspiration für meinen eigenen Kleidungsstil. Die Kleider strahlen eine besondere Sanftheit aus, weil sie tagein, tagaus getragen werden«.[12]

Der wissenschaftliche Modeblog *Threadbared* schrieb damals dazu, dass Kommentare dieser Art eigentlich alle Probleme zusammenfassen, die entstehen, wenn Kleidung und Stil als Ausdruck von Identität gewertet werden. Obwohl sich Menschen durch Besitztümer wie Kleidung ausdrücken, sollte das nicht dazu führen, dass man anhand der Kleidung ihre Persönlichkeit beurteilt.[13] Denn wenn Stil einen Menschen ausmacht, dann kann auch das Gegenteil wahr sein. Wäre der namenlose Mann schlecht gekleidet gewesen, hätte man ihm vermutlich weder Zeit noch Aufmerksamkeit geschenkt. Die Einstellung »Wenn du keinen Stil hast, dann bist du kein Mensch«, leitet das Recht, anständig behandelt zu werden, vom Erscheinungsbild, vom Look eines Menschen ab. Die Geschichte, vom

Sklavenhandel bis zur Ideologie der Nationalsozialisten, lehrt uns die Abscheulichkeit derartiger Denkmuster. Ignoriert man soziale Umstände, könnte man meinen, das Tragen schlechter Kleidung sei ein Indiz dafür, dass man aufgegeben habe. In diesem Fall vergisst man jedoch den Einfluss der Faktoren Klasse, *race* und Gender sowie der Wirtschaftskrisen, die Armut begünstigen und Menschen an einem selbstbestimmten Leben hindern. Engels wies bereits 1844 darauf hin, dass wirtschaftliche Umstände nicht durch Arbeitsbereitschaft, Sparsamkeit oder Durchhaltevermögen wettgemacht werden können – und auch nicht durch schöne Kleidung.[14]

Ohne den Klassenaspekt gäbe es nicht die Modeindustrie, wie wir sie heute kennen. Kleidung ist für wohlhabende Menschen ein wichtiger Weg, ihren Reichtum zu zeigen und zu reproduzieren.[15] Haben sich die Massen Zugang zu ihrer elitären Kleidung verschafft (oder nähern sie sich ihr an), suchen sich die Reichen etwas Neues, um allen anderen weiterhin einen Schritt voraus zu sein. Ein Beispiel dafür ist die Modemarke Burberry, deren elitärer Ruf Ende der 1990er und Anfang der 2000er Jahre litt, als sie temporär zu einem Favoriten der Unterschicht wurde. Getrieben von unternehmerischer Gier, hatte Burberry hundertfach Lizenzen für die auffälligen Karomuster vergeben, und die exklusive Marke war auf einmal ein Massenprodukt. Sogar Burberry-Hundemäntelchen wurden hergestellt. Es war genauso, wie es ein Autor im 18. Jahrhundert ironisch formuliert hatte: »Ein Edelmann verachtet nichts so sehr, wie sein teures Gewand an den Körpern der Unterschicht zu sehen.«[16]

Ist der Kunde König?

Im Vorwort zum Buch *Green is the New Black* aus dem Jahr 2008 schreibt die als Model und Schauspielerin tätige Lily Cole, man müsse Verantwortung dafür übernehmen, was man kauft, da »der Kapitalismus nur so erbarmungslos ist wie seine Kunden. Schließlich ist der Kunde König, nicht wahr?«[17] Damit zu argumentieren, dass Konsument:innen mehr Macht hätten als Konzerne, ist symptomatisch für die Verlagerung der Verantwortung, die sich derzeit zeigt. Plötzlich werden die Kund:innen für die Auswüchse der Modeindustrie verantwortlich gemacht. Die vorgängigen Kapitel haben gezeigt, dass Modekonzerne mächtiger sind denn je. Und doch, so formuliert es die Aktivistin Juliet Schor, wurde die wachsende Macht der Konzerne von einer Ideologie begleitet, die darauf beharrt, dass das Gegenteil wahr und der Kunde König ist.[18] Wie kann man herausfinden, wer wirklich die Krone aufhat? Eine Möglichkeit ist, sich anzuschauen, wieso Mode überhaupt produziert wird.

Ich verfasste diese Zeilen ursprünglich an einem Tag, an dem fast ganz Großbritannien unter einer dicken Schneedecke verborgen war, und ich sage und schreibe achtzehn Kleidungsstücke trug, um mich warm zu halten. Damals wie heute scheint es offensichtlich, dass Menschen Kleidung brauchen. In der Tat hat man sogar 40 000 Jahre alte Nähnadeln aus dem Jungpaläolithikum gefunden.[19] Trotzdem kann ich nicht sagen, dass ich alle Kleider brauche, die in meinem Schrank hängen. Wieso habe ich sie dann? Weil es bei Mode nicht um menschliche Bedürfnisse, sondern um Unternehmensprofite geht. Karl Marx schrieb in *Das Elend der Philosophie*: »Der Welthandel dreht sich fast ausschließlich um Bedürfnisse – nicht der Einzelkonsumtion, sondern der Produktion.«[20] Konzerne lassen Kleidung der Gewinne wegen produzieren. Würde jeder und jede nur die Kleidung kaufen, die er oder sie braucht, wäre das eine Katastrophe für sie. So werden »falsche Bedürfnissen« kreiert, um alle weiterhin bei Kauflaune zu halten. Die Bedürfnisse sind falsch, weil es die Bedürfnisse der Produzent:innen sind und nicht die der Konsument:innen.[21]

Bereits 1690 bezeichnete der englische Ökonom Nicholas Barbon Mode als »Geist und Leben des Handels«, weil Kleider »Ausgaben verursachen, noch bevor die alten [...] verschlissen sind«. Barbon pries die Fähigkeit von Mode, »einen Mann zu kleiden, als lebe er in einem ewigen Frühling; er erlebt nie den Herbst seiner eigenen Kleidung«.[22] Der »Herbst«, also abgetragene Kleidung, die ersetzt werden müsste, wird wegen der Schnelllebigkeit von Mode nie erreicht. So ist Mode mehr als nur Kleidung: ein Warenkreislauf nie endender Neuheiten, der Kleidungsstücke altmodisch werden lässt und das Geschäft am Laufen hält. Damit ist die letzte Phase der Modeproduktion der Konsum. »Erst in der Konsumtion [wird] das Produkt wirkliches Produkt«, schreibt Karl Marx, »z. B. ein Kleid wird erst wirklich Kleid durch den Akt des Tragens«.[23]

Man kann also sagen, dass zwischen Menschen und der Modeindustrie eine durchaus symbiotische Beziehung besteht. Mode sollte nicht zu etwas degradiert werden, was Menschen von oben auferlegt wird. Beide befruchten sich gegenseitig: Viele Trends beginnen auf der Straße und werden erst dann von Modeunternehmen aufgegriffen, zu Waren gemacht und vermarktet. Menschen sind ein lebenswichtiger Teil von Mode. Wie es die Modehistorikerin Ingrid Loschek formulierte: »Kleidung ist erst dann Mode, wenn sie auf die Straße geht«.[24] Gabrielle (Coco) Chanel meinte das Gleiche, als sie bemerkte, eine Mode, die nicht auf den Straßen ankomme, sei keine Mode.

Wertschöpfungskette

Mode bedeutet, dass Kleidung durch etwas Anderes bewertet wird als durch ihren bloßen Gebrauchswert – den Wert einer Ware, der sich dadurch bemessen lässt, inwiefern sie ein menschliches Bedürfnis stillen kann. Anstelle dieses Gebrauchswerts werden Waren mit symbolischen Werten wie Liebe, Reichtum und Macht aufgeladen.[25] Der Kapitalismus hat verändert, was wir als Gesellschaft wertschätzen. Der Wert wird nun ausschließlich mit dem Marktwert in Verbindung gebracht, also dem Wert, zu dem man etwas handeln oder verkaufen kann. Von echten Werten wie Liebe, Solidarität, Ehrlichkeit oder vom Wert von Beziehungen oder der Natur existiert nur noch eine Hülle.[26]

Deshalb ist es möglich, von einem langen Shoppingtrip nach Hause zu kommen und immer noch Lust zu haben, mehr einzukaufen. Ich weiß noch, wie ich als Teenie mit meiner besten Freundin Tamar loszog, um in der Einkaufsstraße vor Ort aufeinander abgestimmte Kleidung und Schuhe zu kaufen, und am nächsten Morgen in meinem Zimmer, in dem überall Klamotten herumlagen, aufwachte und eine dunkle Leere verspürte, die nie wirklich zu füllen war. Würden wir Dinge nur ausgehend von ihrem Gebrauchswert kaufen, wären wir in so einem Moment gesättigt und zufrieden (wenn nicht sogar überwältigt). Weil wir aber eigentlich auf der Suche nach symbolischen Werten sind, stehen wir vor einer hoffnungslosen Suche, die, wie schon der altgriechische Philosoph Epikur wusste, einem »Sturz in ein unendliches Nichts«[27] gleichkommt.

Shopping wird kontinuierlich als die Lösung für negative Gefühle angepriesen. Doch das gebrochene Herz, die Kündigung oder Langeweile durch Shopping gutmachen zu wollen, gleicht dem Versuch, ein Loch mit Luft zu stopfen: Der Wunsch nach mehr verschwindet nicht, egal, wie viel man kauft. Das unerfüllte Wesen der modernen Gesellschaft sorgt dafür, dass sehr viel geshoppt wird und sehr viele Produkte sinnlos konsumiert werden. Juliet Schor bezeichnete dies in ihrem Buch *Plenitude* als das »Paradoxon der Materialität«. Da Dingen wie Kleidung verstärkt ein symbolischer Wert beigemessen wird, nimmt ihre Produktion, ihr Konsum und ihre Entsorgung rasant zu. Das Paradoxe daran ist, dass wir die vielen Dinge, die wir auf der Suche nach Sinn kaufen, weniger wertschätzen.

In modernen Gesellschaften ist das Bedürfnis nach immateriellen Werten dann am größten, wenn der materielle Konsum Höchstwerte erreicht.[28] Zeitschriften überbieten sich mit Tipps, wie man sich durch Konsum aufheitern kann. Aber nach einem schiefgegangenen Vorstellungsgespräch oder einer schmerzhaften Trennung braucht man nicht mehr Dinge, sondern soziale Kontakte und Unterstützungsstrategien – zum Beispiel gute Gesellschaft und vielleicht auch eine Umarmung. Isolation, Lockdowns und Quarantäne haben uns gezeigt, was wirklich zählt: Gemeinschaft, andere Menschen, Daseinsvorsorge, allgemeines Wohlergehen, Sinnhaftigkeit und Kultur, Reisen, Raum im Freien und gemeinschaftliche Bemühungen, die Welt zu einem gerechteren Ort zu machen. Die wertvolle immaterielle Welt der zwischenmenschlichen Beziehungen, die so oft übersehen wird, hat die gebührende Anerkennung gefunden. Doch dass dieses neue Bewusstsein andauert oder an Dynamik gewinnt, konnte nicht zugelassen werden. Global gesehen ist Mode ein 2,5 Billionen Dollar schweres Geschäft.[29] Stillstand wäre ein Desaster, und deshalb greifen Regierungen und Institutionen von Zeit zu Zeit ein, um sicherzustellen, dass das, was produziert wird, auch konsumiert wird.[30]

An Weihnachten 2020 rief Londons Bürgermeister Sadiq Khan selbst während der Pandemie zum Einkaufen auf: »Ich möchte Sie dazu ermutigen, sicher zu shoppen, und shoppen Sie in London.«[31] Das erinnert an die Tage nach den Anschlägen auf das World Trade Center 2001. Damals konnte sich die US-Wirtschaft keine Konsumflaute leisten, und Präsident Bush sagte, »Ich ermutige Sie alle, noch mehr einkaufen zu gehen«, als er bekannt gab, dass es dem Einzelhandel gut gehe. Und als die kanadische Adbusters Media Foundation 1997 Sendezeiten für den von ihr organisierten »Kauf-nix-Tag« (*Buy Nothing Day*) buchen wollte, lehnte der US-amerikanische Medienkonzern CBS Corporation mit der Begründung ab, das Anliegen widerspreche der aktuellen Wirtschaftspolitik der USA.[32] Das alles sind Beispiele dafür, wie menschliche Bedürfnisse den Bedürfnissen von Konzernen untergeordnet werden. Scheinbare Begehrlichkeiten und künstliche Bedürfnisse werden geweckt, ohne zu erwägen, ob sie tatsächlich bestehen oder vielleicht sogar entmenschlichend[33] sind, und ohne Rücksicht auf die Folgen für die Biosphäre, die Tierwelt und die Erde im Allgemeinen. Mode kann ein Ventil für Ästhetik, Kreativität und Freude sein, bleibt aber immer den Ansprüchen und der Kontrolle des Marktes unterworfen. Das menschliche Bedürfnis nach Kleidung und Kreativität ist kommerzialisiert worden, und zwar aus einem Grund: Profit.

Ich shoppe, also bin ich

Die Idee vom Kunden als König verdeckt die Tatsache, dass Mode ein enorm wichtiger Wirtschaftsfaktor ist. Weil sie sich immer verändert, ist sie ein Synonym für Modernität und Wettbewerbsfähigkeit. Modisch zu sein, kann darüber entscheiden, ob man einen Job oder eine Wohnung bekommt, und welchen sozialen Status man hat. Schönheit als Erfolgsfaktor wird meist Berufen wie dem Modeln, Schauspielern oder der Musikindustrie zugeschrieben.[34] Ein gewisses Erscheinungsbild wird in der Arbeitswelt jedoch von jedem und jeder verlangt, und dies macht Mode unumgänglich. Um up to date zu bleiben, muss man Mode konsumieren. Die *Vogue* beschrieb es einmal so: »Gerade wenn

Sie sich sicher sind, dass Ihre Herbst- und Wintergarderobe komplett ist, Sie also ein Häkchen bei Tunika, Etuikleid, flauschigem Wollpullover, Midirock und Spitzenbluse (die Ihnen so viele Komplimente einbringt) setzen können, genau da kommt auf einmal eine ganze Bandbreite neuer Möglichkeiten in die Läden!«[35]

Einer der beständigsten Modetrends kam mit der Finanzkrise 2008 auf: die Bürokleidung. Angesichts hoher Arbeitslosenzahlen und großer Unsicherheit auf dem Arbeitsmarkt haben viele Leute versucht, sich mit entsprechender Kleidung aufzupolieren. Die *Times* schrieb dazu: »Es scheint wieder en vogue zu sein, wie jemand auszusehen, der tatsächlich für seinen Lebensunterhalt arbeitet.«[36] In einem anderen Kommentar zur Krisenmode hieß es: »Es ist okay, arbeitslos zu sein. Aber es ist nicht okay, arbeitslos auszusehen.«[37] Ein Zeitschriftenartikel, in dem die Leserschaft dazu aufgefordert wurde, eine sündhaft teure Kette zu kaufen, trieb es auf die Spitze: »Klar stecken wir in einer Rezession, aber tot bist du noch nicht!«[38]

Auch während der Pandemie nahmen Arbeitslosigkeit und Arbeitsplatzunsicherheit durch Zwangsurlaub, Entlassungen und der Schließung von Unternehmen zu. Von denjenigen, die ihren Job nicht verloren, arbeiteten Millionen im Homeoffice. Sie gingen nicht länger ins Büro, trafen sich nicht mehr persönlich. Stattdessen arbeiteten sie vom heimischen Sofa oder einem provisorischen Schreibtisch aus. Was zumindest zeitweise ein Ende der Bürokleidung hätte bedeuten können, führte stattdessen dazu, dass man sich übermäßig auf die obere Körperhälfte konzentrierte. Wie es das *Wall Street Journal* formulierte: »In Zeiten von Zoom muss das Outfit über der Gürtellinie ein Hingucker sein.«[39] Man gönnte den Menschen keine Pause. In Modeartikeln wurden überall die perfekten Hemden, Blusen, Kosmetikprodukte und Lichteinstellungen für den nächsten Videocall empfohlen. In der Schönheitschirurgie sprach man sogar vom »Zoom-Boom«, ausgelöst von den deprimierenden Aussichten, den ganzen Tag das eigene Gesicht auf dem Bildschirm sehen zu müssen. Niemand durfte sich entspannen.

In der Modebranche wird eben mit Versprechen und Drohungen gespielt: Wer durch Konsum sein Äußeres pflegt, dem bleibt Leid erspart. Nichts zu kaufen, bedeutet, das Unglück herauszufordern.[40] Kleidung hat bei der Jobsuche einen so großen Stellenwert, dass es sogar einige Nichtregierungsorganisationen gibt, die Menschen dabei helfen, das passende Outfit für ein Bewerbungsgespräch auszusuchen. Dress for Success beispielsweise »löst das Dilemma von Frauen in Not, die auf Jobsuche sind: Wie sollen sie sich ohne Job ein passendes Outfit leisten können? Aber wie können sie sich ohne das passende Outfit einen Job sichern?[41]

Der soziale Druck, so auszusehen, als hätte man einen sicheren Arbeitsplatz, ist nichts Neues. In einem Leserbrief von 1954 beschwerte sich eine Fabrikarbeiterin gegenüber einer Zeitung über den Zwang, Make-up tragen zu müssen: »Nicht einmal einen Fabrikjob kann man finden, wenn man so müde aussieht, wie man sich fühlt. Kosmetika bringen erschöpfte Gesichter zum Leuchten und vermitteln die Illusion von Vitalität und Jugend.«[42] Eine andere Leserin schrieb: »Ich für meinen Teil wäre sehr erleichtert, könnte ich mir die Mühen und das Geld für Make-up sparen, aber der Kapitalismus lässt mich nicht. Ich bin wirklich kein Fan von Kosmetikwerbung, aber der ökonomische Druck – ich muss ja schließlich Geld verdienen – zwingt mich, das verdammte Zeug zu kaufen.«[43] Wie viele Menschen sind es heute, die liebend gern auf all das verzichten würden, was mit Mode und Schminke zu tun hat, wäre da nicht die Notwendigkeit, den eigenen Lebensunterhalt zu bestreiten? Die radikale Evelyn Reed bemerkte bereits 1954, dass es einen Unterschied macht, ob man Menschen dafür kritisiert, dass sie gern shoppen und modisch aussehen, oder ob man das kapitalistische System dafür kritisiert, dass es Menschen konstant dazu bringt, neue Kleider zu kaufen. Die Freiheit, modische Kleidung zu tragen und zu mögen, muss auch mit der Freiheit einhergehen, dies nicht zu tun. Wenn man die Zwänge des Kapitalismus beiseitelässt, so sind Statements von Kosmetikmagnat:innen wie Helena Rubinstein – »Es gibt keine hässlichen Frauen, nur nachlässige« – eher hohle Phrasen als eigentliche Versuche, Milliardenumsätze mit den menschlichen Unsicherheiten zu machen.

Die feministische Akademikerin und Philosophin Sandra Lee Bartky schrieb, dass zwar niemand mit vorgehaltener Pistole zur Elektroepilation abkommandiert würde, man aber Frauen immer noch dazu zwinge, sich an bestimmte Schönheitsideale zu halten.[44] Wenn sich zu schminken wirklich eine ästhetische Aktivität ist, durch die eine Frau ihre Individualität ausdrücken kann, warum muss sie dann jeden Tag das immergleiche Bild malen und hat kaum Spielraum für etwas Neues oder Kreatives? Anders als jemand, der »sich entscheidet, kein Aquarell zu malen«, muss eine Frau, die sich nicht das Gesicht anmalt, mit Nachteilen rechnen.[45]

Denkst du, dass ich böse bin?

»Es ist wirklich nicht so abstoßend, Arme betteln zu sehen, wie Reiche betteln zu sehen. Und Werbung, das sind Reiche, die um Geld betteln«, so sagte einmal der englische Schriftsteller und Journalist G.K. Chesterton.[46] Werbung ist die Brücke, über die Konzerne die Konsument:innen erreichen. Und das Ziel: ein Produkt in maximale Profite zu verwandeln. Werbung ist somit nur symptomatisch für das System und nicht das Problem an sich. Und dennoch ist sie eine enorme Verschwendung. Experten gehen davon aus, dass die weltweiten Werbeausgaben 2024 die 630-Milliarden-US-Dollar-Marke knacken werden. Nordamerika investiert hier am meisten, gefolgt von Asien und Westeuropa.[47]

Werbung ist omnipräsent: auf Anzeigentafeln, seitenweise in Zeitungen und Zeitschriften, im Radio, in den öffentlichen Verkehrsmitteln, in Schulen und Universitäten, in Krankenhäusern, Museen und, wie wir hier auch schon gesehen haben, überall im Internet und auf Social Media. Eine Bekleidungsfirma brachte sogar an Parkbänken Metallplatten mit Werbebotschaften an, sodass ein Abdruck davon auf der Haut derjenigen blieb, die sich hinsetzten. Ein Zugunternehmen nutzte Schafe als wandelnde Anzeigetafeln. Es geht sogar so weit, dass Menschen sich für Geld Werbung tätowieren lassen. Werbung ist unausweichlich, und »wenn dich irgendetwas so hartnäckig verfolgt, tätest du gut daran, zu wissen, was es im Schilde führt.«[48]

Konfrontiert man Werbeagenturen mit dem Vorwurf, dass sie den öffentlichen Raum verunreinigen und zu Armut beitragen, lautet die Antwort meist, Werbung würde doch nur bereits vorhandene Sehnsüchte steuern, und nicht das menschliche Verlangen nach Dingen steigern. Diese Rechtfertigung trifft besonders auf die Zigarettenindustrie zu. Sie argumentiert damit, dass ihre Werbung nicht mehr Leute zum Rauchen bringe, sondern nur die Kundschaft anderer Zigarettenfirmen abwerbe, die sowieso schon rauchen. Ganz ähnlich behaupten Modefirmen, sie würden nur auf menschliche Bedürfnisse eingehen und Werbung für den Kampf um die bereits existierenden Märkte nutzen – was sie von der Verantwortung befreit, sich um die Millionen Tonnen Textilien zu kümmern, die bereits auf Deponien liegen. Die Tatsachen sprechen jedoch für das Gegenteil. Je mehr Werbung Menschen sehen, desto mehr konsumieren sie. Eine Studie mit dem Titel *Think of Me as Evil? Opening the Ethical Debates in Advertising*, die 2011 von WWF-UK und dem walisischen Public Interest Research Centre durchgeführt wurde, kam zu dem Schluss: Wenn Werbung den Gesamtkonsum steigert, bedeutet dies gleichzeitig, dass sie ein Motor der am wenigsten nachhaltigen Aspekte einer Wirtschaft ist.[49]

Tausende Male am Tag Werbung zu sehen, ist für einige Wirtschaftsliberale ein Zeichen für Wahlfreiheit und einen gesunden Wettbewerb. In Konkurrenz stehende Unternehmen sind jedoch häufig Teil von monopolisiertem, privatem Eigentum.[50] Der Arbeiterschaft wurde jegliches Produktivvermögen entzogen. Stattdessen gehört alles den Unternehmen, seien es Fabriken, Landwirtschaftsbetriebe oder Büros.[51] Im ersten Kapitel habe ich bereits gezeigt, dass Monopole in der Modeindustrie besonders häufig sind, da dort eine Handvoll global agierender Konzerne fast alle großen Marken besitzt. Auch Werbung arbeitet mit vereinten Kräften an der Verbreitung der immergleichen Botschaft: Kauft, Leute! Wir sollen Kleidung shoppen, die uns reicher macht, obwohl wir all unser Geld ausgeben, um sie zu kaufen.[52] Wirkliche Wahlfreiheit wurde erodiert und durch die angebliche Konsumfreiheit ersetzt.[53] Während man nicht entscheiden kann, ob die Steuern, die man zahlt, für Krebsforschung oder ein F-16-Mehrzweckkampfflugzeug verwendet werden, und man auch nicht wirklich entscheiden kann, ob der eigene Arbeitgeber Sozialwohnungen baut oder mit Getreidepreisen spekuliert, gilt beim diesjährigen Sommerlook das Gegenteil: hier kann man sich sehr wohl entscheiden – zwischen »Boho« und »Polo Lounge«.

Vor allem aber kann man nicht entscheiden, ob man Werbung sehen möchte oder nicht. Denn der Fernseher kann ausgeschaltet werden, Werbung auf Plakaten, in öffentlichen Verkehrsmitteln oder auf Social Media hingegen nicht. Die Autoren der Studie *Think of Me as Evil?* waren so überzeugt vom enormen Einfluss der Werbung, dass sie die Empfehlung aussprachen, jedes Werbeplakat mit folgendem Hinweis zu versehen: »Diese Werbung könnte Auswirkungen auf Sie haben, derer Sie sich nicht bewusst sind. Es ist unwahrscheinlich, dass sich Ihr Wohlbefinden durch Konsumgüter verbessert und es kann bedenklich sein, Kredite aufzunehmen, um Konsumgüter zu erwerben: Schulden machen abhängig.«

Shoppe jetzt, bezahle (und leide) später

1966 traf ein Journalist in den USA folgende prophetische Aussage: »Die Kreditkarte ist das Abzeichen dafür geworden, dass man dazugehört. Sie begann als laues Lüftchen und ist inzwischen ein starker Wind. Sie könnte sogar der Hurrikan werden, der unsere ganze Wirtschaft durcheinanderbringt.«[54] Während ich dieses Buch schreibe, liegt die Konsumentenverschuldung in den USA gesamthaft bei 14,9 Billionen Dollar. Darin enthalten sind Kreditkarten, Studienschulden, Autokredite sowie Hypotheken.[55] Zwar wurden Schuldgefängnisse in den USA im 19. Jahrhundert abgeschafft, aber als 2011 Löhne gekürzt wurden und Hypotheken größer waren als der eigentliche Wert von Immobilien, machte das *Wall Street Journal* publik, dass wegen nicht beglichener Schulden 5000 Menschen im Gefängnis saßen.[56] 2020 ergaben die preisgekrönten Recherchen der Tageszeitung *Clarion Ledger* aus Jackson, Mississippi, dass es Fälle gibt, in denen Menschen auf unbestimmte Zeit eingesperrt werden, während sie arbeiten, um gerichtlich angeordnete Zahlungen zu begleichen.[57]

Inhaftierung einmal beiseitegelassen, haben mehrere Studien einen Zusammenhang zwischen der Verschuldung eines Haushalts und einem steigenden Depressions- und Stresslevel sowie einer Verschlechterung der Beziehungen, des Erziehungsverhaltens der Eltern und der Entwicklung von Kindern aufgezeigt.[58] Das Problem sind keineswegs die verantwortungslosen Konsument:innen. Menschen werden systematisch dazu ermutigt, sich zu verschulden. Zinssätze bleiben niedrig, damit Menschen Güter konsumieren können, die immer teurer werden, obwohl die Reallöhne sinken. Schulden gleichen aus, was andernfalls niedrigere Lebensstandards bedeuten würde.[59] Ohne dieses System stünde unsere Wirtschaft plötzlich still.[60] Mode ist heutzutage fast unweigerlich mit Schulden verbunden. In einer Folge der Serie *Sex and the City* gibt die Hauptfigur Carrie Bradshaw zu, dass sie die 40 000 Dollar, die sie für die Anzahlung ihres Apartments gebraucht hätte, für Schuhe ausgegeben hat. Sie werde, wie sie feststellt, buchstäblich die alte Frau aus dem englischsprachigen Kinderreim sein, die in ihren Schuhen wohnt.[61]

Die Modebranche ist eine der größten Industrien der Welt. Modefirmen repräsentieren den globalen Trend, dass Marken als Label und Vertriebssystem funktionieren können, aber als nicht viel mehr. Moderiesen besitzen – mit wenigen Ausnahmen – keine Fabriken. Alles was sie verkaufen, ist bereits über zahlreiche Subunternehmer gelaufen. Die Modeindustrie will ihre Plastikkrone, die sie als »Lieblingskind des Kapitalismus« auszeichnet, nicht hergeben. Sie ist ein neoliberales Sinnbild für das, was der Ökonom David Harvey als zunehmende Abhängigkeit von fiktivem Kapital und Schuldenmachen beschrieben hat.[62] Die Pandemie hat gezeigt, welche Rolle persönliche Schulden dabei spielen, diese Industrie am Laufen zu halten. Verschuldung hat einer neuen Generation ermöglicht, selbst in Krisenzeiten Mode zu konsumieren – geblendet von Lady Gagas Testimonials, von pinken Postern, einprägsamen Slogans und Horden von Influencern.

Die in Schweden gegründete Bank Klarna überzieht die Modebranche wie ein rosa Ausschlag. Klarna wird auf Internetseiten neben anderen Zahlungsdienstleistern aufgeführt und lockt mit dem Versprechen, jetzt zu shoppen und später zu bezahlen. Im Sommer 2020 kam das schwedische Unternehmen auf 85 Millionen Kunden weltweit, darunter 200 000 Händler inklusive ASOS, Boohoo, H&M, Hugo

Boss, Bulgari, Nike und Urban Outfitters, die Klarna und ihr Angebot der Ratenzahlung als Bezahloption führen. Das pinke Branding täuscht mit einer Mischung aus Seriosität und Luxus über die Realität der Finanzialisierung – einer zunehmenden Einflussnahme des Finanzsektors auf andere Bereiche des kapitalistischen Systems – hinweg.

Zwar hat Klarna das Konzept, Schulden für Mode aufzunehmen, nicht erfunden. Der Zahlungsanbieter rückte aber in den Fokus von Aktivisten, weil er so skrupellos junge Menschen ins Visier nimmt. Der Gründer der Plattform *MoneySavingExpert.com,* Martin Lewis, befindet: »Es wird darüber sogar so gesprochen, als wäre es eine Lebensstilentscheidung, aber das ist es nicht. Es sind Schulden, und sie sollten auch als solche behandelt werden.«[63] Die Schuldenberatungsstelle StepChange begrüßt die Ankündigung der britischen Regierung, über Regulierungen dieses Zahlungsverschiebungskonzepts zu sprechen. StepChange, die größte Organisation ihrer Art im Vereinigten Königreich, zeigte sich besorgt über die »unverhältnismäßig hohe« Anzahl junger Menschen, die in den vergangenen Jahren ihre Hilfe in Anspruch nahm. »Unter unseren Klient:innen haben diejenigen, die sich durch das Ratenzahlsystem *buy now, pay later* (BNPL) verschuldet haben, oftmals noch acht oder neun andere Forderungen ausstehend. Es sind meistens junge Leute, über ein Drittel ist unter 25«, so die Leiterin der Medienabteilung von StepChange, Sue Anderson. »Bei der Vermarktung von BNPL-Dienstleistungen wird oft der Faktor Bequemlichkeit in den Vordergrund gestellt, aber man sollte die finanzielle Verpflichtung nicht unterschätzen. Schließlich bieten die Händler diese Leistung vor allem an, damit sie mehr verkaufen können.«[64]

In den beiden auf die Finanzkrise 2008 folgenden Jahren verzeichnete StepChange 21 Prozent mehr Beratungsanfragen. 2021 zeigte sich ein ähnliches Bild, seit Beginn der Pandemie war bei 11,3 Millionen Menschen im Vereinigten Königreich das Einkommen so weit zurückgegangen, dass sie sich ihren Alltag nicht mehr leisten konnten. 29 Prozent der von Einkommensverlust Betroffenen waren so sehr in Not geraten, dass sie beispielsweise Mahlzeiten ausfallen lassen mussten, ihren Strom- und Wasserverbrauch einschränkten oder sich nicht dem Wetter entsprechend kleiden konnten.[65] Im Chaos der Pandemie waren die Ratenzahlsysteme Profitgaranten, denn einerseits verlagerte sich das Kaufverhalten hin zum Onlineshopping, und andererseits war die finanzielle Lage für viele angespannt und die Ungleichheit wuchs.

»Zentral für die Akkumulation von Kapital ist jetzt, dass sie sich auf Schulden stützt«, so der marxistische Historiker Neil Faulkner. »Diese Schulden bestehen an beiden Enden der Lieferkette. Denn die Arbeiterklasse – sowohl als Klasse der Produzierenden als auch der Konsumierenden – verschuldet sich, um sich das leisten zu können, was sie wirklich benötigt, aber auch Dinge, die sie nicht braucht, von deren Kauf man sie aber überzeugt hat, um die Nachfrage aufrechtzuerhalten.« Diese Schulden werden dann wiederum zu einer handelbaren Ware und zu einem zusätzlichen Mittel, die Reichen reicher und die Armen ärmer zu machen.

Die Modebranche war während der Pandemie ein trauriges Beispiel für Marx' Feststellung, das Überflüssige sei leichter herzustellen als das Notwendige. Fabriken, in denen sklavenartigen Zustände herrschen – auch in Großbritannien –, produzierten kurzlebige Modeartikel am Fließband, während das medizinische Personal wegen fehlender Schutzbekleidung Müllsäcke trug. Unternehmen wie Klarna sind symptomatisch für eine Fehlfunktion. Im September 2020 wurde die Firma auf 10,6 Milliarden Dollar geschätzt, im März 2021 waren es bereits 31 Milliarden und im Juni 2021 über 40 Milliarden Dollar.[66] Die Modeindustrie bewegt sich immer weiter weg von der Herstellung oder von kreativen Prozessen in Richtung finanzielle Spekulation.

Gespiegelte Schulden

Junge Menschen in Großbritannien, die Schulden machen, um Kleidung zu kaufen, haben ihr Gegenstück im Globalen Süden, wo Menschen sich verschulden müssen, um Mode zu produzieren. Man kann die Welt jedoch nicht einfach in Produzent:innen und Konsument:innen unterteilen. Wie wir gesehen haben, stecken auch junge Menschen, die beim Browsen am Smartphone direkt vom Finanzkapital anvisiert werden, in einer Krise der niedrigen Löhne und unsicheren Arbeitsplätze. Dafür sind auch diejenigen, die in einer Bekleidungsfabrik arbeiten müssen, der Macht der Werbung und Entfremdung unterworfen, die ihre Kreativität einschränken und sie zum Shoppen drängen.

In diesem System der himmelschreienden Ungleichheit konkurrieren Firmen um die höchsten Einnahmen nicht nur mit Verkäufen, sondern auch, indem sie die Produktionskosten drücken. Das zeigte sich überdeutlich daran, wie Arbeitskräfte in den Fabriken während der Pandemie behandelt wurden. Khalid Mahmood steht der pakistanischen Labour Education Foundation in Lahore vor und kämpft seit 2020 gegen die Ausbeutung, die durch die Coronapandemie noch verschlimmert wurde. Schulden sind ein ständiger Begleiter für die Angestellten im pakistanischen Textilsektor. Bereits vor der Pandemie mussten sie sich Geld leihen, um ihre Hungerlöhne aufzustocken. Doch als während der Pandemie Firmen Aufträge stornierten, sanken die Löhne noch weiter. »Manche mussten ihre Haushaltsgegenstände verkaufen, zum Beispiel Mobiltelefone oder Waschmaschinen«, berichtet Khalid. »Die meisten haben sich Geld von der Familie oder vom Freundeskreis geliehen und mussten für ihre Nahrungsmittel im Laden anschreiben lassen; außerdem haben sie Schulden wegen der Schulgebühren ihrer Kinder und der Miete.« In Lahore waren manche Familien gezwungen, ihre Kinder von der Schule zu nehmen. Einige mussten in kleinere, billigere Wohnungen umziehen und gar ihren Besitz als Garantie zurücklassen, dass sie ihre Mietrückstände begleichen würden. Diese Krise zieht sich durch die gesamte Modeindustrie – eine Umfrage ergab, dass 75 Prozent der Arbeitskräfte im Bekleidungsbereich während der Pandemie Kredite aufgenommen haben.[67]

Das Elend auf der untersten Stufe des Modesystems ist untrennbar mit dem riesigen angehäuften Reichtum an seiner Spitze verbunden. Während der Kapitalismus unvorstellbaren Wohlstand für einen winzigen Prozentsatz von Menschen generiert, bleiben Milliarden andere in Armut zurück. In gewisser Weise ist diese Ungleichheit nicht gut fürs Geschäft. Wenn der angesammelte Reichtum zu viele Menschen arm macht, wie sollen sie dann weiter Jeans, Bandeau-Tops und Turnschuhe kaufen? Hier kommen die einprägsamen Slogans und die rosa Plakate von Klarna ins Spiel. »Das System wird künstlich am Leben erhalten, und zwar über unsere Schulden«, so Neil Faulkner. »Würde man die Schulden tilgen und den Menschen die Möglichkeit nehmen, sich zu verschulden, um Dinge zu kaufen, würde nicht nur die Modeindustrie, sondern das gesamte globale Finanzsystem zusammenbrechen.«

Fetische, Wunderheiler und Entfremdung

Einem leitenden Angestellten von Louis Vuitton wird die Aussage zugeschrieben, die Erfolgsgeschichte des Unternehmens sei »der größte Coup, seit es den Wunderheilern im Wilden Westen gelang, ›Schlangenöl‹ als Heilmittel für Gebrechen aller Art zu verkaufen. Machen Sie sich klar: Das alles ist wenig mehr als mit Plastik beschichtetes Segeltuch und ein paar Lederapplikationen!«[68] Wie ist es möglich, dass ein paar zusammengenähten Stücken Segeltuch und Leder so viel Bedeutung beigemessen wird? Wieso sind Menschen bereit, Tausende Euro für so etwas zu bezahlen? Karl Marx hat diese Anomalie in *Das Kapital* als »Warenfetisch« bezeichnet. Der Ausdruck »Fetisch« kommt von dem portugiesischen Wort *feitiço*, das man in frühen anthropologischen Schriften für Amulette oder Zauber verwendete, denen magische Kräfte nachgesagt wurde, die auf den Besitzer oder die Besitzerin übergingen.[69] Dieser Glaube an die besonderen Kräfte von Dingen, die über deren materielle Beschaffenheit hinausgehen, lässt sich bis heute beobachten. Zwar ist der Begriff »Warenfetisch« äußerst treffend und nützlich; man muss aber bedenken, dass die anthropologischen Schriften, aus denen er stammt, sich oft abschätzig gegenüber den untersuchten außereuropäischen Gesellschaften äußern.

Jeden Winter tauchen Werbeslogans auf, die darauf anspielen, Handtaschen könnten die Lösung für Winterdepressionen sein: »Jeremy Scott und Longchamp retten Sie vor dem trüben Januarwetter! Die neuen Taschen bringen Ihnen die Sonne zurück!« Oder: »Diese leuchtend gelbe Schultertasche ist der perfekte Muntermacher für die kalten Tage.« Das einzige Produkt, das Fachleute zur Behandlung von Winterdepressionen tatsächlich empfehlen, ist eine Tageslichtlampe. Werbeagenturen setzen sich nicht nur über diese Tatsache hinweg, sondern weiten die von ihnen angepriesene, besondere Wirkung von Mode auch auf weitere Bereiche aus: Wonderbra *(Your Not So Secret Weapon)*, adidas (*Impossible Is Nothing*), Diesel *(For Successful Living)* oder French Connection *(FCUK Advertising)*.

Wie bereits erwähnt, schrieb Friedrich Engels, dass die Konkurrenz und das Privateigentum im Kapitalismus »jeden auf seine eigne rohe Einzelnheit isoliert«[70]. In einer kommerzialisierten Gesellschaft werden Menschen nach ihrem materiellen Wert beurteilt. Eine Designer-Handtasche verleiht Status, weil sie ein Symbol für die Summe Geld ist, die dafür ausgegeben wurde. Das zeigt, dass man den Modekonsum als sozialen Akt betrachten muss. Manche Konsumtheorien stellen Einkaufen als etwas Einsames dar oder als etwas, das aus purer Unzufriedenheit getan wird (man denke an das Klischee der einsamen Vorstadthausfrau, die sinnlos shoppt). Damit erfassen sie aber nicht die eigentliche Ursache, warum wir shoppen. Für Juliet Schor ist Einkaufen in erster Linie eine soziale Aktivität. Selbst Hausfrauen in der Vorstadt konsumieren in Gruppen und sind sich ihrer Peergroup und ihrer Position in dieser sehr bewusst. »Primär wird der Konsum durch soziale Kräfte angetrieben«, so Schor, »durch soziale Dynamiken, Dynamiken der Ungleichheit und des sozialen Wettbewerbs sowie durch die Rolle von Gütern bei der Verleihung von Status.«[71]

Man muss all diese Faktoren jedoch immer im Zusammenhang mit der Entfremdung sehen. Im Kapitalismus bleiben Menschen in Denkmustern gefangen, in denen das Haben wichtiger ist als das Sein. Uns wird beigebracht, Dinge nur wertzuschätzen, wenn wir sie besitzen, anstatt unser Glück woanders zu suchen: zum Beispiel in uns selbst, in der Arbeit, in der Zivilgesellschaft oder der Natur.[72] Waren erhalten Bedeutung durch Entfremdung. Der Marxist John Berger schrieb von Menschen, die endlos lange, sinnlose Arbeitszeiten mit einer erträumten Zukunft voll aufregendem, beneidenswertem Konsum ausglichen: »Je monotoner die Gegenwart ist, desto stärker bahnt sich die Fantasie ihren Weg in die Zukunft.«[73] Bereits Arthur Miller thematisierte in dem 1968 uraufgeführten Theaterstück *Der Preis*, wie Shopping als Möglichkeit gesehen wird, der inneren Leere zu entgehen. »Früher wusste ein unglücklicher Mensch nicht, wohin mit sich – und er fand Zuflucht im Glauben, zettelte eine Revolution an, tat irgendwas. Und heute? Du bist unglücklich? Kommst nicht auf den Grund? Was ist die Lösung? Shopping.«

Für die meisten ist das »Leben im Dienste des Gehalts«[74] vertrauter Alltag. Der Schriftsteller Patrick Hamilton beginnt seinen Roman *The Slaves of Solitude* mit einer Beschreibung der Stadt London als »zusammengekauertes Monster«, das Berufspendelnde ein- und ausatmet: »Jeden Morgen saugt es sie durch die unendlich verschlungenen Atemwege aus Zügen und Kopfbahnhöfen in die gewaltig verstopften Lungen, hält dann für ein paar Stunden die Luft an und atmet gegen Abend erschöpft aus, wodurch es sie durch die gleichen Kanäle wieder hinausschleudert.«[75] In solch einem System sehen sich Menschen dazu gezwungen, ihre Arbeitskraft zu verkaufen, und zwar oft ohne jegliche Kontrolle darüber, was sie eigentlich produzieren und wie. Nur wenige können sich den Luxus leisten, von Selbstverwirklichung zu träumen, ganz zu schweigen davon, sie auch in die Tat umzusetzen. Denn auch sie werden zu Ware gemacht. Die meisten Menschen sind nicht Selbstzweck, sondern ein Mittel, aus dem andere Profit schlagen. Das habe ich auch in meinen Buch *Foot Work* beschrieben:

> Durch eine Reihe von Doppeltüren gelangt man zu einer Schuhwerkstatt mit Arbeiterinnen, die alle dieselben roten T-Shirts tragen. Es sind fast nur Frauen. Sie sind über die Arbeitsstationen um ein grünes Förderband gebeugt. Die Arbeiterinnen nehmen Einzelteile von Schuhen aus grünen Körben, die an dem Förderband befestigt sind. Wenn sie ihre Aufgabe erledigt haben, legen sie die Teile zurück in den Korb, der dann zur nächsten Station kommt. Das Förderband ist langsam, hält aber niemals an. Alle müssen zusammenarbeiten.[76]

Marx nannte das die Reduzierung von Menschen auf eine abstrakte Aktivität und einen Magen.[77]

Nicht nur Fabrikarbeiterinnen und -arbeiter erfahren Entfremdung. Auch Arbeit, die nicht im verarbeitenden Gewerbe stattfindet, richtet sich mehr nach den Anweisungen von Führungspersonen als nach persönlichen Einschätzungen oder Kreativität. Dieser Trend wird sich in Zukunft noch steigern, wenn sich die von David Graeber als »Bullshit-Jobs« bezeichneten Tätigkeiten verbreiten und die digitale Revolution Fähigkeiten zunehmend herunterbricht, in Codes übersetzt und digitalisiert. In Marx' Worten bedeutet Entfremdung, dass sich ein Mensch »erst außer der Arbeit bei sich und in der Arbeit außer sich« fühlt.[78] Sie bewirkt, dass sich Menschen nicht nur von sich selbst, sondern auch von materiellen Dingen entfremden. Diese Distanz ist es, die der Vorstellung Raum verleiht, Waren könnten besondere Kräfte haben. Die meisten Konsument:innen befinden sich fernab der Produktionsprozesse von Schuhen, Handtaschen oder sonstiger Kleidung. Kleider tauchen in Läden auf, ohne dass nur die geringste Spur des Herstellungsprozesses an ihnen erkennbar wäre. So entsteht die Illusion, es gäbe eine Art Wohlstand, der nichts mit menschlicher Arbeit zu tun hat. Und erst so ist es überhaupt möglich, ein perlenbesticktes Abendkleid oder ein paar gute Arbeitsstiefel zu bewundern, ohne an die Person zu denken, die sie hergestellt hat. Diese Art von Verklärung bedeutet im Grunde, dass wir alle noch nicht materialistisch genug sind.[79] Mit »materialistisch« meine ich hier nicht, dass wir mehr Shopping brauchen, sondern dass wir uns bewusst machen müssen, dass Produkte wie Schuhe und Handtaschen mit Umwelt und Arbeit in Zusammenhang stehen und eine physische und materielle Existenz aufweisen, die nichts mit Verklärung zu tun hat.[80] Man sollte sich fragen, ob der Gebrauchswert nicht wichtiger ist als symbolische Werte.

Der Modeindustrie gelingt es ziemlich gut, menschliche Arbeit hinter protzigen Fassaden zu verstecken. Schon für ein simples Shirt braucht man eine ganze Batterie an Designer:innen, Baumwollpflücker:innen, Näher:innen, Farbstofftechniker:innen und Logistikpersonal. Bei der Werbung sind es Modelagenturen, Fotograf:innen,

Stylist:innen, Visagist:innen, Reinigungskräfte und Caterer, interne Machtkämpfe, Cellulitis, Langeweile, Hunger und Photoshop, die alle im Verborgenen gehalten werden, weil Blicke hinter die Kulissen nicht erwünscht sind.[81]

Der Zwang, Mehrwert zu erwirtschaften, diktiert diese Regeln. Der Mehrwert ist ein fester Bestandteil kapitalistischer Systeme und berechnet sich aus der Differenz zwischen dem Wert einer Arbeitskraft und dem Wert der Produkte, die sie herstellt. Eine Studie der Schweizer NGO Public Eye hat Schätzungen vorgenommen, wie viel die Firma Zara an einem Pullover mit dem Aufdruck »Respect« verdient: Vom Baumwollfeld bis zum Druck stecken in jedem Pulli ausgezahlte Löhne von gerade mal 2,08 Euro. Die für 26,66 Euro verkauften Pullover brachten Zara je 4,20 Euro ein, also doppelt so viel wie die Arbeitskräfte insgesamt erhielten, die auf dem Feld oder in der Fabrik für den Pulli schufteten.[82]

Wir haben schon gesehen, dass auch bei Luxusgütern die tatsächlichen Arbeitskosten verschleiert werden. Die Logik dahinter ist folgende: Werden Löhne und Arbeitsstandards nicht offengelegt, können Konzerne mehr für eine luxuriöse Handtasche oder ein paar Schuhe verlangen, als wenn allgemein bekannt wäre, dass sie in derselben Fabrik genäht wurden wie Ware von der Stange. Diese Art von Verschleierungstaktiken lassen die Güter so wirken, als seien sie ohne menschliche Arbeit entstanden und damit fähig, über eigenständige Kräfte zu verfügen. In einer idealen Welt wären es nicht nur die Waren, die geschätzt und respektiert würden, sondern vor allem die Menschen, die diese Waren produziert haben. Leider leben wir nicht in einer solchen Welt.

Ungeachtet des Schmerzes und der Brutalität, die hinter der Modeproduktion stecken, wird Shopping immer noch als Heilmittel für alles Mögliche angepriesen, seien es Liebeskummer oder ein geringes Selbstwertgefühl. Zygmunt Bauman spricht davon, dass wir »von der Wiege bis zur Bahre darauf trainiert werden, Geschäfte als Apotheken zu sehen, in denen wir die Medikamente bekommen, um die Krankheiten und Sorgen unseres Lebens zu heilen oder mindestens zu lindern«.[83] Natürlich heilt ein neues Kleid kein gebrochenes

Herz, und eine neue Tasche kann nur metaphorisch und nicht buchstäblich Hunger stillen.[84] In der kommerzialisierten Gesellschaft, in der wir leben, ist es kein Wunder, dass Waren und Geld sogar die Macht zugeschrieben wird, gegen Herzschmerz zu helfen. Wirkliche Bedürfnisse kommen zu kurz, und wir nehmen stattdessen die von der kapitalistischen Gesellschaft kreierten, künstlichen Bedürfnisse wahr.[85] Auf diese Weise verlieren wir gleich doppelt.

Der Künstler Robert Montgomery, der durch seine poetische Kapitalismuskritik berühmt geworden ist, mit der er öffentliche Räume erobert, überschrieb einmal eine Werbetafel mit folgendem Satz: »Die Werbeindustrie schafft Schönheitsideale, die so verbindlich wie unmöglich sind. Sie fügen dir innere Verletzungen zu, aber du wirst nie wissen, woher diese Verletzungen kommen ...«[86]

Wir sind weit davon entfernt, Könige zu sein, die die Macht haben, den Markt zu kontrollieren. Modekonsument:innen sind die Marionetten von Großkonzernen, die enorme Profite machen und Anreize für »falsche Bedürfnisse« setzen. Unsere Leben werden unausweichlich von sozialen und ökonomischen Umständen bestimmt. Es gibt keine Demokratie und keine Chancengleichheit in Sachen Mode. Mode ist ein Hamsterrad, und wir alle müssen rennen.

Mode nähen 4

Das Kämmerchen am Ende des schmalen Gangs hinter dem Supermarkt Ansar Ali liegt im Dunkeln, wieder einmal Stromausfall. An den Betonwänden des spärlich eingerichteten Gewerkschaftsbüros hängen verblichene Plakate. Sonnenstrahlen wagen sich durch die offene Tür in den Raum, in dem Shahorbanu auf einem Plastikstuhl sitzt und erzählt, wie sie ihren Sohn an Rana Plaza verlor. Da war Siddique 24 Jahre alt. Er war groß gewachsen, liebevoll im Umgang mit seiner Mutter und seinem kleinen Sohn Parvez. Als am 24. April 2013 der achtstöckige Gebäudekomplex kollabierte, wurde Siddique unter Tausenden Tonnen Schutt begraben. Es gelang ihm, das Handy aus der Tasche zu holen und seine Mutter anzurufen. Shahorbanu erinnert sich an die Angst in seiner Stimme, als er sie anflehte: »Ma, bitte rette mich! Bitte, kann mich nicht irgendwer einfach retten!«

Während Shahorbanu erzählt, tritt ein großer, schwarzgelockter Mann herein. Es ist Rafiqul Islam, ein ranghoher Gewerkschafter der am Rande von Dhaka liegenden Stadt Sabhar, und sein bloßer Anblick treibt Shahorbanu die Tränen in die Augen. »Er sieht meinem Sohn so ähnlich. Ich vermisse es, wie er immer nach Hause gekommen ist und mich Ma genannt hat – *Umma.* Es ist unheimlich schmerzhaft, seinen Sohn zu begraben.« Schließlich fand Siddiques neunzehnjähriger Bruder Bijan fünf Tage nach dem Einsturz seine Leiche. Die Rettungsarbeiten, bei denen er Tote aus dem Schutt ausgrub, haben Bijan traumatisiert. Shahorbanu erzählt, dass er »keine lauten Geräusche aushalten kann, nicht einmal laute Stimmen.«[1]

Wie es zur Katastrophe von Rana Plaza kommen konnte

Das grauenvolle Unglück von Rana Plaza ist Ausdruck einer langen Geschichte der gewaltsamen Ausbeutung. Die Künstlerin Amneet Johal hat ein Foto der Hungersnot in Bengalen über eins der Tragödie von Rana Plaza gelegt und so ein verstörendes Ergebnis erzeugt. Die in London lebende Johal wollte »Parallelen ziehen und die bestehenden postkolonialen Infrastrukturen sichtbar machen, die auf einem kolonialistischen Fundament errichtet wurden.«[2]

Die bengalische Hungersnot von 1943, die von Churchill und der britischen Kolonialhaltung gegenüber Indien ausgelöst wurde, forderte das Leben von drei Millionen Menschen. Das britische Weltreich gewann durch Kolonialismus, Sklaverei und militärische Gewalt an Einfluss, indem es Angst und Schrecken verbreitete und sein finanzielles Gewicht spielen ließ. Während dieser Herrschaft gelang es ihm, enorme Gewinne anzuhäufen. Nach Berechnungen der bekannten indischen Marxistin und emeritierten Wirtschaftsprofessorin Utsa Patnaik hat das britische Empire zwischen 1765 und 1938 von Indien 45 Billionen Dollar abgeschöpft.[3] Zur Kontextualisierung dieser schwindelerregenden Summe kann man das britische BIP heranziehen, das 2018 circa 3 Billionen Dollar betrug. Die Plünderung von Reichtum über Jahrhunderte hat unermessliche Schäden verursacht und gleichzeitig den Aufbau der britischen Infrastruktur ermöglicht.

Heute erleben wir in der Bekleidungsindustrie, wie sich die koloniale Ausbeutung wiederholt. Noch immer leben wir in einer Welt, in der wiederholt das Leben und die Würde einem System geopfert werden, das den Profit über die Menschen stellt. Man darf nicht vergessen, dass Modefirmen ihre Produktionsentscheidungen bewusst treffen und die ausgetretenen kolonialen Pfade zu Fabriken wählen, wo sich

Sicherheitsstandards umgehen lassen und wo sie glauben, jeglichen Widerstand gegen ihre Verbrechen niederschlagen zu können.

Diese koloniale Ausbeutung wird von einem zutiefst ungerechten globalen Finanzsystem getragen. Der Grund dafür, warum in Bangladesch vier Millionen Menschen in der Modeproduktion arbeiten, ist, dass das Land in eine tückische Abhängigkeit vom Kleidungsexport getrieben wurde. Verantwortlich dafür ist die neokoloniale Politik des Internationalen Währungsfonds (IWF) und der Weltbank.[4] Diese Institutionen brachten Bangladesch dazu, den Traum von der Autarkie aufzugeben und stattdessen als Quelle für harte und extrem schlecht bezahlte Arbeit in eine Sackgasse der globalen Wirtschaft zu steuern. Auch vierzig Jahre später ist Bangladesch in dieser prekären Situation gefangen und fährt einigen der mächtigsten internationalen Unternehmen der Welt riesige Gewinne ein, während es selbst finanziell auf keinen grünen Zweig kommt. In unserer Welt dient Mode nur als ein Deckmäntelchen für Diebesgut.[5] Sie ist ein Vorwand für die Reichen, um die Armen auszubeuten.

Vielleicht hätte eine mächtige Gewerkschaft Rana Plaza evakuieren können, aber das bangladeschische Arbeitsrecht bevorzugt klar die Fabrikbesitzer. Rafiqul Islam, der große, lockige Gewerkschafter, der Shahorbanu so an ihren Sohn erinnerte, weiß von vielen Geschichten, in denen Fabrikbesitzer Gewalt ausübten. Bei unserem Kennenlernen 2014 krempelte er seine Hosenbeine hoch und zeigte mir Narben an den Schienbeinen, die ihm vom Fabrikmanagement angeheuerte Schläger mit Stockhieben verpasst hatten. Wenn die Fabrik ein Anstellungsverhältnis beenden wolle, erzählte er, sei es eine Taktik, eine Waffe oder ein Messer gut sichtbar neben dem Entlassungsantrag zu platzieren, den der Angestellte unterschreiben sollte.[6] Repräsentationsfiguren der Arbeiter:innenbewegung werden entführt, brutal behandelt und sogar ermordet. 2012 verschwand der Gewerkschaftsführer Aminul Islam. Zwei Tage später wurde er tot aufgefunden, sein Körper wies Folterspuren auf.[7]

Im September 2013, nach dem Fabrikeinsturz in Sabhar, gingen 200 000 Arbeiter:innen auf die Straße und forderten Gerechtigkeit für Rana Plaza sowie bessere Bezahlung und Arbeitsbedingungen in der gesamten Branche. Den Streikenden wurde Verrat vorgeworfen, sie würden Bangladesch international in Verruf bringen und potenzielle ausländische Vertragspartner abschrecken. Während einer Protest- und Streikwelle an Weihnachten 2017 berichteten Gewerkschaften im Textil- und Bekleidungsbereich, dass sie zur Zielscheibe der Polizei und von Schlägertypen, die die Fabriken angeworben hatten, geworden waren: »Ein Schlägertrupp von über 50 Männern aus der Region verwüstete unser Büro […], sie haben unsere Dokumente verbrannt, zum Beispiel Mitgliedsformulare, Quittungsblöcke, Broschüren und Banner. Außerdem haben sie unsere Büroeinrichtung mitgenommen, Stühle und Tische.«[8]

Im Dezember 2018 und Januar 2019 folgte eine weitere Welle wilder Streiks, bei der über 50 000 Bekleidungsarbeiter:innen in den Regionen Dhaka, Ashulia, Narayanganj, Sabhar und Gazipur protestieren. Sie machten ihrem Ärger darüber Luft, dass die Anhebung des Mindestlohns auf 8000 Taka (94 US-Dollar) weder allen Arbeiter:innen zugutekommen würde, noch mit den in die Höhe schnellenden Lebenshaltungskosten mithalten konnte. Als Reaktion darauf wurden zwischen 5000 und 7500 Angestellte entlassen, Tausende weitere wurden strafrechtlich verfolgt, Hunderte bekamen Schläge oder Gummigeschosse ab. Der 22-jährige Textilarbeiter Sumon Mia, der gar nicht an den Protesten beteiligt war, wurde erschossen.[9] Im Juni 2021 starb die 32-jährige Jesmin Begum, als die Polizei einen weiteren Protest gewaltsam räumte. Die Arbeiter:innen hatten eine Autobahn blockiert, um die ihnen monatelang vorenthaltenen Löhne einzufordern. Anstatt bezahlt zu werden, wurden sie mit Tränengasgranaten, Gummigeschossen, Wasserwerfern und Schlagstöcken vertrieben.

Das Bangladesch-Abkommen

Keine zwölf Bekleidungsfabriken stehen in den 1970ern am Anfang der exportorientierten, modernen Bekleidungsindustrie Bangladeschs. 1985 waren es bereits 450 und bis 2015 stieg die Anzahl Fabriken sprunghaft auf fast 7000 an. In den 1990er Jahren bestand die Belegschaft zu 90 Prozent aus Frauen und das Land wurde für seinen wirtschaftlichen Erfolg gefeiert.[10]

Doch die Frauen, die in den Fabriken Säume nähten, Fäden abschnitten, Kleidung zusammenlegten und bügelten, zahlten sowohl physisch als auch psychisch einen hohen Preis. Zwischen 2005 und 2012 starben in Bangladesch über 500 Menschen bei Fabrikbränden und -einstürzen.[11] Auch vor Rana Plaza gab es viele tödliche Unglücke: der Einsturz der Fabrik von Spectrum Sweaters Ltd. oder die Brände in Kleiderfabriken von Smart Export Garments und Tazreen Fashions, um nur einige zu nennen. Nach jeder dieser Tragödien gab es einen Aufschrei und Kampagnen der lokalen und der internationalen Arbeiter:innenbewegung. Dann kam Rana Plaza und zeigte ein für alle Mal, dass freiwillige Verpflichtungen und business as usual schrecklich fehlgeschlagen waren.

Doch trotz seines Ausmaßes wäre Rana Plaza ohne die Gewerkschaften und den Aktivismus in Bangladesch und auf der ganzen Welt vielleicht nur eine weitere furchtbare Schlagzeile geblieben. Die Aktivist:innen hatten genug davon, dass man ihre Warnungen in den Wind schlug und machten sich den weltweiten Aufschrei zunutze, um das Bauaufsichtsprogramm *Accord on Fire and Building Safety in Bangladesh* (Abkommen über Brandschutz und Gebäudesicherheit in Bangladesch), kurz »Accord«, ins Leben zu rufen. Ein solches Abkommen hatte es zuvor noch nie gegeben: Es war rechtlich bindend und die unterzeichnenden Modeunternehmen verpflichteten sich bei Verstoß zu einem Schiedsgerichtsverfahren. Außerdem sagten sie zu, fünf Jahre lang die gleichen Warenmengen bei den Fabriken in Bangladesch zu beziehen.

Es war gewagt, den Modemarken ein Ultimatum zu stellen. Am 13. Mai 2013, drei Wochen nach der Katastrophe, gab es für das vorgeschlagene Abkommen gerade mal zwei »Vielleicht«-Stimmen. Doch als die Presse und die sozialen Medien in Schweden Druck ausübten, sah H&M sich bald in die Ecke gedrängt und war zu Verhandlungen bereit. Viele andere Firmen aber blieben unbeeindruckt. Die Solidarität der Gewerkschaften auf der ganzen Welt trug maßgeblich dazu bei, dass die Unternehmen den Accord schließlich unterzeichneten.

Im Vereinigten Königreich bearbeitete die Gewerkschaft Union of Shop, Distributive and Allied Workers (USDAW) Firmen wie Marks & Spencer oder Next. »Es sind unsere Mitglieder, die die Kleidung verkaufen«, äußerte sich ein Repräsentant der USDAW damals. »Sie sind mit den Arbeitern in Bangladesch verbunden, es ist ihnen wichtig, was mit diesen Menschen und ihren Familien geschieht.«[12] Die Kampagne war erfolgreich: 190 Unternehmen unterzeichneten das Abkommen, das 1600 Fabriken mit insgesamt zwei Millionen Angestellten betraf.[13] Der Accord war auf fünf Jahre angelegt und sollte 2018 in einem Übergangsabkommen um drei Jahre verlängert werden. Nicht alle waren jedoch einverstanden mit dem Accord, er hatte auch mächtige Gegenspieler. Die skrupellosen Händler Walmart und Gap beispielsweise unterschrieben nicht und gründeten stattdessen eine rivalisierende, freiwillige, unternehmensgeführte Initiative namens Alliance for Bangladesh Worker Safety, die keine Zusammenarbeit mit Gewerkschaften vorsah. Andere Firmen hielten am Modell der Selbstinspektion fest und blendeten dabei aus, dass Rana Plaza gleich zwei Mal von Primark inspiziert worden war, dabei aber schockierenderweise keine Mängel an dem achtstöckigen Gebäude festgestellt wurden.

Katastrophales Versagen

2014 besuchte ich die Accord-Büros im zwölften Stock eines Hochhauses in Dhaka. Durchs Fenster öffnete sich der Blick auf ein unendliches Netz von Gebäudeschemen, gehüllt in einen Smogschleier. Bei ungefähr 4000 dieser Gebäude handelte es sich um Bekleidungsfabriken. »Bei einem katastrophalen Versagen geben die Stützen nach«, so Brad Loewen, leitender Sicherheitsinspektor des Accord. »Ein Gebäude wie der Rana-Plaza-Komplex sollte so geplant werden, dass es das Doppelte der erwarteten Belastung aushält. Aber in Dhaka, wo es kaum Bauüberwachung gibt, wird bei den Gebäuden meist gespart.«

Rana Plaza balancierte zahlreiche illegale Stockwerke auf einer viel zu instabilen Bausubstanz. Die Baustoffe waren von minderwertiger Qualität, und während der alltäglichen Stromausfälle hielten riesige vibrierende Generatoren die Nähmaschinen am Laufen. Immer mehr Menschen, Maschinen und Stoffballen wurden in das Gebäude gestopft, bis die tragenden Stützen kapitulierten. Über die Bauunternehmer in Dhaka sagte Loewen damals: »Niemand überwacht sie. Es gibt keine staatliche Aufsichtsbehörde, keine Gesamtprojektleitung. Sie bauen einfach, was sie wollen.« In den Jahren nach der Tragödie von Rana Plaza hat Loewens Team, das aus siebzig bangladeschischen Ingenieur:innen besteht, Dutzende gefährlicher Gebäude evakuiert oder gesperrt. Fünfzig Gebäude wurden geräumt, weil sie die Standards zur Standsicherheit nicht erfüllten und somit ein unmittelbares Einsturzrisiko bestand.[14]

Wege der Gewalt

Doch die baulichen Gründe, warum Rana Plaza in sich zusammenstürzte, erzählen nicht die ganze Geschichte der Textilindustrie Bangladeschs. Nicht abebbende Streikwellen und Unruhen zeigen, dass sich für eine ethische Produktion in Bangladesch mehr ändern müsste als die Gebäudesicherheit. Wer sich für die Arbeitnehmerrechte einsetzt, bekommt es mit einem feindseligen Staatsapparat zu tun, der Proteste regelmäßig mit tödlicher Gewalt zerschlägt.

Kritische Stimmen befinden zudem, dass der Accord nicht weit genug geht, dass sein Top-down-Ansatz eher die Bausicherheit als die Arbeitsrechte im Blick habe und auch nicht die Interessen der Arbeiterschaft vertrete.[15] Tatsache ist, dass weder die Katastrophe von Rana Plaza noch das Bangladesch-Abkommen eine Revolution in der Modeindustrie bedeuteten. Die grauenhaften Geschehnisse führten nicht dazu, dass die Arbeitskräfte in den Kleiderfabriken gleiche Rechte bekamen. Eine Studie von 2018 ergab, dass Bekleidungsunternehmen den Fabriken in Bangladesch seit Rana Plaza 13 Prozent weniger zahlten. Dieselbe Studie zeigt, dass sich die Vorlaufzeiten zwischen 2011 und 2015 um 8,14 Prozent reduzierten. Für die Textilarbeiter:innen ist das ein Desaster – ihre Löhne sinken, während die Stundenzahl und der Druck steigen.[16]

Wie wir im ersten Kapitel gesehen haben, prellen die Modefirmen die Fabrikangestellten noch immer um Hunderte Milliarden von Dollar. Während der Pandemie wurde die Kampagne #PayUp gestartet, mit der versucht werden sollte, Milliarden von gestohlenen Löhnen zurückzubekommen.[17] Gewinnmaximierung durch das Drücken von Kosten hängt untrennbar mit der miserablen Gebäudesicherheit zusammen. Um Geld zu sparen, entscheiden sich die Fabrikbesitzer für billige, minderwertige Bauwerke. Die unzureichenden Strukturen mit gefährlichen Elektroinstallationen und ohne Belüftung oder Notausgänge sind ein direktes Resultat der Sparbeschlüsse aus den Vorstandsetagen von Modefirmen.[18] Den Aufschwung, den Gewerkschaften nach Rana Plaza erfuhren, bremste die Regierung außerdem schnell aus, indem sie zahlreiche Neugründungsversuche im Keim erstickte.[19] Natürlich lassen sich die Probleme der Modeindustrie nicht isoliert lösen, aber der Accord hat seinen wichtigsten Auftrag erfüllt, nämlich zu verhindern, dass ein Drama wie Rana Plaza noch einmal geschieht.[20] Das Abkommen wäre Ende August 2021 ausgelaufen, doch nach einer breit angelegten Kampagne trat eine neue Version in Kraft, der *International Accord for Health and Safety in the Textile and Garment Industry*. Die Idee ist, das bangladeschische Modell für Sicherheit in Fabriken auch auf andere Länder auszuweiten.

Gewalt à la mode

Was Gewalt in der Modeindustrie angeht, kann man sagen, dass es ohne ihre ständige Ausübung oder Androhung keine Mode geben würde. Da werden Waffen auf dem Tisch platziert, Angestellte und Gewerkschaftsangehörige angegriffen, staatlich genehmigte scharfe Munition eingesetzt, es kommt zu kolonialer Landnahme und sexualisierter Gewalt. All das sind Aspekte der systemischen Gewalt, die »ein reibungsloses Funktionieren unseres ökonomischen und politischen Systems« ermöglicht.[21]

Thinzar, die eigentlich anders heißt, saß mit sechzehn das erste Mal in einer Textilfabrik an der Nähmaschine. Ihr Arbeitstag begann um 7:30 Uhr und endete um 18 Uhr, wenn sie keine Überstunden bis

21 Uhr machen musste. Über ihren Alltag in der Fabrik, in der für zwei der größten Modeunternehmen Europas Kleidung hergestellt wird, berichtet sie: »Sie schrien uns an, wenn wir nicht die entsprechende Stückzahl schafften oder beim Nähen Fehler machten. Manche von ihnen pöbelten auch, das war dann noch schlimmer. Manchmal schlugen sie die Leute. Es kam immer wieder zu Demütigungen.« Und Sie, wann hat Ihr Chef Sie zuletzt bei der Arbeit geohrfeigt? Für die meisten von uns gehört das nicht zum Arbeitsalltag, aber in der Bekleidungsindustrie ist das, was Thinzar beschreibt, an der Tagesordnung. Diese demütigende Gewalt – sowohl auf verbaler als auch auf körperlicher Ebene – hat sechzig Millionen Arbeitskräfte im Globalen Süden im Griff. Viele von ihnen sind Teenager, die meisten Frauen, und sie alle versuchen einfach nur durchzuhalten.[22] Gewalt ist ein Mittel, um die Freiheit zu unterdrücken und die Verwirklichung von Arbeitnehmer- und Frauenrechten sowie von Selbstentfaltung zu verhindern. Dadurch sollen Menschen gebrochen werden und Veränderung soll hoffnungslos erscheinen, damit Gewinne weiterhin fließen. Marx beschrieb das Kapital in seinem Einfluss auf Individuen und die Gesellschaft als »von Kopf bis Zeh, aus allen Poren, blut- und schmutztriefend«.[23]

Das Leben einer wohlhabenden Minderheit hängt von systemischer Gewalt ab, mit der es sich, wie der Philosoph Slavoj Žižek in seinem Buch *Gewalt: Sechs abseitige Reflexionen* schreibt, »wie mit der berüchtigten ›Dunklen Materie‹ der Physik« verhält. Sie ist überall und konstant. Betreffend die Modeindustrie gilt es, nicht nur die direkte physische Gewalt wie Schläge anzuerkennen, sondern auch »die subtilen Formen des Zwangs, der die Herrschafts- und Ausbeutungsverhältnisse aufrechterhält, was auch durch Androhung von Gewalt geschehen kann«, so Žižek weiter.[24] Ein Bericht zu den Bedingungen in Baumwollspinnereien im indischen Tamil Nadu, für den 725 Angestellte interviewt wurden, kam zu dem Ergebnis, dass »[d]ie Arbeitnehmer die Drohungen internalisieren und denken, dass alles, womit ihre Arbeitgeber und Vorgesetzten ihnen drohen, auch tatsächlich geschehen wird.«[25] Diese Art von Gewalt ist zentral für alle Fragen rund um die Modeindustrie. Warum gingen die Fabrikangestellten am Ende doch in den Rana-Plaza-Komplex hinein? Weil ihnen die Drohungen schlimmer vorkamen als das Risiko. Es ist eindrucksvoll, dass sich die Menschen trotzdem nicht unterkriegen lassen. Beispielsweise schloss sich Thinzar, sobald sie 21 war, dem Führungsteam ihrer Fabrikgewerkschaft an. Natürlich wurde sie für ihre friedliche Gewerkschaftsarbeit bestraft. Sie sah sich mit dem widerwärtigen Vorwurf konfrontiert, gewalttätig seien die, die eine Veränderungen forderten, und nicht das System und der Kapitalismus selbst. Aber Thinzar gab nicht auf. Sie stammt aus Myanmar, und wir wollen uns anhand dieses Landes die Gewalt in Fabriken etwas genauer anschauen.

Gefängnis

Schon vor dem Putsch und der Pandemie galt Myanmar als das schlimmste Land in Südostasien für Arbeitskräfte im Textilbereich.[26] Nach den langen Jahren der Militärdiktatur schien Myanmar mit der Wahl von Aung San Suu Kyi 2015 die Wende vollzogen zu haben. Doch das Versprechen von Freiheit ging nicht in Erfüllung, vor allem für den Bevölkerungsanteil der muslimischen Rohingya, aber auch für weitere Teile der Gesellschaft. Verärgert darüber, dass es beim Mindestlohn und den Arbeitnehmerrechten so langsam voranging, begannen Gewerkschaften und die Zivilgesellschaft, sich für die Freiheit einzusetzen. Die Coronapandemie traf Myanmar heftig, und Streiks und Proteste brachen los, da die Arbeiterschaft um ihre Sicherheit in den überfüllten Kleiderfabriken fürchtete und ihr bei Fabrikschließungen oft Löhne vorenthalten wurden.

Am 4. Mai 2020 führten die Bekleidungsarbeiterinnen Zar Zar Tun und Lay Lay Mar einen Streik in einer Fabrik in Yangon an. Es dauerte keine 24 Stunden und die Frauen fanden sich im berüchtigten Insein-Gefängnis wieder. Innerhalb eines Tages wurden sie verhaftet, angeklagt, vor Gericht gestellt und verurteilt. Man steckte sie zuerst in eine Gefängnis-Quarantäne, wo sie 21 Tage aneinandergekettet verbrachten. Zar Zar Tun berichtete, wie sie im gefesselten Zustand »die Eimer mit den Fäkalien und Urin leeren und den Boden kehren und wischen mussten.«

Drei Monate waren die beiden eingesperrt. Zar Zar Tun schlief neben einer stinkenden Toilette; nachts stiegen andere Gefangene auf dem Weg dorthin über sie hinweg. Tagsüber mussten sie das Gefängnis putzen. Die Familien der beiden hatten es ohne sie auch sehr schwer. Zar Zar Tun hatte mit ihrem Einkommen sowohl ihre betagten Eltern als auch ihre zweijährige Tochter versorgt, und während sie in Haft saß, verlor ihr Mann seine Arbeit auf einer Baustelle. Das Verbrechen, das man ihnen vorwarf, war, einen öffentlichen Raum blockiert und während einer Pandemie eine Versammlung von Menschen angezettelt zu haben. Außerdem hätten sie, weil sie vor dem Protest auf dem Fabrikgelände kampierten, gegen die nächtliche Ausgangssperre verstoßen, die seit April zur Eindämmung der Coronapandemie galt. Die Geschichte der beiden Frauen zeigt auf erschütternde Weise, dass der Autoritarismus im Textilsektor auf dem Vormarsch ist und wie die Covid-19-Gesetzgebung verwendet wurde, um Gewerkschaftsaktivist:innen mundtot zu machen. 2020 wurden überall in Myanmar Tausende von in Gewerkschaften organisierten Angestellten entlassen, hauptsächlich Frauen. »Nur Arbeitnehmende werden ins Gefängnis gesteckt«, so Zar Zar Tun. »Den Arbeitgebern passiert nichts, selbst wenn sie das Gesetz brechen.«

Nicht alle Fabrikbesitzer greifen zur Einschüchterung ihrer Belegschaft auf geltendes Recht zurück, einige nehmen die Dinge selbst in die Hand. In einer anderen Fabrik gab es einen Vorfall, bei dem Gewerkschaftsangehörige ins Krankenhaus mussten, nachdem sie von Schlägern der Fabrikleitung angegriffen worden waren. »Sie verfolgten uns bei der Arbeit. Sogar wenn wir zur Toilette gingen. Wenn wir nähten, setzten sie sich auf Plastikstühle neben unseren Nähmaschinen«, so eine der Arbeiterinnen. Als sie auch weiterhin an ihrer Gewerkschaftsarbeit festhielten, entließ die Fabrik letztlich über die Hälfte der Beschäftigten, darunter alle Gewerkschaftsleitenden und -mitglieder.

In der Bekleidungsindustrie, und so auch in Myanmar, ist es üblich, dass die Fabriken untereinander Listen austauschen mit Namen und Fotos von Arbeiter:innen, die »Ärger machen« und nicht eingestellt werden sollen. Ein Gewerkschafter berichtete, er habe bei einem

Fabrikbesuch in dem Raum, in dem sich alle neuen Arbeitskräfte einer medizinischen Untersuchung unterziehen müssen, aufgehängte Fotos von Gewerkschaftsvorsitzenden aus Fabriken in der Nähe gesehen.[27]

Am 1. Februar 2021 kam es zu einem Militärputsch in Myanmar, und die Lage spitzte sich weiter zu. Schnell wurden alle Mitglieder der Arbeiter:innenbewegung für vogelfrei erklärt und Gewerkschaftsangehörige, Medienschaffende sowie politisch aktive Personen wurden zusammengetrieben und eingesperrt. Vor dem Staatsstreich war es den Arbeiter:innen – wenn auch in begrenzter Form – immerhin möglich gewesen, sich durch Streiks und Proteste auszudrücken. Danach fing die Militärjunta an, Menschen auf der Straße zu erschießen. Bent Ghert ist Bereichsdirektor für Südostasien beim Workers Rights Consortium, einer unabhängigen Organisation zur Überwachung der Arbeitsrechte. In diesem ohnehin schon brutalen Umfeld, so Ghert, sei das myanmarische Militär besonders aggressiv gegenüber der Arbeiterschaft. »Wenn die Generäle an der Macht bleiben, werden sie keine Ausübung von Arbeitsrechten in diesem Land zulassen. Ohne Gewerkschaften können die Arbeitnehmenden keine Beschwerden vorbringen, was bedeuten würde, dass die Arbeitgeber völlig straffrei handeln können.« Nur wenige Monate nach dem Staatsstreich gab die Überwachungsgruppe Assistance Association for Political Prisoners (eine Hilfsorganisation für politische Gefangene, auf deren Daten sich auch die UN beruft) Schätzungen bekannt, wonach 1652 Menschen getötet und 12 617 weitere festgenommen worden waren. Lassen führende internationale Bekleidungs- und Schuhfirmen ihre Produkte in Myanmar herstellen, bringt sie dies in Verbindung mit der schwerwiegenden und bisweilen tödlichen Unterdrückung von Arbeitnehmerrechten durch die Ermordung von Zivilpersonen, durch Militärgerichte und unmenschliche Inhaftierung.

Am 15. März 2021 wurden im Industriegebiet von Hlaing Tharyar drei Menschen erschossen und siebzehn weitere verhaftet, nachdem aus einem Militärfahrzeug das Feuer auf eine Demonstration vor einer Schuhfabrik eröffnet wurde. Die Protestierenden hatten sich vor der Fabrik Xing Jia, die Cowboystiefel für den Export nach Texas herstellte, versammelt, um den Lohn für fünfzehn Tage einzufordern, als der Militärlaster kam und die Schüsse fielen.[28] Ungeachtet dieser Gewalt sind Textilarbeiter:innen in der prodemokratischen Bewegung ganz vorne mit dabei; sie gehen auf die Straßen, demonstrieren und organisieren den Widerstand. Während dieser Text entstand, bedeutete Widerstand zu leisten noch immer ein großes Risiko. Thiri May, die ebenfalls anders heißt, berichtete, dass Soldaten vor ihrer Fabrik standen und die Mobiltelefone der Angestellten überprüften. Wer versuchte, sein Handy zu verstecken, oder es nicht herausgeben wollte, wurde festgenommen. Außerdem wurden nachts die Wohnungen von angeblichen Oppositionellen durchsucht. »Durch den Putsch haben wir unsere Menschenrechte eingebüßt«, sagte Thiri May. »So will ich nicht leben. Ich will rausgehen und mich frei äußern können. Darum kämpfen wir gegen sie.« Zu den Modefirmen, die in letzter Zeit in Myanmar produzieren ließen, gehören Marks & Spencer, H&M, Primark, Bestseller, Aldi Nord, Lindex, Next, C&A und Benetton.[29]

Autoritarismus

Die Brutalität in Myanmar deutet auf einen Trend zum Autoritarismus in der Bekleidungsindustrie hin. In Indien, Kambodscha oder Äthiopien setzen die Regierungen vermehrt auf Sanktionierung zur Einschüchterung von Arbeiter:innenbewegungen. Selbst in Ländern, die sich stark für ihren Ruf als ethischere Produktionsstätten eingesetzt haben, gibt es gravierende Probleme. »Alle haben sich mit der Militarisierung Myanmars abgefunden, aber keiner weiß, was in Sri Lanka passiert«, so Kanchana Ruwanpura von der Universität Göteborg. »Die Konfektionsindustrie muss langsam darüber nachdenken, was [ein Militärregime] für die ethischen Ansprüche bedeutet.« In Sri Lanka wurde eine Corona-Sondereinheit gegründet, die ausschließlich aus Militäroffizieren besteht. Über viele von ihnen ist international bekannt, dass sie im Konflikt mit den Tamil Tigers 2009, bei dem fast 70 000 tamilische Zivilpersonen getötet wurden, brutal vorgegangen sind. Die Textilarbeiterschaft in Sri Lanka besteht zu einem großen Teil aus Frauen, die aus den vom Krieg verwüsteten ländlichen

Gebieten in die Exportproduktionszonen mit den Fabriken gezogen sind. Die vom Militär angeführte Handhabung der Coronapandemie schuf einerseits eine bedrohliche Atmosphäre, in der eingeschüchtert wurde, wer gegen die Nichtbeachtung von Arbeitnehmerrechten protestierte. Andererseits führte sie dazu, dass Angestellte zwangsweise in Hunderte Kilometer entfernte Quarantänezentren verbracht wurden.

Einer der gefährlichsten Orte für gewerkschaftlich engagierte Menschen ist Guatemala, wo zwischen 2004 und 2017 87 Gewerkschaftsvorsitzende ermordet wurden.[30] Die Gewalt geht dabei oft von Mittelsmännern aus – Auftragsmörder oder Verbündete der Chefs. In einer Fabrik waren in den Toilettenräumen Morddrohungen gegen Gewerkschafsbeteiligte an die Wände gesprüht. Diese Atmosphäre hat zur Folge, dass es lediglich in zwei der 173 Bekleidungsfabriken in Guatemala Gewerkschaften gibt.[31]

Auf den ersten Blick ist die Modeindustrie wie eine wunderschöne Torte: Von außen sieht sie phänomenal aus, mehrstöckig, mit Glasurhäubchen, Sahne und bunten Zuckerblüten verziert. Wenn man diese Torte aber anschneidet, quillt unter der weißen Zuckergussschicht eine widerliche Mischung aus Schutt, Blut, Angstschweiß und Petrochemikalien hervor; durch und durch verdorben. Gebacken wurde diese grausige Torte in einem Ofen namens Kapitalismus. Ein abscheuliches politisches System ist dafür verantwortlich, dass Arbeiter:innen durch Schüsse oder Brände sterben; dass Streiks und Proteste ausbrechen, dass Steine fliegen und Fahrzeuge brennen. Zusammen mit der Kapitalakkumulation und Unterwerfung lässt dies nur einen Schluss zu: Mode ist Gewalt.

Heimarbeit

Heimarbeit ist die versteckte Stütze der Globalisierung und einer der Hauptgründe, warum Kleidung und Schuhe so günstig bleiben. Vor der Pandemie stellten schätzungsweise 260 Millionen Frauen und Männer in ihrem Zuhause oder der unmittelbaren Umgebung Dinge her oder erbrachten Dienstleistungen, 224 Millionen von ihnen im

Globalen Süden.[32] Sie arbeiten im Verborgenen, aber wenn man ihren Lieferketten folgt, landet man nicht selten bei den größten Marken der Welt. Fabriken setzen Heimarbeiter:innen als Subunternehmer ein, und wälzen dadurch die Risiken und Herstellungskosten auf sie ab. Ganze Arbeitsschritte in der Produktion von Kleidung, Schuhen, Fußbällen oder Schmuck und manchmal sogar von elektronischen Geräten werden so ausgelagert – und zu Hause ausgeführt. Dabei ist die Umwandlung von einem Wohn- in ein Arbeitsumfeld äußerst problematisch. Im Bekleidungsbereich bedeutet dies beispielsweise, dass man große Mengen an leicht entzündlichem und neurotoxischem Klebstoff zu Hause lagern, sich bei schwachem Licht über einen ungeeigneten Arbeitsplatz beugen und Kosten für Dinge wie Strom selbst tragen muss. Außerdem arbeiten auch in Heimarbeit Tätige im Akkord und sind der Gnade skrupelloser Fabrikvertreter ausgeliefert. Bei diesem Arbeitsmodell kann es außerdem besonders schwierig sein, einmal eine Atempause von der Gewalt zu bekommen, die vielleicht vom Ehemann, von den Schwiegereltern oder von Fabrikagenten ausgeübt wird. Häusliche und betriebliche Gewalt überschneiden sich hier.[33]

Heimarbeit ist alles andere als ein Randphänomen, sondern ein essenzieller Teil der Weltwirtschaft, der perfekt Schwankungen abfedern kann. Von der Coronapandemie waren zu Hause Beschäftigte besonders stark betroffen. Im Januar 2020 bemerkten Heimarbeitende in Indien, dass etwas im Gange war, denn mit den Aufträgen ging es zäh voran und es gab Probleme mit Rohstoffen aus China. Tiruppur im Bundesstaat Tamil Nadu ist auch als Strickhauptstadt Indiens bekannt. Neben Tausenden Kleiderfabriken, die sowohl für das Inland als auch für den Export produzieren, gibt es ganze Bekleidungsviertel voller Heimarbeitenden. In manchen Werkstätten werden nur Knöpfe angenäht, andere Haushalte schneiden lose Fäden ab, bevor die Kleidung gebügelt und für den Verkauf verpackt wird. Tiruppur ist als geschäftige Industriestadt bekannt; den ganzen Tag über rattern die Nähmaschinen, ziehen Textilagenten von Haus zu Haus, hupen die Rikschafahrer und laufen Kinder herum. Doch im März 2020 gab es keine Arbeit, und die ansonsten belebten Straßen verstummten.

»Die Lieferketten wurden vollkommen stillgelegt. Keine Arbeit. Das war's. Ende und aus!«, so Janhavi Dave, internationale Koordinatorin der Heimarbeiterorganisation HomeNet South Asia. Für Familien, die in guten Zeiten gerade so von ihrem Lohn leben konnten, bedeutete der globale Shutdown während der Coronapandemie eine Katastrophe.

Im ausufernden Slum Dharavi in der indischen Metropole Mumbai schlossen sich informell Tätige zusammen, um sich gegenseitig zu unterstützen, da nahezu alle Heimarbeiter:innen, Hausangestellten, Straßenhändler:innen, Mikrofabrikarbeiter:innen und Lumpensammler:innen plötzlich ohne Arbeit dastanden. Vor allem die Frauen in Heimarbeit setzten sich dafür ein, die Auswirkungen der Coronapandemie abzufedern, und organisierten alles, von der Verteilung von Lebensmitteln bis hin zur Aushandlung des Zugangs zu den Gemeinschaftstoiletten von Dharavi. Es galt, die in den Geschäften ungeordnet eintreffenden Lebensmittelrationen gerecht zu verteilen; das Social Distancing in den Warteschlangen zu gewährleisten; Wanderarbeiter, die keinen Anspruch auf Rationen hatten, zu versorgen; und Familien, die in schlimmen Krisen steckten, zu finden und gesundzupflegen.

Auch auf internationaler Ebene wehrten sich die Heimarbeitenden dagegen, übersehen und isoliert zu werden. HomeNet International, zum Beispiel, zählt heute weltweit 36 Heimarbeiterorganisationen aus zwanzig Ländern zu seinen Mitgliedern. Janhavi Dave nennt die Forderungen: In Heimarbeit Beschäftigte müssen sichtbar gemacht und von ihren Arbeitgebern – sowohl von inländischen Fabriken als auch von globalen Firmen – wahrgenommen werden. Man muss ihnen regelmäßige Arbeit und einen existenzsichernden Lohn garantieren. Außerdem benötigen sie Verträge und eine umfassende soziale Absicherung. Zudem muss der Kultur und der Geschichte, die in einem Großteil der hergestellten Produkte stecken, Respekt und Wertschätzung entgegengebracht werden. »Vieles von dem, was Heimarbeitende herstellen, ist Kunst«, so Dave. »Wenn sie etwas verkaufen, steckt darin nicht nur Arbeit, sondern Kunstfertigkeit und Tradition.« Ein Beispiel sind Kleidungsstücke und Accessoires, die in

Nepal aus Allo (Himalayanessel) angefertigt werden. Die Herstellung von Allo-Garn zum Weben ist ein zeitaufwendiger, gemeinschaftlicher Prozess, der von Generation zu Generation weitergegeben wird.

Die Entwicklung der Modeindustrie

Um verstehen zu können, warum die Modeindustrie heute so ist, wie sie ist, müssen wir uns die Einflüsse der Globalisierung, des Kolonialhandels, der Industrialisierung und des Arbeitskampfes anschauen. Zuerst beleuchten wir anhand der ursprünglichen Produktionsstätten in Großbritannien und den USA, wie sich die Industrie zur heutigen Modelandschaft gewandelt hat.

Im vorindustriellen Großbritannien entstand Kleidung traditionell in Heimarbeit, wobei ganze Familien am Spinnen und Weben beteiligt waren. Dann kam die Industrielle Revolution. 1764 erfand der britische Baumwollweber James Hargreaves in der Grafschaft Lancashire im Nordwesten Englands die »Spinning Jenny«, die erste industrielle Maschine zum Verspinnen von Baumwolle zu Garn, an der eine Person acht Spindeln gleichzeitig bedienen konnte. Die Menge an Garn, die eine Person produzieren konnte, stieg auf einmal sprunghaft an. Spätere Optimierungen der Spinning Jenny arbeiteten mit bis zu achtzig Spindeln.[34] Garnpreise sanken, was wiederum eine größere Nachfrage nach sich zog. Wohlhabende und einflussreiche Personen eröffneten Fabriken mit großen Mengen wasserbetriebener Spinning Jennies. Diese automatisierten Maschinen funktionierten mit weniger menschlicher Arbeitskraft, was die Garne noch günstiger machte.

Als die maschinellen Innovationen immer schneller erfolgten, mussten die Menschen, die bis anhin zu Hause arbeiteten, immer öfter neue Maschinen kaufen, um mit der Produktion Schritt zu halten. Dieser Wettlauf war jedoch von Anfang an zum Scheitern verurteilt, und die Ärmsten der bislang Selbstständigen sahen sich dazu gezwungen, nach Arbeit in den Fabriken Ausschau zu halten. Als der britische Theologe Edmund Cartwright 1784 die erste dampfkraftbetriebene Webmaschine, den »Power Loom«, erfand, schlug die Stunde, in der die Maschine den Arbeiter endgültig überholt hatte. Die in privaten Werkstätten produzierten Garne oder Stoffe hielten dem Wettbewerb mit den Fabriken nicht länger stand. »Die Geschichte der arbeitenden Klasse in England beginnt [...] mit der Erfindung der Dampfmaschine und den Maschinen zur Verarbeitung der Baumwolle«[35], so Friedrich Engels 1845.

Engels' wohlhabende Familie besaß eine Textilfabrik in Manchester, wohin sie den 22-jährigen Friedrich zum Arbeiten schickte, in der Hoffnung, es würde ihn von seinen radikalen Ansichten befreien. Die Zeit in Manchester hatte jedoch den gegenteiligen Effekt. 1845 veröffentlichte Engels seine bahnbrechende Schrift *Die Lage der arbeitenden Klasse in England.* Seine Reise führte ihn auch zu den zwei Frauen seines Lebens, der radikalen Fabrikarbeiterin Mary Burns und, als diese dann verstarb, ihrer Schwester Lizzie. Es waren diese beiden Frauen, die ihn mit Manchester bekannt machten und ihn – den reichen, ausländischen Eindringling – davor beschützten, in den Armenvierteln der Stadt überfallen und zusammengeschlagen zu werden.[36]

Engels beschrieb die Konsequenzen der Industriellen Revolution als »rasches Fallen der Preise aller Manufakturwaren, Aufblühen des Handels und der Industrie, Eroberung fast aller unbeschützten fremden Märkte [...]«[37]. Die Dimensionen der Industriellen Revolution lassen sich an dem enormen Anstieg der Baumwollimporte ablesen, den Engels dokumentierte. 1775 hatte Großbritannien um die 2,3 Millionen Kilo Rohbaumwolle importiert; bis 1844 waren es bereits circa 272 Millionen.

An dieser Baumwolle klebte Blut und ihre Verbindung zum Kolonialismus ist unentwirrbar. Viel davon war von Menschen angebaut und gepflückt worden, die gewaltsam aus Afrika entführt und versklavt worden waren. Die Anfänge der Modeindustrie weisen gleich mehrere dieser verstörenden Überschneidungen mit dem Sklavenhandel auf. Um 1750 produzierten Fabriken in Manchester Textilien, die in Muster und Schnitt die Geschmäcker der afrikanischen Länder treffen sollten.[38] Die Anthropologin Karen Tranberg Hansen schreibt in ihrem Buch *Salaula. The World of Secondhand Clothing and Zambia*, dass die Frachträume der britischen Schiffe, die den afrikanischen

Kontinent ansteuerten, oftmals mit Kleidung gefüllt waren, sowohl mit neuer als auch mit gebrauchter Ware. Nach Ankunft wurden die Kleider mit Herrschern wie König Kazembe III. von Luapula gegen versklavte Menschen getauscht.[39] Während der Industriellen Revolution im Westen missbrauchte man den Kontinent auf diese Weise gleich doppelt: Man nutzte den nordatlantischen Sklavenhandel, um einerseits unbezahlte Arbeitskräfte zu erwerben und andererseits neue Märkte zu erschließen.

Der Kolonialismus bedeutete auch den Niedergang für bereits bestehende Textiltraditionen. Vor zweihundert Jahren galt Dhaka-Musselin als das zarteste und kostbarste Material überhaupt. Der Stoff, der so fein wie »gewebte Luft« war, wurde in einem aufwendigen, sechzehnstufigen Verfahren aus einer seltenen Baumwollpflanze hergestellt, die nur an den Ufern des Flusses Meghna in Bengalen, dem heutigen Bangladesch, wuchs. Diese Industrie wurde von der Britischen Ostindien-Kompanie vorsätzlich zerstört.[40]

Da viele britische Arbeiter:innen sich gezwungen sahen, in den erst kürzlich industrialisierten urbanen Räumen nach Arbeit zu suchen, wuchsen die Städte schneller, als es die vorhandene Infrastruktur tragen konnte. Die »Verslumung« Großbritanniens setzte ein, und bis zum Ende des 19. Jahrhunderts sollte geschätzt über ein Viertel seiner Bevölkerung an der Grenze zum Existenzminimum oder darunter leben.

Die 1833 in Großbritannien eingeführten Fabrikgesetze machen deutlich, wie schlimm es um die Menschen in den Textilfabriken stand. Sehr umstritten waren das Verbot der Arbeit von Kindern unter neun Jahren und die Frage, ob die Arbeitszeit von Kindern zwischen neun und dreizehn Jahren auf zwölf Stunden pro Tag reduziert werden sollte. Legal blieb die 69-Stunden-Woche für Jugendliche zwischen dreizehn und achtzehn Jahren. Neben dem Betreiben von Sweatshops lagerten die Fabrikbesitzer Arbeit auch an notleidende Menschen in unregulierter Heimarbeit aus, um die Fabriklöhne zu unterbieten.[41]

Aufstände

Im Textilbereich wird seit jeher für Selbstbestimmung und ein Leben ohne Unterdrückung gekämpft. Wenn Medien über Sweatshops berichten, greifen sie jedoch oft auf stereotype Bilder zurück, die Arbeitskräfte im Textilsektor auf ihre Opferrolle reduzieren und Vorurteile zementieren, beispielsweise die der hilflosen asiatischen Frauen oder Migrantinnen.[42] Tatsache ist aber, dass die größtenteils aus Frauen bestehenden Vereinigungen einige der härtesten und erbittertsten Gewerkschaftskämpfe führten, die es in der internationalen Arbeiter:innenbewegung gab. Zum Beispiel waren an den Texilarbeitsstreiks von 1929 und 1934 im Süden der USA eine halbe Million Menschen beteiligt,[43] und 2014 streikten 40 000 chinesische Angestellte bei Yue Yuen, dem größten Sportschuhproduzenten der Welt.[44]

Im November 1909 führte eine junge Migrantin namens Clara Lemlich in New York einen Generalstreik an, der als »Aufstand der 20 000« in die Geschichte einging. Er hielt über zwei Monate an, brachte letztlich Lohnerhöhungen und verbesserte Arbeitsbedingungen und war der Auslöser für weitere Frauenstreiks zwischen 1909 und 1915 in Städten wie New York, Philadelphia, Cleveland, Chicago, Iowa und Michigan.

Lemlich war 1903 auf der Flucht vor Pogromen im russischen Kaiserreich in die USA gekommen. Sie sagte über sich selbst und ihre Kolleginnen, sie hätten in der Textilfabrik den »Status von Maschinen«, und trat der neugegründeten Gewerkschaft International Ladies' Garment Workers' Union bei. Als leitende Gewerkschafterin lebte sie gefährlich und wurde von Schlägern des Fabrikmanagements verprügelt.[45]

Noch viel gefährlicher aber wäre es gewesen, die Situation so zu belassen, wie sie war. Am 25. März 1911 brach in der New Yorker Triangle Shirtwaist Factory ein Feuer aus, in dem 146 Menschen umkamen, vor allem junge jüdische und italienische Frauen. Die Zahl der Opfer war so hoch, weil es keinerlei Sicherheitsvorkehrungen gegeben hatte und Fluchtwege versperrt waren. Es hieß später, die Türen seien verschlossen gewesen, damit man Angestellte besser nach Diebesgut durchsuchen konnte. Viel wahrscheinlicher war allerdings, dass auf diese Weise Gewerkschafterinnen ferngehalten werden sollten, da die Fabrik häufig von Streiks betroffen gewesen war.[46]

Im Vorfeld der Katastrophe hatte die Gewerkschaft noch auf die nötigen Brandschutzmaßnahmen hingewiesen, erklärte Rosey Safran, eine der Arbeiterinnen, die überlebt hatten, in den Tagen nach dem Brand. »Unsere Chefs haben uns nicht zugehört, und jetzt sind unsere Freundinnen tot.«[47] Die Fabrikbesitzer Max Blanck und Isaac Harris konnten sich mithilfe eines korrupten Richters aus der Verantwortung stehlen. Dennoch führte die Tragödie dazu, dass sich der Kampf um Arbeitsrechte weiter verstärkte und sich in den folgenden Jahren nach und nach Brandschutzregeln für Privathäuser und Arbeitsstätten durchsetzten.

Epilog eines Brandes

Als ich über hundert Jahre später an der ersten Version dieses Buches schrieb, kam es zu einer weiteren grauenhaften Brandkatastrophe, ähnlich derjenigen damals in New York, bei der so viele Menschen starben. Diesmal war die Anzahl der Todesopfer doppelt so hoch. Als das Feuer in der Fabrik von Ali Enterprises in der pakistanischen Stadt Karachi ausbrach, konnten die Angestellten den Flammen nicht entkommen. Es gab keine Mittel zur Brandbekämpfung, keinen funktionierenden Feueralarm, kein Sicherheitsprotokoll. Stattdessen mit Eisenstreben blockierte Fenster und zu wenig Notausgänge, von denen einige dazu noch verschlossen waren. Der Brand am 11. September 2012 kostete 259 Menschen das Leben. Saeeda Khatoon, die an jenem Tag ihren Sohn verlor, hat mittlerweile eine Führungsposition bei der Ali Enterprises Factory Fire Affectees Association inne, die seitdem für Gerechtigkeit kämpft. An die Katastrophe erinnert sie sich folgendermaßen:

> Dieser Tag war wie die Apokalypse. Bei fast jedem Haus in unserer Nachbarschaft lag ein Toter auf der Schwelle. In meiner direkten Nachbarschaft waren es an dem Tag 17 Tote, am nächs-

> ten kamen noch 24 weitere hinzu. Insgesamt gab es 112 Tote in unserer Nachbarschaft. Davon waren 13 Frauen. An diesem Tag brach die Hölle über uns herein.[48]

Ali Enterprises war eine Todesfalle, die gegen zahlreiche pakistanische Richtlinien zur Bausicherheit verstieß. Doch erst wenige Wochen vor dem Feuer waren sie mit dem renommierten Inspektionszertifikat SA8000 ausgezeichnet worden. Das Gütesiegel hatte die italienische Zertifizierungsgesellschaft RINA Services ausgestellt, die den Auftrag an die ortsansässige Firma RI&CA untervergeben hatte. RINA Services war von der Nichtregierungsorganisation Social Accountability International (SAI) akkreditiert, die das Zertifizierungssystem SA8000 entwickelt hatte.[49]

Der Tod Hunderter Menschen zeigt aufs Neue, dass die Zertifizierungen wertloser waren als das Papier, auf das sie gedruckt wurden. Unternehmensfinanzierte Monitoringsysteme können und werden keine Menschen schützen. Da die pakistanischen Gesundheits- und Sicherheitsvorschriften auf Geheiß reicher Unternehmer[50] und gieriger multinationaler Konzerne unterlaufen werden, gibt es immer wieder Fabrikbrände. Am selben Tag, als Ali Enterprises in Flammen stand, starben 25 Menschen bei einem Brand in einer Schuhfabrik in Lahore. 38 Prozent der Arbeitsplätze in Pakistan entfallen auf die Bekleidungsindustrie, die über die Hälfte der Exporte des Landes ausmacht. Der Hauptkunde von Ali Enterprises war der deutsche Einzelhändler KiK. Die Angestellten berichten von einem Monatslohn von durchschnittlich 80 Dollar.[51]

Unterauftragsvergabe an den Globalen Süden

Im Manhattan der 1920er Jahre erwirkte der wachsende Einfluss der Gewerkschaften Lohnerhöhungen und verbesserte Arbeitsbedingungen. Die sinkenden Gewinnspannen veranlassten die Händler allerdings, Unterverträge mit kleineren Auftragspartnern außerhalb der Gewerkschaftshochburgen abzuschließen. Der altbekannte Wettbewerb fand somit wieder in die Beziehungen zwischen den Auftragnehmern, und Standards fielen ins Bodenlose.[52] Kommt Ihnen das irgendwie bekannt vor? Es ist das Muster, das die Textilindustrie seit jeher verfolgt. Sie ist der Austragungsort eines unendlichen Kampfes zwischen Arbeitenden und Kapital. Unterverträge machen alles noch komplizierter, da (anders als in anderen Branchen) Modehändler die Fabriken, in denen sie produzieren lassen, nicht besitzen.

Einzelhändler schließen Verträge mit Herstellern ab, die wiederum Subunternehmen beauftragen, die schließlich die Textilarbeiter:innen und Heimarbeiter:innen anstellen. Dieses Vorgehen macht es erst möglich, zu behaupten, dass Händler nicht für die Menschen am Anfang der Produktionskette verantwortlich seien. In Wahrheit halten sie nahezu alle Fäden in der Hand und sind diejenigen, die den Fabriken Schleuderpreise für deren Waren aufzwingen.

In den zwanzig Jahren zwischen 1970 und 1990 veränderten sich die Produktionsorte, Arbeitsbedingungen und Löhne stark. In Europa und Nordamerika gingen viele Arbeitsstellen verloren, wohingegen in Asien und anderen Teilen des Globalen Südens neue entstanden. Einem Bericht der Internationalen Arbeitsorganisation (ILO) von 1996 zufolge stieg die Zahl der Jobs im Bereich Textilien, Kleidung und Schuhe in Malaysia um 597 Prozent an, in Bangladesch gab es einen Zuwachs von 416 und in Sri Lanka von 334 Prozent. Das Vereinigte Königreich büßte zeitgleich 55 Prozent der Jobs in dieser Branche ein, Deutschland 58 und die USA 31 Prozent.[53] Der Begriff »Global Scanning« wird seitdem für Konzernstrategien verwendet, die das Ziel verfolgen, Produktionsorte mit den höchsten Profitchancen ausfindig zu machen.[54]

Dann kam es zu weiteren großen Umbrüchen: Die Regierungen der USA und der europäischen Länder fürchteten, ihre Wirtschaft würde unter einer Flut an Kleidungsimporten aus dem Ausland leiden. Daher erarbeiteten sie 1974 das Multifaserabkommen (englisch: Multi Fibre Arrangement, MFA), das Quotenbeschränkungen für den Export vorsah. Man wollte damit der Textil-, Bekleidungs- und Schuhbranche in Ländern wie Großbritannien ermöglichen, sich anzupassen, um weiter bestehen zu können. Doch wie Liesbeth Sluiter in ihrem Buch *Clean Clothes* schreibt, hat das MFA die Globalisierung der Bekleidungsindustrie sogar gefördert.[55]

Wirtschaftswissenschaftliche Fachleute haben die Produktion von Mode säuberlich in verschiedene Produktionsprozesse unterteilt.[56] Der elementare Prozess ist bekannt als »Cut Make Trim« (CMT), was übersetzt so viel bedeutet wie »Zuschneiden, Zusammennähen und Versäubern«, und im deutschen Sprachgebrauch auch »passive Lohnveredelung« genannt wird. Es handelt sich dabei um die grundlegendste Arbeit an Kleidung und beinhaltet keinerlei gestalterische Aspekte. In der Regel importieren Länder dabei die Stoffe, die dann nach dem Design des Auftraggebers zugeschnitten, zusammengenäht, eingesäumt und schließlich wieder exportiert werden. Typischerweise spezialisiert sich jede Arbeitskraft auf einen Arbeitsschritt, näht beispielsweise Hosentaschen oder Knopfschlaufen auf oder entfernt lose Fäden. Sämtliche Kosten werden niedrig gehalten, denn es gibt Tausende von diesen Fabriken und sie alle konkurrieren miteinander. CMT ist ein extrem billiges System, Mode zu produzieren, und basiert darauf, dass Millionen von Menschen ausgebeutet werden.[57] Daher ist es sehr einfach, eine Kleiderfabrik an einen anderen Ort zu verlegen, denn im Grunde handelt es sich bloß um Räume voller Nähmaschinen und Menschen, die bereit sind, die erforderlichen Fähigkeiten zu erlernen.

Als das MFA in Kraft trat, scannten Unternehmen die Welt nach Ländern wie Thailand, Kambodscha oder Laos ab, deren Quoten noch nicht erfüllt waren, oder nach Ländern, die keine Quoten hatten. Ein Beispiel dafür ist die Insel Saipan, eine der vierzehn Inseln der Nördlichen Marianen im Pazifischen Ozean. Saipan gehört zu den Außengebieten der USA, weswegen alles, was »Made in Saipan« ist, als »Made in USA« deklariert werden kann und keinen Zöllen und keinerlei Beschränkungen unterliegt. Mit dem MFA wurde Saipan zu einem gigantischen Fabrikkomplex, der Zehntausende Arbeiterinnen beherbergte, vor allem junge Frauen aus China.[58]

In den 1980ern traten Pakistan, Vietnam und China auf den Plan und exportierten so viel Kleidung, wie sie nur konnten, bis der Quotendeckel kam. Als in den Neunzigern der Eiserne Vorhang fiel, konnten auch die ehemals kommunistischen Länder mitmischen, ebenso wie die Türkei, die sich schnell zu einem mächtigen Exportland entwickelte. Derweil rüsteten koreanische und taiwanesische

Unternehmen auf die profitabelsten und am wenigsten greifbaren Prozesse der Bekleidungsproduktion auf: Design, Markenbildung und Marketing. Sie investieren in Fabriken in Asien, Afrika und Lateinamerika und zogen weiter, sobald dort Quoten eingeführt wurden. Anders als die Länder der ersten Auslagerungswelle profitierten die meisten neuen Länder diesmal nicht davon, dass die Menschen Fertigkeiten entwickelt hätten oder die Wirtschaft gefördert worden wäre. Einen Eindruck von der Dynamik einiger dieser Bekleidungsunternehmen gibt Sluiter mit dem Beispiel der sri-lankischen Firma Tri-Star Apparel, das in den Jahren von 2001 bis 2006 zwischen Botswana, Kenia, Tansania und Uganda unterwegs war.[59]

Man schätzt, dass dem Globalen Süden infolge des Multifaserabkommens und dessen Nachfolger ab 1995, dem Welttextilabkommen (WTA), Millionen Arbeitsplätze und Milliarden Exporteinnahmen verloren gingen. Bereits in den 1980er Jahren beliefen sich die damit verbundenen jährlichen Kosten für die Sozialsysteme auf geschätzte 7,3 Milliarden Dollar.[60] Als das Welttextilabkommen 2005 auslief, bahnten sich mit dem Ende der dreißigjährigen Restriktionen gewaltige Verschiebungen in der globalen Modeproduktion an.[61] 2005 gab es auf Saipan noch 34 Textilfabriken, die jährlich Waren im Wert von einer Milliarde Dollar produzierten. 2013 war davon keine einzige mehr in Betrieb. In verlassenen Fabrikgebäuden warten Müllbeutel voller Etiketten vergeblich darauf, in Kleider genäht zu werden. Für viele junge Frauen, die über keine Mittel verfügten, um nach Hause zurückzukehren, blieb der Sextourismus die einzige Möglichkeit, Geld zu verdienen.[62]

Mit dem Auslaufen des MFA/WTA wurden Chinas Produktionskapazitäten freigesetzt. Bereits 2002, als das Abkommen noch in Kraft war, produzierte China über zwanzig Milliarden Kleidungsstücke – fast vier Teile für jeden Menschen der Erde. In den Monaten nach der Aufhebung der Quoten stiegen die chinesischen Exporte in die USA um 75 Prozent, während die Ausfuhren nach Europa um 46 Prozent zunahmen.[63]

Nach dem Ende das Welttextilabkommens fielen Textilien und Bekleidung unter die Gesetzgebung der Welthandelsorganisation. Dann kam die Weltwirtschaftskrise von 2008, die verheerende Auswirkungen auf die Bekleidungsproduktion hatte. 2009 waren die Importe in die USA um 15,7 Prozent eingebrochen und alle großen Textillieferanten der Welt berichteten von einem Rückgang.[64] In China verloren durch den Produktionsrückgang zehn Millionen Arbeitskräfte im Textil- und Bekleidungssektor, also ein Drittel der insgesamt dreißig Millionen Beschäftigten des Landes, ihren Arbeitsplatz.[65] In Indien sah es nicht besser aus. Eine Million Textilarbeiter:innen, also jeder Fünfunddreißigste, wurde arbeitslos, ebenso circa 20 Prozent der kambodschanischen Beschäftigten in diesem Bereich (75 000 von 352 000).[66]

Ein doppeltes Hoch auf die Sweatshops?

Die *New York Times* brachte einmal einen Artikel mit der Überschrift »Ein doppeltes Hoch auf die Sweatshops«. Er begann mit der Beschreibung einer Szene, in der thailändische Arbeiter:innen Käfer essen – Sweatshops seien im südostasiatischen Raum also vertretbar, weil die Menschen dort eine andere Mentalität und »einen anderen Blick auf die Welt haben, nicht nur wenn es um Essen geht, sondern auch bei der Frage, was gute Arbeit ausmacht«.[67]

Man könnte ein ganzes Buch darüber schreiben, was an dieser Argumentation eines anderen, asiatischen Blicks auf die Welt alles falsch ist. Aber zuallererst sind Sweatshops mitnichten ein asiatisches Phänomen, tatsächlich sind sie »so amerikanisch wie Apfelkuchen«.[68] Ein Sozialarbeiter beschrieb die Zustände der Arbeitsbedingungen in Philadelphia 1905 folgendermaßen: »Die Räumlichkeiten sind mit hoher Wahrscheinlichkeit sehr übelriechend und schlecht belüftet. Die Konsequenz ist eine ungewöhnlich schlechte Luft, die für die meisten Menschen nur schwer auszuhalten ist und Krankheiten wie Tuberkulose begünstigt. So erkrankt der Einwanderer bei seinen Bemühungen, sich selbst eine wirtschaftliche Existenz aufzubauen.«[69]

Sowohl in Großbritannien als auch in den USA gibt es weiterhin Sweatshops. Dass dort hauptsächlich Eingewanderte arbeiten, liegt nicht daran, dass sie, wie es der Artikel in der *New York Times* darstellte, so gern Insekten essen, sondern dass sie häufig zum ärmsten Teil der Bevölkerung gehören. Sie haben, aufgrund von ethnisch, sozial, geschlechtlich und sprachlich bedingten Barrieren die geringsten Aufstiegsmöglichkeiten.[70] All dies bringt kaum jemanden dazu, ein Hoch auszusprechen.

Die Argumentation erscheint noch absurder, wenn man sich die zahlreichen Beispiele für Arbeitskämpfe in Asien anschaut. Wo Unterdrückung ist, entsteht Widerstand, und wo es Sweatshops gibt, wird es immer Menschen geben, die dafür kämpfen, dass sich die Bedingungen verbessern. Nämlich die Menschen, die unter diesen Umständen arbeiten, die im Artikel als »verlockend« beschrieben werden: »verlockend für einen thailändischen Arbeiter, dessen Speiseplan aus Käfern besteht«. Zudem geht der Text auch an der grundlegenden Frage vorbei, warum Menschen überhaupt Käfer essen. Könnte der Grund nicht sein, dass sie arm sind? Käfer gehören nicht zu den Essgewohnheiten reicher Thais. Es ist keine Frage der »Mentalität«, sondern der Wahl zwischen Armut oder existenzgefährdender Armut. Oberflächliche Unterschiede wie Hautfarben oder Speisepläne sollten nicht für die Rechtfertigung von Ausbeutung herangezogen werden.

Ein weiteres gern vorgebrachtes Argument pro Sweatshops lautet, sie seien ein Weg aus der Armut. Dieses Argument hat den seltsamen Beigeschmack, dass multinationale Konzerne und ausbeuterische Fabrikbesitzer auf einmal zu Wohltätern werden. Denn de facto sind diese Fabriken, was Arbeitnehmerrechte betrifft, häufig ein Rückschritt. In Indonesien überzeugte Nike die Regierung, für seine Produktion Mindestlöhne auszusetzen oder Gesetze zu umgehen, beispielsweise, indem »Lehrlingslöhne« gezahlt werden. In Haiti setzten sich Kleiderfabriken, die für Dockers, Nautica, Hanes und Levi's produzieren, aktiv gegen die Erhöhung des haitianischen Mindestlohns von 0,31 Cent pro Stunde ein. 2009 hatte das haitianische Parlament ein Gesetz verabschiedet, nach dem der Mindestlohn auf 0,62 Cent pro Stunde angehoben werden sollte. Das Gesetz wurde von Fabrikbesitzern, die Unterstützung von der US-Behörde für internationale Entwicklung USAID erhielten, blockiert.[71]

Sofern es überhaupt eine Verringerung der Armut gibt, geschieht sie trotz und nicht wegen der Konzerne. Wer für Sweatshops argumentiert, blendet nicht zuletzt aus, dass nur ein sehr geringer Teil der Profite in den Ländern bleibt, in denen die Fabriken stehen. Wie Arundhati Roy zeigt, ist die Theorie einer Trickle-down-Ökonomie, nach der der Wohlstand der Reichsten durch Konsum und Investition zum Rest der Gesellschaft nach unten durchsickert, nicht haltbar. Vielmehr haben wir es mit einer »Gush-up«-Ökonomie zu tun, bei der eine große Geldfontäne die Profite wieder zu den Wohlhabendsten der Gesellschaft und großteils ins Ausland befördert.[72] Es geht auch nicht nur um Wirtschaftswachstum, denn wie wir gesehen haben, trifft es oft die Zivilgesellschaft und die Gewerkschaften am schwersten, wenn autoritäre Regime die Konzerne beschwichtigen wollen.

Zu den gut gemeinten Argumenten für Sweatshops gehört, dass Fabrikjobs besser seien als vieles andere, zum Beispiel Ziegelsteinschleppen, Prostitution oder Kanalarbeiten. Sie übersehen dabei aber, dass es die strukturelle Armut ist, die Menschen in Sweatshops treibt. Diese Armut ist ein relativ junges, durch koloniale und neoliberale Strategien entstandenes Phänomen.[73] In Zeiten des Kolonialismus schufen sehr niedrig gehaltene Löhne eine breite, von Verarmung betroffene Gesellschaftsschicht, die sich dazu gezwungen sah, jede Art von Arbeit anzunehmen, egal zu welchen persönlichen Kosten. Im Neoliberalismus wurde dieses Muster von Institutionen wie dem Internationalen Währungsfonds und der Weltbank weiterverfolgt. Sie setzten Strukturanpassungsprogramme durch, welche ganze Industriezweige, wie die kleinbäuerliche Landwirtschaft oder die Fischerei, nachhaltig zerstörten. Massen an Menschen migrierten auf der Suche nach Arbeit in größere Städte.

Es ist eine Eigenheit des kapitalistischen Systems, dass eine riesige Menge von Menschen arbeitslos, in Minijobs tätig, nicht fest angestellt ist oder in anderen prekären Beschäftigungsverhältnissen steht. Marx nannte sie die »industrielle Reservearmee« und jeder, der John Steinbecks *Früchte des Zorns* gelesen hat, wird sich an die Menschen erinnern, die in seinem Roman von kapitalistischen Großgrundbesitzern mit dem Ziel gegeneinander ausgespielt werden, die Löhne weiter und weiter zu drücken. Diese »industrielle Reservearmee« ist mittlerweile eine weltweite Erscheinung, die für den globalen Unterbietungswettlauf der Kapitalisten bewusst aufrechterhalten wird.[74]

Die Arbeit in Bekleidungsfabriken ist stumpf, gefährlich, absolut unterbezahlt und ausbeuterisch. Dennoch bildet sie laut Schätzungen der Internationalen Arbeitsorganisation die Lebensgrundlage für sechzig Millionen Menschen weltweit. Dass diese beiden Wahrheiten gleichzeitig existieren, mindert nicht den dringenden Handlungsbedarf. Denn Menschen sollten nicht nur am Existenzminimum kratzen, sondern eine würdevolle und selbstbestimmte Arbeit ausführen können, an der sie sogar Freude haben.

Sich für Reformen in der Textilindustrie einzusetzen, bleibt weiterhin wichtig, und jeder einzelne Kampf für Lohnerhöhungen oder verbesserte Arbeitsbedingungen braucht internationale Unterstützung. All die, die sich einen Wandel wünschen, sollten Gewerkschaften, Boykotts, Solidaritätsbewegungen und Streiks unterstützen, und zwar weltweit. Das sollte uns aber niemals von der Tatsache ablenken, dass weder das Thema der Arbeitsrechte in der Modeindustrie noch Gewalt und Unterdrückung enden werden, bevor sich nicht grundsätzlich etwas an der Struktur unserer Gesellschaft verändert. Allein und aus dem Kontext gelöst, lässt sich die Modeindustrie nicht transformieren. Für einen wirklichen und langfristigen Wandel der Arbeit in der Modebranche braucht es eine internationale Bewegung, die die Macht der Arbeitnehmer stärkt, sich für eine Welt einzusetzen, in der Gleichheit, Gerechtigkeit, der Mensch und unser Planet wichtiger sind als Wettbewerb und Profite.

5 Eine bittere Ernte

Sind wir in einen hypnotischen Zustand verfallen, der uns das Minderwertige und Schädliche als unausweichlich hinnehmen lässt, so als hätten wir den Willen oder den Blick dafür verloren, das Gute zu fordern?[1]

Rachel Carson, *Der stumme Frühling*

Stellen wir uns eine Wüste vor. Eine Wüste aus Salz, aus der toxische Winde bis in die umliegenden Dörfer wehen und dort Kehlkopfkrebs und Tuberkulose verursachen. Überall in der pestizidverseuchten Wüste liegen verlassene Boote und Schiffe, aber die Fischer sind schon vor langer Zeit verschwunden, da sie ihre Kinder nicht mehr ernähren konnten, die Sterblichkeit ist hoch. Die Sommer werden immer heißer, die Winter immer kälter. Einst haben Fischschwärme die Flüsse bevölkert; heute grasen Kamele in der Buschlandschaft. Da und dort versuchen ein paar Kühe, sich im Schatten der vor sich hin rostenden Schiffe Kühlung zu verschaffen. Wo heute diese Wüste liegt, war einst der Aralsee, das ehemals viertgrößte Binnengewässer der Erde, wo es 24 Fischarten gab, deren Bestände gut gediehen, und in dessen Umgebung ausgedehnte Sumpfgebiete lagen, mit einer üppigen Tierwelt und seltenen Bäumen und Pflanzen. Das alles ist verschwunden. 2014 waren nur noch 15 Prozent des Sees übrig. Es ist ein sehr unwirtliches Gewässer, mit einem um 600 Prozent gestiegenen Salzgehalt. Vom ursprünglichen Seeboden sind mehr als 40 000 Quadratkilometer ausgetrocknet – eine Fläche so groß wie sechs Millionen Fußballfelder oder etwa so groß wie die Schweiz.[2] Diese katastrophale Entwicklung hat das Klima der gesamten Region ins Wanken gebracht.

Mehr als 3000 Kilometer weiter in Richtung Osten pumpt eine Vielzahl von Abflussrohren pro Jahr 2,5 Milliarden Tonnen giftiger Abwässer in die Seen und Flüsse eines einzigen Landes: China.[3] Stellen wir uns die 300 Millionen Menschen vor, die keinen Zugang zu sauberem Trinkwasser haben, weil 70 Prozent der ihnen zur Verfügung stehenden Seen, Flüsse und Wasserspeicher verunreinigt sind.[4] Verunreinigtes Wasser ist jedes Jahr die Ursache für 100 000 Todesfälle und für 75 Prozent der weltweiten Erkrankungen. Wir sollten auch an Chinas »Krebsdörfer« denken, und an die zwölf Millionen Tonnen Getreide, die jedes Jahr mit Schwermetallen belastet sind. An die toten Fische und Vögel und den bunten Klärschlamm, der die Flüsse verstopft, wo Frauen trotzdem versuchen, den letzten Rest Wasser herauszuschöpfen, um damit kochen und putzen zu können. All das findet im Schatten riesiger Fabriken statt, deren Besitzer vorsätzlich einen Verstoß nach dem anderen begehen, ohne Sanktionen fürchten zu müssen.[5]

Stellen wir uns als nächstes eine Farm im australischen Outback vor. Es ist heiß und trocken, und die Sonne brennt auf eine Reihe von Betonbecken herunter, die sich über das Gelände erstrecken, soweit das Auge reicht. In den Becken winden und wälzen sich unzählige Krokodile, denn wir befinden uns an einem Ort, wo bis zu 70 000 dieser Tiere in Massentierhaltung gezüchtet werden.[6] Ihnen wird eine Kugel in den Kopf geschossen, sobald sie groß genug sind, um an europäische Handtaschenfabrikanten verkauft zu werden. Stellen wir uns diese Krokodile vor, die über zweihundert Millionen Jahre lang Wildtiere waren und nun in überfüllten Becken liegen; ihre Wunden vom Kämpfen auf engstem Raum; die Missbildungen, die von der fehlenden Bewegung kommen; und das schmutzige Wasser, in dem sich die

Wunden entzünden.[7] In freier Wildbahn können Krokodile bis zu siebzig Jahre alt werden. In Massentierhaltung werden sie erschossen, sobald sie drei Jahre alt sind.

Stellen wir uns schließlich eine Chemikalie vor, von der ein Teelöffel ausreicht, um einen Menschen bereits bei Hautkontakt zu töten. Stellen wir uns vor, dass diese Chemikalie literweise über die US-amerikanischen Felder mit Baumwolle und Zitrusfrüchten versprüht wird. Malen wir uns nun ein Szenario aus, in dem vierzig Tonnen dieser Chemikalie als giftige Gaswolke über der indischen Großstadt Bhopal explodieren und bis zu 15 000 Menschenleben auslöschen:

> Die Giftwolke war so dicht und so voller Säure, dass viele Menschen auf der Stelle nahezu erblindeten. Sie schnappten nach Luft, was die erstickende Wirkung noch weiter verstärkte. Die Gase verätzten das Gewebe von Augen und Lungen und schädigten das Nervensystem. Viele verloren die Kontrolle über ihre Körper: Urin und Fäkalien flossen an Beinen herab, fliehende Frauen verloren ihre ungeborenen Kinder. Gebärmütter öffneten sich in einem spontanen Impuls und hinterließen blutige Abtreibungen.[8]

An diesen vier Umweltkatastrophen ist rein gar nichts natürlich, denn sie sind Folgen der Modeindustrie im Kapitalismus. Böden, Luft, Tiere, Wasser und die menschliche Gesundheit – sie alle sind der bitteren Ernte der Mode unterworfen.[9] Schuld an der Austrocknung des Aralsees ist die usbekische Baumwolle, die auf 1,47 Millionen Hektar Fläche bewässert werden muss, wofür man in Sowjetzeiten begann, Wasser aus dem See abzuleiten. Baumwolle ist ein sehr wasserintensiver Rohstoff. Ein einziges Wattestäbchen verschlingt 3,4 Liter, bei einem Baumwollshirt sind es 2000. Derzeit ist Usbekistan der sechstgrößte Baumwollexporteur der Welt und fährt mit einer Jahresernte eine Milliarde Dollar ein.[10] Bis zu seinem Tod 2016 sorgte die usbekische Baumwolle für den Großteil der Exporteinnahmen des brutalen Diktators Islam Karimow.[11] Unter Karimow gab es in Usbekistan praktisch keine

Bürgerrechte, und immer wieder wurden Medienschaffende und Demonstrierende getötet. Usbekische Baumwolle wurde zum Sinnbild für Sklaverei, als jeden Herbst die Schulen schlossen und Schüler- wie Lehrerschaft Baumwolle pflücken mussten. Schulleitungen mussten bestimmte Quoten erfüllen, und Schulkinder, die sich widersetzen, wurden bestraft oder sogar von der Schule verwiesen.[12] Auch nach dem Tod seines Diktators ist Usbekistan ein autoritärer Staat geblieben. Obwohl 2016 Kinder- und Zwangsarbeit in der Baumwollbranche verboten wurde, ist sie noch immer weit verbreitet.[13] Das berichtete 2020 auch die NGO Uzbek Forum for Human Rights, die die Baumwollernte über zehn Jahre beobachtete.[14]

In China hat die schnelle Entwicklung der Textilindustrie zu extremer Umweltbelastung durch die giftigen Abwässer geführt, die vor allem beim Drucken, Färben und in der Chemiefaserindustrie entstehen.[15] In einer Untersuchung von 41 chinesischen Branchen landete die Textilindustrie wiederholt auf dem dritten Platz der schlimmsten Wasserverschmutzer.[16] Dass Textilfabriken über Jahrzehnte ihre Abwässer in Flüsse oder ins Meer leiteten, hat viele Wasserwege im Reich der Mitte zerstört. In einem Interview mit *Newsweek* sagte Greenpeace-Aktivistin Deng Tingting, die sich in Ostasien für die Bekämpfung von Giftstoffen einsetzt: »Wenn Abwässer nicht richtig geklärt und aufbereitet werden, zerstören sie die empfindlichen Flussökosysteme. Trinkwasserquellen werden verunreinigt und auch für die landwirtschaftliche und industrielle Nutzung ist das Wasser zu belastet. [...] Chemikalien können sich in Fischen ansammeln, die dann irgendwann im Supermarkt und auf dem Teller landen, was somit ein Gesundheitsrisiko für die Menschen darstellt.«[17] Die Verunreinigungen betreffen oft auch Seen und Nebengewässer flussabwärts eines Lecks sowie das Grundwasser.

2017 beschloss China, gegen die größten Umweltsünder vorzugehen. Es wurden mehr Inspektionen durchgeführt und Geldstrafen verhängt, Fabriken wurden in Industrieparks verlegt. Das Problem bleibt jedoch bestehen, denn laut Einschätzung von Experten können die Parks manchmal die Menge an Abwasser nicht bewältigen. Außerdem wurden bereits Fälle öffentlich, in denen Fabriken illegal Rohre verlegten oder nachts Abwasser ausleiteten, um hohen Bußgeldern zu entgehen.[18] Diese Verschmutzung – sowohl in der Vergangenheit als auch jetzt – ist das direkte Resultat davon, dass große internationale Konzerne mit Fabriken zusammenarbeiten, die gravierende Umweltverstöße begehen. Gemäß einer Studie, die 2019 62 große Firmen näher beleuchtete, hatten sich weniger als ein Viertel davon überhaupt zum Ziel gesetzt, die Wasserverschmutzung zu reduzieren, und nur 6 Prozent überprüften etwaige Fortschritte in dem Bereich.[19] Dieses »Hydrozid«-Muster zieht sich durch die gesamte Industrie.[20]

Um der großen Nachfrage von Modehäusern wie Hermès nachzukommen, werden Krokodile unter erbärmlichen Bedingungen gehalten und danach erschossen oder zu Tode geprügelt. Das Gehirn eines durchschnittlichen Krokodils ist von einer zwei Zentimeter dicken Knochenschicht umschlossen, was es schlicht unmöglich macht, Krokodile für eine möglichst schmerzfreie Tötung zu betäuben. In Australien ist vorgesehen, dass die Tiere in den Farmen per Kopfschuss getötet werden. In den USA wird unter anderem auch die Praxis angewandt, das Rückenmark der Tiere zu durchtrennen. Es braucht fünf bis acht Schläge mit Meißel und Klöppel, um ein Krokodil auf diese Weise zu töten, und bevor der Tod eintritt, durchläuft es mehrstufige Lähmungen. In anderen Fällen enthauptet man Krokodile mit Macheten oder versucht, ihre Schädel mit Baseballschlägern oder Hämmern zu zertrümmern. Der Biologe Clifford Warwick, der als Farminspektor Zeuge der gewaltsamen Tötungspraktiken wurde, sagte dazu: »Nur wenige Menschen wissen, dass geköpfte Alligatoren oder Krokodile noch eine Stunde leben können, bevor sie das Bewusstsein verlieren.«[21]

Ein längeres Leben für ein Krokodil bedeutet weniger Gewinne für die Farmen. So werden die Tiere getötet, sobald sie den erforderlichen Bauchumfang erreichen.[22] Nach ihrem Tod wird die Haut von Bauch, Hals und Beinen entfernt und mit Druckwasser abgespritzt, um Fleischreste zu entfernen. Danach wird die Haut mit Chemikalien behandelt, getrocknet und für die Konservierung gesalzen. Auf dem Weg in die südostasiatischen Gerbereien lagert sie in Gefriertruhen. Für eine Handtasche des Luxuslabels Hermès sterben drei bis vier Tiere, die Taschen kosten bis zu 200 000 Dollar und die Wartelisten ziehen sich über Jahre. Die Differenz zwischen den realen Kosten des Materials, das in Massentierhaltung produziert, aber als luxuriös bezeichnet wird, und dem Preis einer fertigen Handtasche bescherte dem Unternehmen 2020 Einnahmen von um die 6,4 Milliarden Euro.[23]

Aldicarb, das im Handel unter dem Namen Temik läuft, ist eines der giftigsten Pestizide, das jemals in den USA zugelassen wurde.[24] Die Europäische Union hat es 2003 verboten. Aldicarb wird aus Methylisocyanat (kurz MIC) hergestellt, das mit Methylenchlorid und Aldicarboxim vermischt wird. Bis 1987 war das US-Unternehmen Union Carbide (heute Dow Chemical) der einzige Hersteller. Union Carbide baute in der Überzeugung, dass Indien ein riesiger, unerschlossener Markt sei, eine große Fabrik in Bhopal. Man hatte jedoch nicht einkalkuliert, wie arm die indischen Bauern waren – sie konnten sich die Pestizide schlichtweg nicht leisten. Zu Beginn der 1980er Jahre wurde die Produktion eingestellt, und die Lagerhallen, in denen immer noch große Mengen an Chemikalien vorrätig waren, wurden sich selbst überlassen, ohne dass sich jemand um die Sicherheit der Anlage kümmerte. So kam es im Dezember 1984 zu einer Explosion, in der vierzig Tonnen Methylisocyanat in die Luft über der Stadt gelangten. Mindestens 8000 Menschen starben sofort, andere Schätzungen gehen von bis zu 15 000 aus.[25] Weitere 200 000 Menschen waren seither Opfer erhöhter Mortalität oder Morbidität – sind frühzeitig verstorben, oder teilweise oder vollkommen erwerbsunfähig.[26] Seitens Union Carbide oder Dow Chemical hat es keine angemessene Entschädigung für die von ihnen ausgelöste Katastrophe gegeben.[27] In den Jahrzehnten, die seit der Explosion vergangen sind, wurden die Überlebenden buchstäblich von Krebsepidemien heimgesucht, darüber hinaus litten die Frauen an Menstruationsstörungen und bei Geburten kam es, wie ein Arzt es beschrieb, zu »Monstrositäten«.[28]

Die Geschichte der Pestizidindustrie reicht bis in den Zweiten Weltkrieg zurück, als man Mittel zur chemischen Kriegsführung zuvor an Insekten testete.[29] Kein Wunder, dass auf die Explosion der Chemikalie in Bhopal ein solches Massensterben folgte. Was nun dieses Grauen mit Mode verbindet, ist, dass Aldicarb hauptsächlich als

Pflanzenschutzmittel für Baumwolle (und auch für Bohnen und Erdnüsse) dient. Als die erste Version dieses Buchs erschien, planten die USA die weltweite Einstellung der Produktion von Aldicarb bis 2015 und ein Ende des Vertriebs bis 2017. Doch 2021 mussten Aktivist:innen die Versuche der US-amerikanischen Umweltbehörde EPA, Aldicarb wieder zuzulassen, abwehren.[30] Der damalige Chef der EPA, Andrew R. Wheeler, war durch die Trump Administration eingestellt worden. Aldicarb ist und bleibt eine der neurotoxischsten Chemikalien der Welt und ist in 125 Ländern verboten. »Erstens hätte man es in den 1970ern nie zulassen dürfen«, so Pesticide Action Network North America, »und zweitens gab es spätestens Mitte der 1980er Jahre genügend Hinweise darauf, dass man es hätte vom Markt nehmen sollen. [...] Unser System ist aber so: Dinge wie Aldicarb bleiben so lange verkäuflich wie nur möglich.«[31]

»Wir stecken ganz schön in der Scheiße«

Wir brauchen drastische Veränderungen. In dieser Welt, in der Fluten und Flächenbrände an der Tagesordnung sind, nehmen Klimawissenschaftler:innen kein Blatt mehr vor den Mund, wenn sie über den Zusammenbruch stabiler Klimabedingungen sprechen: »Wir stecken ganz schön in der Scheiße!«[32] Albert Einsteins Definition von Wahnsinn lautet: immer wieder das Gleiche tun, aber andere Ergebnisse erwarten. Das lässt sich auf die Modeindustrie übertragen, die für unseren Planeten verheerend ist. Und dennoch umfassen die vorgeschlagenen Lösungen nur, Konzernen zu vertrauen, dass sie schon das Richtige tun, Menschen dazu zu bringen, weniger Kleidung zu kaufen, zu recyclen, Kleidung zu leihen, eine Kreislaufwirtschaft zu entwickeln oder eine »Wunderfaser« zu erfinden – alles Ansätze, die eher darauf abzielen, den Kapitalismus zu bewahren als unsere Erde zu schützen. Dieses Kapitel hingegen soll aufzeigen, dass es sich beim Kapitalismus um ein systemisches Problem handelt und warum er so schädlich ist. Es soll keine Bestandsaufnahme all der Wunschträume sein, wie man die negativen Auswirkungen der Mode angeblich verringern kann. Außerdem möchte ich betonen, dass man sich vor »Lösungen« hüten sollte, die »radikale Veränderungen hinauszögern, indem sie ein falsches Gefühl des Fortschritts vermitteln«.[33] Denn ist es nach nunmehr zwanzig Jahren mit diesen Ansätzen nicht reiner Wahnsinn, weiter daran zu glauben, dass es innerhalb des Kapitalismus eine Rettung für unseren Planeten geben kann? Die Gemeinschaften, die einst vom Aralsee abhängig waren, wissen, dass alles seinen Preis hat, und dass irgendjemand oder irgendetwas am Ende immer bezahlt. Die Anzahl der Flüsse, die Menge an sauberer Luft oder an Humusboden ist begrenzt. Deshalb müssen wir gemeinsam handeln – und zwar schnell.

Die Eröffnung der Londoner Fashion Week im September 2019, am Freitag den 13., lief etwas anders ab als sonst. Noch vor Sonnenaufgang hatten sich fünf Mitglieder von Extinction Rebellion am Eingang des Veranstaltungsorts, dem Gebäudekomplex 180 The Strand, festgeklebt. Hand in Hand, in dünner weißer Kleidung, standen sie still da. Als die Sonne am kalten Himmel aufging, kamen noch mehr Demonstrierende dazu und gossen eimerweise Kunstblut auf den Bürgersteig. Polizei und Sicherheitspersonal schritten ein, als die Protestierenden sich auf den Boden legten und ihre T-Shirts mit Aufdrucken wie »Fuck Consumerism« und »Beyond Fashion« mit der roten Flüssigkeit tränkten. Zwei Stunden später fuhr das Publikum der Fashion Week in mit Logos versehenen Mercedes-Benz oder in schwarzen Taxis vor. Werbetafeln mit Verheißungen von Schönheit, Glamour und Spannung bei jedem Einkauf säumten Londons Bürgersteige. Viele der Protestierenden waren einst selbst Teil des Modesystems – bis sie aufwachten und plötzlich klarsahen. Deswegen störten sie die Fashion Week jetzt als lebende Mahnmale dafür, dass unsere Gesellschaft, angeführt von den Versprechungen der Händler, absolut auf dem Holzweg ist. »Warum ignoriert diese Branche, die als den Zeitgeist prägend wahrgenommen wird, jeglichen Weckruf? Stattdessen präsentiert sie an diesem Wendepunkt, den wir nicht verpassen dürfen, wenn wir den Untergang vermeiden wollen, nur Kleider für die nächste Saison«, so die ehemalige Modedesignerin Sara Arnold.

Als die Modemesse das nächste Mal in London stattfand, produzierten und präsentierten die Firmen Kleidung für das Jahr 2021, also den Zeitraum nach dem Verstreichen der UN-Frist zur Festlegung neuer Reduktionsziele bei den Treibhausgasemissionen. Mode ist immer überaus vergänglich – kaum auf dem Laufsteg, droht schon ihr Verfallsdatum, und sie wird bald durch etwas Neues ersetzt.[34] Aber um eine hübsche neue Kollektion zu präsentieren, die man in Zeiten des bereits einsetzenden ökologischen Niedergangs tragen soll, braucht es schon eine ordentliche Portion kognitiver Dissonanz. Überhaupt ist die Zukunftsauffassung der Modeindustrie verstörend – einerseits ist sie regelrecht besessen von der Zukunft, kann ihr aber andererseits nicht die Stirn bieten. Die Branche schaut immer nach vorne – und am Ende doch nicht. Mode will sogar die Zukunft *sein*, sie gestalten, indem sie bestimmt, wonach es uns verlangen soll. Doch weigert sie sich, den drohenden Abgrund zu erkennen, den dieser Ansatz bewirkt hat. Das einzige Versprechen, das sie sicher einhalten kann, ist, dass es geradewegs ins Verderben geht.

Vier Tage nach ihrer ersten Aktion im September 2019 organisierte Extinction Rebellion einen Trauerzug mit einer Marschkapelle und Tausenden in schwarze Schleier gehüllten »Trauernden« vom Trafalgar Square zur Fashion Week. »Lasst uns das Modesystem begraben und Mode neu denken«, so der Aufruf von XR. »Wir werden nicht tatenlos dieser Parade des Überflusses zusehen, während uns mit der Natur der Boden unter den Füßen weggezogen wird.« So wie der Tod nicht nur das Ende, sondern auch Veränderung und Erneuerung bedeutet, sollte auch der Trauerzug den Aufbruch symbolisieren. Die Pandemie verpasste den überall aufkommenden Protesten für die Umweltgerechtigkeit einen Dämpfer. Doch mit der UN-Klimakonferenz in Glasgow im Oktober 2021 kehrten sie zurück, was als Aufruf an uns alle gelten kann, uns noch mehr ins Zeug zu legen, um die Ausbeutung in ihrer Gesamtheit konkret zu bekämpfen.

Kapitalismus tut weh

Laut XR wird auf der Fashion Week »die Manifestation unseres Leugnens getragen«. Letztlich machen Leugnen und Indifferenz die Ausbeutung einfacher. Und Ausbeutung – die des Planeten, der Tiere und der Menschen – ist, was die Modeindustrie am Leben hält. Doch warum zerstört die Modebranche weiter die Umwelt? Kurz gesagt, weil sie im Kapitalismus dazu gezwungen ist. Konzerne müssen maximale Gewinne erzielen und dafür die Rohstoffe für ihre Produkte so billig wie möglich einkaufen. Wenn man nicht von Sklaverei ausgeht, kostet Arbeit Geld, während alles, was aus der Natur kommt, scheinbar gratis ist. Die Modeindustrie stützt sich auf ein Wirtschaftsmodell, in dem Ressourcen wie Öl, Wasser oder Land billig zu haben sind – eine einfache, aber extrem kurzsichtige Denkweise.[35]

Entscheidend ist, dass für die derzeitige ökologische Krise nicht die bösen Konzerne oder böse Manager verantwortlich sind, sondern ein schlechtes System. Mit Marx im Hinterkopf lautet das Mantra des Kapitalismus: »Akkumuliere oder stirb.«[36] Fabriken produzieren giftige Abfälle, weil sie nach der Logik des Wettbewerbs den billigsten Weg gehen müssen, um höhere Gewinne zu erwirtschaften als alle anderen.[37] Deshalb werden Kosten reduziert, Sicherheitsvorschriften ignoriert und Schadstoffe in Flüsse abgeleitet. Daher geht es nicht nur darum, die Menschen in den Chefetagen davon zu überzeugen, dass etwas anders laufen muss. Wir befinden uns in einem kritischen Moment. Müsste die Modebranche, oder allgemein der Kapitalismus, für all die sozialen und ökologischen Kosten aufkommen, die sie verursachen, müssten sie ziemlich schnell dichtmachen.[38] Der Kapitalismus ist eine Wirtschaftsform, die auf ungedeckten Kosten basiert.[39] Die ökologischen Schulden der Menschheit gegenüber der Natur sind extrem hoch, und wenn sich nichts ändert, könnten sich die Zwangsvollstreckungsmaßnahmen als ziemlich grauenvoll erweisen. Die führenden Klimawissenschaftler:innen geben uns weniger als zehn Jahre, um die globale Erwärmung unter 1,5 Grad zu halten und eine schlimme Katastrophe abzuwenden.[40]

Auch wenn die Modebranche nach den unumgänglichen Regeln des Kapitalismus funktioniert, ist die Umweltverschmutzung in ihrem Fall besonders drastisch. Wenn man die Millionen Tonnen von Textilprodukten zusammennimmt, die jedes Jahr produziert werden, die x Kilowattstunden Strom, die Millionen Tonnen Kohle und Billionen Liter Wasser, dazu die Pestizide, Säurefarbstoffe, die tierischen Produkte und Metallknöpfe, dann – so die Journalistin Lucy Siegle – hinterlässt die Branche eine Spur der Verwüstung, die der Kriegstaktik der verbrannten Erde ähnelt, bei der alles zerstört wird, was dem Gegner in irgendeiner Weise nützen könnte.[41] Auch den Ökoversprechen der Unternehmen selbst ist nicht zu trauen. Die Changing Markets Foundation führte eine Studie über zwölf Unternehmen und mehr als 4000 Produkte durch und kam zu dem Ergebnis, dass die Konzerne »regelmäßig die Verbraucher:innen mit falschen Nachhaltigkeitsversprechen irreführen«. 59 Prozent der vermeintlich grünen Aussagen unterliefen die entsprechenden Richtlinien der Wettbewerbsbehörde des Vereinigten Königsreichs, der Competition and Markets Authority. Die meisten Verstöße beging H&M mit 96 Prozent falscher Behauptungen, gefolgt von ASOS mit 89 und M&S mit 88 Prozent. Schockierenderweise enthielten Produkte aus H&Ms »Conscious Collection«, die sich besonders das Thema bewusster Konsum auf die Fahne geschrieben hat, mit 72 Prozent einen höheren Synthetikanteil als die anderen Kollektionen des Unternehmens mit 61 Prozent. Selbstkontrolle funktioniert eindeutig nicht, und die Studie geht zudem davon aus, dass die Industrie noch viel abhängiger von Synthetik werden wird, da keine Firma einen Plan zur Eindämmung der Kunststofffaser-Überproduktion habe. Vielmehr ergaben die Untersuchungen, dass die Modeunternehmen »auf Verzögerungs- und Ablenkungstaktiken einschließlich Greenwashing« setzten. Demnach sei es »für die politischen Entscheidungstragenden dringender denn je, effektive gesetzliche Lösungen zu finden, um die Modeindustrie auf einen nachhaltigeren Weg zu bringen«.[42]

Berichte aus erster Hand[43]

In letzter Zeit wurde Kritik an ungenauer Berichterstattung über die Auswirkungen von Mode auf die Umwelt laut. Fakten wurden recycelt, falsch wiedergegeben oder missverstanden.[44] Ich schlage vor, Daten politisch zu verstehen: Die Welt zählt die Menschen nicht, von denen sie glaubt, dass sie nicht zählen. Ähnlich wie zu Textilarbeiter:innen gibt es nur wenige Daten zu den Auswirkungen der Umweltverschmutzung auf Menschen, Tiere und Orte, die »nicht zählen«. Was kann man also tun? Ich denke, wir müssen uns weiter zur Basis vorarbeiten, zu den Augenzeugenberichten von Menschen, die gesehen haben, wie sich ihre Flüsse blutrot, indigoblau, milchig weiß oder kohlrabenschwarz färbten; zu den Praxen und Laboren lokaler Ärzt:innen und Wissenschaftler:innen, die immer mehr Krebspatienten behandeln müssen; zu den Kliniken für Asthmaerkrankte; zu den Luftaufnahmen von zerstörtem Regenwald und schwindenden Meeren; zu den Überschwemmungen und Waldbränden; sowie zu den Lebensgeschichten jener, die von Fischerei, Hirtentum, Landwirtschaft und dem Müllsammeln leben. Wir tragen die Daten über die Geschehnisse, von denen wir wissen, via Crowdsourcing zusammen und erstellen unseren eigenen Datensatz.

An diesem Punkt möchte ich auf die Arbeit des Environmental Data Justice Labs hinweisen, das hauptsächlich Indigene Mitglieder zählt, von Indigenen geführt wird und den Zusammenhang zwischen Daten, Umweltverschmutzung und Kolonialismus untersucht. Sie »forschen zur Geschichte, zum Betrieb und zur Umweltverschmutzung der Imperial Oil Refinery, der ältesten Ölraffinerie Nordamerikas, im kanadischen Chemical Valley. Das Chemical Valley liegt auf dem Gebiet der Anishinabe und umgibt die Aamjiwnaang First Nation.«[45] In einem Interview erklärte die Co-Direktorin des Labors, Professorin Michelle Murphy, dass viele vom Unternehmen und vom Staat erstellte Datensätze ungeeignet sind, um die Gewalt, die der Umwelt im Chemical Valley angetan wird, zu untersuchen. »Ein Ansatz wäre, mehr Daten zu produzieren, mehr Zahlen von den Kontrollstellen abzufragen, um zu zeigen, dass es diese Gewalt wirklich gibt«, so Murphy:

> »Aber das ist gar nicht nötig. Man kann sich auch irgendwo auf das Gebiet der Aamjiwnaang in den dichten Qualm stellen, der einem dort jeden Tag unter die Haut kriecht, und die Gasfackeln beobachten, wenn es wieder einen Unfall gab. Unsere Organisation will also die vorhandenen Datensätze, die von Unternehmen, und vor allem vom Staat, erstellt werden [...]

> nutzen, um aufzuzeigen, dass Umweltverschmutzung Kolonialismus ist und dass die Daten häufig schlecht eingeordnet werden. Dann können wir vielleicht die Daten – über Luftverschmutzungswerte oder Gesundheitsinformationen –, die fast immer isoliert voneinander betrachtet werden, miteinander verknüpfen. Und vielleicht können wir dafür sorgen, dass sie unter Indigenes Recht fallen, damit die Menschen in einer anderen Form von den Daten profitieren.«[46]

Als ich Murphy nach einer genaueren Erklärung bat, sagte sie: »Es ist bekannt, dass Daten immer eine gewisse Aura, ein Charisma anhaftet. Sie können politisch nützlich sein, aber es ist ebenfalls bekannt, dass sie überwiegend für Schlechtes eingesetzt werden. Meist werden damit Projekte legitimiert, die das BIP und Profite an erster Stelle sehen. Das haben wir immer und immer wieder erlebt, auch in der Bekleidungsindustrie.« So verlockend Zahlen auch seien, führte Murphy weiter aus, bildeten sie doch nicht unbedingt die Realität ab. Bei jedem Datensatz müssen wir uns fragen, welches soziale Geflecht dahintersteht und warum und wie er verwendet wird. Was wird hervorgehoben, was verschwiegen, und wie kann man mit Daten die Machtstrukturen offenlegen, die ein nachweislich so problematisches System aufrechterhalten?

Was genau ist es, was die Mode so verschwenderisch macht? Im dritten Kapitel habe ich bereits den Zusammenhang zwischen Gebrauchswert, symbolischem Wert und ungezügeltem Konsumverhalten aufgezeigt. Mode ist eine deregulierte, auf Trends ausgerichtete, von Unterverträgen wimmelnde Branche, die darauf aufbaut, in jeder Saison Milliarden kurzlebiger Kleidungsstücke zu verkaufen, und zwar mit maximalen Profiten. Das Ziel ist nicht, so hochwertige Kleidung wie nur möglich zu verkaufen, sondern so billig produzierte Kleidung wie nur möglich. Auch mit dem Hintergedanken, dass schnell abgetragene Kleidung die Kundschaft dazu zwingt, bald etwas Neues zu kaufen.

Die Wegwerfkultur wird dadurch begünstigt, dass der allgemein akzeptierte Wert von Waren (ihr Tauschwert) höher geschätzt wird als ihr tatsächlicher Wert (ihr Gebrauchswert).[47] Das einzige Ziel des Kapitals ist die Expansion durch den Verkauf von Waren und die Akkumulation von Überschussvermögen.[48] Es kommt nicht darauf an, ob ein Produkt einem Bedürfnis nachkommen kann oder lange hält. Es kommt nur darauf an, zu welchem Preis es verkauft werden kann. Für die Umwelt hat das dramatische Folgen. Nicht umsonst beschrieb Marx die Beziehung des blutsaugenden Kapitals zur Natur als vampirmäßig.[49] Dabei ist es nicht nur so, dass Mode sich auf den Tauschwert stützt; es gelingt ihr auch außerordentlich gut, uns den Gebrauchswert vollkommen vergessen zu lassen. Die Slash-Fashion-Marke Boohoo ist in die Kritik geraten, weil sie Kleider mit einem Rabatt von 99 Prozent verkaufte und die Preise so teilweise auf Beträge wie 12 Pence herabsetzte – eine bewusste Strategie, um die Lager freizuräumen und erst für einen Online-Verkaufsfuror und dann für einen Aufschrei zu sorgen. Aber »herabsetzen« bedeutet auch, etwas – die Aussagen einer Person, eine Version von Ereignissen – als wertlos zu betrachten. In diesem Fall werden durch den Rabatt auf das Kleid sowohl die menschliche Arbeit als auch die Ressourcen des Planeten abgewertet. Der Begriff »hyperbolisches Diskontieren« aus der Verhaltensökonomie (in dem mit *discount* das englische Wort für Rabatt steckt) beschreibt nicht zufällig auch eine extreme Gleichgültigkeit dem gegenüber, was in Zukunft passieren könnte.[50] Einmal mehr wird uns vor Augen geführt, wie toxisch Mode für unser aller Schicksal ist.

Entfremdung von der Natur

Das Konzept der Entfremdung ist sehr nützlich, um die Auswirkungen der Modebranche auf die Umwelt zu verstehen. Die meisten Menschen haben nichts mit der Produktion der Kleidung am Hut, die sie tragen. Von den Leuten, die man in Shoppingmeilen antrifft, hat niemand eine Ahnung, wie es ist, zwanzig Jahre lang in drückender Hitze Baumwolle zu pflücken oder in einer Polyesterfabrik in Zhejiang zu arbeiten. Die Folge ist ein Gefühl, dass Kleidung etwas ist, das unabhängig von Mensch und Umwelt existiert. Die Branche ist sehr gut darin, menschliche Arbeit hinter einer Fassade aus Macht und Reichtum verschwinden zu lassen. Noch besser ist sie darin, die Materialien, die in der Kleidung stecken, gar nicht erst zu erwähnen.

Nehmen wir die Tiere. Es sind ja nicht nur die Krokodile, die zu exorbitanten Preisen verkauft werden. Das Gleiche gilt für Nerze, Hunde, Füchse und Schlangen. Noch lebenden Pythonschlangen wird Wasser in den Körper gepumpt, was sie anschwellen lässt und ihre Haut dehnt, sodass man sie aufspießen und bei lebendigem Leibe häuten kann.[51] Auf der ganzen Welt werden Füchse, Nerze und Hunde in Massentierhaltung gezüchtet, vor allem in China, aber auch in den USA und Finnland. In der Schweiz und in Großbritannien ist die Pelztierzucht seit den 1990er Jahren aus Gründen des Tierschutzes verboten, in Österreich gilt das Verbot einer kommerziellen Nutzung seit 1998. In Deutschland bleibt sie weiterhin legal.[52] In China gibt es keine eigenständige Gesetzgebung zu Tierrechten (mit Ausnahme gefährdeter Arten).[53]

Natürlich muss man hier unbedingt zwischen industrieller Pelzzucht und dem Umgang mit Pelz in Indigenen Gemeinschaften unterscheiden, der »Respekt und Reziprozität im Umgang mit pflanzlichem und tierischem Leben verlangt«.[54] Die Verwendung von Pelz und anderen tierischen Produkten in der lokalen Indigenen Mode- und Bekleidungsproduktion ist unabdingbar für das Überleben und die Souveränität Indigener Kulturen, Indigenen Landes und Indigener Menschen.[55] Wie es der Dokumentarfilm *Angry Inuk* von Alethea Arnaquq-Baril über die Kampagne gegen den Robbenfang zeigt, sollte der Einsatz für die Tierrechte uns nicht zu gefährlichen »kulturellen Vorurteilen« verleiten oder die Praktiken von Menschen, die seit Tausenden von Jahren »die Hüter dieser Erde sind«, mit dem industriellen Kapitalismus in einen Topf werfen.

In industriellen Pelztierfarmen leben die Tiere jedoch in winzigen, schmutzigen Käfigen, und wenn es für sie an der Zeit ist, zu sterben, bekommen sie Elektroschocks, werden aufgehängt oder bis zum Tode ausgeblutet. Alle Methoden scheinen willkommen, wenn sie den Pelz unbeschädigt lassen und die Gewinne der Fabriken steigern können. Allein die Vorstellung, dass Pelz ethisch oder nachhaltig sein könnte, ist absurd. Die Produktion einer Pelzjacke aus Massentierhaltung verbraucht zwanzigmal mehr Energie als die Produktion einer Jacke aus Kunstpelz. Die Pelzveredelung, also die Behandlung mit Chemikalien, die den Pelz davor schützen sollen, im Kleiderschrank zu verfaulen, ist einer der fünf Industriesektoren, die die Umwelt am stärksten mit Schwermetallen belasten.[56]

Im Kapitalismus identifizieren wir uns mehr mit Waren als mit unserer Umwelt. Wir fühlen uns nicht länger als Teil der Natur, sondern erobern sie mit dem Ziel, Profite zu machen.[57] Alles wird zu Eigentum: Böden verwandeln sich in Immobilien, Tiere in Pelze, Seen (wie der englische Lake District) in Atommülldeponien und Ozeane in Fischlieferanten. Aus allem kann Profit geschlagen werden.[58]

Anstatt in Harmonie miteinander und mit dem Planeten zu leben, wird den Menschen beigebracht, sich an der Distanz zum Rest der Menschheit und zur Natur zu messen.[59] Der US-amerikanische Politikwissenschaftler Bertell Ollman bezeichnete Entfremdung als »die Zersplitterung des menschlichen Wesens in viele missratene Teile«.[60] Umweltschützer:innen zufolge fällt jede Form von ökologischer Ausbeutung leichter, wenn wir die simple Tatsache aus den Augen verlieren, dass die Menschheit Teil dieser Natur ist. Die massive Ausbeutung der Natur ist ein und dasselbe wie die Ausbeutung von Menschen. Der Umwelt zu schaden, heißt menschlichen Beziehungen zu schaden.[61] Die Erde wird nach denselben Regeln ausgenutzt wie die Menschen in den Sweatshops. Es sind die Regeln einer von der Natur entfremdeten Menschheit. Wäre es anders, würden wir nicht mal im Traum daran denken, den Planeten, auf dem wir leben, auf diese Weise auszusaugen. Zu vergessen, dass Mensch und Planet so eng miteinander verbunden sind, ist der Anfang allen Übels.

Heutzutage wird Marx manchmal vorgeworfen, er habe die Industrialisierung uneingeschränkt und zu jedem Preis befürwortet. In Wirklichkeit war er überzeugt von der Einheit von Mensch und Natur und sagte, dass nicht ihre Verbundenheit, sondern ihre Trennung einer Erklärung bedürfte.[62] Mit unserer Abwendung von der Natur wird die Vorstellung von der Dualität von Mensch und Umwelt (einschließlich der Tiere) immer übermächtiger. Teure Statussymbole wie Pelz und Leder sind auch die Symbole einer herrschenden Klasse, die es geschafft hat, die Natur zu bezwingen. Was kann eine luxuriöse Ledertasche anderes sein als das Zeichen, dass man reich und mächtig genug ist, um die Natur zu unterwerfen und sogar zu zerstören? Das Zeichen, dass Lebewesen sterben mussten, nur weil man Lust hatte, sich schön zu fühlen?

Freiheit ungleich Shopping

Da wir in einer Zeit leben, in der so viel Kleidung wie nie zuvor konsumiert wird, stellt sich die Frage: Sind die Konsument:innen schuld am Zustand der Modeindustrie? Mitten in einer weiteren Wirtschaftskrise, in der sich viele von Lohnzahlung zu Lohnzahlung hangeln müssen, brauchen wir eine realistischere Analyse, welche Rolle Mode für die Menschen spielt, wie schon im dritten Kapitel beschrieben. »Der Konsument ist nicht freier als der Produzent«, schrieb Marx zu diesem Thema. »Seine Meinung hängt ab von seinen Mitteln und Bedürfnissen. Beide werden durch seine soziale Lage bestimmt, die wiederum selbst abhängt von der allgemeinen sozialen Organisation. [...] Der Welthandel dreht sich fast ausschließlich um Bedürfnisse – nicht der Einzelkonsumtion, sondern der Produktion.«[63] Und wieder kehren wir zur Frage zurück, die dieses Buch bestimmt: In was für einer Gesellschaft wollen wir leben? In einer, die hauptsächlich den Unternehmen dient? In einer, in der Mode vorwiegend dazu da ist, unsere Welt für Firmenprofite auszubeuten?

Umweltaktivist:innen im Bereich Mode wird oft vorgeworfen, elitäre Wünsche zu bedienen und mit ihrer Haltung gegen Fast Fashion die ärmsten Schichten der Gesellschaft für den Klimawandel verantwortlich zu machen. Aber sollte man Fast Fashion nur deshalb nicht kritisieren, weil sie das Leben besonders für weniger Vermögende in ähnlicher Weise vereinfacht wie Billigflüge? Die einfache Antwort lautet Nein. Fast Fashion ist eine verlogene Art von Emanzipation und zugleich ein Desaster für die Arbeiterklasse weltweit. Es sind nämlich die Zugehörigen der Arbeiterklasse, die in Sweatshops schuften, es sind sie, deren Gewerkschaftsarbeit von Konzernen wie Walmart vereitelt wird und deren Häuser durch die Folgen des Klimawandels überflutet werden oder in der Hitze zu Staub zerfallen. Und am Ende sind sie es, die minderwertige Kleidung tragen, die schnell verschlissen und als unmodisch verpönt ist. Sie sind es, die durch ihre niedrigen Löhne und den Einheitsbrei der Haupteinkaufsstraßen dazu gezwungen sind, in Billigläden wie Primark einzukaufen oder dort zu arbeiten.

Vielen von ihnen wird außerdem das Gefühl gegeben, nicht modisch genug zu sein und deshalb irgendwie nicht in die Gesellschaft zu passen, in der sie leben. Die Feministin Sandra Lee Bartky sagte über dieses gleich zweifache Schamgefühl mittelloser Menschen (und Frauen im Besonderen), es sei einerseits die sozial geschaffene Scham dafür, arm zu sein, und andererseits die Scham, nicht mit den optischen Ansprüchen mithalten zu können. Wie wir bereits gesehen haben, ist das nicht nur eine psychologische Belastung. Die Fähigkeit, allgemein akzeptierten Schönheits- und Kleidungsidealen zu entsprechen, ist eine ganz wesentliche Voraussetzung für den sozialen Aufstieg.[64]

Die Möglichkeit, sich etwas kaufen zu können, sollte aber niemals mit wirklicher Freiheit verwechselt werden.[65] Damit würde man die Freiheit darauf beschränken, in den Läden zwischen verschiedenen Stilen wählen zu können. Freiheit bedeutet etwas anderes als das Recht, unbegrenzt und ohne Rücksicht auf den Preis, den unser Planet dafür zahlt, Kleidung kaufen zu können. Fast Fashion steht nicht auf der Seite derer, denen es finanziell nicht so gut geht. Sie muss deshalb im Kontext des Profitstrebens von Unternehmen kritisiert werden, und nicht als etwas, wofür die Armen verantwortlich sind. Das Argument, dass Fast Fashion nicht die Schuld derer ist, die sich nichts anderes leisten können, heißt nun aber nicht, dass sich nichts ändern muss. Denn bleibt alles beim Alten, werden es genau die Menschen der Arbeiterklasse sein, die unter dem steigenden Meeresspiegel versinken.

Um die Umweltzerstörung zu stoppen, müssen wir alle unser Konsumverhalten ändern. Einige, darunter die mit dem geringsten Einkommen, sollten jedoch mehr konsumieren können. Schließlich gehören Lebensmitteltafeln und Obdachlosigkeit mittlerweile fest zum Alltag des Vereinigten Königreichs. Viele andere sollten weit weniger oder anders konsumieren. Vor derartigen Veränderungen sollte man sich nicht fürchten. Die Idee, dass uns durch Umweltschutz etwas weggenommen wird, ist absurd, das Gegenteil ist der Fall.[66] Der Vorwurf der Realitätsverdrehung ist Teil der Reaktion auf Menschen, die allem Anschein nach im Umweltschutz engagiert sind, jedoch ironischerweise mehr damit beschäftigt sind, den Kapitalismus aufrechtzuerhalten, als die Erde und die Menschheit zu retten.[67]

Aber wir dürfen uns nicht nur auf den Konsum fokussieren. Eine Spaltung zwischen Arbeitnehmerrechten und Umwelt ist kontraproduktiv. In den Debatten des Globalen Nordens wurden die Fabrikarbeiter:innen allzu oft gegen die Rettung des Planeten ausgespielt. Einige gingen sogar so weit, in Kauf nehmen zu wollen, dass Millionen Menschen im Globalen Süden ihre Lebensgrundlage verlieren. Es gilt, eine Balance zwischen diesen beiden Lagern zu finden. Wir müssen akzeptieren, dass Kapitalismus und Kolonialismus – sowohl historisch als auch aktuell – im gesamten Globalen Süden eine Abhängigkeit von der exportorientierten Bekleidungsherstellung geschaffen haben. Diesen Fehler kann man nur durch einen gerechten Wandel wiedergutmachen, bei dem die Menschen im Mittelpunkt stehen. Für mich und viele andere beginnt der Lösungsansatz des Überproduktionsproblems beim Aufbau von Arbeitermacht im Globalen Süden. Derzeit gibt es in den Modefabriken keine Demokratie – keine Mitsprache darüber, was oder wie viel produziert wird, über Arbeitszeiten, darüber, welche Chemikalien verwendet werden und so weiter. Zum Beispiel ergab die Befragung von 725 Beschäftigten in den für ihre Unmenschlichkeit bekannten Baumwollspinnereien im indischen Tamil Nadu, dass es ausnahmslos die Armut ist, die Menschen zu dieser Arbeit zwang. Viele waren aus ländlichen Gebieten weggezogen, wo die Trockenheit die Landwirtschaft mittlerweile unmöglich macht. Einige hatte man angeworben, nachdem ein Wirbelsturm ihre Ernte zunichtegemacht hatte.[68] Wie so viele, die ganz unten in der Hierarchie der Modeindustrie arbeiten, sind sie gefangen zwischen der ökologischen und menschlichen Katastrophe der Überproduktion auf der einen und den Folgen des Klimawandels auf der anderen Seite.

Stellen Sie sich einmal vor, wie es sonst noch sein könnte – wenn die gesamte Lieferkette Gemeinschaftseigentum wäre. Stellen Sie sich vor, eine Zwanzigstundenwoche würde ausreichen, um genug Ressourcen für ein erfülltes und glückliches Leben zu generieren. Wie wäre es, wenn die Menschen selbst bestimmen könnten, wie lange sie arbeiten und unter welchen Bedingungen, welche Chemikalien mit ihrer Haut in Berührung kommen und welche Materialien verwendet werden, was produziert und wohin es geschickt wird? Dann gäbe es das Problem der Überproduktion nicht. Kein Wunder, dass sich viele eher das Ende der Welt vorstellen können als das Ende der Modeindustrie oder des Kapitalismus.[69] Diejenigen, die vom kapitalistischen System profitieren, arbeiten hart daran, die Vorstellung aufrechtzuerhalten, dass der Kapitalismus ein natürlicher Zustand ohne Alternativen ist. Da eine Alternative undenkbar scheint, kann der Kapitalismus manchmal realer erscheinen als der Planet, auf dem wir leben. Doch die Aufrechterhaltung der Modeindustrie oder des Kapitalismus verblasst neben der Erhaltung unseres Planeten und dem damit verbundenen Erhalt unserer Menschheit. Wir müssen den Kapitalismus abschaffen. Sich nicht zu trauen, das laut auszusprechen, kommt einer Befürwortung von Umweltzerstörung gleich.

»Mode ist von Natur aus kolonial, sie treibt den Kapitalismus an«[70], so Riley Kucheran, ein Indigener Wissenschaftler und Community-Organisator der Gemeinschaft Biigtigong Nishnaabeg (Pic River First Nation). Als ich nachfragte, was genau er damit meine, schrieb er mir:

> Ich musste gleich an ›Amik‹ beziehungsweise den Biber denken. In Kanada ist er ein bekanntes kulturelles Symbol. Aber während der Kolonialzeit waren Biberfelle auch ein entscheidender Wirtschaftsfaktor. Die europäischen Märkte für Luxusmode trieben die Nachfrage bei der Pelzproduktion nach oben, was die Biberbestände stark reduzierte und dazu führte, dass Indigene Pelzjäger nicht an der Wohlstandsschaffung beteiligt waren.[71] Doch für die Indigenen Völker gehen der Reichtum oder die ›Geschenke‹ von Amik über modische Kleidung hinaus. Leanne Simpson beschreibt Amik als einen Indigenen

> Verwandten, ein lebensspendendes, weltschaffendes, aktives Wunder, das in Unterstützung komplexer Beziehungsgeflechte seine Umwelt umgestaltet. Amik verkörpert kulturelles Wissen, tiefe Weisheit, ökologische Erkenntnisse und wichtige Lehren über Nachhaltigkeit und ein ›gutes‹ Leben. Doch wurde, wie Simpson betont, die tiefe Weisheit von Amik nicht anerkannt, die Europäer sahen in ihm nur eine gute Gelegenheit, Geld mit ›schicken Biberfilzhüten‹ zu machen. Für mich ist der Biber ein Sinnbild für die Verflechtung von Mode, Kolonialismus und Kapitalismus.[72] Ich bin lieber vorsichtig dabei, mich auf allzu vereinfachende ›große Narrative‹ zu verlassen, aber aus meiner Indigenen (und traumabedingten) Perspektive sind das Wachstum der Modebranche und die verheerenden Auswirkungen der Kolonisierung alle Teil desselben Prozesses.

Kucheran beschäftigt sich hauptsächlich mit der Förderung, Dokumentation und Unterstützung von »Indigener Mode«. Zwischen diesen beiden Wörtern gibt es sofort ein Spannungsfeld, da sie an die zerstörerische Kraft von Mode als Industrie denken lassen. Kucheran schreibt dazu: »Mich lässt ›Mode‹ an die sozialen Prozesse und Strukturen denken, die vorsätzlich und künstlich Veränderungen erzwingen; also das ›Modesystem‹, das Massenproduktion, Marketing, Kommerzialisierung und Konsum umfasst.« Dies steht im Gegensatz zu einem lokal begrenzten Produktionssystem, für das es im Grunde eine »starke Gemeinschaft und gesunde, wechselseitige Beziehungen mit Pflanzen und Tieren braucht.«

Bei Indigener Mode denkt man an eine Art nachhaltiger Mode, Slow Fashion – Begriffe, die als das Gegenteil der Fast Fashion dargestellt und verstanden werden. Doch Kucheran befindet: »Indigene Mode ist sogar noch besser, denn sie hat diese spirituelle Komponente, die sie jeder Mainstreammode haushoch überlegen macht.« Es ist schwierig, Indigene Mode mit nicht-Indigenen Begrifflichkeiten zu beschreiben, zumal es auch nicht die eine Auffassung eines Konzepts gibt, das Tausende von einzigartigen Geschichten und Kulturen beinhaltet (in diesem Abschnitt konzentrieren wir uns auf Kanada, aber das Konzept greift weltweit). Die Praxis ist indes auch deswegen so spannend, weil sie als Gegenposition zur zerstörerischen, zwanghaften, entfremdeten Mainstreamindustrie existiert.

»Einige meiner liebsten Indigenen Designer:innen bezeichnen ihre Arbeit als ›Kunst‹ oder ›tragbare Kunst‹, aber ich denke, dass ›Schöpfung‹, wie es Leanne Simpson nennt, die beste Alternative zu ›Mode‹ ist.«[73] Kucheran schreibt weiter:

> Indigene Schöpfer:innen verkörpern und interpretieren das Wissen ihrer Ahnen: die ethische Verantwortung, die Beziehungen zwischen den Generationen und die nachhaltigen Praktiken, die es den Indigenen Völkern ermöglicht haben, sich über Jahrtausenden zu entwickeln. Mittlerweile beschäftigen sich einige Indigene Designer:innen stärker mit industrieller Produktion und Vermarktung, um ein Auskommen zu haben, und ihre Interpretationen des überlieferten Wissens manifestieren sich auf unterschiedliche Weise. Aber für mich bedeutet *wirklich* Indigene Mode, dass sie von vor Ort kommt. Sie ist kleiner, lokaler, bescheidener und beziehungsorientierter. Sie wird von Gemeinschaften gemacht, die mit Indigenen Theorien arbeiten und den Kolonialismus ablehnen. Es gibt sie also, diese ›wieder auflebende‹ Mode, aber es liegt in ihrer Natur, dass die Mainstreamindustrie sie oft nicht wahrnimmt, und ich denke, das sollte im Grunde auch so bleiben.

Indigene Mode und Modeschöpfung ins Zentrum zu rücken und sie als unerlässlichen Teil der Vergangenheit, Gegenwart und Zukunft der Bekleidungsproduktion zu begreifen, ist ein dringend notwendiges Gegengewicht zur meist eurozentristischen Modebetrachtung.[74] Doch könnte sie auch eine Möglichkeit sein, das Mainstream-Modesystem umzubauen? Indigene Schöpfung ist inhärent politisch und ficht nicht nur die Modeindustrie, sondern auch die Strukturen der kapitalistischen Gesellschaft an. Dabei ist die Frage nach den Landrechten zentral: Indigene Völker verfügen über weniger als 0,2 Prozent der Landfläche, die das heutige Kanada ausmacht.[75] Im 17. Jahrhundert kamen europäische Siedler dort an. Um 1670 wurde die Hudson's Bay Company gegründet, um Biberfelle und andere Waren nach Europa zu verschiffen. Dadurch konnten »die ersten weißen Siedler sich an den riesigen Ressourcen bereichern, die von den Indigenen Stämmen gehütet wurden«.[76] Im Tausch für die Felle gab es Industriegüter, Waffen und europäische Lebensmittel – aber auch Alkohol, Pocken und Masern. Die Indigene Bevölkerung von British Columbia (nur eine der kanadischen Provinzen) wurde im 19. Jahrhundert auf über 125 000 geschätzt, 1929 waren es nur noch 22 000.[77] Es kam zur Unterzeichnung korrupter, unfairer Verträge,[78] und der Büffel, der fest zum Leben bestimmter Indigener Gemeinschaften im kanadischen Hinterland gehörte, auch zur Herstellung von Kleidung, wurde nahezu ausgerottet. Auf die Kolonisierung folgte 1876 die Unterzeichnung des Indian Act. Die Journalistin Brandi Morin, die Cree, Irokesin und Französin ist, beschrieb das kanadische Gesetz als »eine Politik, die das soziale, politische, wirtschaftliche, spirituelle und physische Leben der First Nations bis zum heutigen Tag diktiert. Im Zuge dessen entstand ein Reservatsystem, das die First Nations auf kleine Gebiete innerhalb ihrer traditionellen Territorien zurückdrängte.«[79]

Dieses Gesetz, das mit einigen Änderungen noch heute in Kraft ist, zwang die Kinder der First Nations in kirchlich geführte Internatsschulen, sogenannte Residential Schools, wo man ihnen ihre Identität nahm. Sie wurden geschlagen, wenn sie sich in ihrer eigenen »teuflischen«[80] Sprache unterhielten; sie durften nicht mehr ihre eigene Kleidung tragen und wurden in »westliche Anzüge und Kleider«[81] gesteckt. Physischer, sexueller und spiritueller Missbrauch waren weit verbreitet. Bis heute hat das National Centre for Truth and Reconciliation (das nationale Zentrum für Wahrheit und Versöhnung) 4118 Fälle von Kindern dokumentiert, die in Residential Schools starben. Diese konservative Schätzung beruht auf einer detaillierten Untersuchung von einem Fünftel der vorhandenen Aufzeichnungen.[82] Die letzte dieser Schulen wurde erst 1996 geschlossen. Hier ein Auszug aus einem aktuellen Bericht des Indigenen Forschungs- und Bildungszentrums Yellowhead Institute:

> Abbau, industrielle Entwicklung und Naturschutzregelungen schränken die Ausübung der ureigenen Rechtsprechung der Indigenen Völker auf ihren Gebieten erheblich ein. Derlei Landnutzung erschwert die Erreichbarkeit von Pelzjägerrouten und Wasserwegen, behindert den Zugang zu heiligen und zeremoniellen Stätten, erodiert gefährdete Gebiete und fragmentiert den Boden, sodass keine funktionsfähige und nachhaltige Wirtschaft aufgebaut werden kann. Das sind die alltäglichen, allgegenwärtigen Formen der Landentfremdung im Leben der Menschen, und sie gehen mit allen Formen der langsamen Gewalt einher.[83]

Vor diesem Hintergrund ist Indigene Mode natürlich politisch. »Wir brauchen unser Land zurück, wir brauchen sauberes Trinkwasser, wir brauchen Schutz und Sicherheit, es darf nicht sein, dass unsere Frauen verschwinden«, so Riley Kucheran. »All das brauchen wir für Indigene Mode. Wir brauchen Zusammenhalt in der Gemeinschaft, um Kleidung zu produzieren, wie wir es früher getan haben.«[84] Kucheran schreibt weiter, dass es konkrete Maßnahmen braucht:

> Mit der Entkolonialisierung muss eindeutig die Rückgabe von gestohlenem Land und die Wiederherstellung Indigener Souveränität einhergehen. Doch das ist nur sinnvoll, wenn das Land und die Gewässer nicht vergiftet und unbewohnbar sind. Indigene Völker werden zunehmend als Vorbilder im Kampf gegen den Klimawandel angesehen. Diejenigen zu unterstützen, die bei Pipeline-Protesten das Land verteidigen, ist also eine Möglichkeit, wie Wissenschaftler:innen, Aktivist:innen und besorgte Bürger:innen helfen können. Das wirkt jetzt vielleicht so, als hätte das nichts mit Mode zu tun, aber wenn man Indigene Mode als beziehungsorientiert und tief mit dem Land verbunden versteht, sieht man, was auf dem Spiel steht.

Die Auseinandersetzung mit Mode und Umwelt erscheint oft abstrakt oder zu wissenschaftlich, durch Statistiken und Greenwashing verzerrt. Dabei ist ein Aktionsplan hin zu Kleidung, die unseren Planeten nicht zerstört, grundlegend mit dem politischen Kampf um Gerechtigkeit verbunden. Kucheran verweist einmal mehr auf die Ergebnisse des Yellowhead-Institute-Berichts: »Ein Prozess der ›Versöhnung‹ oder Wiedergutmachung kann erst dann wirklich beginnen, wenn die durch die Kolonialisierung verursachten eklatanten Ungerechtigkeiten angegangen werden.«[85]

Wer für den Umsturz des Kapitalismus kämpft, hört nicht selten den Vorwurf, den Kopf in den Wolken zu haben. Ich stimme zu, dass es keine größere Illusion gibt als die, zu glauben, dass ein System verändert werden kann, ohne an seinen Machtstrukturen zu rütteln.[86] Der Wandel, der nötig wäre, um die Katastrophe abzuwenden, wird in dem derzeitigen System von Wettbewerb und Profit nicht möglich sein. Was wir brauchen, ist ein System, das auf anderen Pfeilern beruht: auf der Achtung von Umwelt, Mensch und Tier. Nur so könnte aus einem bereits bis auf die Grundmauern ausgeplünderten Lebensraum noch eine wirkliche Gemeinschaft werden.

6 Mode und Körper

Unerreichbare Schönheit ist eine Erinnerung, dass man sich anstrengen muss.

Karl Lagerfeld

Die Modebranche ist naturgemäß etwas sehr Visuelles. Mode verkauft sich als Quell von Veränderungskraft und Kreativität. Dennoch ist die Mode eine Welt ohne Vielfalt: Wer nicht in die vorgegebenen optischen Raster passt, wird unsichtbar gemacht. Das beste Beispiel dafür ist die Haltung der Branche zum weiblichen Körper, weshalb sich dieses Kapitel auch hauptsächlich auf diesen fokussiert. Ich möchte betonen, dass ich, wenn ich den Begriff »Frau« verwende, immer alle Frauen meine, trans Frauen eingeschlossen – eine trans Frau ist eine Frau, ein trans Mann ist ein Mann. In einer Zeit, in der Modeschauen ein immer größeres Publikum haben und Models anerkannte Schönheitsideale verkörpern, geht der Einfluss von Mode weit darüber hinaus, einfach nur zu bestimmen, was Menschen tragen. In der Modeindustrie ist der Spielraum dessen, was als schön gilt, nicht besonders groß. Sorgfältig überwachte Grenzen der Schönheit schließen traditionell alle Menschen aus, die nicht in die Schablone extrem dünn, groß, jung, nicht behindert, cisgender und weiß passen. Diese Einschränkungen folgen strukturellen Formen der Unterdrückung, die aktiv angegangen und durchbrochen werden müssen. Das Recht auf freie Meinungsäußerung des Individuums ist für eine freie und gerechte Gesellschaft von größter Bedeutung.

Mode macht etwas mit dir. Doch für manche Frauen kommt die Vorstellung, dass Mode Auswirkungen auf das Selbstbild haben könnte, einer Beleidigung ihrer Intelligenz gleich.[1] Andere Frauen schämen sich doppelt dafür, den Idealen von Körpermaßen und Schönheit nicht zu entsprechen. Erstens weil sie es gern täten, und zweitens weil es ihnen eigentlich egal sein sollte.[2] Das Zusammenspiel von Scham und Schuldgefühlen und einem Unwohlsein, das man besser nicht anspricht, verdeckt die Tatsache, dass zwanghaftes Dünnsein heute gesellschaftlich weitgehend akzeptiert ist. Um davon wegzukommen, sollte man sich die Realität im Kapitalismus vor Augen führen. Niemand kann leugnen, dass die 2,5 Billionen Dollar schwere Branche[3], deren Bildsprache auf dem ganzen Planeten vertreten ist, eine sehr starke Stimme hat. Und leider – und das meine ich nicht als Verunglimpfung gegenüber den Frauen – hat die Branche auch einen zerstörerischen Einfluss auf diejenigen, die sie als Models beschäftigt.

Körper

In der Geschichte der Menschheit wurden Körper immer schon gestaltet und verändert. Körper waren seit jeher in sexuelle, religiöse und kulturelle Praktiken sowie die Geografie bestimmter Epochen eingebunden.[4] Dennoch war es nie so weit verbreitet wie heute, sich verändern zu wollen – und das »Ideal« nie so unerreichbar. Die soziale Vorgabe einer unmöglichen Variante von Schönheit bedeutet konstanten Stress für alle, die sie nicht erreichen können, und konstanten Druck auf die, die es vermeintlich tun. Die Unzufriedenheit mit dem eigenen Körper ist zur Normalität geworden. Und das hat ernste Folgen. Beispielsweise bringen sich junge Frauen in der Schule weniger aktiv ein, wenn sie sich wegen ihres Aussehens unsicher fühlen.[5] Derzeit wird geschätzt, dass jedes fünfte Kind in Deutschland Symptome einer Essstörung zeigt, Mädchen dabei mehr als doppelt so häufig wie Jungen.[6] Dabei sind Magersucht und Bulimie nicht die einzigen Formen problematischen Essverhaltens.[7] Und auch der übergewichtige Teil der Bevölkerung wird immer größer, wobei man zumindest teilweise davon ausgeht, dass dies mit Körperunzufriedenheit und Diäten im Zusammenhang steht.

Der weltweite Anstieg der Zahl von Menschen, die sich in ihren Körpern unwohl fühlen, geht mit vereinheitlichten Vorstellungen von Schönheit einher. In ihrem Buch *Bodies: Schlachtfelder der Schönheit* beschreibt die britische Journalistin und Psychoanalytikerin Susie Orbach, wie sich der Wunsch nach einem idealisierten, schlanken Körper, der westlichen Idealen entspricht, mit der Globalisierung verbreitete. Auf Fidschi hatten drei Jahre nach der Einführung des Fernsehens 11,9 Prozent der Mädchen Essstörungen entwickelt, in China lassen sich Frauen die Beine brechen, um größer zu werden, und manche der etwa 3000 Schönheitschirurgen in der iranischen Hauptstadt Teheran operieren bis zu fünf Nasen pro Tag. Körpermaße sind eng mit Vorstellungen von »Rasse« verknüpft – ein westliches Ideal steht ganz oben, zulasten »Indigener Körper« und aller anderen, die nicht hineinpassen. Für Orbach ist das nichts weniger als eine neue Form von Kolonialismus.[8] Was ästhetische Normvorstellungen betrifft, hat »Markenikonografie« – die von Modemarken verfochtenen Standards – inzwischen eine Machtfunktion, die früher religiöser Ikonografie vorbehalten war.[9]

Digitale Schönheit

Wir leben in einer visuellen Welt, sehen jede Woche Tausende Bilder von Körpern.[10] Sie zeigen Unerreichbares, versichern uns aber gleichzeitig, dass jeder Mensch schön sein kann. Die Botschaft ist, dass wir alle darauf hinarbeiten sollten, »toll« auszusehen. Missionierende im Dienste der Schönheit weisen uns darauf hin, dass unsere Körper konstante Aufmerksamkeit und Disziplinierung verlangen. Wenn man es so sieht, ist das Leben ein langer Weg aus »Korrekturen« – Epilieren, Wachsen, Färben, Hungern, Peelen, Feilen und Schminken –, um sich in eine bestimmte Form zu pressen, die den Bildern aus der Werbung entspricht. Die Schönheit von Models auf Werbeplakaten basiert normalerweise auf zwei Kriterien, Schlankheit und Symmetrie.

Die Modeindustrie verwischt die Grenzen zwischen Anspruch und Fantasie.[11] Ihre Rhetorik der »Entscheidungsfreiheit« und des »Empowerments« vermittelt uns – zusammen mit unserer Möglichkeit, Kleidung zu konsumieren, – den Eindruck, wir könnten so werden, wie die Bilder es uns vorgeben. Doch diese angebliche Schönheitsdemokratie ist eine Illusion. Die unüberwindlichen Hindernisse, die eine solche verhindern, fallen gerade deswegen nicht ins Auge, weil sie so offensichtlich sind. Den Körpermaßen von Models entsprechen nur gerade 5 Prozent aller Frauen in den USA.[12] Wenn man nicht so geboren ist, gibt es nichts, was man tun kann, um so auszusehen. Viele verfügen nicht über die Zeit oder die Mittel, um gesund zu leben und sich gesund zu ernähren, geschweige denn, den Lebensstil eines Topmodels zu führen.[13] Ein Stylist sagte einmal über die Frisuren der Models: »Viele Menschen wissen gar nicht, wie viel Fake in den Haaren steckt.«[14] Außerdem sind die Bilder, die wir zu sehen bekommen, nicht die Bilder von Supermodels, sondern die Bilder digital bearbeiteter Supermodels. So gab beispielsweise ein hochkarätiger Experte für digitale Bearbeitung an, für ein Zeitschriftencover die Füße, Knie und das Schlüsselbein einer Frau verändert sowie ihre Schläfen, die Haut um ihr Kinn und eine Unebenheit auf ihrer Stirn retuschiert zu haben.[15] Die Gesellschaft ist drauf und dran, die Realität noch unattraktiver zu machen, indem sie an »digitalen Supermodels« arbeitet. Dabei handelt es sich nicht um real existierende, sondern um mit computergenerierten Bildern erschaffene Frauen.

Modeln – ein Sechser im Lotto?

> Viele der Zeitschriften, von denen die Leute denken, dass sie echt coole Aufträge vergeben, sind diejenigen, die nichts zahlen – also tatsächlich gar nichts. Das kann dann wunderbar aussehen, und man trägt richtig schicke

Kleidung, aber manchmal kostet die dann mehr, als du in einem ganzen Jahr verdienst.

Elliott, Model Alliance

Models haben, was ihre genetische Veranlagung betrifft, scheinbar den Sechser im Lotto gewonnen. Ihre Arbeit gilt als glamourös, doch die Realität sieht oft ganz anders aus. Ausbeutung und schlechte Behandlung sind weit verbreitet im Leben der jungen Frauen, die normalerweise schon mit unter 16 anfangen zu modeln[16], weit weg von zu Hause sind und kaum auf traditionelle Unterstützungsnetze zurückgreifen können. Die Struktur des Modelalltags und der ungeklärte Beschäftigungsstatus führen zu einem gefährlichen Ungleichgewicht zwischen Arbeitgebenden und Arbeitnehmenden. Models haben infolgedessen oft mit unterschlagenen Löhnen, sexueller Belästigung, ungesunden Arbeitsbedingungen und der Ausnutzung von Kinderarbeit zu kämpfen – als Minderjährige haben sie nur eingeschränkte Rechte –, und sie können bei ungerechter Behandlung nur begrenzt auf Rechtsmittel zugreifen.[17]

Die Modelbranche war stark von der Coronapandemie betroffen. Zu Beginn der Pandemie führte die in New York ansässige Organisation Model Alliance, die Models eine Stimme verleihen will, eine Erhebung durch. Eine von fünf befragten Personen gab an, nicht über genug Geld zur Deckung der Grundbedürfnisse zu verfügen. Über zwei Drittel waren besorgt, ob sie die Miete weiterhin zahlen können. Rassistisch bedingte Ungleichheit verschärfte zudem die extreme Notlage einiger Models. So waren es vor allem People of Colour, hauptsächlich Schwarze Models, die Schwierigkeiten hatten, für die Grundbedürfnisse aufzukommen, und zwar sowohl zum Zeitpunkt der Umfrage als auch nach drei weiteren Monaten ohne Einkommen.[18]

Die prekären Bedingungen während der Pandemie kamen auf die altbekannte Ausbeutung und die gewohnt schlechte Behandlung der Models obendrauf. Es ist nach wie vor unklar, ob Models direkt bei den Agenturen angestellt sind oder als selbstständig gelten. Ein Model namens Fitz äußerte sich öffentlich zum Thema Coronapandemie:

> In unserer Branche gab es bereits vorher kein Sicherheitsnetz, also fühle ich mich fast doppelt gefährdet. Ich musste schon da für meine Rechte und um meinen Schutz kämpfen [...] Aber irgendwie schaffte ich es immer, dass man mich fürs Modeln bezahlte, insofern gab es da einen Ausgleich. Aber jetzt fehlt auch das. [...] Die Branche ist gerade nicht existent. Es gab keine Maßnahmen oder gültigen Richtlinien für uns.

Laut Umfrage warteten 55 Prozent der Befragten auf ausstehende Gelder der Auftraggebenden, bei fast der Hälfte (49 Prozent) blieben die Agenturen ihnen Zahlungen schuldig. Zudem fürchteten die Models Sanktionen, wenn sie sich zu gefährlichen Arbeitsbedingungen in der Pandemie äußerten. 45 Prozent der Teilnehmenden gaben an, dass sie extrem oder sehr besorgt darüber waren, dass ihnen weniger Jobs angeboten würden, wenn sie aufgrund des Coronavirus Arbeit ablehnten oder zusätzliche Schutzmaßnahmen erbaten. Auch hier spielt das Thema Rassismus mit hinein, denn nur 22 Prozent der Schwarzen oder afroamerikanischen Models gaben an, dass sie sich sehr sicher fühlten, wenn sie zusätzliche Schutzmaßnahmen verlangten. Bei den weißen Models waren es 43 Prozent.[19]

Schöne Körper?

Welche Auswirkungen hat die Modeindustrie auf die Körperlichkeit dieser Fashionmodels? Die Diskussion, inwiefern die Branche für Essstörungen verantwortlich ist, ist in vollem Gange. Magersucht ist eine schwere psychische Krankheit, die viele Ursachen haben kann, und ich möchte an dieser Stelle weder die Krankheit noch die von ihr Betroffenen allzu stark verallgemeinern. Negative Körperbilder, die zu einem gestörten Essverhalten oder zu Essstörungen beitragen, werden wohl nicht verschwinden, ehe mit dem Sexismus auch das Gebot endet, dass das eigene Aussehen an erster Stelle steht. Zweifelsohne ist die Modeindustrie jedoch gefährlich für diejenigen, die sich für einen Job einem bestimmten Schönheitsideal unterwerfen müssen.

Anfang der 2000er gab es eine ganze Reihe von Todesfällen extrem dünner Models. Im August 2006 starb das 22-jährige uruguayische Model Luisel Ramos, kurz nachdem sie nach einer Modeschau den Laufsteg verlassen hatte. Die Todesursache: Herzversagen infolge von Anorexia nervosa. Der Fall wiederholte sich ein paar Monate später auf tragische Weise, als Luisels jüngere Schwester Eliana, die ebenfalls Model war, an einem Herzinfarkt starb, der wahrscheinlich auch durch Mangelernährung ausgelöst worden war. Im gleichen Jahr starb das brasilianische Model Ana Carolina Reston im Krankenhaus. Man hatte ihr bei einem Casting gesagt, sie sei »zu fett«, woraufhin sie begonnen hatte, abzunehmen. Bei ihrem Tod wog die ebenfalls 22-Jährige bei einer Körpergröße von 175 Zentimetern noch weniger als vierzig Kilo.

Welche Chance blieb unbekannten Models, wenn sogar diejenigen, die für namhafte Marken arbeiten, Geschichten davon erzählen können, wie man ihren Körper musterte und ihnen nahelegte, abzunehmen? Crystal Renn wurde gesagt, sie hätte das Zeug zu einem Supermodel, wenn sie 40 Prozent ihres Körpergewichts verlöre. Sie tat es und hatte danach jahrelang mit Anorexia nervosa zu kämpfen.[20] Das Topmodel Coco Rocha bekam mit fünfzehn Jahren zu hören, der diesjährige Look sei »magersüchtig«: »Wir wollen nicht, dass du magersüchtig bist, du sollst nur so aussehen.«[21]

Eine schrumpfende Branche

Elsa Schiaparelli war zwischen den beiden Weltkriegen die erste Designerin, die für ihre Modeschauen große und dünne Models engagierte. Andere Designer, wie Paul Poiret und Charles Worth – dem man nachsagt, er sei der Begründer der Haute Couture gewesen –, hatten sich um die Jahrhundertwende noch nicht auf einen bestimmten Typ festgelegt. Berühmt geworden ist das Zitat eines Fitters von Cristóbal Balenciaga: »Monsieur Balenciaga mag ein bisschen Bauch.« Balenciaga designte Kleider für Frauen aller Körpergrößen, die häufig von »kleinen, stämmigen« Models präsentiert wurden.[22]

Der große Trend der 1960er Jahre waren spindeldürre, »verwahrloste« Models. In den 1990ern wurde die Modeindustrie für den »Heroin Chic« (der Look »suggeriert Krankheit, Armut und nervöse Erschöpfung«[23]) kritisiert, der die muskulösere Ästhetik der 1980er Jahre ablöste. Jo Fonseca von der britischen Modelagentur Models 1 ließ 1996 verlauten, sie könne sich nichts Schlimmeres vorstellen, als fett zu sein und sagte, »der einzige Grund dafür, dass dünne Mädchen gerade so auffallen, ist, dass es so viele fette Menschen gibt«.[24] Die nächste große Sache war »Size Zero«. Als ich 2013 für die erste Version dieses Buchs recherchierte, waren Laufstegmodels dünner denn je und ihr Taillenumfang entsprach etwa dem von Siebenjährigen.[25] Die US-amerikanische Size Zero entspricht im deutschsprachigen Raum den Größen 32 bis 34. Das ist so leichtgewichtig, wie es klingt, vor allem angesichts der Tatsache, dass über die Hälfte aller Frauen in Nordamerika 42 oder größer tragen.[26]

Diese Schlankheit war erzwungen. »Der Prozentsatz der Mädchen, die einfach so gebaut sind, ist verschwindend gering, und meistens sehen sie so aus, weil sie noch sehr jung sind«, erklärt Dunja Knezevic, Vorsitzende der britischen Modelgewerkschaft Models Union. »Wenn du irgendwann zwanzig bist und 1,80 Meter groß, kann deine Hüfte einer bestimmten Größe einfach nicht mehr entsprechen, außer du fängst an zu hungern. Die Hüfte wächst mit der Zeit, deswegen ist es einfach unmöglich.«[27] Ein Modelagent aus New York sagte dazu, dass »diese Sache mit dem Dünnsein« alles übersteige, was er bisher gesehen habe: »Das ist aktuell der dünnste Moment aller Zeiten im Modebusiness. Es ist total lächerlich«.[28] Noch unverblümter sagte es Supermodel Crystal Renn: »Noch weniger zu wiegen, bedeutet, dass du tot bist.«[29]

> Models wird gesagt, dass sie abnehmen oder sich Fett absaugen lassen sollen. Denn die Einstellung ist: Man kann nie dünn genug sein. Ich habe fünfzehnjährige Mädchen in Agenturen gesehen, die noch keine Hüften hatten. Auch ihnen wurde gesagt, ›nimm ein bisschen ab‹, einfach, weil alle das machen sollen. Es heißt nicht einmal ›iss gesünder, um dünn zu sein‹, es heißt nur, ›iss nichts mehr‹. Viele

Agenturen empfehlen, einfach nur Wasser zu trinken. Wasser, Kaffee und Zigaretten sind wirklich immer noch eine Diät, die man empfohlen bekommt.[30]

Dunja Knezevic

Warum nur Size Zero?

Etliche Frauen mussten sterben, bis man anfing, die Gefahren von Size Zero ernst zu nehmen. Nach dem Tod von Luisel Ramos verboten die Fashion Weeks von Madrid und Mailand die Teilnahme von Size-Zero-Models bei den Modeschauen und setzten die Untergrenze bei einem Body-Mass-Index von 18.[31] Die Paris und London Fashion Weeks weigerten sich, mitzuziehen. Es ist schwer zu vermitteln, wie groß der Widerstand gegen eine Veränderung war. Alexandra Shulman, Vorgängerin von Edward Enninful in der Chefredaktion der britischen *Vogue*, ließ keine Gelegenheit aus, zu betonen, wie »gelangweilt« sie von den Forderungen nach einem inklusiveren Schönheitsideal sei. »Es will doch niemand eine echte Person auf dem Cover der *Vogue* sehen.«[32] Sie schrieb damals einen Artikel mit dem Titel »Panikmache um Size Zero bei der Londoner Fashion Week« für die Zeitung *Daily Mail*, in dem sie Forderungen nach einem Verbot von Size Zero zurückwies. »Nehmen wir mal an, ich würde all unsere Shootings mit Frauen machen, die Kleidergröße 42 tragen […], würde jeder aussehen wollen wie sie? Ich glaube nicht.«[33] Das alles geschah in einer Zeit, in der Studien bereits gezeigt hatten, dass man mit der Beschränkung von Fotos untergewichtiger Models und dem Verbot von Size-Zero-Models jungen Frauen etwas Druck nehmen konnte.[34] Ganz zu schweigen davon, dass dies auch die Frauen in der Modelbranche zumindest entlasten dürfte.

Doch damals wie heute lehnt ein Großteil der Industrie die Rechte von Models vehement ab und plädiert stattdessen für Selbstregulierung, um die Mode als »Kunst« zu schützen. Außer vom Hungern berichteten Models auch von Shootings, bei denen ihr Körper mit Autolack anstelle von Körperfarben bemalt wurde, ihre Augen versehentlich durch Kosmetika verbrannt wurden, und ihre Haare nach dreimaligem Bleichen ausfielen.[35] Man merke: Das sind Menschen, keine Leinwände. Diese Art von »Kunst« hat ihre Folgen. Die Empörung, die auf Forderungen nach Schutzvorschriften regelmäßig folgt, muss man vor dem Hintergrund verstehen, dass die Modebranche einige der penibelsten Branchenvorschriften aufweist, die es überhaupt gibt. Der Pariser Modeverband Chambre Syndicale de la Haute Couture hat beispielsweise rechtliche Bestimmungen für die Haute Couture aufgestellt, angefangen bei der Frage, wie oft ein bestimmtes Kleid angepasst werden muss, bis hin zu einer verpflichtenden Anzahl Angestellter für Haute-Couture-Unternehmen. Es gibt keine Rechtfertigung für die Ablehnung von Gesundheits- und Sicherheitsvorschriften in der Modeindustrie.

Aus den Reihen der Modebranche kommen immer wieder Ausreden für die Notwendigkeit, dünn zu sein. Stoffe würden besser an den Körpern fallen und es würde den Einkäufer:innen erleichtert, sich vorzustellen, wie die Kleider in den Geschäften aussehen werden. Ein Argument, das Frauen zu lebenden Kleiderbügeln macht, sollte man besser für sich behalten. Models beleben Kleider und lassen sie schön aussehen. Wenn dem nicht so wäre, könnte man Kleidung auch einfach auf Kleiderständern zeigen und sie im Kreis herumfahren lassen. Mit welchem Recht behauptet die Branche, kreativ zu sein, wenn die Einkäufer:innen sich die Kleider nur mithilfe extrem dünner Models vorstellen können? Oder andersherum: Wieso können Designer:innen keine Kleidung für verschiedene Körpermaße entwerfen, so wie es Cristóbal Balenciaga tat?

Oft wird behauptet, dass Models so dünn sein müssten, damit sie in die Samplegrößen passen. Andere argumentieren, dass die Warenproben aus wirtschaftlichen Gründen in kleinen Größen produziert werden, denn so verbrauchten sie weniger Material. Aber ein Konzern, der Millionen erwirtschaftet, kann eigentlich schlecht mit der Ausrede kommen, dass ein paar Zentimeter mehr Stoff den Bankrott bedeuten würden. Muster könnten in verschiedenen Größen produziert werden, was den Druck, der auf Models lastet, verringern und der Gesundheit der ganzen Gesellschaft zugutekommen würde.

Dunja Knezevic von der Models Union beschreibt, wie sich alle gegenseitig die Verantwortung zuschieben: »Die Agenturen geben den Designer:innen die Schuld – ›Wie könnten wir Models mit Größe 38 in unsere Kartei aufnehmen, wenn sie nur welche möchten, die 36 tragen?‹ – und die Designer:innen sagen: ›Sie haben eben nur die ganz dünnen Models‹.«[36]

Ein moderner Zustand

All diese Ausreden rechtfertigen geschweige denn erklären nicht, wieso man von jungen (und häufig armen) Menschen verlangt, sich für die visuelle Unterhaltung der Reichen zu Tode zu hungern. Also, was steckt eigentlich hinter Size Zero?

In seiner Wirtschaftstheorie versuchte Karl Marx, die von ihm beobachteten Verhältnisse der realen Welt wiederzugeben.[37] So beschrieb er im 19. Jahrhundert die körperliche Verfassung der Arbeiterklassen im viktorianischen Großbritannien, ihre verkrüppelten Körper, verkrümmten Rücken, knotigen Finger, fehlenden Gliedmaßen und totenbleichen Gesichter. Seine Schlussfolgerung: All das geschah, weil sich die Arbeiter:innen von ihrer Arbeit entfremdet hatten und sie keine Möglichkeit hatten, darüber zu entscheiden, was sie taten, wie sie es taten oder was sie produzierten. Es war ein Zustand, in dem der Arbeiter sich »in seiner Arbeit nicht bejaht, sondern verneint, nicht wohl, sondern unglücklich fühlt, keine freie physische und geistige Energie entwickelt, sondern seine Physis abkasteit und seinen Geist ruiniert«.[38] Diese Aussage beleuchtet den Kapitalismus des 21. Jahrhunderts, der so stark auf den Körper und das extreme Dünnsein fixiert ist. Denn sie lässt sich verblüffend gut auf die Situation übertragen, in der sich die große Mehrheit der in der Modeindustrie beschäftigten Frauen wiederfindet. Sie sind wenig mehr als lebendige »Anhängsel der Maschine«[39]. Die ultimative Armut oder der Verlust des Seins wurde so definiert, dass man über nichts mehr verfüge, mit dem man arbeiten könne, außer dem eigenen Körper – wie ein Tier. Das war die ursprüngliche Definition des Proletariats.[40]

Hier passt Dunja Knezevics Beschreibung des Modeldaseins: »Vor allem ist man ein Objekt, mit dem Sachen gemacht werden. Sie verwandeln dich in ein Produkt und machen dann Fotos von dir als dieses Produkt, das später verkauft wird«[41]. Dass man Models so behandelt, zeigt, dass sie genauso ausgebeutet werden wie andere Arbeiter:innen der Branche. Die Modeproduktion ist eine Produktion von Waren durch Waren.[42] Und den jungen Frauen zollt man keinerlei Respekt, wie sich an Dunja Knezevics folgendem Bericht zeigt:

> Eine Agentur bekam eines Nachmittags einen Anruf. Man brauche ein Model, um ein Fotoshooting zu beenden, das am Morgen begonnen hatte und in dem sehr starke Scheinwerfer verwendet wurden. Die Scheinwerfer verbrannten dem Model, das die Agentur geschickt hatte, die oberste Hornhautschicht . Man brachte sie ins Krankenhaus – das gleiche Krankenhaus, in dem das Model behandelt wurde, dem morgens das gleiche passiert war. Man muss sich das mal vorstellen: Sie hatten die Hornhaut eines Models verbrannt, aber die Lichter nicht ausgetauscht oder irgendetwas anderes verändert, sondern einfach die Agentur angerufen, die ihnen ein neues Model schickte.[43]

Extrem schlank zu bleiben, ist harte Arbeit, und zwar nonstop. Es bleibt kein Raum für eine Erholung des Körpers oder der Psyche, was gerade für junge Models sehr anstrengend ist. Es ist eine Obsession, und wie es ein altes Sprichwort sagt: »Wer etwas zu essen hat, hat viele Probleme. Wer nichts zu essen hat, hat nur eines.« Junge Models werden bei ihrer Arbeit physisch und psychisch ausgelaugt.

Dabei beschränkt sich ihre Arbeit nicht nur auf Laufstege und Fotoshootings. Hinter den Kulissen müssen sie hungern, um eine Illusion aufrechtzuerhalten, mit der die Mode- und Kosmetikbranche ihr Geld verdient. Models schuften zwar nicht in Minen, aber auch ihre kaputten Körper sind ein Symptom für die Arbeitsbedingungen in einem System, das sie kontrolliert. Sie können nicht stark sein, wenn sie vom Gedanken besessen sind, extrem dünn sein zu müssen. Außerdem wehren sich Frauen, denen man eingeredet hat, dass sie schwach sind, seltener gegen schlechte Behandlung.[44] Und sie sind tatsächlich schlechter dazu in der Lage, sich gegen physische Angriffe zu wehren.[45] Diese harte Realität verbirgt sich hinter Statements wie dem von Supermodel Linda Evangelista: »Für weniger als 10 000 Dollar am Tag stehen wir gar nicht erst auf.«

Erzwungenes Dünnsein und das Hungern bis zum Tod – beides ist sinnbildlich dafür, wie die Branche die Menschen und den Planeten behandelt, und dafür, welchen Druck sie auf ihre Arbeiter:innen ausübt. Das ist aber noch nicht alles. Wenn unnatürlich erlangte und aufrechtzuerhaltende Schlankheit die Bedingung ist, dass man arbeiten darf, ist dies gleichzeitig ein reaktionäres und dennoch effektives Mittel, um Angestellte zu kontrollieren und sich ihrer Handlungskraft zu entledigen, indem man ihnen eine destruktive Mentalität einredet.[46]

Vom Regen in die Traufe

Im Vorgänger dieses Buches schrieb ich: »Angesichts der aktuellen wirtschaftlichen Flaute kann es sein, dass Konzerne beginnen werden, ihre Werbekampagnen vielfältiger zu gestalten, was natürlich eine zynische Strategie wäre, da das Ziel von Diversität nicht sein sollte, noch größere Profite für die Konzerne zu generieren.«[47] Genau das ist passiert. Onlineshops und die Geschäfte in den Einkaufsstraßen – insbesondere solche, die ein Massenpublikum ansprechen – setzen auf diversere Models, und jetzt ziehen die teureren Marken nach. Der Casting Director, Modelagent und Gründer von The Eye Casting, Jody Furlong, arbeitet seit zwanzig Jahren in der Modebranche. Laut ihm hängt die ultradünne weiße Ästhetik nicht nur mit einem einzigen Modehaus zusammen, sondern mit der Marke Mode an sich. Das sei der Grund, warum alle Modeunternehmen zögerten, mehr auf Vielfalt zu setzen. Die Mentalität, die dahintersteckt, beschreibt der Casting Director so: »Alle Modemodels sind dünn. Wir können niemand anderes nehmen, weil uns das von der Mode distanzieren würde.« Dann traten die Slash-Fashion-Marken auf den Plan, die Jody Furlong zufolge »den Otto Normalbürger ansprechen wollten. [...] Denen konnte es egal sein, was die Modemedien über sie sagen, es ging ihnen nur um die Kundschaft. Und sie wissen schließlich, wie die Leute, denen sie da etwas verkaufen wollen, aussehen. Also haben sie sich darauf konzentriert.«

Natürlich ist es schön, wenn auch Models of Colour Aufträge bekommen, oder wenn Bademode an unterschiedlicheren Körpern präsentiert wird und sogar Speckröllchen oder Cellulite zu sehen sind. Noch vor zehn Jahren wäre das für die meisten Modefirmen undenkbar gewesen. Aber was heißt das wirklich? Herrscht jetzt die lang ersehnte Modedemokratie? Sind die Schönheitsideale für Frauen nun endlich erreichbar? Schließlich wird die neuste Ästhetik vor allem mit den kurvigen Körperformen und der hypersexualisierten Weiblichkeit der Kardashian-Frauen assoziiert. Das mag zwar ein anderer Look sein, aber immer noch einer mit strengen Regeln bezüglich der Standards, die für Frauenkörper zulässig sind.

Auch Jody Furlong sieht den ästhetischen Wandel als demokratischer an als die vorherige Einheitskultur, macht sich aber keine Illusionen:

> Es ist von einem Extrem ins nächste umgeschlagen. Anstatt *diesem* Körperbild musst du nun *einem anderen* entsprechen. Deine Lippen haben auf eine bestimmte Weise auszusehen, und du musst dich extrem stark schminken, um einfach nur einkaufen zu gehen. Für Frauen, die so aussehen wollen, wie die Welt es ihnen vorschreibt, heißt es also vom Regen in die Traufe.

Diversität ist eine gute Geschäftsstrategie. Studien haben bewiesen, dass – ganz entgegen der Behauptung von Alexandra Shulman – Frauen eher bereit sind, etwas zu kaufen, wenn die Models in Werbeanzeigen ihrer Körpergröße und -form entsprechen. Man schätzt, dass die Bereitschaft, etwas zu kaufen, um bis zu 300 Prozent steigt, wenn Gewicht, Alter oder der kulturelle Hintergrund zu der Kundschaft passen.[48] Doch wie gesagt hat der Versuch, mit Diversität den Kund:innenkreis zu erweitern, den höhnischen Effekt, dass Konzerne damit einfach noch größere Gewinne erzielen.

Zu Beginn des 21. Jahrhunderts setzt die Modeindustrie Schönheit immer noch überwiegend mit Dünnheit gleich und verlangt entsprechend von Models, dass sie dünn sind. Die Organisation Model Alliance hat wissenschaftliche Studien zum Thema Essstörungen bei professionellen Models durchgeführt, die zeigen, dass dies ein hochaktuelles Problem ist. Eine dieser Studien wurde im Jahr 2020 veröffentlicht, nachdem die USA und Frankreich Maßnahmen eingeführt hatten, um Models vor dem Druck, extrem dünn sein zu müssen, und vor sexueller Belästigung zu schützen. In der Umfrage gab ein großer Teil der Befragten ungesunde Verhaltensweisen zur Gewichtskontrolle an. So ließen 54 Prozent Mahlzeiten ausfallen, 39 Prozent verwendeten auch Infusionen, anstatt zu essen, und 25 Prozent berichteten von selbst herbeigeführtem Erbrechen. Die Erhebung dokumentierte auch die sexuelle Objektivierung, wobei weniger als die Hälfte der Befragten angab, dass ihnen »immer oder manchmal« ein privater Umkleidebereich zur Verfügung gestellt wurde.[49]

Mehr als nur ein Trend

Der Kult um das Schlanksein betrifft längst nicht nur diejenigen, für die ein schlanker Körper Grundlage ihrer Arbeit ist. Aber weshalb will man überhaupt dünn sein?

Gemäß der Sozialkritikerin Susie Orbach wurde Schlankheit zu einer Mode, nachdem man in den westlichen Ländern enorme Mengen an Reichtum angehäuft hatte. Nun verlangte man in diesem Überfluss nach dem Gegenteil. Man hat das Bedürfnis zu zeigen, »dass man nicht von Verlangen getrieben ist, dass man extrem wählerisch ist, dass man die Nahrungsbedürfnisse des Körpers kontrollieren kann, dass man über die Stofflichkeit des Körpers erhaben ist«[50], schreibt Susie Orbach. Wäre es nicht das extreme Schlanksein, dann wäre es ein anderer Aspekt. In den 1950er Jahren verkauften Unternehmen in Großbritannien »Wate-On«-Produkte – Nahrungsergänzungsmittel zur Gewichtszunahme – und kritisierten Frauen in Werbeanzeigen dafür, grundlos dünn zu sein.[51] Heute machen die Modeindustrie und ihre Handlanger[52] – die Nahrungsmittel-, Arzneimittel- und Diätbranche – mit den Komplexen der Menschen ein Milliardengeschäft. Sie profitieren »vom Körperhass«[53], setzen auf das »Schüren von Körperunsicherheit« und schädigen mit ihrem »Schönheitsterror so viele Menschen«.[54] Frauen sind ein zu profitabler Markt, als dass man ihnen erlauben könnte, mit ihrem Körper zufrieden zu sein. Denn die Anreize für das nie endende Streben nach Perfektion bewirken, dass fortwährend Geld ausgegeben wird.

Das Zitat von Karl Lagerfeld, das auszugsweise am Anfang dieses Kapitels steht, trifft völlig zu: »Unerreichbare Schönheit ist eine Erinnerung, dass man sich anstrengen muss. Aber sieht man etwas Passendes und kann erreichen, was man sieht, muss man sich nicht mehr anstrengen.«[55] Die Anstrengung, die er meint, beinhaltet das Kaufen von Kleidung, Accessoires, Kosmetika und Parfums. Als Teil des kapitalistischen Systems steigert Mode die Nachfrage der Konsument:innen, da sie eine Sehnsucht entstehen lässt, die nicht befriedigt werden kann.[56]

Was heutzutage alles mit dem weiblichen Körper geschieht, hat mit so etwas wie einem natürlichen Zustand nicht mehr viel zu tun: Er wird mit Silikon aufgespritzt, mit Botox gestrafft, Haut und Zahnschmelz werden gebleicht, Haare gefärbt oder mit Extensions verlängert, Nägel und Vajazzles (Genitalschmuck) aufgeklebt, Nasen und Kinne operiert und Beinknochen verlängert. Und außerdem wird natürlich gehungert. Das Ergebnis wird mit Photoshop noch um ein paar Zentimeter weiter aus der Realität entrückt – der Inbegriff der Abkehr von der Natur.

Die Entfremdung führt dazu, dass sich die Menschen von ihrem Lebensraum, voneinander und von ihrem eigenen Körper entfremden, wie im fünften Kapitel beschrieben. Somit wird aus diesen drei Aspekten etwas, das es zu erobern gilt: Die menschliche Natur wird in Fragmente »aufgesplittert«[57], und der Körper wird zu etwas, das ausgehungert und gehasst werden muss, anstatt ein Teil der Natur zu sein, perfekt wie er ist. Diese Eroberung des eigenen Körpers kommt teilweise davon, dass wir Menschen gelernt haben, uns an der Distanz zu anderen und »zur Natur an sich« zu messen.[58]

Die Verbreitung eines künstlichen Schönheitsideals ist letzten Endes auch zutiefst entmachtend. Frauen fühlen sich dadurch so unpassend und unzureichend, dass sie sehr viel Zeit damit verbringen, ihr Aussehen verändern zu wollen. Eine bestimmte, fetischisierte Körperform zu verbreiten, in diesem Fall die unechte Schlankheit, ist ein Teil der Ausschlussmechanismen, nach denen die Modebranche funktioniert. Das siebte Kapitel wird sich ausführlicher damit befassen, wie die Modeindustrie Schönheit durch rassistische Ausgrenzungsprozesse definiert und so den Ausschließenden zugutekommt und im Grunde nichts mit der Lebensrealität derjenigen zu tun hat, die ausgegrenzt werden.[59]

Einen besonders bösartigen Aspekt von Diäten – die man sich selbst antut – schildert Sandra Lee Bartky in ihrem Buch *Feminity and Domination*. Bartky beschreibt den Kerngedanken von Gefängnissen mit Michel Foucault als die Aufrechterhaltung einer Situation bewusster und ständiger Sichtbarkeit aller Insassen.[60] Die Gesellschaft, so Bartky, macht Frauen zu Gefängnisinsassinnen, indem sie sie ständig zur Schau stellt. Sie nennt als Beispiel, wie Frauen zigmal am Tag im Spiegel überprüfen, ob ihr Make-up noch stimmt, sich darüber Gedanken machen, dass der Wind oder Regen ihre Frisur durcheinanderbringen könnte, und, bewusst oder unbewusst, protokollieren, was sie essen, weil sie Angst haben, dick zu werden. Frauen verschlimmern ihren Status als Gefangene selbst. Weil sie wissen, dass sie beobachtet werden, sind sie ihre eigene Polizei.[61]

Seit das Buch *Feminity and Domination* 1990 veröffentlicht wurde, hat sich etwas Wichtiges verändert. Mit dem Siegeszug des Internets befinden sich gewöhnliche Menschen so stark wie nie zuvor auf dem Präsentierteller. War das Leben vor dem Internet ein visuelles Gefängnis, ist es jetzt ein Arbeitslager. Insbesondere durch Facebook oder Instagram wird jedes Detail des eigenen Lebens, vom Ultraschallbild eines Ungeborenen bis zu den Fotos einer Beerdigung eingefangen und online gepostet. Die ständige Sichtbarkeit geht so weit, dass der Begriff »Facebook Facelift« inzwischen vom britischen Cambridge Dictionary anerkannt ist: »ein gesichtschirurgischer Eingriff, der aus Eitelkeit durchgeführt wird, nachdem man zu viele Bilder von sich selbst in sozialen Netzwerken gesehen hat«[62]. Analog dazu gab es einen »Zoom-Boom« in der Schönheitschirurgie, als die Menschen in der Pandemie tagein, tagaus ihr eigenes Gesicht auf dem Bildschirm angestarrt hatten.

In einem sehr erhellenden Artikel im Blog *Threadbared* wird die Theorie der »langsamen Gewalt« des US-amerikanischen Literatur- und Umweltprofessors Rob Nixon auf Körperschemastörungen und Essstörungen angewendet. Mit »langsamer Gewalt« meint Rob Nixon eine Form von Gewalt, die allmählich und außer Sichtweite geschieht; eine zermürbende Form von Gewalt, die aber meist gar nicht als Gewalt wahrgenommen wird, und deren Auswirkungen verspätet kommen.[63] Für die Autorinnen von *Threadbared* schwingen bei der stillschweigenden Aufforderung an erwachsene Frauen, nach einem vorpubertären Körper zu streben, unzählige und miteinander verbundene Fälle von langsamer Gewalt mit: ein niedriges Selbstbewusstsein, Angstgefühle, Depressionen und manchmal Alkohol- und Drogenmissbrauch, Selbstverletzung und ein gestörtes Essverhalten. Essstörungen können so aufzeigen, in was für einer Gesellschaft wir leben. Fernab davon, nur ein »Problem weißer Mädchen« zu sein, spielt auch rassistische Gewalt eine starke Rolle in der Entwicklung von Störungen der Eigenwahrnehmung.[64] Die Normalisierung dieser Notlagen verstärkt die gesellschaftliche Benachteiligung von Frauen.

Kriege, extreme Armut, Finanzturbulenzen, Tyrannei, Imperialismus, schwindende Ressourcen und nukleare Katastrophen sowie Terrorismus und Neoliberalismus belasten die Weltgemeinschaft. Wenn wir die schleichende Gewalt des Klimawandels miteinbeziehen – und ich behaupte, auch die Entfremdung des modernen Lebens –, stellt uns der Kapitalismus am Anfang dieses Jahrhunderts vor die vielleicht größte Krise der Menschheitsgeschichte. Wir leben in einer Zeit der Extreme.

Unsere heutige Gesellschaft ist auch insofern anders, als sich die Märkte auf die ganze Welt ausgeweitet haben. Also bleibt uns nur noch, eine Kleinigkeit wie den menschlichen Körper zu erobern, wobei der Absatz von Mythen und Fantasie abhängt.[65] Vor allem in der

Mode ist der Gebrauchswert von den Markenfantasien verdrängt worden, die für einen effektiven Tauschwert notwendig sind.

Sexualisierte Gewalt

Models setzen sich weiterhin gegen die sexualisierte Gewalt in der Branche ein, die hier zur Arbeitskultur gehört. Die Liste von Branchenvertretern, die sich sexualisierter Gewalt und Einschüchterung schuldig gemacht haben, ist lang. Noch länger ist die Liste jener Menschen, die Missbrauch ermöglichten, indem sie seine Existenz ignorierten, die Täter deckten oder verteidigten und die Vorwürfe derjenigen abtaten, die sich trauten, etwas zu sagen.

Unter den Tätern sind Fotografen, Modelagenten, Casting Directors, Manager von Modefirmen, Designer und Branchenmogule. Ganze siebzehn Jahre voller Vorwürfe des sexuellen Missbrauchs gegen den in Ungnade gefallenen Fotografen Terry Richardson dauerte es, bis die mächtigsten Modefirmen ihn endlich nicht mehr buchten.[66] Unter den Opfern von Harvey Weinstein, der schließlich wegen Vergewaltigung ins Gefängnis kam, waren auch zahlreiche Models. Dass Weinstein belangt werden konnte, ist auch der mutigen Entscheidung von Models wie Ambra Battilana Gutierrez zu verdanken, seine Taten offenzulegen. Paul Marciano musste wegen Vorwürfen der sexuellen Belästigung als Vorsitzender des Verwaltungsrats von Guess abdanken[67]. Der Gründer von American Apparel, Dov Charney, wurde in zahlreichen Fällen sexueller Übergriffe beschuldigt und musste ebenfalls seinen Posten räumen – wenngleich er nie verurteilt wurde und alles abstreitet.[68] Die französischen Behörden ermitteln gegen den ehemaligen Chef der Modelagentur Elite, Gerald Marie, wegen des Verdachts auf Vergewaltigung in mehreren Fällen, darunter sind auch Models, die zum Tatzeitpunkt minderjährig waren. In der *New York Times* beschuldigten fünfzehn männliche Models (auch ehemalige), die mit Bruce Weber arbeiteten, sowie dreizehn männliche Assistenten und Models, die mit Mario Testino gearbeitet hatten, die beiden berühmten Fotografen der sexuellen Ausbeutung. Beide dementieren die Vorwürfe. Diese Beispiele verdeutlichen, dass das Arbeitsklima in der Modeindustrie Missbrauch begünstigt. Wie das Supermodel Christy Turlington es ausdrückte: »Belästigung und Misshandlung waren in der Branche immer schon allseits bekannt und wurden toleriert. In der Branche wimmelt es von Aggressoren.«[69]

Außerdem ist die Modeindustrie berüchtigt für Shootings, die in einem anderen Kontext sicher zu Verhaftungen wegen Kinderpornografie führen würden. Bevor es hier Regulierungen gab, zeigte die *Vogue Paris* besonders verstörende Fotos einer stark geschminkten Zehnjährigen in aufreizenden Posen. Auch Dunja Knezevic von der Models Union stimmt in dem Punkt zu, dass vieles, was in der Modebranche durchgeht, anderswo juristische Konsequenzen hätte. »Sexuelle Belästigung, Kinderarbeit … Vielen ist nicht klar, dass diese Mädchen in den Werbekampagnen teilweise erst fünfzehn Jahre alt sind. Die Branche folgt dem Motto ›sie sieht älter aus, wen kümmert es also, wenn ihre Brüste zu sehen sind‹«.[70] In einem sehr offenen Interview mit der Zeitschrift *Vanity Fair* berichtete das legendäre Model Kate Moss von einem Nervenzusammenbruch, den sie erlitten hatte, nachdem sie als junges Mädchen in einem provokanten Kontext fotografiert worden war. Ihr Statement zu einem ihrer berühmtesten Bilder, das die Fotografin Corinne Day von ihr gemacht hatte und auf dem sie oben ohne zu sehen ist: »Sie sagten so etwas in der Art von ›wenn du das jetzt nicht machst, werden wir dich nie wieder buchen‹. Also schloss ich mich im Klo ein und weinte, und dann kam ich raus und machte es.«[71]

Der Arbeitskampf ist es, der Models dazu befähigen kann, ihre Stimme zu erheben und die Gesellschaft zu verändern. Die Initiative *Respect* der Model Alliance hat sich folgende Ziele gesetzt: Erstellung und Umsetzung eines strengen Verhaltenskodexes zum Schutz der Models vor sexueller Belästigung und Missbrauch; Aufklärung der Models über ihre Arbeitsrechte und aller Stakeholder hinsichtlich ihrer Pflichten; Schutz des Rechts der Models auf Meinungsäußerung; Beendigung freiwilliger Übereinkünfte; Bekämpfung der wirtschaftlichen Benachteiligung, um Models weniger anfällig für Nötigung und Missbrauch zu machen.[72]

Die #MeToo-Bewegung, die die Welt erschütterte, war ursprünglich 2006 von der US-Aktivistin Tarana Burke ins Leben gerufen worden, um die von sexuellem Missbrauch Betroffenen dazu aufzufordern, ihre Stimme zu erheben. Doch noch immer bleibt an dieser Front viel zu tun, nicht zuletzt, weil die sexualisierte Gewalt in der Modeindustrie jeden Teil der Lieferkette betrifft, vom Laufsteg bis zur Fabrik. Immer dort, wo Frauen sich in einem sozialen Kontext bewegen, in dem sie als unterlegen betrachtet werden, an der Schnittstelle zwischen Geschlechterungleichheit und Benachteiligung aufgrund von Klasse, *race*, Ethnie, Alter und Aufenthaltsstatus.[73]

Was das Ganze in der Modeindustrie oder in den Fabriken zusätzlich erschwert, ist, dass Mode noch immer als »Frauenthema« abgetan wird. Dabei schwingt eine Geringschätzung der Arbeit von Frauen mit, die auch weniger Aussicht darauf haben, in ihren Forderungen nach Veränderung ernstgenommen zu werden.[74] Letzten Endes müssen gesellschaftliche Machtstrukturen erst vollkommen zerstört werden, damit Frauen an ihrem Arbeitsplatz oder in anderen Bereichen nicht länger ausgenutzt werden können. Zusammenfassend kann man sagen, dass die Modeindustrie derzeit nicht ohne geschlechtsspezifische Ausbeutung und sexualisierte Gewalt bestehen könnte.

Ableismus

Im Laufe der Jahre hat sich eine wachsende Zahl von Stylist:innen, Models und Aktivist:innen beharrlich dafür eingesetzt, dass Menschen nicht mehr aufgrund von ausgedachten Moderegeln ausgegrenzt werden (ausgedacht, weil es keine glaubwürdigen oder realen Gründe gibt, warum Kleidung an weißen Menschen besser aussehen sollte, oder warum Schönheit ab einem bestimmten Alter oder ab einem bestimmten Wert auf der Waage aufhört). Doch eine Barriere, die im Grunde ziemlich offensichtlich ist, wurde dabei außer Acht gelassen: der Ableismus.

»In dieser starren Hierarchie haben Menschen mit Behinderung oft gar nicht die Möglichkeit, als stylisch und elegant angesehen zu werden«, so Michael Shamash, ehemaliger Vorsitzender der Restricted Growth Association, einer Organisation für Menschen mit Kleinwüchsigkeit. Es gehe nicht darum, den Firmen mehr Gewinne zu bescheren. »Es ist eine moralische Frage. Bei Inklusion geht es nicht nur um Gesundheitsfürsorge, Wohnen, Verkehr oder Bildung, sondern auch um Identität und Selbstwertgefühl und darum, wie man dies zum Ausdruck bringt. Daher ist der Zugang zu Mode so wichtig.«[75]

Kelly Knox hat als Model schon Modeschauen der Londoner Fashion Week eröffnet. Sie sagt: »Bis ich mit dem Modeln begann, habe ich mich nie als behindert angesehen.« Knox, der von Geburt an der linke Unterarm fehlt, führt weiter aus: »Nicht meine Beeinträchtigung macht mich anders, sondern dass mir wegen meines Arms weniger Chancen gegeben werden.«[76] Für Knox gehört die Benachteiligung von Menschen mit Behinderungen zu einer der letzten Grenzen der Branche, die es einzureißen gilt. »Alle Menschen haben von Geburt an das Recht, sich in ihrer Haut wohlzufühlen und sich vollkommen frei zu entwickeln«, so Knox.

Die Botschaft der Menschen, die sich dafür einsetzen, ist revolutionär. »Ich mag, wie ich aussehe«, so Michael Shamash, »und ich mag, wie ich wirke und interessiere mich dafür, wie ich aussehe und wirke.« Äußerungen wie diese sind selten in der Modeindustrie. Es ist eine bemerkenswerte Aussage, die nicht zu einer Branche passt, die nicht existieren würde, wenn wir alle diesen Zustand der Selbstakzeptanz erreicht hätten.

Immer, wenn sich etwas in puncto visuelle Vielfalt tut, fragt man sich, warum das überhaupt erst so lange gedauert hat und wie man verhindern kann, dass es eine einmalige Sache bleibt. Marken und Zeitschriften sind sehr geschickt darin, Aufmerksamkeit zu erregen und Pflichtübungen zu absolvieren, anstatt sich für echte, nachhaltige Veränderungen einzusetzen.

»Sie holen dich dazu, und es fühlt sich an, als wäre ›Diversity Day‹, und dann gehst du wieder nach Hause«, beschrieb es das Model Hari Nef einmal. »Diversity Day ist schon in Ordnung, weil ich dadurch ja auch meine Rechnungen bezahlen kann. Aber das sind nie Spitzenkampagnen, nie Verträge, oder nur selten.« Ein Wandel, der Vielfalt zu einem reinen Zahlenspiel macht, »ist nicht geeignet, Mode so zu verändern, dass sie nachhaltig inklusiv ist«, so Nef weiter. »Es ist sehr schwierig, dich in eine Form zu pressen, die nicht für dich gemacht ist; in diese Samples, die nicht für dich gemacht sind; in die visuellen Kontexte, die nicht für dich gemacht sind. [...] Ich denke, es braucht ein größeres Bewusstsein dafür, wer die Kleidung trägt und warum diese Person miteinbezogen wurde.«[77] 99 Prozent der Bevölkerung entsprechen nicht den von der Mode aufgestellten Schönheitsregeln, und diese Regeln waren auch nie dafür gedacht, alle Menschen miteinzubeziehen. So füllt der Kapitalismus unsere Köpfe ständig mit negativen Botschaften: dass wir nicht gut genug sind und ständig versuchen müssen, uns durch Diäten, Körperpflege und den Konsum von mehr Kleidung, Schuhen und Schönheitsprodukten zu verbessern.

Fatshionista

»Willkommen, Fatshionistas! Wir sind eine diverse, fat-positive, antirassistische, behindertenfreundliche, transinklusive, queer angehauchte, nicht genderspezifische Gemeinschaft, offen für alle. Wir wollen hier über alle Einzelheiten der Fat Fashion diskutieren, ernsthaft und albern – aber vor allem ehrlich und mit Stil.«[78] So empfängt einen die offen politische Website *Fatshionista Live Journal*, die das Aufkommen von Fat Fashion, also Mode für Dicke (oder eben *Fatshion*), online geprägt hat. Ich benutze hier die Bezeichnungen »dick« und »fett« (*fat*), weil es die Begriffe sind, die Fettaktivist:innen selbst verwenden und weil es keine schlimmen Worte sind.[79] Wie es Charlotte Cooper, Autorin von *Fat Activism: A Radical Social Movement*, ausdrückte: »Euphemismen und Sprache, die versuchen, das Konzept ins Seriöse oder Medizinische zu verlegen, machen alles nur noch schlimmer, sie zementieren Scham, Unsichtbarkeit und Ohnmacht. Wie kann man politische Gedanken zum Dicksein haben, wenn man sich nicht mal traut, das Wort in den Mund zu nehmen. Es ist wirklich keine große Sache, dieses Wort zu verwenden.«[80]

Fatshion-Websites bieten denen eine Plattform, für die durch das Stigma Dicksein der Zugang zu Mode direkt beeinflusst oder eingeschränkt ist.[81] So auch für Kirsty Fife. Kirsty ist archivarisch, wissenschaftlich und aktivistisch in Leeds tätig. Als Kirsty damals über *Fatshionista* stolperte, kam das einem Eintauchen in einen radikalen, freien Raum gleich: »Da sah ich auf einmal Körper wie meinen, die andere Dinge trugen, die alle Regeln brachen und sehr verspielt mit Kleidung umgingen. Mode war hier keine Frage danach, ›was ich tragen kann‹«. *Fatshionista* inspirierte Kirsty 2010 sogar zu einem eigenen Blog namens *Fatty Unbound*: »Ich lebte von der Stütze und langweilte mich. Wohltätigkeitsläden gehörten schon immer zu meinem Alltag, und damals gab es auch Blogs, aber ich hatte das Gefühl, dass es allen besser ging als mir. Kleidung in Übergröße war in jener Zeit ziemlich enttäuschend, aber wenn man genug Geld hatte, konnte man das ein oder andere schöne Teil bekommen.« Kirsty schrieb, stylte sich und fotografierte absichtlich aus der Perspektive einer Person, »die pleite war«, stellte Kleidung selbst her und schoss Secondhand-Schnäppchen.

Der Blog wurde schnell als Teil einer wachsenden Bewegung bekannt, die nicht nur mehr Bekleidungsoptionen für dicke Menschen forderte, sondern auch ein Ende der Unterdrückung von Dicken durch Medizin und Industrie. *Fatshion* war subversiv, kraftvoll und zeigte dem Establishment den Stinkefinger, aber die wachsende Bekanntheit brachte auch Herausforderungen mit sich. Nach ein paar Jahren wurde Kirsty von Modefirmen und Medien umworben, sie lockten mit Kleidergeschenken und Einladungen in Fernsehsendungen. »Erst dachte ich, toll, gratis Klamotten, immer her damit«, so Kirsty dazu. »Aber mit der Zeit wurde das Ganze unerwartet ekelhaft.« Der Druck wuchs, »positive Beziehungen« zu den Firmen aufrechtzuerhalten und Blogeinträge zu ändern, wenn ihnen nicht gefiel, was da stand.

Die Fernsehauftritte waren nicht besser, weil sich die Gespräche immer wieder um die Fragen drehten, wie viele Kalorien Kirsty jeden Tag zu sich nahm und was Männer von Kirstys Körper hielten. »Das war gleich doppelt seltsam, weil ich queer bin«, so Kirsty. »Als wäre es notwendig, mein Verhältnis zu meinem Körper für jemand anderen einzuordnen.« Im Gespräch mit anderen Bloggenden begriff Kirsty, dass immer häufiger gepostet wurde, woran man selbst nicht mehr glaubte. Anstatt ehrliche und oftmals vernichtende Bewertungen zu Kleidung zu äußern, nahmen sie jetzt gutbezahlte Aufträge von Modemarken an. *Fatshionista*-Gründerin Amanda Piasecki sagte 2013 in einem Interview: »Meine Auffassung von dem, was da gerade passiert oder passiert ist, ist folgende: Diese absolut queere, alternative Kultur wurde vom Mainstream vereinnahmt [...] Man versucht mittlerweile zu zeigen, wie mainstream dicke Menschen sein können, sodass ihr Wert weniger infrage gestellt wird.«[82] Altgediente Aktivist:innen gaben außerdem zu bedenken, dass es zwar gut sei, »einfach nur eine dicke Person sein zu können, die schöne Kleidung mag«, dass man aber auf gar keinen Fall hier aufhören dürfe.[83]

Die Bloggerin, Künstlerin und Aktivistin Natalie Perkins steuert eine australische Perspektive bei: »Es ist lächerlich zu behaupten, dass das Stigma, das dem Dicksein anhaftet, dadurch verschwinden kann, dass *Fatshion*-Blogger im Mainstream angekommen sind. [...] *Fatshion*-Blogs sind mittlerweile meist auf einer Linie mit den großen Modemarken. Ich fürchte, wenn Unterdrückende und Unterdrückte für das Image einer Firma zusammenarbeiten, wird das den Aktivismus nicht gerade befördern.« Eine weitere Passage in einem von Perkins älteren Artikeln ist besonders aufschlussreich und lässt sich auf jede Subkultur, die Veränderung fordert, anwenden: »Geht es bei *Fatshion* um die Verkörperung des Dickseins oder eher darum, Kleidung zu konsumieren und verlorene Zeit in einem kapitalistischen System nachzuholen, das uns immer gelehrt hat, dass wir unzumutbar sind? Und wäre das dann Aktivismus? Wer bleibt dabei auf der Strecke? Wie können wir für uns und andere dicke Menschen eintreten, ohne das System zu unterstützen, das uns so lange fertiggemacht hat?«[84]

Die Frage, wer auf der Strecke blieb, beschäftigte auch Kirsty zunehmend. Eine besonders unangenehme Erfahrung war ein Feature von *The Times* zum Thema *Fatshion*, für das mehrere Bloggende zusammenkamen und interviewt wurden. Schließlich wurden alle außer Kirsty zu einem Shooting eingeladen. »Sie wollten meine Worte, aber nicht mein Gesicht miteinbeziehen«. Kirsty erklärt weiter:

> Es war ein seltsamer Moment, als ich merkte, dass mein Gesicht nicht ins Schema von dem passte, was sie zeigen wollten. Ich glaube, dass es da viele gibt, besonders die, die nicht im konventionellen Sinne als attraktiv gelten – queere Menschen, Menschen der Arbeiterklasse, People of Colour – viele solche Menschen wurden nicht an so prominenter Stelle sichtbar gemacht.

Eine kleine Gruppe Menschen kam weiter, während der Rest – darunter auch viele, die sich für die Bewegung eingesetzt hatten – zurückblieb. Eine weitere Fettaktivistin, Lesley Kinzel, schrieb dazu: »Es ist einfach, das Abschaffen von Schönheitsidealen zu feiern, wenn doch die meisten, die dafür gefeiert werden, selbst schön sind.«[85]

Zwar freuen sich viele, dass es weniger schwierig ist, Kleidung in Übergröße zu finden, doch war das nie das eigentliche Ziel der radikalen Forderungen von Fat Fashion. Aus »Fat Positivity« wurde »Body Positivity«, eine weichgespülte Version der Verkörperung des Dickseins, die dazu verwendet wird, »Kleidung zu verkaufen und Spitzenpromis zu pushen, was sie eher zu einem kapitalistischen Werkzeug als einer Bewegung gegen das Establishment macht.«[86] Außerdem ist die Phrase mittlerweile so abgedroschen, dass sie jegliche Bedeutung verloren hat. Ich stimme Kinzel zu: Die Botschaft, alle Körper seien unabhängig vom Aussehen gute Körper, ist zwar ganz wunderbar, es fehlt aber die Anerkennung, dass nicht alle Körper von der Gesellschaft gleich behandelt werden. Body Positivity »stellt die Unsicherheiten einer schlanken, normschönen jungen Frau Anfang zwanzig auf eine Stufe mit dem psychologischen Spießrutenlauf einer Frau mittleren Alters, die XXL trägt und es wagt, in einem Bikini an den Strand zu gehen«.[87] Es geht auch nicht nur ums Aussehen: »Es liegen Welten zwischen der Sorge, dass man in einem XS-Höschen deine Cellulite sehen könnte und der Frage, ob dein Körper in einem Flugzeugsitz Platz hat oder ein Krankenhaus so ausgestattet ist, dass es dich aufnehmen könnte.«[88]

Fettaktivismus gibt es auch weiterhin, doch die Modeszene hat im Grunde ihre Radikalität verloren. Was bleibt, sind die Wut und die

Kraft derjenigen, die ausgeschlossen blieben, als die Grenzen der Akzeptanz ein Stück weit aufweichten. Die neuen Regeln des Kapitalismus, wie man auszusehen und sich zu verhalten habe, waren nie für die unendliche Vielfalt menschlicher Körper und Erfahrungen gedacht. Kirsty Fife hat den eigenen Blog aufgegeben und steckt das kulturelle Organisationstalent in Punkbands, Fanzines, Fettaktivismus und Kleidertauschveranstaltungen für Übergrößen. »Für mich ist Kleidung noch immer radikal«, so Kirsty. »Für viele Dicke ist Kleidung sogar heute noch ein wichtiger Teil für die Veränderung des Selbstverständnisses und wie man sich in der Welt bewegt.«

»Ich glaube fest an die Kleidertauschbörsen, die unterschwellig radikal sind.« Kirsty führt aus:

> An Kleidertauschbörsen ist vor allem wichtig, dass sie die gegenseitige Hilfe in den Mittelpunkt stellen. Bei den Tauschbörsen, die ich in Leeds organisiere, kommen über den Tag verteilt hundert Leute. Manche bringen nichts mit, manche bis zu fünf Müllsäcke voll Kleidung. Und alle nehmen etwas mit und machen die Erfahrung von Kleidung im Überfluss, die man nicht kennt, wenn man aus irgendwelchen Gründen keinen Zugang zu Kleidung hat.

Der Kampf gegen Diskriminierung von dicken Menschen in den Medien, der Wirtschaft und der Gesellschaft dauert weiter an. Charlotte Cooper fasst zusammen, wie wichtig der Fettaktivismus als Teil einer größeren Befreiungsbewegung ist:

> Ich betrachte ihn als Strategie, um ein wirklich gutes Leben zu führen, Dinge zu schaffen, mit Menschen in Kontakt zu treten, spannende Ideen übers Menschsein und Verkörperung zu entwickeln [...] Es ist eine Methode, über Politik und Macht nachzudenken, und für mich, wenn auch nicht für alle Fettaktivistinnen, Teil des Prozesses, Freiheit und Frieden für alle Lebewesen zu erlangen.

Cooper führt im Interview außerdem an:

> Dicke queere Feministinnen haben den Fettaktivismus so stark vorangetrieben, weil sie auf den Mainstream tendenziell keinen Wert legen. Dazu gehören auch Menschen, die die Transgender-Bewegung begründeten, sowie Linke, Vertreter:innen der Arbeiterklasse, People of Colour, Menschen ethnischer Minderheiten, Menschen, die chronisch krank oder behindert sind. Von dieser Intersektionalität sind oft Menschen betroffen, die niemals akzeptiert werden. Also gestalten wir uns unser eigenes Leben. Das erfordert eine Menge Vorstellungskraft – und Politik. Die Lösung kommt nicht von der Stange. Sie muss hart erkämpft werden und entsteht durch Risikobereitschaft, den Austausch von Ideen und den Glauben an den Wert der eigenen seltsamen und aufregenden Erfahrung.[89]

7 Ist Mode rassistisch?

Das ist nicht das erste Mal, dass Schwarze die Modeindustrie anprangern; das ist nicht die erste Revolution. Es muss sich etwas ändern.[1]

Adesuwa Aighewi

Black Lives Matter

Mode ist ein hochlukratives Geschäft. Genau deshalb war sie durch die Geschichte hinweg die Domäne einer bestimmten Bevölkerungsschicht, die reich, dünn und weiß war. Aus dieser Tradition erwuchs die Einstellung, dass diejenigen, die nicht dazu gehören, auch keine »Mode machen«. Sie werden als »Menschen ohne Geschichte« gesehen oder in diesem Fall als »Menschen ohne Mode«.[2] Dieses Kapitel handelt von der zutiefst rassistischen Prämisse, Paris, Mailand, London und New York würden Mode machen, alle anderen aber nur Kleidung. Sie ist Grundlage dafür, dass mit der Kontrolle des Zugriffs auf gemeinschaftliche Ressourcen auch allerlei Chancen und Vorteile den Weißen vorbehalten bleiben. Sie ist Grundlage für Entmenschlichung und somit auch für die ungestrafte Ausbeutung des Globalen Südens; für die Tatsache, dass es ohne Rassismus keine Mode gäbe. Weil die Modeindustrie ist, wie sie ist, sollte dieses gesamte Buch als

Werk über rassistische Ausbeutung verstanden werden. Dieses Kapitel befasst sich daher insbesondere mit Fragen der visuellen Repräsentation und der Ausnutzung von Kultur für die Schaffung von Trends.

Das Thema Rassismus in der Mode rückte 2020 im Zuge der globalen Black-Lives-Matter-Bewegung in den Vordergrund. Als George Floyd 2020 in Minneapolis von einem Polizisten ermordet wurde, stand die Welt unter Schock. In verschiedenen Gesellschaftsbereichen wurde mit dem Thema Rassismus abgerechnet. Auch in der Modeindustrie gab es Erneuerungsbestrebungen, und branchentypische rassistische Grenzen wurden sichtbar. Vor diesem Hintergrund entschuldigte sich die Chefredakteurin der amerikanischen *Vogue*, Anna Wintour, bei ihren Mitarbeitenden: »Ich weiß, dass *Vogue* nicht genug Möglichkeiten gefunden hat, Schwarze Redakteure, Autoren, Fotografen, Designer und andere Kreative zu würdigen und ihnen Raum zu geben. Wir haben auch Fehler gemacht, indem wir Bilder oder Geschichten veröffentlichten, die verletzend oder intolerant waren.«[3] Wintour gab allerdings weder ihren Posten bei der *Vogue* noch den als Global Content Advisor des Medienkonzerns Condé Nast ab.

Die Heftigkeit der Proteste veranlasste Modefirmen auch zu Solidaritätsbekundungen via Social Media. Unter dem mittlerweile berüchtigten Hashtag #BlackoutTuesday posteten Firmen auf Instagram schwarze Quadrate und gelobten Besserung. Einige begrüßten das demonstrierte Mitgefühl, andere waren eher zurückhaltend. Danielle Prescod, Style Director für *BET.com,* sagte gegenüber *CNN:* »Es wirkt unaufrichtig, wenn eine Firma sowas sagt wie ›Wir stehen zur Schwarzen Community‹. Weil, wann haben Sie sich denn jemals für die Schwarze Community eingesetzt?«.[4] Supermodel Adesuwa Aighewi schloss sich dieser Meinung an: »Ich weiß nicht, ob irgendeine weiße Person überhaupt in der Lage ist, nachzuvollziehen, wie emotional aufgewühlt man als Schwarze Person ist, die versucht, hier zu arbeiten und zu überleben [...] Ich weiß nicht, ob Schwarze in der Modebranche irgendwo sagen können, wir haben die gleichen Ressourcen, wir sind gleichberechtigt, wir werden gleich behandelt.«[5]

Ein Sperrgebiet

Im Februar 1959 erschienen Bilder von China Machado (geboren als Noelie Dasouza Machado) in der Zeitschrift *Harper's Bazaar*. Es war das erste Mal überhaupt, dass ein Model of Colour in einer Modezeitschrift gezeigt wurde[6], und Richard Avedon, Fotograf und Kollege von China Machado, hatte sich stark dafür eingesetzt. 2012 arbeitete Machado im Alter von 82 Jahren wieder als Model. Zu ihrer Kindheit in Shanghai bemerkte sie: »Von uns [die nicht weiß waren] gab es keine Bilder. Wir hatten nichts, das uns hätte sagen können, dass wir gut aussahen. Überhaupt nichts. Also dachte ich nicht von mir, dass ich gut aussehen könnte. Es kam mir gar nicht in den Sinn.«[7]

Die britische *Vogue* brachte zum ersten Mal 1966 ein PoC-Model auf einer Titelseite, Donyale Luna. Auf dem Foto verdeckt Lunas Hand einen Teil ihres Gesichts – vielleicht war es ein Versuch, so sagt man, ihre Ethnizität ein bisschen zu verstecken. Erst acht Jahre später, 1974, erschien Beverly Johnson auf der Titelseite der US-amerikanischen *Vogue*. *Vogue Paris* blieb weitere vierzehn Jahre standhaft weiß, und es änderte sich erst 1988 etwas, als Yves Saint Laurent drohte, seine Verbindungen zu dem Magazin zu kappen, sollte die achtzehnjährige Naomi Campbell nicht auf dem Cover erscheinen.

Einige Jahrzehnte später sind diese Ausschlussstrategien – komplett weiße Modeschauen, komplett weiße Werbekampagnen und komplett weiße Modestrecken in Magazinen – immer noch die Norm. 2007 war die New York Fashion Week weißer als weiß, denn bei 101 Shows (einem Drittel) trat kein einziges Model of Colour auf. Selbst nach einer öffentlichen Kampagne für mehr Vielfalt wurden auf den New Yorker Laufstegen im Jahre 2009 nur 18 Prozent der Plätze an Models of Colour vergeben. Das ist noch weniger inklusiv, als es klingt, denn bei der Hälfte davon handelte es sich um wiederholte Auftritte von denselben drei Topmodels. In der Calvin-Klein-Show liefen 34-mal weiße Models und nur einmal ein Model of Colour, bei Donna Karan war das Verhältnis 45 zu 3 zugunsten der weißen Models.[8]

Gemessen an der Branchennorm war das schon ziemlich divers. Bei den Shows von vierzig Designer:innen auf der Paris Fashion Week

2008 war kein einziges Model of Colour zu sehen. Insider:innen sprechen von einem endemischen europäischen Rassismus: »Schlägst du jemandem in Paris oder Mailand ein schwarzes Mädchen vor, lassen sie die Sedcard fallen, als wären es glühende Kohlen.«[9] Es kam vor, dass Auftraggebende einem Casting Director sagten, dass sie ein schwarzes Model wollten, »aber nicht ein zu schwarzes«[10], und dass Booking-Agenturen für Castings Ansagen wie »no ethnics« zu hören bekamen.[11] Prada buchte zwischen Naomi Campbell 1997 und Jourdan Dunn 2008 kein einziges Schwarzes Model für eine Modeschau. Ein derartiges Ausmaß an akzeptiertem Rassismus ist mittlerweile in fast allen anderen Branchen undenkbar. Die US-amerikanische *Vogue* hatte vor diesem Hintergrund den Nerv, die Titelstory ihrer Juli-Ausgabe 2008 »Ist Mode rassistisch?« zu nennen. Im September 2013 forderten Naomi Campbell, Iman und Bethann Hardison die Designer:innen in einem offenen Brief auf, ihre Laufstege vielfältiger zu besetzen. »Unabhängig von der Absicht ist das Ergebnis Rassismus. Jemanden aufgrund seiner Hautfarbe nicht zu akzeptieren, geht eindeutig über ästhetische Fragen hinaus.«[12]

Karikaturen

Bekommen Models of Colour ein Jobangebot, werden sie häufig karikiert. Die Modeindustrie zeigt Schwarze weibliche Körper regelmäßig als verboten, hypersexualisiert, primitiv oder obszön.[13] Immer wieder bedient die Branche die üblichen Stereotype, um damit eine bestimmte »urige Atmosphäre« zu schaffen. Wer Modemagazine liest, wird bemerkt haben, wie oft Frauen of Colour mit Tieren verglichen werden. In der Bilderserie »Wild Things«, die Jean-Paul Goude 2009 für *Harper's Bazaar* schoss, rennt Naomi Campbell auf gleicher Höhe neben einem Gepard, macht Seilspringen mit Affen, reitet auf einem Elefanten und sitzt auf einem Krokodil. Andere berühmte Beispiele sind Peter Beards Bilder von Iman, die er halbnackt neben einem Gepard fotografierte, und von Maureen Gallagher, die – ebenfalls nackt – eine Giraffe füttert.

Modefotostrecken nutzen alle und jeden, seien es mongolische Hirten oder balinesische Kinder, um exotische Landschaften zu evozieren, die einen Kontrast zu den weißen Models und teuren Kleidern darstellen sollen. Das Thema ist einfallslos und ermüdend, und es ist durchtränkt von Bezugnahmen auf Kolonialismus und Ausbeutung. Im August 2008 druckte die *Vogue India* eine Fotostrecke mit dem Titel »Slumbewohner«. Menschen, die mit 1,25 Dollar pro Tag leben müssen, wurden ganz ernsthaft mit Babylätzchen von Fendi zu 100 Dollar, Regenschirmen von Burberry zu 200 Dollar und einer Tasche von Hermès zu 10 000 Dollar gezeigt. »Es ist kein bisschen ›lustig‹, einem verarmten Menschen in einer Lehmhütte Kleider anzuziehen, die von Alexander McQueen designt wurden. Wir leben in einem Land, in dem viele Bauern aus Verzweiflung Suizid begehen, Herrgott noch mal!«, meinte dazu Kanika Gahlaut, Journalistin bei der indischen *Mail Today*. Die *Vogue* hatte darauf verzichtet, die Namen der porträtierten Slumbewohner anzugeben, sie waren einfach eine »Dame« oder ein »Mann« – im Gegensatz zu den Kleidern, die präzise benannt wurden. *Vogue India* setzte dem Ganzen mit folgendem Kommentar die Krone auf: »Entspanne dich. Mode ist nicht länger ein Privileg der Reichen. Jeder kann sie tragen und wunderschön dabei aussehen.«[14]

Die Soziologin Ruth Frankenberg veröffentlichte 1997 das Buch *Displacing Whiteness*. Darin heißt es, dass Frauen of Colour so stark fetischisiert werden, dass sie sich »auf einem rutschigen Abhang zwischen exotischer Schönheit einerseits und Unheimlichkeit und Hässlichkeit andererseits« befinden.[15] Deswegen werden Models of Colour auch gern für Fotoshootings gebucht, in denen abweichendes Verhalten dargestellt werden soll. Ein Magazinredakteur äußerte sich so: »Schwarze Frauen haben einen kantigeren Look. Wenn ich also wirklich Fotos will, die anders sind, würde ich eine Schwarze nehmen.«[16] Model Alek Wek berichtete, wie sie in Shootings dargestellt worden war. Beispielsweise sollte sie im Rahmen einer Kampagne für Lavazza in einer riesigen Tasse den »Kaffee« symbolisieren, und verglich sie mit früheren Werbestrategien, die Bilder von Schwarzen Menschen verwendeten: »In den 1940er Jahren gab es diese Tassen, auf denen Dschungelbewohner mit dicken Lippen zu sehen waren; eine Golliwog-Figur wurde zum Maskottchen einer Marmeladenmarke; in den

60ern schmückte die Kinderbuchfigur ›Little Black Zambo‹ die Wände einer US-amerikanischen Restaurantkette; und schon damals hat Uncle Bens scheinbar gutmütiges Antlitz für Reis geworben – was es bis heute tut.«[17]

Die britische Vogue

Im August 2014 waren zwölf Jahre vergangen, seit ein Schwarzes Model zuletzt allein das Cover der *British Vogue* zierte. Auf der August-Ausgabe von 2002 war Naomi Campbell zu sehen gewesen. Seither wurden bis 2014 146 Cover fotografiert, bearbeitet und in Umlauf gebracht. Die britische *Vogue* erklärte in einer E-Mail ihre Redaktionspolitik und insbesondere, warum das Supermodel Jourdan Dunn kein eigenes Cover bekommen hatte (sie war sechs Jahre zuvor auf einem Gruppen-Cover abgebildet gewesen): »Alexandra Shulman, Redakteurin der *Vogue*, sagte dazu: ›Wir haben Beyoncé und Rihanna auf das Cover der *Vogue* gebracht, und mindestens die Hälfte unserer Cover zeigt überhaupt keine Models. Wir lieben Jourdan Dunn und sie war der Cover-Star der letzten *Miss Vogue*, auf der zuvor Cara Delevingne zu sehen war.‹«

Dem Onlinearchiv der *Vogue* lässt sich entnehmen, dass seit Naomi Campbell auf 95 Covern Models zu sehen waren, im Vergleich zu nur 58 Titelseiten mit anderen prominenten Persönlichkeiten, darunter eben auch Beyoncé und Rihanna. 2014 gab es zwei Star-Cover und sieben Cover mit weißen Models, von denen zwei das genderfluide Model Cara Delevingne abbildeten. Man muss erwähnen, dass die *British Vogue* auch bei Schwarzen Stars wie Thandiwe Newton, die ebenfalls ausgeschlossen wurden, viel Schmerz und Wut verursachte.[18] Auf einem *Vogue*-Cover zu sein ist in der Modeindustrie noch immer Voraussetzung für große Aufträge. Und es ist ein Maßstab für Schönheitsideale – die eindeutig nur weiß sind. »Es gibt den Irrglauben, dass ›sich Schwarze Cover nicht verkaufen‹«, sagte Modelagent Jody Furlong damals. »Aber woher wollen sie das wissen? Wo es doch seit zwölf Jahren keins mehr gab! Man kann nicht behaupten, dass die Leute etwas nicht kaufen, wenn man ihnen nicht die Möglichkeit dazu gibt.«[19] Es ist nicht nur überaus beleidigend für Schwarze Frauen, sondern auch für die Leserschaft von Zeitschriften, wenn sie als Vorwand für Rassismus herhalten müssen. Die Ausgrenzung von Models of Colour spiegelt die Einstellung der Führungsriege der Modeindustrie wider, nicht die der Modefans.

Im Februar 2015 – also 151 Cover nach Naomi Campbell – zierte schließlich ein Foto von Jourdan Dunn die britische *Vogue*. In der rund 200 Seiten umfassenden Ausgabe sind jedoch mit Ausnahme von Jourdan Dunn auf allen anderen Fotos, abgesehen von vier Anzeigen und drei kleinen Bildern, nur Weiße zu sehen. In dem lang erwarteten Porträt, verfasst von der Schwägerin des damaligen Premierministers und zukünftigen Herausgeberin einer nationalen Zeitung, hieß es: »Jourdan hat keine Angst, ihre Meinung zu sagen. Zum Thema Rassismus im Modelbusiness befindet sie: ›Das Modelleben ist immer hart, und dann noch als Schwarzes Model. Ich habe gehört: ‚Oh, wir haben in dieser Saison gar keine Schwarzen Models gezeigt'‹, erzählt sie und knabbert an ihrem Chickenwing.«[20]

Während ich dies schreibe, ist Shulman schon seit fünf Jahren nicht mehr bei der *Vogue*. Sie verabschiedete sich mit einem umstrittenen Gruppenfoto ihrer Redaktion – 54 andere privilegierte Weiße – und einem unmöglichen Interview, in dem sie erklärte: »Ich bin gegen Quoten. Ich habe das Gefühl, dass in meiner *Vogue* die Leute saßen, die ich haben wollte.«[21] Keine große Überraschung also, dass es für die *Vogue* in einer Welt spannender Onlineinhalte und eines demografischen Wandels in der Modebranche bergab ging. Wie die Professorin für Film und Kultur Estella Tincknell schreibt, gab es ein extremes Spannungsverhältnis zwischen der *Vogue*-Kultur der Privilegien und dem »wirtschaftlichen Zwang, sich zu verändern oder bedeutungslos zu werden«. Condé Nast musste wieder moderner werden und hart daran arbeiten, »die intersektionalen Beziehungen von Geschlecht, *race* und Klasse neu zu denken und zu korrigieren.«[22]

Diese Aufgabe fiel Edward Enninful zu, der 2017 als erste Person of Colour Chefredakteur der britischen *Vogue* wurde und damit Geschichte schrieb. Er und sein neues Redaktionsteam begeisterten sowohl die Käufer:innen von Modemagazinen als auch die Buchhalter:innen von Condé Nast. Zweifellos hat sich unter Enninful die Optik der *British Vogue* verändert. In der Ausgabe vom Oktober 2021 sind 42 Prozent aller abgebildeten Personen People of Colour (als ich 2014 an der ersten Version dieses Buches schrieb, waren es 5 Prozent). Der Cover-Star ist Zendaya; in zwei Fotostrecken erscheinen dicke Models; vor der Kulisse Islands sind Akon Changkou, Sherry Shi und Anok Yai zu sehen; und außerdem beinhaltet die Ausgabe Porträts der Labour-Politikerin Diane Abbott und der Tennisspielerin Emma Raducanu. Das ist kein Vergleich zu den Zeiten, in denen die *Vogue* es für innovativ hielt, Theresa May in einer ledernen Hose zu fotografieren.

Die *Vogue* hat sich zwar neu orientiert, um in puncto liberale Werte, Gegenkulturen und Jugendbewegungen relevanter zu sein, doch man sollte sich die Grenzen der Modepresse in Erinnerung rufen. Die britische *Vogue* ist nach wie vor tief im Klassensystem verwurzelt und geht Hand in Hand mit der Finanzialisierung und der geplanten Obsoleszenz, die die Mode kontrollieren. Kleider für 1500 Pfund, Hüte für 500 Pfund und Uhren für 20 000 Pfund beherrschen nach wie vor die Seiten des Magazins. Dazu kommt die Befürwortung von Klarna-Schuldenmodellen, multinationalen Konzernen und Schönheitsoperationen.

Absicht?

Es wäre einfach, alle Themen in der Mode, die mit *race* zu tun haben, auf die Frage herunterzubrechen, ob der oder die Verantwortliche ein:e Rassist:in ist oder nicht. Das ist jedoch generell wenig hilfreich, da die Absicht – also ob eine Person jemanden beleidigen wollte oder nicht – nur ein kleiner Teil des Ganzen ist.[23] Es ist egal, ob Prada absichtlich keine Schwarzen Models auf die Laufstege lässt. Worauf es ankommt, ist das Ergebnis. Bei der Mehrheit der in der Modebranche tätigen Menschen – und im Übrigen in der ganzen Gesellschaft – wird Rassismus unbewusst und unabsichtlich weitergetragen. Das ändert nichts daran, dass es immer noch Rassismus ist. Die Vorstellungen von »Rassenunterschieden«, die Rassismus zugrunde liegen, sind nichts Gegebenes, sondern etwas vom Menschen Erdachtes, und deshalb sind sie dynamisch.[24] Aber obwohl das Konzept *race*, wie auch

Sexualität und Gender, sozial konstruiert ist, sind die Auswirkungen auf die Welt und das Leben von Individuen sehr wohl real und konkret spürbar.[25]

Rassismus – in Form abwertender Stereotype, die kulturell immer wieder neu artikuliert werden –, legitimierte Sklaverei, Lynchjustiz und Kolonialismus. Im Buch *A Quiet Revolution* beschreibt die in Harvard lehrende Professorin Leila Ahmed die im 19. Jahrhundert vorherrschenden europäischen Vorstellungen zur »Hierarchie von Rassen« und der europäischen zivilisatorischen Überlegenheit. Das rassistische Narrativ half dem europäischen Kolonialismus, weil es Europäer:innen nicht im Licht blutrünstiger, mordlustiger und ausbeuterischer Gewalt zeigte, sondern ganz im Gegensatz betonte, dass sie den zivilisatorischen Geist bis in die hintersten Regionen der Welt brächten.[26] Bis heute werden Kriege durch Rassismus gerechtfertigt. Auch bei den Kriegen gegen den Irak und Afghanistan versuchte man es mit dem Argument, die Angreifenden seien eine zivilisatorische Kraft. Insbesondere Frauen und die Kleidung von Frauen sind Schlüsselthemen geworden, wenn Neoimperialisten Kriege rechtfertigen wollen. Gayatri Spivak nannte diese Form von Rhetorik den Topos der »weißen Männer, die braune Frauen vor braunen Männern retten«[27]. In jedem Krieg ist der erste Schritt die Entmenschlichung der gegnerischen Partei, um das eigene Handeln gerechtfertigt erscheinen zu lassen. Auf lokaler Ebene dienen negative Stereotypen, wie wir sie in der Modeindustrie vorfinden, dazu, alles Mögliche zu begründen, von diskriminierenden Polizeikontrollen bis hin zu Chancenungleichheit bei Wohnraum, Arbeit und Bildung.[28]

Frederick Douglass, der der Sklaverei entkam und eine wichtige Figur der abolitionistischen Bewegung wurde, vertrat die Ansicht, Rassismus existiere zugunsten der kleinen Minderheit, die die Gesellschaft beherrscht: »Sie spalteten beide, um alle zu erobern«. Rassismus spaltet die Menschen, damit sie sich nicht zusammenschließen, um für höhere Löhne einzutreten oder eine Revolution anzuzetteln. In diesem Sinne geht der Rassismus von den Begünstigten aus, nämlich von denjenigen, die riesige Profite aus einer gespaltenen und zerstreuten Gesellschaft schlagen.

»Ain't I a Beauty Queen?«

Bleibt die Frage, ob mehr Vielfalt auf dem Laufsteg und in Magazinen tatsächlich das Ende des Rassismus bedeutet, oder, ganz im Gegenteil, dessen Integration in ein ausbeuterisches System. 1968 gab es zweierlei Proteste gegen den inzwischen äußerst verrufenen Schönheitswettbewerb um Miss America. Der erste war feministischer Art, fand außerhalb des Gebäudes statt, wo der Wettbewerb ausgerichtet wurde, und zielte gegen die als sexistisch und objektifizierend empfundene Idee einer Miss America. Gleichzeitig wurde im nahe gelegenen Ritz Carlton Hotel ein Wettbewerb um den Titel der Miss Black America organisiert, um aufzuzeigen, wie rassistisch die offizielle Wahl war.[29] »Alle Teilnehmerinnen müssen bei guter Gesundheit und weiß sein«, so hieß es in Punkt 7 des Regelwerks zum Miss-America-Wettbewerb.

Viele Feministinnen konnten 1968 nicht verstehen, wieso die Schwarze Community Teil der ausbeuterischen Praxis von Schönheitswettbewerben sein wollte. Sie verstanden den Wunsch nicht, der dahinterstand: die vom Wettbewerb propagierte Vorherrschaft eurozentristischer Schönheitsideale zu überwinden. In ihrem Buch *Ain't I a Beauty Queen* zeigt Maxine Leeds Craig, dass vom vorherrschenden Schönheitsideal ausgeschlossen zu sein nicht bedeutet, der Objektifizierung zu entgehen.[30] Vielmehr schämt man sich gleich doppelt, nämlich dafür, ausgeschlossen zu werden, und für seinen »nicht konformen« Körper.[31] 1968 fanden die beiden Proteste leider nicht zusammen, aber in beiden steckten wichtige Botschaften zu den Funktionsmechanismen von Diskriminierung. Die erste Schwarze Teilnehmerin der Miss-America-Wahl, Cheryl Browne, kandidierte 1970, aber erst 1983 gab es eine Schwarze Siegerin, Vanessa Williams.

Schönheit ist ein Raum für politischen Widerstand, wenn auch ein durchaus problematischer. Die Autorin Janell Hobson stellt in ihrem Buch *Venus in the Dark* infrage, ob aus der Anerkennung von Schönheit jemals Macht resultieren wird. Strahlt die Macht von PoC-Frauen, die als schön gelten, auf alle PoC-Frauen? Sind sie Triebkräfte für Veränderung – oder nur Sexobjekte?[32] Die Black-Power-Aktivisten

Stokely Carmichael und Charles Hamilton nahmen eine unmissverständliche Position zur Integration ein, als sie meinten, jede Schwarze Person, die »von der weißen Bevölkerung aufgesaugt wird, [könne] nichts mehr für die Schwarze Bevölkerung ausrichten. Sie [sei] nichts mehr als ein bedeutungsloses Vorzeigeobjekt, mit der die weiße Bevölkerung ihr Gewissen beruhigt.«[33]

In Bezug auf die Modebranche muss man sagen, dass Models of Colour tatsächlich vorgeschoben wurden, um Rassismus zu vertuschen. *Vogue Italia* versuchte in der Vergangenheit Rassismusvorwürfen gegenzusteuern, indem sie Ausgaben druckte, in denen es nur Schwarze Models gab. Einige Medienschaffende bezeichneten diese Strategie als »rückständig«, weil sie die »Normalität« des Weißseins festige und reproduziere.[34] Modemedien konterkarieren regelmäßig und absichtlich die Fortschritte im Kampf gegen Rassismus durch ihr Blackfacing, Redfacing und Yellowfacing weißer Models, denen sogar die Augen mit Klebeband gestreckt werden, damit sie »asiatisch« wirken. Die erbärmliche Entschuldigung, es handle sich bei solchen Shootings doch »nur um Kunst«, blendet komplett aus, dass auf diese Weise uralte Unterdrückungsmuster reproduziert und verstärkt werden. Als Carine Roitfeld, die ehemalige Chefredakteurin der *Vogue Paris*, 2009 das Model Lara Stone in schwarzer Körperbemalung inszenierte und ihr infolgedessen Rassismus vorgeworfen wurde, verteidigte sie sich mit den Worten, sie habe »einmal eine ganze Ausgabe mit einem schwarzen Model«[35] gemacht.

Trotz der komplexen Situation sind die Kampagnen für mehr Diversität in der Modebranche wichtige antirassistische Kämpfe. Modeschauen und Magazine definieren Schönheit durch Mechanismen der Ausgrenzung, die Kategorien wie Kleidergröße, Alter, Klasse, Behinderungen und alle Einzelheiten des persönlichen Erscheinungsbildes betreffen, wobei der Kategorie *race* große Bedeutung zukommt. In diesem Sinne erreichten die »Black is Beautiful«-Kampagnen der 1960er Jahre zwar keine wirtschaftlichen Verbesserungen für Schwarze, waren kulturell gesehen aber ein Meilenstein, der das Ende zumindest einer Form der Diskriminierung markierte.[36]

Hinter den Kulissen

Nach und nach ändert sich die Bildwelt der Modeindustrie, und eine lautstarke Öffentlichkeit ist allseits bereit, rassistische Praktiken anzuprangern. Modelagent Jody Furlong beschreibt den Wandel, den er in der Branche miterlebte, folgendermaßen: »Es ist zu 100 Prozent eine Verbesserung, was wohl teils daran liegt, dass es schlimmer nicht ging.« Aber Laufstege und Zeitschriftencover sind nur ein Aspekt dieser Industrie, die Spitze des Eisbergs, während der viel größere Teil im Verborgenen bleibt. Bei den Stylist:innen, Fotograf:innen, Visagist:innen, Friseur:innen, Designer:innen, Geschäftsführer:innen, Redakteur:innen und Journalist:innen lässt die Diversifizierung noch auf sich warten. Die Branche leidet darunter, dass Chancen weiterhin für Weiße reserviert sind.[37] Bei Auswahlprozessen für Kunsthochschulen wurden Bewerbungen von Schwarzen teils abgelehnt, weil darin Hip-Hop als Einfluss angegeben war, während weiße Studierende durchgewinkt wurden, die als weniger talentiert galten.[38]

Jody Furlong benennt die Probleme des strukturellen Rassismus, der immer noch viele gesellschaftliche Regeln diktiert: »Es liegt in unserer Gesellschaftsstruktur begründet, dass es einige Menschen schwerer haben, voranzukommen, als andere. Dabei merkt man nicht einmal, dass es etwas mit Rassismus zu tun hat. Es ist einfach die Norm; fehlende Möglichkeiten, fehlende Bildung, fehlende finanzielle Mittel und keine Chance auf Zugang zu den entsprechenden Jobs und so weiter, mangelndes Selbstvertrauen.« Weiter sagt Furlong: »Viel davon hängt auch miteinander zusammen, Klasse und *race* sind beispielsweise untrennbar miteinander verbunden. Es hat keinen Sinn, nur viele Schwarze einzustellen, die in Oxford studiert haben und vorher auf einem prestigeträchtigen College wie Marlborough waren [...] Es ist gleichermaßen eine Frage der Klasse als auch der *race*.« Das gilt besonders hinsichtlich der Erwartung, dass junge Menschen unbezahlte oder schlecht bezahlte Mode-Praktika und Einstiegsjobs in teuren Städten wie New York oder London absolvieren können.[39]

Auch der Fotograf Campbell Addy sieht die Notwendigkeit, bei traditionellen Medienunternehmen auf mehr personelle Vielfalt zu setzen: »Das Fundament ist die Basis für alles, was darauf aufbaut. Wenn man einen echten Wandel will, muss man beim Fundament anfangen. [...] Ich wünsche mir eine Wende für die gesamte Branche, die nicht nur was wir sehen betrifft, sondern auch diejenigen, die den Content erstellen.«[40] Die Repräsentation muss unbedingt über den Laufsteg hinausgehen, denn wie es Aurora James, Gründerin und Designerin von Brother Vellies, formulierte: »Wenn man nur Schwarze Models oder Schwarze Musikerinnen als die einzigen Schwarzen Frauen in seinem Umfeld hat, ist das wirklich objektifizierend. Es lässt uns nicht wirklich Raum, um Intellektuelle oder Geschäftsleute zu sein.«[41]

Beispielsweise gab es beim Luxusbranchenführer LVMH nie eine Schwarze Frau auf einem der kreativen Spitzenposten seiner Marken, bis Rihanna 2019 ihre eigene Luxusbekleidungslinie Fenty ins Leben rief. Das Projekt wurde 2021 wieder eingestellt.[42] Im September 2020 kündigte Stella Jean, eine haitianisch-italienische Designerin und die einzige Schwarze, die jemals im Italian Fashion Council saß, einen Boykott der Mailänder Modewoche an, um gegen Rassismus zu protestieren: »Als erste und einzige Schwarze Designerin in der Geschichte des Fashion Council liegt es in meiner Verantwortung, denen, die sie nicht bemerkt haben, die extreme Marginalisierung zu erklären, die meine Minderheit erlebt«, sagte Jean der Presse. Angesichts der Zunahme rassistischer Produkte italienischer Modehäuser könne sie nicht länger schweigen.[43]

Letztlich wird die Repräsentation in Führungspositionen allein nichts an der in der Modeindustrie vorherrschenden strukturellen Ungleichheit und dem Rassismus ändern. Diversere Führungsetagen werden weder zu besseren Arbeitsbedingungen für die Arbeiter:innen im Bekleidungssektor noch zu gleichen Rechten in einer so undemokratischen Branche führen. Dass Zeitschriftencover sich vielfältiger geben, ist das eine. Die Emanzipation der Arbeiterschaft im gesamten Globalen Süden zu erreichen, ist etwas ganz anderes. Diese Art von Veränderung würde einen intersektional feministischen wie antikapitalistischen Ansatz erfordern, bei dem die Macht nicht nur einer kleinen Elite vorbehalten ist, sondern bis zur Basis demokratisiert wird. Nur wenn das System an sich infrage gestellt würde, wäre erkennbar, dass die (vollkommen anders aussehende) Modeindustrie es ernst meint mit dem Antirassismus, den Arbeitnehmerrechten und der Umweltgerechtigkeit.

Inspiration oder Aneignung

Dass die Modeindustrie bestimmte Gruppen von Menschen ausschließt, hindert sie nicht daran, ihre Kultur zu einer Ware zu machen, die man lautstark konsumieren kann.[44] 2012 brachte das Unternehmen Urban Outfitters eine Kleider- und Accessoirekollektion mit dem Titel »Navajo« heraus. Sie hatte nichts mit Navajo-Designer:innen oder Navajo-Künstler:innen zu tun; die Stücke waren einfach nur mit einem Muster bedruckt, das »indianisch« aussehen sollte. Das Vermarkten von Produkten, die den Namen Indigener Völker aus den USA verwenden, aber keine Originale sind, ist seit dem Indian Arts and Crafts Act aus dem Jahr 1990 illegal. Im Rahmen der Proteste gegen Urban Outfitters erwirkte die Navajo Nation eine Unterlassungsanordnung gegen das Unternehmen und brachte besondere Einwände gegen den »Navajo-Flachmann« und die »Navajo-Hipster-Panty« vor, die gegen den spirituellen Glauben an Bescheidenheit und das reservatweite Verbot von Alkohol verstießen. Weil Urban Outfitters eine Entschuldigung verweigerte, reichte die Navajo Nation Klage ein.

Urban Outfitters argumentierte, »Navajo« sei ein Oberbegriff für einen Stil oder ein Design, weshalb sie ein Recht darauf hätten, ihn zu verwenden. Das Modeunternehmen hatte sogar den Nerv, die Löschung der nationalen Registrierung des Begriffs »Navajo« als eingetragene Marke der Indigenen Nation zu fordern. 2016 erzielten die beiden Seiten eine Einigung, als Urban Outfitters die Gültigkeit der Marke anerkannte. Die Parteien schlossen außerdem eine Liefer- und Lizenzvereinbarung für eine Kooperation bei einer Schmucklinie.[45] Die Modeindustrie ist dafür berüchtigt, von der Übernahme und Nachahmung kultureller Kleidung aus aller Welt zu profitieren. Zu Recht vergleicht man Mode auch mit Godzilla, da auch sie alles verschlingt, was sich ihr in den Weg stellt.[46]

Gegen den Ausverkauf von Kulturgütern

In Indigenen Gemeinschaften auf der ganzen Welt gibt es Versuche, gegen den Diebstahl geistigen Eigentums rechtlich vorzugehen. Eine Gruppe, die beharrlich für ihre Rechte kämpft, ist die Frauenvereinigung für die Entwicklung von Sacatepéquez (AFEDES), eine von Maya-Frauen geleitete Organisation, die sich für Indigene Rechte und die Autonomie Indigener Frauen in Guatemala einsetzt. Es ist eine jahrhundertealte Tradition, dass Maya-Künstlerinnen komplexe, farbenfrohe Muster weben, welche ihre Geschichte, spirituelle Überzeugungen und das Wertesystem einer lebendigen Kultur enthalten. Diese Muster, von denen viele heilig sind, rissen sich nationale und internationale Modefirmen sowie die guatemaltekische Regierung unter den Nagel, kommerzialisierten und verkauften sie. Angelina Aspuac, eine Organisatorin von AFEDES, sagt dazu: »Wenn der Staat den Tourismus fördern will, benutzt er die Indigenen. Sie nehmen dann Fotos der Frauen mit Güipiles, den traditionellen Blusen der Indigenen Frauen.« Der Staat bereichere sich an der Arbeit der Weberinnen, während er gleichzeitig die Maya diskriminiere.[47]

»Was die Indigenen Völker Guatemalas erleben, ist geradezu eine ›Identitätsenteignung‹«, so die Maya-Weberin Petzey Quiejú gegenüber der US-amerikanischen Non-Profit-Newsorganisation Truthout. »Vor fünfzig Jahren stellten die meisten Familien ihre eigene Kleidung her, die auf ihrer Verbindung zum Kosmos basierte. Die Webereien waren nicht zur Dekoration da, sondern hatten eine symbolische Bedeutung und waren mit dem Leben und der Natur, die sie umgaben, verbunden. Doch dann kam das [kapitalistische] System.«[48] Sich gegen die kulturelle Auslöschung zu wehren, gehörte zur langen Geschichte des Kampfes der Maya gegen Invasion, Imperialismus und Völkermord. Im Jahr 2016 zog AFEDES vor den Obersten Gerichtshof Guatemalas und forderte einen rechtlichen Rahmen zum Schutz des Vermächtnisses ihrer Ahnen vor Konzernen, die keinen Respekt vor den Designs hatten, die sie stahlen.

An Indigenen Designs darf man sich nicht einfach so bedienen.

Beyond Buckskin

2015 brachte die Londoner Marke Kokon To Zai (KTZ) einen auffälligen schwarz-weißen Herrenpullover heraus. Als eine Familie in Nunavut im heutigen Nordkanada die Fotos von der Modeschau sah, waren sie entsetzt. Auf den ersten Blick war klar, dass man sich für den Pullover an dem heiligen Muster eines Karibu-Parkas bedient hatte, das Anfang der Zwanzigerjahre von einem Inuit-Schamanen namens Ava entworfen worden war. »Das ist geklaut«, sagte Salome Awa, die Urenkelin von Ava, gegenüber *CBC Radio*. »Die Bilder, die sie da verwenden, sind heilig [...] Sie brechen die heiligen Gesetze der Inuit, die das Duplizieren der Schamanenkleidung eines anderen missbilligen, [...] und zwar ausgerechnet, um damit Geld zu machen.« Es war nicht das erste Mal, dass KTZ wegen des Kopierens Indigener Designs in die Kritik geriet. Diesmal entschuldigte sich die Firma und nahm den Pullover vom Markt. »Sie haben nicht einmal an eine Entschuldigung bei meinem Urgroßvater gedacht«, so Salome Awa, »Sie erwähnten seinen Namen nicht [...] und boten unserer Familie nicht einmal finanzielle Beteiligung an [...] Etwas in Richtung ›Es tut uns so leid, also geben wir euch das Geld zurück, das wir euch gestohlen haben‹ gab es nicht.«[49]

Würden wir in einer gleichberechtigten globalen Gesellschaft leben, könnte die respektvolle Vermischung von Kulturen ein Zeichen für Fortschritt und eine inspirierende, globalisierte Welt sein, die verschiedene Kulturen feiert.[50] Kunstschaffende leben schließlich nicht isoliert von den unglaublich vielfältigen internationalen Einflüssen, die uns alle umgeben: Essen, Musik, Kleidung, Religionen, Ideen und Kunst. In unserer heutigen Welt lässt sich dieser Ansatz jedoch nicht auf Marken übertragen, da er den historischen und politischen Kontext der Ausbreitung von Kultur nicht berücksichtigt. Obwohl das Verschmelzen von Kulturen den positiven Effekt von Austausch haben kann, sieht die Realität meistens so aus, dass eine Kultur von einer anderen dominiert wird.[51] Die Kulturen der Welt haben sich nicht etwa durch einen organischen Prozess kulturübergreifender Harmonie verbreitet und entwickelt. Vielmehr haben Kolonialismus und Neokolonialismus zur Verdrängung und Nutzbarmachung der Kulturen geführt, die sie vorfanden.[52] Die enormen Gewinne, die mit imitierten kulturellen Produkten gemacht werden, generieren nur selten Jobs oder Vorteile für Indigene Gemeinschaften, in denen Kunstschaffende kämpfen müssen, um von ihrer authentischen Arbeit leben zu können. Ein verstörendes Beispiel sind die »Fruchtbarkeitsgöttinen-Schuhe«, die John Galliano 2009 für Diors »Tribal Chic«-Kollektion designte. Der Absatz der Riemchenschuhe bestand aus einer Miniaturnachbildung der Statue einer afrikanischen Fruchtbarkeitsgöttin. Wer sie trug, trat mit jedem Schritt von oben auf die Göttin, und verkörperte mit diesem Schuh die Fortschreibung der kolonialen Beziehung zwischen Europa und Afrika.

Dass globale Großkonzerne die Designs Indigener Völker verwenden, reflektiert diese höchst ungleiche Beziehung, deren Geschichte von Unterwerfung und Schrecken gezeichnet ist. Es steht für die Entwendung kultureller Identität und verlorener Heimat.[53] Denn bei den Imitaten sind Geschichte und die ursprüngliche Bedeutung nicht mehr wichtig: »US-amerikanische Indigene werden auf eindimensionale und veraltete Stereotype reduziert, oder, noch schlimmer, auf eine ausgestorbene, exotische Rasse, die einst durch das Land zog, aber heute nicht mehr lebt, atmet und Widerstand leistet«, so die Bloggerin Garçonnière.[54] Diese Ungleichheit bestimmt, wem die Aneignung erlaubt ist. Der Soziologe Erving Goffman stellte fest, dass es scheinbar in Ordnung ist, »wenn Neueinwanderer in ihrer Kleidung und in ihren Sitten gebürtige Amerikaner imitieren, aber es bleibt eine fragwürdige Angelegenheit, wenn sie ihren Namen oder ihre Nasenform ›amerikanisieren‹«.[55]

Kulturelle Aneignung ist weiterhin ein sehr sensibles Thema. Viele Konsument:innen denken nicht daran, dass ihre Federohrringe für fünf Euro ein beleidigendes Nebenprodukt von Unterdrückung und Kolonialismus sein könnten. Chelsea Vowel gehört zur Métis-Ethnie und erklärt die Notwendigkeit von Sensibilität mit folgender Frage:

»Was haben das Victoria-Kreuz, der Order of Canada, ein gerahmtes Bachelorabschlusszeugnis, der Giller-Preis und eine Adlerfeder gemeinsam?« Die Antwort lautet, dass sie alle eine visuelle Anerkennung für eine bestimmte Art von Leistung darstellen, die mit einer wichtigen Symbolik verbunden ist. Bei jedem dieser Symbole gibt es Regeln für seine Verwendung und sie zu kopieren wäre eine Beleidigung.[56] Stellen Sie sich vor, wie es auf einen dekorierten Kriegsveteranen wirken würde, wenn jemand gefälschte Victoria-Cross-Ohrringe auf einem Rave trüge und sie dann in einen Mülleimer schmeißen würde. Und denken Sie sich jetzt noch dazu, dass ein solcher Anblick Erinnerungen an jahrhundertelange Enteignung, Entmenschlichung und Völkermord durch ein Kolonialregime wieder hochkommen lässt.[57]

Dass die Modebranche so stark zu Imitationen neigt, untermauert die Idee, dass traditionelle Kleider wunderbar und exotisch sind, aber rückständig aussehen, wenn sie von Minderheiten getragen werden. Chanel kann im Pariser Grand Palais eine komplett erfundene indische Kollektion mit dem Titel »Paris–Bombay«[58] zeigen, Hermès kann Saris zu Preisen zwischen 1800 und 100 000 Dollar verkaufen, aber dieselben Modelle werden als »nicht zeitgemäß« bezeichnet, wenn Inderinnen sie tragen. Ganz ähnlich können weiße US-Amerikaner:innen Kleider vom indischen Subkontinent tragen, ohne den negativen Reaktionen ausgesetzt zu sein, die Inder:innen erfahren, die sich in den USA auf diese Weise kleiden.[59]

Damit will ich nicht sagen, dass man sich nur der eigenen nationalen Identität entsprechend kleiden und allen Kontakt mit anderen Kulturen vermeiden muss. Wie Chelsea Vowel es ausdrückt: »Es ist okay, unser Zeug zu lieben.«[60] Der zu Indigener Mode forschende Riley Kucheran weist auf die Verantwortung hin, die das gelegentliche Tragen eines handgefertigten Indigenen Stücks mit sich bringt:

> Wenn Sie auf dem Santa Fe Indian Market eine wunderschöne Perlenkette gekauft haben, ist es Ihre Verantwortung, stolz darauf zu sein und das auch mitzuteilen. Wenn Sie jemand darauf anspricht, *Oh mein Gott, diese Halskette ist ja wunderschön,*

dann können Sie sagen: *Sie stammt von diesem Künstler, aus dieser Nation, aus dieser Familie.* So können Sie tatsächlich eine Bildungsfunktion übernehmen.[61]

Ein Diversifikationsprozess der Modeindustrie, um Indigenen Kunstschaffenden die gleichen Möglichkeiten zu bieten wie Unternehmen, darüber zu entscheiden, wie ihre Kultur aussieht und wie sie auf dem weltweiten Modeparkett präsentiert werden soll, ist notwendig, aber nicht ganz problemlos.[62] Wie Riley Kucheran betont, würde es nicht ausreichen, Künstler:innen, Designer:innen, Studierende und Fachleute in ein Modesystem einzuladen, das eine »strukturell kolonialistische, kapitalistische Institution eines weißen Vorherrschaftsdenkens«[63] ist, um kultureller Aneignung, Rassismus und Ungleichheit ein Ende zu setzen. Denn »die Gefahr«, so schreibt er, »besteht darin, dass die Domestizierung eine offen politische Bewegung in ein ›kulturalistisches Repräsentationsprojekt‹ verwandelt.«[64] Stattdessen müssen die Machtstrukturen, die die kulturelle Aneignung widerspiegelt, überwunden werden. Dieser Prozess muss sowohl dem Rassismus, der der Aneignung zugrunde liegt, als auch dem von ihr reflektieren Imperialismus ein Ende bereiten. Kucheran richtet daher eine deutliche Warnung an Indigene Modedesigner:innen und diejenigen, die sich zum ersten Mal mit Indigener Mode befassen:

> Dass es derzeit eine ›Bewegung‹ der Indigenen Mode gibt, die einen nie dagewesenen Bekanntheitsgrad erreicht hat, ist Grund zur Sorge. Indigene Mode stellt Stereotypen infrage und kann politische Botschaften senden, aber bisher hat jede Zusammenarbeit zwischen Indigenen Designschaffenden und der Modeindustrie in einer Enttäuschung geendet. Eine Einbeziehung oder eine Einladung an den Tisch (egal wie angesagt) kann von den größeren Zielen der Bewegung ablenken. Repräsentation und ›visuelle Selbstbestimmung‹[65] haben ihre Risiken, und die Gleichsetzung von kultureller Identität mit Konsum ist selten eine gute Idee. Ich schlage stattdessen vor, eine ›kritische‹ Indigene Mode zu verfolgen, also eine wieder

erstarkende Indigene Mode, die hochpolitisch ist, das Wissen der Ahnen schützt und gleichzeitig sorgfältig alle ›strategischen Zugeständnisse‹ an den Kapitalismus abwägt, wenn Verweigerung keine Option ist.[66]

Machtverschiebungen

Die Vormachtstellung Europas und der USA in Sachen Mode war während mehrerer Jahrzehnte unangefochten. Dies ist zum Teil der Tatsache geschuldet, dass sie sich meist dort ansiedelt, wo sich industrielles Kapital befindet. Die Branche benötigt Städte voller Fachpersonal, gut betuchte Kunden und, für Werbezwecke, die Medien. Modeunternehmen brauchen den politischen und wirtschaftlichen Einfluss mächtiger Länder, die vorteilhafte Bedingungen für ihre Produkte aushandeln können und eine so starke kulturelle Hegemonie bieten, dass sie ohne Probleme arbeiten können. Als Zentrum der Modebranche profitierte Paris gleichermaßen von Industriellen, Kapitalgebenden und der Unterstützung der französischen Regierung, die Gesetze erließ, um Urheberrechtsverletzungen vorzubeugen. Nach Ende des Zweiten Weltkriegs arbeiteten die italienischen Unternehmen in ähnlicher Weise mit der Politik zusammen, um die italienische Modebranche exportorientierter zu machen und so die gesamte Wirtschaft in Schwung zu bringen.[67]

Analysiert man die Modeindustrie als einen Quell von Macht für Staaten und multinationale Konzerne, erkennt man, wieso ihr rassistischer Charakter so sorgsam aufrechterhalten wird. In Frankreich macht die Branche jedes Jahr Umsätze von 35 Milliarden Euro und beschäftigt 150 000 Menschen. Frankreich ist weltweit marktführend im Bereich Parfums, Kosmetika, Haute Couture und Luxusschmuck[68] und will diesen Einfluss nicht teilen. Den Markt durchlässiger für andere zu machen, würde heißen, nicht mehr darüber bestimmen zu können, wer draußen bleibt. »Die Kraft, zu erzählen oder andere Erzählungen in der Entstehung oder Entfaltung zu behindern, ist für Kultur und Imperialismus hoch bedeutsam [...]«, schreibt Edward Said.[69] Ausschlussmechanismen in der Mode gehen damit einher, dass

Kultur kommerzialisiert wird, während zugleich Menschen entweder zurückgewiesen oder auf rassistische Weise dargestellt werden.

Da sich das wirtschaftliche Machtzentrum verschiebt und die riesigen Modekonzerne nicht mehr nur amerikanisch oder europäisch sind, muss sich die etablierte Industrie überlegen, wie sie den Markt erweitern und gleichzeitig ein exklusiver Club bleiben kann. Als China als große Wirtschaftsmacht auf den Plan trat, begann die Modeindustrie, um chinesische Konsument:innen zu werben. Sie rekrutierte mehr chinesische Models, und Kollektionen wurden dergestalt zugeschnitten, dass sie regelrecht problematisch waren. Die Journalistin und Bloggerin Susanna Lau merkte an, dass der gezeigte Look manchmal »diesen seltsamen Assoziationen [folgt], die die traditionelle asiatische Kleidung in westlichen Kulturen auslöst (Sanftmut, Zurückhaltung, die Verruchtheit einer Opiumhöhle etc.)«.[70]

Der Designer Robert Wun sagte der *Vogue*: »Zu den größten Problemen des antiasiatischen Rassismus gehört seine Normalisierung – wenn er als Witz oder Spruch dargestellt wird – oder wenn er mit Rassismus gegen andere Gemeinschaften verglichen und dann als unbedeutend heruntergespielt wird.« Während der Coronapandemie gab es einen Anstieg der antiasiatischen Hassverbrechen, angeheizt von Leuten wie Donald Trump, der gern vom »China-Virus« sprach. Im März 2021 wurden in drei Spas in Atlanta, Georgia, acht Menschen, darunter sechs Asiatinnen, erschossen. Da die Modeindustrie zu Recht für ihre Tolerierung und Verbreitung von Rassismus in der Kritik steht, teilten Persönlichkeiten aus der Branche ihre Erfahrungen mit antiasiatischem Rassismus und forderten einen gesamtgesellschaftlichen Wandel. Das Model Fernanda Ly äußerte in diesem Kontext: »Hört auf, so zu tun, als ob es uns nicht gäbe, bis es euch gerade passt: Wir sind mehr als nur ein Kästchen auf eurer Checkliste der politischen Korrektheit.« Weiter führte sie aus: »Es ist ein weit verbreiteter Gedanke, dass Asien und asiatische Menschen dazu da sind, ausgenutzt zu werden – zum Beispiel als billige Arbeitskräfte oder um ihnen Luxusgüter zu verkaufen und so Gewinn zu machen. Bitte versteht, dass auch wir Menschen mit einer reichhaltigen Geschichte sind. Wir sind keine Bürger zweiter Klasse, die nur zu eurem Vorteil existieren.«[71]

»Antisemitisch, homophob und lächerlich versnobt«

Im Februar 2011 wurde John Galliano festgenommen, nachdem er ein Paar in einem Pariser Café rassistisch und antisemitisch beleidigt hatte. Jemand hatte den Zwischenfall gefilmt und das Video ins Internet gestellt, das sich in Windeseile verbreitete. Immer mehr rassistische Ausbrüche Gallianos kamen ans Licht, und im Zuge dessen brach Hollywoodstar und Dior-Werbegesicht Natalie Portman öffentlich mit dem Designer, der infolge der Ereignisse sowohl von Dior als auch von seiner gleichnamigen Marke, John Galliano, suspendiert wurde. Ein französisches Gericht verurteilte ihn zudem wegen Antisemitismus zu einer Geldstrafe von 6000 Euro auf Bewährung.

Die Skandale um Galliano, der von 1997 bis 2011 Chefdesigner bei Dior war, warfen erneut die Frage auf, welche Rolle Christian Dior selbst während der Nazizeit in Frankreich gespielt hatte: Dior hatte in den Kriegsjahren für das Modehaus Lucien Lelong gearbeitet und die Ehefrauen von Nazioffizieren und französischen Kollaborateuren mit Kleidern versorgt.[72]

Auch Coco Chanel, die Diors New Look zutiefst verachtet hatte, war stark mit den Nationalsozialisten in Paris verstrickt gewesen. Über Coco Chanel wurde geschrieben, sie sei »ein erbärmlicher Mensch. Sie war antisemitisch, homophob, gesellschaftliche Aufsteigerin, opportunistisch, lächerlich versnobt [...] und kooperierte aktiv mit den Deutschen, als die Nazis Paris besetzten«.[73] Nach Ausbruch des Zweiten Weltkriegs schloss sie ihr Modehaus und verbrachte die Besatzungszeit im Pariser Ritz, gemeinsam mit Hans Günther von Dincklage, einem Spion, der als Teil einer Vorhut nach Paris geschickt worden war, um die Invasion vorzubereiten. Coco Chanel versuchte, die Gesetze zur Arisierung jüdischen Vermögens für sich zu nutzen, um das Parfumgeschäft an sich zu reißen, das Pierre Wertheimer mitbegründet hatte. Sie verkehrte in den wichtigsten Nazi-Kreisen der Stadt und spielte sogar eine Rolle in der gescheiterten »Operation Modellhut«, in der sie die Vermittlung zu Winston Churchill übernehmen sollte.

Nach Kriegsende fiel sie in Frankreich in Ungnade und wurde als Kollaborateurin verhaftet. Kurze Zeit später war sie aus unerfindlichen Gründen wieder auf freiem Fuß. Aus Furcht vor Übergriffen infolge ihres Rufs, eine »horizontale Kollaborateurin« gewesen zu sein, floh sie mit von Dincklage in die Schweiz, wo sie fünfzehn Jahre lebte. Ihr Comeback in den 1950er Jahren ließ die Französinnen und Franzosen ziemlich kalt. Nur der US-amerikanische Markt bewahrte sie davor, in der Versenkung zu verschwinden.

Trotz dieser Geschichte wird Chanel meist als die Frau porträtiert, die hart dafür kämpfte, Frauen von restriktiver Kleidung zu befreien, und die »das kleine Schwarze« erfand. Die Filmbiografie *Coco Chanel – Der Beginn einer Leidenschaft* mit Audrey Tautou in der Hauptrolle endet ziemlich unbeholfen vor dem Zweiten Weltkrieg. Audrey Tautou war 2009, als der Film erschien, das Werbegesicht von Chanel, und der Film im Endeffekt ein neunzigminütiger Werbespot für die Marke, deren Nettowert 2013 auf 18,5 Milliarden Dollar geschätzt wurde.[74]

Ein weiteres Modehaus, das von der engen Beziehung zur deutschen Besatzungsmacht in Paris profitierte, war Louis Vuitton. Unter der Regie von Gaston Vuitton, dem Enkel des Gründers Louis Vuitton, ging das Unternehmen so weit, Büsten von Philippe Pétain, dem Chef des Vichy-Regimes, in der eigenen Fabrik zu produzieren. Gastons Sohn Henry Vuitton wurde für seine Verdienste um Nazideutschland gefeiert. Das Kapitel der Firmengeschichte wurde absichtlich im Dunkeln gehalten, bis die französische Journalistin Stéphanie Bonvicini ein Buch mit dem Titel *Louis Vuitton: A French Saga* dazu veröffentlichte. Das Buch stieß in der französischen Presse auf eine Mauer des Schweigens, denn LVMH (Eigentümer der Marke Louis Vuitton) gehört zu den größten Anzeigenkunden Frankreichs. Ein Sprecher von LVMH dementierte mit folgenden Worten, dass das Unternehmen dabei seine Hände im Spiel gehabt habe: »Wir haben auf niemanden Druck ausgeübt. Aber wenn die Journalisten sich selbst zensieren wollen, haben wir nichts dagegen einzuwenden.«[75]

Der deutsche Designer Hugo Boss besaß eine kleine Textilfabrik im schwäbischen Metzingen, und einer seiner ersten Aufträge war die Produktion brauner Hemden für die aufstrebenden Nationalsozialisten. 1938 war Boss der Hauptlieferant für deren Parteikleidung.

Dazu gehörten die Uniformen für Militär, Hitlerjugend und die SS. Während der Kriegsjahre versorgte man die Hugo-Boss-Fabriken mit Zwangsarbeitern aus Frankreich und Portugal, und die meisten davon waren Frauen.

Diese Details kamen 2011 ans Licht, als der Wirtschaftshistoriker Roman Köster das Buch *Hugo Boss 1924–1945: Die Geschichte einer Kleiderfabrik zwischen Weimarer Republik und »Drittem Reich«* veröffentlichte. Der Konzern Hugo Boss hatte die Publikation selbst in Auftrag gegeben, Köster verneinte aber, dass dies seine Ergebnisse beeinflusst habe. Über die rein wirtschaftliche Beziehung hinaus sympathisierte Hugo Boss, der 1931 in die NSDAP eintrat, mit der Ideologie der Nationalsozialisten. Nach Kriegsende wurde er strafrechtlich verfolgt und zu einer Geldstrafe verurteilt.

Der spanische Modedesigner Cristóbal Balenciaga wiederum designte mehrfach Kleider für Carmen Polo, die Ehefrau des faschistischen Diktators Francisco Franco. Balenciaga war 1937 vor dem Spanischen Bürgerkrieg nach Paris geflohen, wo auch er kurze Zeit später Mode für die Besatzungselite designte. Als ihn die Anfrage Hitlers erreichte, ob er sich an dem Projekt beteiligen würde, Berlin zum Zentrum der Mode zu machen, entschied er sich dennoch dafür, das Angebot auszuschlagen. Balenciaga schloss 1968 sein Modeunternehmen und unterbrach seinen Ruhestand nur noch für eine einzige Gelegenheit: 1972 entwarf er ein Hochzeitskleid für Francos Enkelin María del Carmen Martínez-Bordiú.[76]

Sollte man Kunstschaffende wegen ihrer politischen Überzeugungen verurteilen? Und wenn ja, sollte ihre Kunst dann unter den gleichen Gesichtspunkten verurteilt werden? Auch wenn es enttäuschend ist, sollte man nicht überrascht darüber sein, wie viele gepriesene Designer:innen für faschistische Diktatoren arbeiteten. Leo Trotzki, einer der Anführer der Russischen Revolution, hat einmal Folgendes über Kunstschaffende gesagt: »Sie leben in einem bürgerlichen Milieu, atmen die Luft bürgerlicher Salons, bekommen Inspirationsspritzen von ihrer Klasse gesetzt.«[77] Demnach haben viele der damaligen Spitzendesigner:innen so wohlgesonnen auf Hitlers Ideologie reagiert, weil es das war, was sie damals umgab. Bis 1939 waren der Faschismus und der Autoritarismus die treibende Kraft der politischen Rechten in ganz Europa geworden.[78]

Bürgerliche Geschäftsinteressen waren vermutlich ebenfalls entscheidend für diese Designer:innen. Denn wenn die eigene Arbeit darin besteht, alles von Jachten über Möbel bis hin zu Mode für die Superreichen zu kreieren, muss man sich unweigerlich auch deren Wünschen und Meinungen unterwerfen. In diesem Sinne bestimmt das Leben über das Bewusstsein.[79] Natürlich designen Modehäuser auch heute noch Kleidung für Diktatoren.

Trotzdem ist es ein haarsträubender Prinzipienverlust, Diktatoren durch Kleidung mit Macht auszustaffieren und sich auf die Seite einer reaktionären Autorität zu stellen. Und es geschieht wohlgemerkt nicht automatisch. Diors Schwester Catherine war ein wichtiges Mitglied der französischen Résistance, und die Modeschöpferin Elsa Schiaparelli lehnte die Einladung wieder und wieder ab, mit den italienischen Faschisten unter Benito Mussolini zusammenzuarbeiten. Wer weiß, wie viele andere kreative Köpfe durch den Widerstand gegen den Faschismus verloren gegangen sind. Sollten wir also, wenn wir gegen die Meinungen bestimmter Menschen sind, auch gegen ihre Kunst sein?

Manchmal spiegeln sich die politischen Sympathien von Kunstschaffenden auch in ihrer Arbeit wider, wie im Falle von Dior, wo man sagen könnte, dass sich seine gemeinsame Sache mit den Nazis auch in seinen Designs zeigt. Die Nazis waren der festen Überzeugung, dass Frauen tugendhaft und weiblich aussehen und sich auf Kinder, Küche, Kirche beschränken sollten. Die Pariser Modehäuser kümmerten sich in den Jahren der Besatzung darum, dieses Ideal umzusetzen. Diors einengende, übertrieben weibliche Kleider waren »mehr als nur reaktionär, nostalgisch und rückständig. Mit ihnen überlebten die romantischen Stile, die unter den Nazis eine Blütezeit erlebt hatten, hartnäckig bis in die späten 1940er Jahre«.[80] Die Darstellung dieses nationalsozialistischen Frauenideals deckte sich auch mit den Zielen von Diors kapitalistischem Sponsor, dem Baumwollbaron Marcel Boussac.

Wenn Kunst und diese Art von Politik verschmelzen, müssen wir die Kunst ablehnen. Schönheit sollte nicht über der politischen Bedeutung stehen, wie Elizabeth Wilson in *Adorned in Dreams* erklärt. Es wäre falsch, die Muster von Menschen, die von Granaten in die Luft gesprengt werden, als »schön« zu betrachten, wie es im Futurismus der Fall war; oder Leni Riefenstahls NS-Propagandafilm über den Reichsparteitag der NSDAP einfach als ein großartiges Werk in Bezug auf Licht und Schatten anzusehen. Denn das hieße, die Bedeutung der Ereignisse zu ignorieren und zuzulassen, dass das Streben nach Stil Grausamkeit und Tod rechtfertigt.[81]

Dennoch konnte jemand wie die entschieden antisemitische Coco Chanel eine Ästhetik schaffen, die sexistische Prämissen über Frauen auf den Kopf stellte. Manchmal schaffen verabscheuungswürdige Menschen beachtenswerte Kunst. Das soll nicht heißen, dass Chanel zu tragen progressiv ist. Ironischerweise sehen diejenigen, die Chanel tragen, das Logo der zwei ineinander verschränkten C als ein Symbol von Freiheit und Elan, Luxus und Reichtum. Chanel war aber alles andere als ein Freiheitssymbol. Sie war eine homophobe Antisemitin, die das Gegenteil versuchte: nämlich, Freiheit zu zerstören. Als man Karl Lagerfeld fragte, ob Coco Chanel eine Feministin gewesen sei, antwortete er, dafür sei sie »nie hässlich genug gewesen.«[82]

Man könnte auch argumentieren, dass sich Chanels rechtsextreme Ideologie in ihren Designs widerspiegelt. Mit dem, was wir über ihre Überzeugungen wissen, lassen sich ihre Kleider – mit ihrem Minimalismus und ihrer nüchternen, uniformen Ästhetik – ganz anders interpretieren. Sie wirken weniger progressiv, eher als Ausdruck der Vorstellung, dass eine bestimmte Art von weißem europäischem Minimalismus den Kulturen überlegen ist, die Farbe, Muster, Extravaganz sowie Umfang und Form des menschlichen Körpers in die Mode miteinbeziehen. »Othering« und Ausgrenzung finden sich überall in Chanels Arbeit.

Dazu passt auch, was die Feministin Lola Olufemi schreibt: »Zwar kann man Kunst positiv erleben, die von einer Person stammt, die Schaden angerichtet hat, aber vielleicht ist es wichtiger zu erkennen, dass Kunst allein den Schaden nicht beheben kann. Wenn wir eine Kunst wollen, die unsere Leben in seiner ganzen Komplexität zeigt und die die wahre Bandbreite menschlicher Emotionen widerspiegelt, dann müssen wir die schädlichen Bedingungen, unter denen wir leben, angehen.«[83] Der Gedanke, dass Kunst allein angerichtetes Leid nicht beseitigen kann, wirft die Frage auf, warum wir jemals glauben konnten, dass Kleidungsdesigns eine dokumentierte, aktive Nazivergangenheit tilgen könnten. Ist uns unsere Freiheit so wenig wert, dass wir sie für den Preis einer gefütterten Handtasche verkaufen?

Einfach auszublenden, dass die Modebranche faschistische Regimes nicht selten unterstützt hat, ist ein Verrat an denen, die unter diesen Regimes leiden mussten. Wir sind besser dran, wenn wir die Geschichte erkunden, als wenn wir sie verdrängen oder verleugnen, schrieb Edward Said.[84] Zu akzeptieren, dass die Branche eine rassistische Vergangenheit hat und bis heute rassistisch arbeitet, ist ein Schritt in die richtige Richtung. Dafür muss man die Tatsache anerkennen, dass sich die Modeindustrie ganz auf ihre Fähigkeit stützt, Gruppen oder Einzelpersonen auszuschließen. Diese Ausgrenzung kommt denen zugute, die ausgrenzen, und hat nichts mit den Ausgegrenzten an sich zu tun.[85] Wir können uns nicht isoliert den Rassismus in der Modebranche vornehmen, wir müssen dafür dem Rassismus in der gesamten Gesellschaft ein Ende bereiten. Dazu braucht es einen Systemwandel, sodass nicht mehr eine winzige Minderheit über die Macht verfügt, alle anderen auszuschließen. Und dafür muss das System weichen, das auf den Rassismus angewiesen ist: der Kapitalismus.

8 Mode widerstehen

In einer Anklageschrift gegen die Modebranche könnte Folgendes geschrieben stehen: Sie verstärkt Rassismus, Sexismus, Geschlechterstereotype, Klassendenken und ungleiche Machtverhältnisse. Sie übt schwerwiegende Ausbeutung gegenüber Arbeiter:innen in Armut aus, hindert den sozialen Fortschritt und die Vereinigungsfreiheit, und fördert gleichzeitig geschlechtsspezifische Gewalt und Autoritarismus. Die Mode nutzt aber auch ihre Kundschaft aus, treibt Reichtum und Habsucht voran, genauso wie Unsicherheiten und Unzufriedenheit mit dem eigenen Körper. Die Mode ist eine monopolisierte Branche, in der riesige Konzerne sowohl den Luxus- als auch den Massenmarkt kontrollieren. Konzerne steuern die Fabriken und die Geschäfte, die Modemagazine und die Baumwollfelder. Ihr endloses Streben nach Profit hat zur Folge, dass Menschen, Tieren und der Umwelt zu wenig Beachtung geschenkt wird. Mode zerstört den Planeten. Zwar bezeichnet sich die Branche selbst als Verfechterin der Individualität, doch die Realität sieht anders aus: Jedes Jahr werden nach dem neusten Trend Milliarden von Kleidungsstücken produziert, die von

Berchtesgaden bis Bangkok in den immer gleichen Geschäften auf Käufer:innen warten, während Modemagazine, Internetseiten und Social Media auf der ganzen Welt denselben Stil anpreisen.

Trotz allem ziehen viele Menschen eine immense Freude aus der Mode und sehen sie als eine Möglichkeit des kreativen Ausdrucks. Diese letzten drei Kapitel beschreiben deshalb Versuche, das derzeitige Modesystem zu ändern – ihm zu widerstehen, es zu reformieren, es zu revolutionieren – damit wir das Gute der Mode beibehalten und ihre Schattenseiten überwinden können.

Protestmode

> Die Gedanken der herrschenden Klasse sind in jeder Epoche die herrschenden Gedanken, d. h. die Klasse, welche die herrschende *materielle* Macht der Gesellschaft ist, ist zugleich ihre herrschende *geistige* Macht. Die Klasse, die die Mittel zur materiellen Produktion zu ihrer Verfügung hat, disponiert damit zugleich über die Mittel der geistigen Produktion [...].[1]
>
> Karl Marx

Hinter Mode verbirgt sich Ideologie. Im sechsten und siebten Kapitel haben wir gesehen, dass Äußerungen wie »Schlank ist schön« oder »Schwarze Models haben zu wenig Ehrgeiz« Beispiele sind für die Art von Ideologie, welche die Industrie befördert. Sie zementieren den Status quo – Ideologie ist nach Marx in Ideen übersetzte Macht. Die ideologischen Ideen verstärken Klassenverhältnisse und ermöglichen den Mächtigen, ihre Machtposition zu etablieren, zu erhalten und zu reproduzieren.[2]

Daher wird Mode benutzt, um Rolle, Status und Geschlecht von Menschen zu definieren. Eine Forderung während des Deutschen Bauernkriegs im 16. Jahrhundert war das Recht, Rot tragen zu dürfen. Denn als es noch gesetzlich verankerte Kleiderordnungen gab, waren bestimmte Farben und Materialien nur dem Adel vorbehalten.[3] Heute erfüllt die Preisgestaltung der Marken die gleiche Funktion. Ist man reich, trägt man Dior, Prada und Lanvin. Ist man arm, kauft man bei Primark, KiK oder Boohoo. So wird Mode zu einem Unterscheidungsmerkmal, das Klasse natürlich und legitim erscheinen lässt. Die Oberschicht versucht dabei krampfhaft, ihren Status durch Kleidung zu rechtfertigen.[4]

Doch Kleidung ist nicht nur ein Mittel zur Machtdemonstration, sondern auch ein bewährter Schauplatz des Protests gegen Ideologie und ungerechte materielle Bedingungen. Während ich an diesem Buch schreibe, posten afghanische Frauen Fotos von sich in traditioneller afghanischer Kleidung mit dem Hashtag #DoNotTouchMyClothes und #AfghanistanCulture, um gegen die Taliban zu protestieren. Viel Aufmerksamkeit kam außerdem der US-amerikanischen Kongressabgeordneten Alexandria Ocasio-Cortez zu, als sie ein weißes Kleid mit dem roten Slogan »Tax the Rich« (Besteuert die Reichen) bei der Met-Gala trug. Seit Hunderten von Jahren drücken Menschen in politisch organisierten Gruppen durch Kleidung nonverbale Botschaften aus. Diese können mit äußerst verbalen und aktiven Formen des Protests einhergehen. Manchmal ist die Rebellion durch Kleidung das Einzige, was sich Menschen trauen können, und selbst das führt bisweilen zu Gefängnisstrafen, Gewalt und Tod.

Mode als Protestform gehört weiterhin zum Repertoire der Unterdrückten. Sie ist gelebter Widerstand von Frauen, LGBTQ+-Gruppen, Indigenen und marginalisierten Gruppen sowie Arbeiter:innenbewegungen auf der ganzen Welt. Machthaber fühlen sich noch immer davon provoziert. Die kürzlich von China verabschiedeten Gesetze zur Unterdrückung der Proteste in Hongkong gingen sogar so weit, den Import der von Demonstrierenden bevorzugten schwarzen Kleidung zu verbieten.

Protestmode, die ich als Kleidung definiere, die dezidiert für einen Protest hergestellt oder ausgewählt wurde, ist radikal, weil sie nicht nur die vorherrschende Ideologie der Modeindustrie, sondern auch den Kapitalismus an sich infrage stellt. Ich möchte betonen, dass ich hier fortschrittliche Protest meine, nicht den Kleidungsstil oder die

Ideologien der Rechten oder von Rechtsextremen. Protestmode widersetzt sich der Modeindustrie: Man trägt das, was man tatsächlich tragen will, und nicht das, was die Industrie als angemessen oder angesagt vorgibt. Nehmen wir zum Beispiel die Kleidung, die bei Gay-Pride-Paraden oder bei Black-Trans-Lives-Matter-Protesten getragen wird. Da eröffnet sich ein Raum, der so viel freier und fantastischer als alles ist, was in der eingeschränkten Industrie stattfindet. Außerdem schafft auch Protestmode eine alternative Realität – genauso wie ein Protest in die Realität und in Machtstrukturen eingreift, wenn Straßen gesperrt werden und unkontrollierbare Menschenmassen das Sagen haben –, wenn auch nur für ein paar Stunden. Kapitalismus bedeutet, dass die Mode den Konzernen Geld einzubringen hat, dass der Status quo gewahrt und die Nachfrage und die Wirtschaft durch endloses Einkaufen aufrechterhalten wird. Er bedeutet ein Gefühl der Unsicherheit und die Beschränkung unserer Kreativität innerhalb bestimmter enger Grenzen. Protest ist das Gegenteil davon.

Rebellion aus gutem Grund

Zur Protestmode gehören auch Menschen, die sich im Alltag auffällig und nicht normkonform kleiden, um die Schönheitsideale der herrschenden Klasse und die Forderung des Kaisers ohne Kleider nach stillem zivilem Gehorsam abzulehnen. Der Punk ist ein Beispiel – sein konfrontativer Angriff gegen die ästhetischen Werte der herrschenden Klassen macht ihn ideologisch gesehen zu einem Gegner des Kapitalismus per se.[5]

Aber Moment mal: Bedeutet sich anders kleiden wirklich ein ernstzunehmender Versuch, die Gesellschaft zu verändern? Oder ist es nicht eher Ausdrucksform persönlichen Geschmacks? Die Gründe, wieso Menschen ihrer Rebellion durch Kleidung Ausdruck verleihen, sind vielfältig.[6] Manche ziehen sich anders an, weil sie schockieren und Aufmerksamkeit bekommen wollen; andere tun es, um etwas in der Gesellschaft zu verspotten, das ihnen verhasst ist; wieder andere tun damit etwas gegen Langeweile; und in manchen Fällen ist Mode als Individualität getarnte Entfremdung.[7] »Der Rest ihres Lebens wird scheiße sein, also amüsieren sie sich einfach, solange das noch geht«, so äußerte sich ein Fotograf über Tokios Harajuku-Szene.[8] Andere vermeiden es aus »konservativem Skeptizismus«, modisch zu sein, und sind eher gegen die immer seltsameren Trends, die ihnen die Branche aufzwingt, als dass sie per se gegen die Mode wären.[9] Und dennoch gibt es Leute, für die ein bestimmter Stil eine Form des Protests ist, ein politisches Statement.

Eine dominante Ideologie herauszufordern, kann, unabhängig von den Gründen dafür, gefährlich werden. Um vorzubeugen, dass Menschen aus der Masse ausscheren, bestraft die Gesellschaft diejenigen, die sich nicht an Modeetiketten halten. Kleidung kann beeinflussen, ob man eine Arbeit oder Wohnung findet, ob man überfallen, verhaftet oder »nicht schuldig« gesprochen wird, ob man ein Visum bekommt, in den Medien erscheint, eine Wahl gewinnt, einen Flug antreten darf, Freunde findet oder die Person heiraten kann, die man liebt.

Echter Widerstand?

Trotz all dieser Risiken und der Tatsache, dass Mode gesellschaftliche Ideologien verfestigt, bleibt die Frage: Zählt es schon als rebellischer Akt gegen das Modesystem, sich anders zu kleiden? Bei den in anarchistischen Kreisen verbreiteten veganen Sneakers und der schwarzen Kleidung handelt es sich ja kaum um einen Guerrillakampf. Wie könnte eine ernsthafte Herausforderung der materiellen Verhältnisse in der Gesellschaft aussehen? Ist unser Kleidungsstil wichtig, wenn wir versuchen, etwas zu verändern? Ist die Art, wie wir uns kleiden, wirklich mehr als eine individuelle Handlung? Kann man es als Widerstand bezeichnen?

Malcolm X schrieb in seiner Autobiografie, dass er, der in seiner Jugend ein rebellischer Zoot-Suiter gewesen sei, den Widerstand durch Kleidung ablehne. Die *Zoot Suit Riots* waren eine Reihe von Unruhen, die in den 1940er Jahren vor allem in Los Angeles stattfanden. Weiße Militärs und öffentliche Institutionen sahen sich mit benachteiligten Schwarzen und Latino-Jugendlichen konfrontiert, die

die Zoot-Anzüge trugen, um diejenigen vor den Kopf zu stoßen, die sie zu Außenseitern gemacht hatten. Die Zoot-Suits erregten viel Aufmerksamkeit, denn mit den langen Jacketts und weiten Hosenbeinen verbrauchten sie viel mehr Stoff, als was in den Jahren der Rationierungen als patriotisch angesehen wurde. Girl-Gangs wie die Slit Chicks oder die Black Widows trugen weibliche Versionen davon.[10]

Malcolm X (der später durch die konservativen Einstellungen der Nation of Islam beeinflusst wurde) war der Meinung, ausgefallene Kleidung sei eine Ablenkung von »wirklicher« Rebellion. Heute argumentieren manche damit, dass Mode wie ein Ventil funktioniere, das den Druck aus dem Kessel nimmt.[11] Ein rebellischer Kleidungsstil ersetzt jedoch nicht die Notwendigkeit, sich mit politischen Fragen auseinanderzusetzen.

In seinem Buch *Weapons of the Weak. Everyday Forms of Peasant Resistance* erörtert James C. Scott ausführlich eine mögliche Definition von Widerstand. Die konventionelle Politikwissenschaft sagt, echter Widerstand sei organisiert, systematisch und kooperativ; prinzipientreu oder selbstlos; trage revolutionäre Konsequenzen; und/oder verkörpere Ideen, die die Basis von Diskriminierung an sich verneinen. Sich im Gothic-Stil zu kleiden, ist offenkundig nichts von alledem, auch wenn es sehr viele Menschen tun. Man könnte den Gothic-Stil nun als bloße Symbolik abtun, als etwas Nebensächliches, das nicht darauf abzielt, gesellschaftliche Strukturen zu verändern, weil es »a) unorganisiert, unsystematisch und individuell; b) opportunistisch und selbstgefällig ist; c) keine revolutionären Konsequenzen hat; und/oder d) in Absicht und Bedeutung auf eine Anpassung an das Herrschaftssystem schließen lässt«.[12]

Als überzeugendes Argument bringt Scott vor, dass die Russische Revolution durch verstreute und isolierte (wenn auch zahlreiche) Desertionen aus der zaristischen Armee im Jahr 1917 ermöglicht wurde.[13] Wenn Handlungen selten und unabhängig voneinander geschehen, so Scott, haben sie wenig Durchschlagskraft, aber sobald Muster entstehen, werden sie zu Widerstand.[14] Individuelle Aktionen des Widerstands als nichtig abzutun, sei nichts anderes als ein Zeichen von Unverständnis gegenüber der Situation der Unterdrückten. Denn die meisten Menschen versuchen schlichtweg, einfach Tag für Tag zu überleben.

Ein ähnliches Argument wurde in Bezug auf rebellische Kleidungsstile afroamerikanischer Frauen in den 1960er Jahren vorgebracht. Die Beliebtheit des Afro stieg schlagartig an, als er zu einem Ausdruck der Solidarität mit der politischen Gefangenen Angela Davis wurde. Angela Davis selbst sagte, dies habe zu der – weitgehend vergessenen – Festnahme und Schikane Hunderter Schwarzer Frauen geführt, die als Doppelgängerinnen von Davis verfolgt wurden.[15] Für manche Menschen sind Kleidung, Accessoires und Frisuren die einzig mögliche Form politischen Engagements. Was aber die Deserteure der zaristischen Armee mit Afros verbindet, ist die Tatsache, dass hinter beiden bedeutende soziale Bewegungen standen. In Russland kämpfte eine große, von den Bolschewiken angeführte Bewegung mit Leib und Seele für Veränderungen, in den USA bekam die Black-Power-Bürgerrechtsbewegung immer mehr Zuspruch.

Punks waren in den 1970er Jahren gewissen staatlichen Repressionen ausgesetzt, es gibt aber bei weitem extremere Beispiele dafür, wie Kleidung für Widerstand genutzt wurde. In Zeiten der Sklaverei führten Großgrundbesitzer auf Jamaica Praktiken ein, die dazu führten, dass Versklavte »ihres Stolzes, ihrer Würde, und vor allem auch ihrer afrikanischen Identität« beraubt wurden.[16] Steeve O. Buckridge beschreibt in *The Language of Dress*, dass die versklavten Menschen Kleidung aus grobem Leinen tragen mussten. Diese Uniform sollte sie demütigen und ihnen ihre kulturellen Bekleidungsgewohnheiten nehmen. Doch sie veränderten selbst diese Stoffe und ergänzten sie um Accessoires, sodass sie einer afrikanischen Mode und Ästhetik entsprachen. Es war ein Weg, der kulturellen Entfremdung und psychischen Vernichtung vorzubeugen. Kleidung wurde zu einem Mittel der Rebellion und des Widerstands gegen die Aushöhlung der eigenen Selbstbestimmung, Geschichte und Kultur.[17]

Dass marginalisierte Gruppen, vor allem Frauen, sich durch ihre Kleidung gegen Unterdrückung wehren, hat eine lange und eindrucksvolle Tradition, insbesondere unter der Kolonialherrschaft. Yoruba-Frauen in Nigeria trugen ausschließlich ihre traditionelle Kleidung und sprachen mit den britischen Kolonialbehörden nur Yoruba, was ihre Art war, ihre Ablehnung zum Ausdruck zu bringen.[18] Ein weiteres Beispiel ist das Verbot palästinischer Flaggen und ihrer Farben während der Ersten Intifada 1987 bis 1993. Als Reaktion darauf bestickten Palästinenserinnen sogenannte »Intifada-Kleider« mit Tauben, Waffen und Parteisymbolen, um sich der israelischen Besatzung zu widersetzen.[19]

Aktuell kann man auch die Umwandlung von Objekten der Unterdrückung in Symbole des Widerstands beobachten. Die Pawnee-Künstlerin Abigail Echo-Hawk ist die leitende Forschungsbeauftragte des Seattle Indian Health Board, eines kommunalen Gesundheitszentrums, das sich um die Gesundheit der Native Americans in Seattle kümmert. Im März 2020 erbat das Gesundheitszentrum dringend persönliche Schutzausrüstung und Corona-Testkits von lokalen und bundesstaatlichen Partnern. Stattdessen schickte man ihnen eine Ladung Leichensäcke. »Es gibt kaum eine bessere Metapher dafür, was uns die Regierung seit Jahrhunderten antut«, so Echo-Hawk gegenüber *CBC Radio*. »Sie geben uns etwas, mit dem wir unsere Leute begraben sollen, anstatt der Ressourcen, die unsere Leute zum Leben brauchen.« Native Americans waren besonders schwer von der Coronapandemie betroffen. Laut einer Studie war die Infektionsrate doppelt so hoch und die Sterberate zweieinhalb Mal so hoch wie bei Weißen.[20]

Echo-Hawk war entsetzt, aber nicht überrascht, dass ihnen Leichensäcke zugeschickt wurden. Monatelang arbeitete sie daran, daraus ein traditionelles Kleid mit Bändern zu machen, ein Symbol für die »Hoffnung, Resilienz, Stärke und die absolute Widerstandsfähigkeit und Unerschütterlichkeit Indigener Überlebender«. Die roten Handabdrücke auf Echo-Hawks Kleid erinnern an vermisste und ermordete Indigene Frauen und Mädchen, die groben Stiche stellen Obduktionsnähte dar. Außerdem klebte die Künstlerin Spiegelchen auf das Kleid, die der Regierung das Ausmaß des Unrechts zurückwerfen sollten. Auf den Woodlands-Stoff schrieb sie ihr persönliches Mantra: »Ich bin die konkrete Manifestation der Resilienz meiner Vorfahren.« Echo-Hawk führt aus: »Uns wurde in den letzten fünfhundert Jahren so viel genommen. [...] Wir kämpfen dafür, jedes Stück zurückzubekommen und nähen es in den kräftigen, leuchtenden, schönen Farben von Bänderkleidern und Bänderröcken und Insignien und Worten und Poesie und Kunst wieder zusammen.« Bänderkleider spielten auch eine Rolle in den Protesten gegen die Dakota Access Pipeline im Reservat der Standing Rock Sioux.[21]

Neben den Ideen von »Verweigerung« und »Umkehrung«, die im Folgenden untersucht werden, existiert die Idee des »Wiederauflebens«. Dabei handelt es sich um »eine Reihe von dekolonisierenden Theorien der aktuellen Generation Indigener Akademiker:innen«, mit dem Ziel, Systeme zu dekonstruieren und neu aufzubauen. Dieses Buch hat sich hauptsächlich über Riley Kucherans Arbeit dem Prozess des Wiederauflebens der Indigenen Mode angenähert, der die Mainstream-Modebranche infrage stellen und auseinandernehmen will. Doch das kritische Hinterfragen durch den Wiederbelebungsprozess wird durch koloniale und kapitalistische Unterdrückungssysteme begrenzt.[22]

Kleidung kann also eine Form des Widerstands und ein mächtiges Werkzeug der Widerstandsbewegungen sein, vor allem für Frauen und non-binäre Menschen. Sie hat das Potenzial, mutig zu sein, etwas zu verkörpern und sich zu widersetzen. Was sie für den gesellschaftlichen Wandel bedeuten kann, hängt jedoch davon ab, ob eine Bewegung hinter ihr steht. In diesem Sinne sind Mode und Kleidung eher eine Art schleichender Protest als ein entscheidender und endgültiger revolutionärer Akt.[23]

Verweigerung und Umkehrung

In seinem Buch *Fashion as Communication* beschreibt Malcolm Barnard »Verweigerung« und »Umkehrung« als die beiden wichtigsten Formen des Widerstands durch Kleidung. Verweigerung ist der Versuch, sich selbst von lästigen Machtstrukturen zu befreien, Umkehrung ein Versuch, Macht und Privilegien, und damit die Machtstrukturen, zu kippen.[24]

Punk

In Großbritannien hatte der Punk seine Hochphase in den späten 1970er und frühen 1980er Jahren – also genau in einer Zeit, in der benachteiligte Jugendliche aus der Arbeiterklasse mit steigender Arbeitslosigkeit und großer Chancenlosigkeit konfrontiert waren. Als heftige Form der Verweigerung war der Punk eine antiautoritäre Reaktion auf ein System, das viele Menschen entrechtete: »Hinter der Clownsmaske lauerte des Kapitalismus entstellte und unerwünschte Fratze.«[25]

Das Women's Liberation Movement

Die radikalen Frauen, die sich an der US-amerikanischen Frauenbewegung Women's Liberation Movement beteiligten, lehnten die schrillen Make-ups der achtziger Jahre genauso ab wie hohe Absätze, enge Kleidung, kurze Röcke und alles andere, was für sie sexistisch und unterdrückerisch war.[26] Diese eng mit den LGBTQ+-Bewegungen verbundenen Aktivistinnen präsentierte man in den Medien oft stereotyp mit Overalls und Doc Martens, ohne Make-up und mit extremen Kurzhaarfrisuren. Die Bewegung war gegen die obsessive Beschäftigung mit Jugend, Schönheit, Schlanksein und dem in der Gesellschaft vorherrschenden, sehr eingeschränkten Erotikbegriff. Sie waren überzeugt davon, dass man Frauen eintrichterte, viel zu viel Zeit auf ihr Aussehen zu verwenden, und dass Frauenkleidung sie wirklich, nicht nur symbolisch, unterjochte.[27] Legenden angeblicher BH-Verbrennungen erlangten Berühmtheit, weil sie so gut zu der Vorstellung der Klatschpresse passten, dass Feministinnen alles zerstören wollten, von dem sie fanden, es unterdrücke sie.

Der Hidschab

Hidschab-Mode ist weit verbreitet, sehr vielfältig und es gibt buchstäblich mehrere hundert Arten, das Kopftuch zu tragen. Nach den Attentaten auf das World Trade Center 2001 und dem Beginn des sogenannten Kriegs gegen den Terror wurden Hidschab, Nikab und Burka im Westen plötzlich zu einer Staatsangelegenheit. Menschen, die erklärte Gegner:innen des Feminismus und Befürworter:innen des

Krieges waren, benutzten muslimische Frauen plötzlich, um imperiale Kriege und Herrschaft zu rechtfertigen. Die gleiche scheinheilige Taktik hatte es im späten 19. Jahrhundert unter britischer Herrschaft in Ägypten seitens des Earl of Cromer, Evelyn Baring, gegeben.[28]

Bewegungen wie »Black is Beautiful« in den USA reagierten auf schmerzhafte Vorurteile, indem sie die verschmähten Identitätsmerkmale erst recht zur Schau stellten.[29] Das Gleiche geschah mit dem Hidschab. Angesichts von Angriffen und einer sich polarisierenden Gesellschaft entschieden sich viele Frauen für den Hidschab, um »ihre Identität und Gemeinschaft, den Stolz auf ihr Erbe, ihre Ablehnung, ihren Protest oder sogar Widerstand gegenüber der Mainstreamgesellschaft zu bekräftigen«[30]. Die Polarisierung in Europa nimmt weiter zu, mit Verboten gegen religiöse Kleidung in mehreren Ländern. Beispielsweise führte in Frankreich ein Verbot der Gesichtsverhüllung, bestätigt vom Europäischen Gerichtshof für Menschenrechte, dazu, dass in weniger als drei Jahren fast sechshundert muslimische Frauen Geldstrafen entrichten mussten. Das französische Gesetz von 2004, das das Tragen von Kopftüchern an Schulen verbietet, hinderte zudem einige muslimische Mädchen daran, ihre Ausbildung zu beenden.[31] Der französische Philosoph Alain Badiou bezeichnete das Verbot als kapitalistisches Gesetz, das den Frauen das Recht entziehe, frei zu entscheiden, wann sie sich entkleiden.[32]

Angriffe auf die Kleidung muslimischer Frauen waren Teil einer imperialistischen Agenda, die um Unterstützung für den Krieg warb. Wenn man muslimische Gesellschaften so darstellen kann, dass sie aufholen müssen, um mit »zivilisierten Gesellschaften« mitzuhalten, erscheint Krieg als eine befreiende Kraft gerechtfertigt. Was man definitiv sagen kann: Viele muslimische Frauen haben genug von den Diskussionen über ihre Kleider und möchten nach dem beurteilt werden, was sich *in* ihrem Kopf befindet, nicht *drumherum.*

Jede dieser Formen von Verweigerung stößt irgendwann auf ein unüberwindbares Problem: Es gibt keine Möglichkeit, sich dem System Mode ganz zu entziehen. Man kann sich zwar weigern, mitzumachen, aber wenn man es nicht stürzt, wird es weiter bestehen. Wie auch immer man sich auch kleiden mag, man lebt in einem kapitalistischen System, und sogar eine Frau, die sich komplett verhüllt, bekommt Tausende von Signalen, dass sie zu dick, zu schwarz oder zu hässlich sei. Auch wenn man sich dafür entscheiden würde, für den Rest des Lebens einen Overall zu tragen, hilft man damit nicht den unterdrückten Frauen in China, die ihn genäht haben. Auch selbstgenähte oder Secondhandkleidung wurde mit Material aus einem kapitalistischen System produziert. Es ist schlichtweg unmöglich, kein Teil davon zu sein.

Umkehrung

Umkehrung ist eine Form von Widerstand, die versucht, Machtstrukturen und Privilegien zu verkehren. Am häufigsten wurde sie bislang von Frauen oder Frauenbewegungen genutzt, die die Rolle der Frau in der Gesellschaft verändern wollten, vor allem in Bezug auf das Anrecht, ein kontroverses, zweibeiniges Kleidungsstück tragen zu dürfen: die Hose.

Frauen in Hosen

Es ist wichtig zu wissen, dass Hosen, die für Frauen in Europa und den USA im 19. Jahrhundert sehr umstritten waren, für Frauen in vielen anderen Ländern der Welt ein gewöhnliches Kleidungsstück waren. Albanische Musliminnen trugen im 19. Jahrhundert Hosen, genauso wie Frauen im indischen Mogulreich des frühen 17. Jahrhunderts oder zu jeder Zeit Frauen der Inuit, Frauen in der Mongolei und in Japan.[33] Diskussionen über die Geschichte der Hose als weibliches Kleidungsstück blenden diese Kulturen oft aus, ganz so, als hätten die Menschen dort keine Mode.

In Nordamerika wählten Kleiderreformerinnen im 19. Jahrhundert die Mode als Austragungsfeld für ihren Kampf gegen ein überholtes Frauenbild. In ihrem Buch *Pantaloons and Power* schreibt Gayle V. Fischer, dass die Reformerinnen zeigen wollten, dass Kleidung nicht bloß eine Körperbedeckung war, sondern ein mächtiges kulturelles Symbol, sinnbildlich für den Platz, den man Frauen gesellschaftlich zuwies.[34] Die damalige Mode bestand aus lähmenden Korsetts, vielen Schichten Petticoats und bodenlangen Kleidern, in denen man sich schlecht bewegen konnte. Die Kleiderreformerinnen hingegen befürworteten knielange Kleider, die man über Damenpumphosen tragen konnte. Amelia Bloomer, nach der dieses Bloomer-Kostüm benannt wurde, schrieb dazu: »Die Kleidung von Frauen sollte Gesundheit und Komfort fördern und gleichzeitig nützlich sein.«[35] Auch wenn sie die natürliche Schönheit einer Frau unterstreichen könne, sollte das eher zweitrangig sein.

Innerhalb ihrer Kampagne stellten die Kleiderreformerinnen persönliche über gesetzliche oder nationale Veränderungen, konnten sich aber nicht durchsetzen. Um 1879 hatte sich die Bewegung im Sand verlaufen.[36] Innerhalb des nächsten Jahrhunderts fanden Hosen für Frauen in Europa dennoch immer mehr Akzeptanz. Während der beiden Weltkriege trugen Frauen, die in der Landwirtschaft oder in der Munitionsherstellung arbeiteten, bei ihrer Arbeit Hosen. In den 1920er Jahren wurde die Freizeitkleidung etwas gewagter, und darüber hinaus konnten Sportarten wie Schwimmen und Radfahren fortan auch von Frauen betrieben werden. In den 1930er Jahren machten Hollywoodstars wie Marlene Dietrich und Katharine Hepburn Hosen zu einem glamourösen und erotischen weiblichen Kleidungsstück. Der wirkliche Durchbruch kam allerdings erst, nachdem André Courrèges in seiner Frühlingskollektion von 1964 Hosenanzüge gezeigt hatte. In den späten 1960er Jahren war die Jeans dann zum typischen Kleidungsstück für viele Frauen geworden.

Konservative Kräfte sehen darin eine Bedrohung. Hosen stehen für männliche Kraft, Unabhängigkeit, Bewegungsfreiheit, körperliche Arbeit und sexuelle Unabhängigkeit, also eine alarmierende Kombination aus Freizügigkeit und Distanz. Im Dezember 2019 hob die sudanesische Regierung ein umstrittenes Gesetz zur öffentlichen Ordnung auf, das der Polizei erlaubt hatte, hosentragende Frauen zu verhaften oder auszupeitschen. Noch 2009 stand die sudanesische Journalistin Lubna Ahmed al-Hussein wegen des Tragens einer Hose vor Gericht, eine Handlung, die nach den strengen Sittengesetzen als anstößig galt. Ihr drohten eine Gefängnisstrafe und vierzig öffentliche Peitschenhiebe. Das ist keineswegs ein Einzelfall. Allein 2008 wurden im sudanesischen Bundesstaat al-Chartum 43 000 Frauen wegen ähnlicher Verstöße festgenommen, wobei der dortige Polizeichef nicht sagen konnte, wie viele davon auch ausgepeitscht wurden.

Anstatt sich auf ihre Immunität zu berufen, die ihr wegen ihrer Arbeit für die UNO zustand, legte Lubna Ahmed al-Hussein ihr dortiges Amt nieder und bestand auf einer öffentlichen Verhandlung, wo sie die Hose noch einmal trug, wegen der sie verhaftet worden war. Sie wurde schuldig gesprochen, man verurteilte sie allerdings anstelle der Peitschenhiebe zu einer Geldstrafe von etwa 200 Dollar. Lubna Ahmed al-Hussein sagte damals: »Der Islam schreibt nicht vor, ob eine Frau eine Hose tragen darf oder nicht. Ich bete in der Kleidung zu meinem Gott, die ich trug, als mich die Polizei verhaftete. Sollen sie uns doch zeigen, was der Koran oder der Prophet dazu sagt, da ist nämlich rein gar nichts.«[37]

Meine eigene Vision von Schönheit

»Mode ist wichtig«, findet der aus der Bretagne stammende und mittlerweile in London lebende Modekünstler Florent Bidois. »In dieser patriarchalen Gesellschaft ist LGBTQ zu sein nicht die Norm. Also beschäftigt man sich natürlich mit Dingen, die einem helfen, sich selbst besser kennenzulernen und seine Eigenarten zu akzeptieren. Mode eignet sich hervorragend als Abgrenzung, aber auch als Erkennungsmerkmal. Wie ein sechster Sinn.« Bidois' Modekunst ist der Inbegriff visueller Freude und ein Einblick in eine Welt ohne erzwungenen Konformismus. »Mein Ziel ist es, Schönheit zu schaffen«, so der Künstler. »Das ist etwas sehr Persönliches, aber als Gestalter möchte ich meine eigene Vision von dem, was ich für schön halte, entwerfen. Dafür nutze ich mich und meinen Körper als Leinwand.« Dazu gehört auch, dass er sich nicht »verbietet«, etwas zu tragen, was er als schön empfindet. »Ich bin ein schwuler Cis-Mann, aber ich möchte hohe Schuhe tragen, ich möchte mich schminken, ich möchte manchmal Kleider tragen, und zwar nicht, weil ich damit jemanden schockieren möchte. Vielleicht passiert das manchmal, ohne dass ich es merke, oder ich merke es, aber es ist nicht meine Absicht.« Bidois erklärt weiter:

> Ich will auf keinen Fall irgendwie stören, ich will mir nur nichts verbieten. Ich kann nicht oft genug sagen, dass es sich um etwas sehr Persönliches handelt. Ich versuche nichts anderes, als ich selbst zu sein. Alles – die Schminke, die Hüte, die hohen Schuhe und Kleider – ist nur dazu da, dass ich mich gut, ja sogar großartig fühle. Und was ich dann sage – egal, ob ich mich herausgeputzt habe oder nicht –, bleibt dasselbe, ich werde nicht zu einer anderen Person. Es ist gut für mein Selbstbewusstsein, ich sehe besser aus und fühle mich sicherer, aber ich bin kein anderer Mensch.

Wir leben in einer Gesellschaft mit einer binären Geschlechterordnung, die besagt, dass Jungs bestimmte Dinge tun und bestimmte Kleidung tragen, während Mädchen andere Dinge tun und andere Kleidung tragen. Die Modeindustrie gehört zu den Wächtern dieses erdachten Regelwerks, sie hält starr an »Herrenmode« und »Damenmode« fest. Die Treppe runter in den Keller geht's zur Herrenmode; schauen Sie sich die Damenkollektion auf dem Laufsteg an. Seit der Veröffentlichung der ersten Ausgabe dieses Buches hat sich das Konzept der nicht binären Kleidung (obwohl es nicht neu ist) weiterentwickelt. Für einige Modefirmen bedeutet »genderfluid« noch immer unförmige, beigefarbene Kleidung. Aber abseits des Mainstreams erobert die nicht binäre Mode die Kleiderschränke. Tatsächlich kann – und sollte – jedes Kleidungsstück nicht binäre Mode sein. Ein Konsumtrendforscher meinte dazu: »Die Vorstellung, dass Kleidung als Ausdruck unserer Persönlichkeit dem einen oder anderen Geschlecht zuzuordnen ist, ist ein soziales Konstrukt, das wir auseinandernehmen müssen.«[38]

Wir sind noch nicht so weit, dass die Geschlechtsidentität der Menschen von dem abgekoppelt ist, was sie tragen wollen (oder müssen), seien es Kleider und hohe Absätze oder Anzüge und Brogue-Schuhe. Die Menschen ziehen von der Kleidung einer Person noch immer eine direkte Verbindung zu einem vermeintlichen Geschlecht. Im Grunde muss man sich natürlich gar nicht auf eine bestimmte Art und Weise kleiden, wenn man non-binär ist oder eine der unzähligen anderen menschlichen Erfahrungen des LGBTQ+-Spektrums macht. Eines Tages wird es kein Schocker mehr sein, wenn Billy Porter in einem ikonischen Anzug-Ballkleid von Christian Siriano über den roten Teppich schreitet. Wenn Lena Waithe sich in einen Regenbogenumhang hüllt oder für die Met-Gala ein Jackett mit dem Aufdruck »Black Drag Queens Invented Camp« wählt. Oder wenn Kurt Cobain, Pharrell Williams oder Harry Styles in einem Kleid auf einem Zeitschriftencover abgebildet werden. Vor allem aber werden sich Akzeptanz und Bewunderung weiter ausbreiten. »Aber Vorsicht: Trans Femmes of Colour haben damit angefangen und sind weiterhin mit den Repressalien konfrontiert, die sich daraus ergeben. Unsere Ästhetiken haben es in den Mainstream geschafft, aber nicht unsere Körper. Wir werden immer noch als ›zu viel‹ und ›zu queer‹ abgetan, sind dem Weißen und dem Heteronormativen nicht ausreichend angepasst«, so Alok Vaid-Menon. Vaid-Menon ist eine non-binäre Person, die schreibt und Performance-Kunst macht. »Ich hoffe, dass die Leute nicht vergessen, dass das, was in einer Zeitschrift steht, nicht unbedingt abbildet, was beispielsweise auf einer Zugfahrt geschieht: Denn da heißt es du allein gegen die Transphobie, und niemand verteidigt dich.«[39]

Umkehrungsprozesse bei Kleidung stellen nicht automatisch die zugrunde liegenden gesellschaftlichen Strukturen infrage. Die Umkehrung von Rollenbildern und Kleidung reicht nicht aus, um an den für die Ungleichheit verantwortlichen Strukturen zu rütteln. Wir brauchen eine Welt, in der ein Infragestellen von Geschlechterklischees nicht in Chauvinismus oder internalisierten Sexismus umschlägt, wie »die Weiblichkeit anzugreifen, sich über ›Mädchenkram‹ lustig zu machen und über ›Frauenthemen‹ die Augen zu verdrehen.«[40] Eine Welt, in der genderneutral oder genderfluid nicht mit einem bestimmten Aussehen oder Kleidungsstil einherzugehen hat. In einer solchen Welt sollte sich in den öffentlichen Verkehrsmitteln niemand mehr mit Kopfhörern gegen Spott und unfreundliche Kommentare schützen müssen, niemand sollte sich auf dem Heimweg – oder zu Hause – körperlich bedroht fühlen, und jede Form von Gewalt gegen die LGBTQ+-Gemeinschaft muss ein für alle Mal ein Ende haben. Dass

2020 in den USA so viele trans Menschen ermordet wurden wie nie zuvor seit Erfassung, zeigt, dass man nie aufhören darf, für diese Welt zu kämpfen.

Ich möchte Ihnen mit diesem Buch keine Modetipps geben, aber ich konnte es mir nicht verkneifen, Florent Bidois nach einer Empfehlung für die zu fragen, die gern die Verbindung zwischen Kleidung und Identität entdecken möchten. »Ich habe einen ganz einfachen Rat, den ich auch selbst befolgt habe. Er lautet, klein anzufangen«, meinte Bidois und ergänzte:

> Ob du es glaubst oder nicht, aber mein Zugang zu Farbe kam über Socken. Bunte Socken zu tragen, war ganz neu für mich. Mein ganzes Leben lang hatte ich schwarze Socken getragen und dachte irgendwann, gut, jetzt muss ich etwas ändern. Es fühlte sich an, als würde ich etwas ganz Verrücktes tun, aber ich wollte es eben bunt. Also klein anfangen, mit einem Accessoire, ein bisschen Schminke, dann wirst du merken, dass du mehr willst. Das wird auf jeden Fall passieren, es ist einfach so. Erst fühlst du dich mit einer Sache wohl, dann mit zweien, dann mit dreien.

Der Wert des Schocks

Der Punk ist auf den Laufstegen, T-Shirts mit dem Konterfei Che Guevaras gibt es überall zu kaufen, die palästinensische Kufija ist »so allgegenwärtig wie das Leopardenmuster«[41] und »Liberty« – die Freiheit – ist ein britischer Shop und keine politische Forderung. Nichts bleibt verschont, alles wird kopiert, wie schon um 1800, als reiche weiße Frauen afrikanische Kopfbedeckungen von versklavten Frauen in Jamaika als »Inselmode« trugen.[42]

Die unausweichliche Tendenz zur Vereinnahmung hat etwas Lähmendes. Schon als der Punk noch eine authentische Bewegung war, wurde er von gewieften Geschäftsleuten gepusht, die entscheidend dazu beitrugen, den Look zu definieren und zu vermarkten.[43] Vivienne Westwood und Malcolm McLaren (der Manager der Sex Pistols) gründeten auf der legendären Londoner Kings Road eine auf Kleidung im Stil von Punk und Sadomaso spezialisierte Boutique namens »SEX«. Obwohl es natürlich nicht sie waren, die den Punk erfunden hatten, beeinflussten sie ihn sehr stark und waren im großen Stil daran beteiligt, die Bewegung zu kommerzialisieren. Die Verweigerungsstrategie des Punk schützte ihn nicht vor der Aneignung durch Außenstehende, und letzten Endes war er sowohl Produkt als auch Opfer des Kapitalismus. Nach ein paar explosiven Jahren hatte der Markt ihn bereits aufgesaugt.[44]

Aufgrund seiner politischen Wurzeln hat der Punk in einigen Fällen unter unzufriedenen Jugendlichen dennoch bis heute überlebt, zum Beispiel in Myanmar, wo alles, von der Essensverteilung an Obdachlose bis hin zur Teilnahme an Anti-Putsch-Protesten gegen die Generäle, zur Underground-Punkszene gehört. Ein prominentes Beispiel ist natürlich auch die russische Punkszene, die durch die Verfolgung der Punkband Pussy Riot schlagartig bekannt wurde. Bis heute ist der Punk für viele kein Trend – und auch kein Spiel.

Die Übernahme der Ästhetik der Frauenbewegungen verlief zwar subtiler, war aber dennoch sehr real. Der bereits genannte Malcolm Barnard brachte das Beispiel des »Ungeschminkt«-Looks, der heute ein großes Geschäft ist. Zeitschriften sind voll von Artikeln darüber, »wie man den natürlichen Look hinkriegt« – jedoch braucht es dafür, wenn man den Magazinen Glauben schenkt, eine ganze Palette von Kosmetikprodukten. Ein weiteres Beispiel ist die Angewohnheit, ohne BH aus dem Haus zu gehen. Was als Protestform gegen das Patriarchat und frauenspezifische Kleidung begann, ist heute stark erotisiert worden.[45]

Bevor die Ästhetik und die politischen Überzeugungen des Punk und der Frauenbewegungen für den Massenmarkt kopiert wurden, wurden sie benutzt, um beide Gruppierungen an den Rand der Gesellschaft zu drängen. Und dies ist ein weiteres Risiko, dem jede Gruppe ausgesetzt ist, die sich der Mode verweigern will: die soziale Isolation.[46] Denn die Gesellschaft sagt: Sie sehen verrückt aus, also müssen sie verrückt sein – ignoriere sie einfach.

Ob ein Stil kommerzialisiert wird, hängt teilweise davon ab, wie nah sich eine Subkultur an der Modebranche befindet. Die New Yorker Schwulen- und Lesbenszene sowie die Community der Schwarzen und Latinos haben eine starke soziologische Nähe zur New Yorker Modeszene und beeinflussen Mode dadurch stärker als, sagen wir mal, die bäuerliche Bevölkerung im ländlichen Utah.[47]

Dies verdeutlicht die dialektische Beziehung zwischen der Mode und der Mode des Widerstands: Sie sind miteinander verflochten und brauchen einander, um sich weiterzuentwickeln. Die Mode des Widerstands braucht die Mainstreammode, um sich ihr widersetzen zu können.[48] Dass Frauen in Nigeria Yoruba-Kleidung trugen, war gerade deshalb so emanzipierend, weil sie sich auf diese Weise vom Kleidungsstil der britischen Kolonialmacht befreien konnten, von dem man ihnen gesagt hatte, es sei der einzige Weg, sich »zivilisiert« anzuziehen. Gleichzeitig zieht die Mainstreammode enorme Profite aus den immer neu aufkommenden modischen Gegenentwürfen.

Eine Kufija – oder nur ein Geschirrtuch von Topshop?

Mode gilt als »das Lieblingskind des Kapitalismus«.[49] Sie schafft es, sogar aus dem umstrittensten Stil Millionenprofite zu machen. Die Kufija ist ein Symbol des palästinensischen Widerstands gegen Israel. Ihr schwarz-weiß kariertes Muster ist aus der Berichterstattung über Jassir Arafat, Leila Khaled und palästinensische Widerstandskämpfer:innen bekannt. Während der Zweiten Intifada und Israels brutaler Militäroperation im Winter 2008 bis 2009 stieg die internationale Solidarität mit den Palästinenser:innen stark an. In Europa, besonders in London, wurde die Kufija zu einem Symbol, mit dem man eine pro-palästinensische und antiimperialistische Einstellung ausdrücken konnte. Ein paar Monate später wurden die Kufijas als »multiethnische Wüstenschals« verkauft und waren in jedem Geschäft und an jedem Stand in den verschiedensten Farben zu haben. Balenciaga verkaufte Kufijas für 2000 Dollar pro Stück.

Der pro-palästinensische Rapper Lowkey fürchtete, die Kufija habe ihre politische Bedeutung verloren, und schrieb in dieser Zeit Songs, in denen Zeilen vorkamen wie »ich rocke die Kufija und kein Geschirrtuch von Topshop«. Teile der pro-israelischen Lobby mögen gehofft haben, die Massenproduktion der »Wüstenschals« würde die Kufija ihrer politischen Brisanz berauben. Aber ihre Beliebtheit richtete keine bleibenden Schäden in der pro-palästinensischen Bewegung an. Demos und Kampagnen gingen weiter. Inmitten des ganzen Trends war es weiterhin einfach, eine Kufija von einem Geschirrtuch zu unterscheiden, und überall auf der Welt sprach man über Palästina.

Dennoch profitierten natürlich auch die Firmen, die die Imitate produzierten. Sie konnten die politische Botschaft hinter dem karierten Muster zwar nicht neutralisieren, verdienten mit dem Trend aber ziemlich viel Geld. Unternehmen nahmen die Ideen von Rebellion und Freiheit, die man mit der Kufija verband, auf und verbanden sie durch Massenproduktion mit ihren Labels. Die Sache des palästinensischen Volks ist jedoch groß und stark genug, um einen Sturm im Wasserglas wie den »Wüstenschal« zu überstehen. Palästina wird für Palästina anerkannt, nicht für einen Modetrend.

Vereinnahmung

Einige kleinere Bewegungen hatten nicht so viel Glück. In den 1980er Jahren gab es in New York ein Netzwerk junger, schwuler, vor allem Schwarzer Männer, die Kleidung als glamouröses kulturelles Symbol in Szene setzten und einen expressiven Tanzstil begründeten, der als »Voguing« bekannt wurde. Die jungen Männer wurden in vielerlei Hinsicht als unterdrückte Außenseiter beschrieben: wegen ihrer Hautfarbe, ihrer sexuellen Orientierung, weil sie arm waren und feminin wirkten. Die Vogue-Bewegung parodierte und bejahte gleichermaßen den Traum, auf der Titelseite eines Magazins zu erscheinen.[50] Die Vereinnahmung durch Madonna und Warner Brothers in dem Song »Vogue« ist weit bekannt, die soziale und politische Dimension und die Unterdrückung der Vogue-Bewegung allerdings nicht. Manche sind der Meinung, Madonna habe der Bewegung eine Stimme verliehen. Die Tatsache, dass die eigentliche Botschaft bei ihr in »einem Meer aus Armbewegungen« verloren ging, zeigt aber, dass nicht mehr passierte, als dass eine unterdrückte Minderheit für eigene Zwecke benutzt wurde.[51]

Die traurige Wahrheit ist, dass Stilrichtungen, die aus Rebellion hervorgehen, die Modebranche nie wirklich in Gefahr bringen. Sie ist nicht nur in der Lage, Schocks und Kontroversen aufzufangen, sondern profitiert sogar noch davon. Das Gleiche passiert mit Widerstand außerhalb der Modebranche. Der Punk ist ein Statement, das auf Konfrontation geht. Aber beim konsumverweigernden Grunge sind es nicht mehr als einfache Garderoben, überwiegend aus Secondhand-Fundstücken, die schön oder ungepflegt oder beides in einem sind. Nirvanas Leadsänger Kurt Cobain war für seine immer gleichen Bandshirts, Cardigans, Holzfällerhemden und das gelegentliche Tragen eines Kleids bekannt und dafür, sich seine Outfits selbst zusammenzustellen.

Trotz der politischen, konsumverweigernden Basis des Grunge machte sich die Modebranche schnell an die Arbeit. Viele Designer:innen übernahmen den Style in ihren Kollektionen. Perry Ellis beispielsweise feuerte Marc Jacobs, nachdem dieser eine Kollektion entworfen hatte, die derart umstritten (und unauthentisch) war, dass sie nie produziert wurde. Unter den Modeeliten war der Grunge-Stil jedoch nie besonders populär. Die legendäre britische Modejournalistin Suzy Menkes führte die Grunge-Opposition an und brachte »Grunge ist grässlich«-Buttons unter die Leute, was eine ironische Verkehrung der runden Ansteckplakette sein sollte, eines der Hauptbestandteile des Grunge-Looks.

So kann sogar aus dem ultimativsten Statement, kein Statement zu machen, ein modisches Statement werden. Die US-amerikanische Historikerin Elizabeth Fox-Genovese bemerkte dazu, dass »eine schmerzhafte Ironie [darin liegt], wenn Menschen mitansehen müssen, wie die Symbole ihrer Rebellion von denjenigen, gegen die sie zu rebellieren glaubten, auf erlesenen Materialien zur Schau gestellt werden«.[52] Als Jacobs Kurt Cobain und Courtney Love etwas aus seiner Grunge-Kollektion zukommen ließ, verbrannten sie es sofort. Das dialektische Verhältnis zwischen der Modebranche und der Mode des Widerstands bedeutet, dass aufkommender Widerstand aufgesaugt, umgepackt und als Produkt an uns zurückverkauft wird.

Mode widerstehen

Die Vervielfältigung subversiver Stile darf man nicht mit Demokratie verwechseln. Erstens ist die Macht multinationaler Konzerne, Symbole wie die Kufija zu reproduzieren und die Gewinne für sich einzustreichen, alles andere als demokratisch. In diesem System gibt es keine soziale Gleichberechtigung und wir haben darin keine Möglichkeit, Kontrolle über die Konzerne auszuüben, bei denen wir einkaufen (auf die Idee, Shopping sei demokratisch, weil mit Geld mitbestimmt werde, komme ich im neunten Kapitel zu sprechen). Es geht hier auch um eine Verwechslung von Demokratie mit dem sogenannten freien Markt.[53] Was spielt es für eine Rolle, ein T-Shirt mit dem Aufdruck »Feministin« kaufen zu können, wenn es in einem Sweatshop hergestellt wurde und die zugrunde liegenden Probleme, die Frauen dazu nötigen, das Patriarchat zerschlagen zu müssen, unangetastet bleiben?

Zweitens sind wir weit entfernt von der toleranten Utopie, die sich manche Postmodernist:innen vorstellen. Die institutionelle Reaktion auf Kleidung wie Baggy Pants lautet, dass Jugendliche von der Schule fliegen oder Menschen verboten werden kann, in ein Flugzeug zu steigen. Noch immer wird beim jährlich im April begangenen Denim Day dazu aufgerufen, Jeans zu tragen, um an den Fall zu erinnern, bei dem das höchste italienische Gericht das Urteil gegen einen Vergewaltiger kippte. Die Richter befanden, die Hose der betroffenen Frau habe so eng gesessen, dass sie ihrem Vergewaltiger beim Ausziehen geholfen haben musste, was eine Zustimmung impliziere. Frauen wird noch immer gesagt, sie seien selbst schuld an Vergewaltigungen, wenn sie Miniröcke anziehen, oder sie werden entlassen, vom Unterricht ausgeschlossen oder angegriffen, weil sie einen Hidschab tragen. Transphobie ist in der Gesellschaft nach wie vor weit verbreitet. Wirkliche ästhetische Demokratie wird erst möglich sein, wenn die Macht über Schönheit und gesellschaftliche Produktionsmittel nicht mehr in den Händen Weniger liegt und wenn es keinen Rassismus, Sexismus und kein Klassendenken mehr gibt.

Die in diesem Kapitel beschriebenen Bewegungen richten sich gegen mehr als nur gegen Mode. Sie verwenden Mode, um zu zeigen, worum es ihnen geht. Zu Beginn des Kapitels habe ich beschrieben, wie sowohl Protest als auch Protestmode alternative Realitäten schaffen. Am Internationalen Frauentag 2020 kollidierten beide, als der Women's Strike die Oxford Street mit einer riesigen kostenlosen

Kleidertauschaktion einnahm. Tausende von Menschen liefen im Londoner Zentrum auf und blockierten die Oxford Street. Dort lagen ausgebreitete Planen voller Kleider, die man einfach so mitnehmen konnte. In krassem Gegensatz zu den Modekonzernen auf der Oxford Street wurden die Einkaufenden ermutigt, die Geschäfte zu verlassen und sich stattdessen dem Protest anzuschließen und kostenlos zu shoppen.[54] Einige Stunden lang wurde Protestkleidung genutzt, um nicht nur die Mode, sondern auch das kapitalistische System, das ihr zugrunde liegt, anzuprangern.

Rebellion fordert Mode heraus und nährt sie gleichzeitig. Kleidung entfaltet ihre größte Macht, wenn sie ein Werkzeug ist, um Widerstand am Leben zu erhalten, kulturelle Identität zu bewahren und Menschen zu Neuem zu inspirieren. Wie bei den afrikanischen versklavten Menschen in Jamaika können rebellische kulturelle Praktiken die Widerstandsfähigkeit stärken, schrieb die feministische Literaturwissenschaftlerin bell hooks.[55] Sich auszumalen und durchzuspielen, wie Kleidung in einer Gesellschaft frei von Klischees und Unterdrückung aussehen könnte, beflügelt die Fantasie. Kunst spielt eine wichtige Rolle als Inspirationsquelle, denn ohne die Fähigkeit, uns neue Welten vorzustellen, gibt es nur wenig Hoffnung, dass diese irgendwann wirklich entstehen. Hier kommt mir ein Zitat der Schriftstellerin Jessie Lynn McMains in den Sinn: »Vielleicht wird die Kunst die Welt nicht retten, aber durch die Kunst wird die Welt es wert, gerettet zu werden.«[56] Individuelle Meinungsfreiheit zu fördern, kann dazu beitragen, dass mehr Menschen Mode und Schönheitsideale als Ideologien erkennen, die zum Vorteil der herrschenden Klassen existieren. Genau das würde dazugehören, wollte man den Kapitalismus wirklich in den Fokus rücken, anstatt ihm so nah zu sein, dass er unsichtbar bleibt. Wenn man ihn erst einmal klar sieht, kann man gegen ihn vorgehen. Was also würde passieren, wenn anstelle der oft so ungleich gearteten Protestmode eine organsiertere Bewegung träte, die die Menschen um wichtige Ziele herum vereinte? Das schauen wir uns im neunten Kapitel an, das Bewegungen unter die Lupe nimmt, die Modeentscheidungen kollektiv angehen.

9 Mode reformieren

Schließ dich uns an und wehre dich gegen die ermüdende Vorstellung, Shopping könne eine vernünftige Antwort auf menschliches Leid sein.[1]

Buy (Less) Crap

Unter all den tragischen und verstörenden Themen dieses Buches hat sich die Frage, die ich in diesem Kapitel behandle, als die provokativste herausgestellt: den Kapitalismus reformieren oder stürzen? Diese beiden Positionen werden manchmal falsch umschrieben: Pflaster auf klaffende Wunden kleben und versuchen, ein paar Seelen zu retten, während Millionen zur Knechtschaft verdammt sind, oder hoffnungslos auf eine große Veränderung warten, die vielleicht nie kommt.

Der Schauplatz für dieses Kapitel ist keine chinesische Fabrik und auch kein New Yorker Einkaufszentrum, sondern eine Familienküche im Norden Englands. Als ich den Katalog einer indischen Textilkooperative auf dem Küchentisch entdeckte, bot ich (wenig hilfreich) an, meiner gestressten, überarbeiteten Bekannten alle Punkte zu erklären, die daran falsch waren, und zwar sowohl in Bezug auf das Unternehmen als auch auf den Begriff »faire Mode«. Sie hatte bereits Kleidung für ihre Kinder bei dieser Kooperative bestellt, und so war es keine Überraschung, dass eine hitzige Diskussion entbrannte. Sie brüllte, es sei unmoralisch, auf eine Revolution zu warten und bis dahin einfach nichts zu tun, und ich brüllte zurück, den Kapitalismus reformieren zu wollen, sei naiv und lenke vom eigentlichen Problem ab.

Am Ende einigten wir uns darauf, dass wir beide eigentlich das Gleiche meinten, aber verschiedene Wege einschlagen wollten, um dieses Ziel zu erreichen. Diskussionen über politische Ansichten zu Kleidung werden schnell heftig, genauso wie ähnliche Diskussionen zu unserem Essverhalten, denn sie treffen uns an einer sehr persönlichen Stelle. Kleidung, so sagt man uns, ist eine Frage des persönlichen Geschmacks. Auf der Oberfläche sieht es einfach aus: »gute« Kleidung versus »böse« Kleidung. Entscheidest du dich für die »gute«, bist du ein guter Mensch, entscheidest du dich für die »böse«, bist auch du böse. Natürlich ist es wirklich sinnvoll, die am wenigsten schädliche Option auszuwählen, und zwar bei jeder Art von Produkten. Aber was ist mit den unendlich vielen Faktoren, die unsere Entscheidungen beeinflussen? In diesem Fall lautet der entscheidende Faktor »Klasse«: Man kauft, was man sich leisten kann. Hat man keine 20 Euro für einen Slip, ist es egal, ob dieser in Deutschland genäht wurde und aus Biobaumwolle ist; man muss sich wohl oder übel ein Viererpack für 6 Euro bei Primark kaufen – und wird sich vielleicht noch dafür schämen.

Es ist kein Zufall, dass wir uns in dieser Einbahnstraße befinden. Der Neoliberalismus hat uns dorthin gebracht, indem er suggeriert, dass Emanzipation auf individuellen (nicht kollektiven) Handlungen beruht, dass Freiheit Konsumauswahl bedeutet, und dass wir dem System vertrauen und uns den Weg in eine neue Welt freikaufen (nicht freikämpfen) sollen. Die Handlungen jedes und jeder Einzelnen sind etwas wert, und die Entscheidung, mit der Erde so behutsam so möglich umzugehen, ist wichtig, aber es reicht nicht aus, um uns von diesem schrecklichen Kurs abzubringen.

Der Individualismus ist kein Weg, um Sweatshops und Umweltzerstörung zu beenden. Shopping kann keine chinesischen Arbeiter:innen freikaufen und den Aralsee nicht wieder mit Wasser füllen. Die neoliberale Geisteshaltung in der Modeindustrie muss verschwinden, denn sie ist gefährlicher Unsinn. Die Probleme, um die es in diesem Buch geht, müssen kritisch und mit einer kollektiven, antikapitalistischen Einstellung angegangen werden. Auf individueller Ebene gibt es sehr wohl Handlungsmöglichkeiten, und hohe persönliche CO_2-Emissionen müssen verringert werden. Aber um die vor uns liegenden Herausforderungen anzugehen, braucht es Gemeinschaftssinn und eine realistische Einschätzung der Barrieren, auf die wir stoßen werden. Marx beschrieb diesen Widerspruch mit den Worten: »Die Menschen machen ihre eigene Geschichte, aber sie machen sie nicht aus freien Stücken, nicht unter selbstgewählten, sondern unter unmittelbar vorgefundenen, gegebenen und überlieferten Umständen.«[2]

Genau deshalb sind konstruktive Diskussionen über die in diesem Kapitel behandelten Themen so wichtig. Wir müssen erkennen, wer die wirklichen Feinde sind, und alle, die bereit zur Veränderung sind, müssen lernen, zusammenzuarbeiten und einen gemeinsamen Nenner zu finden. Die Meinungsverschiedenheiten zwischen uns, die wir uns für Veränderungen einsetzen, sind winzig, wenn wir uns den Abgrund anschauen, der uns, sagen wir mal, von Ölbaronen wie den US-amerikanischen Koch-Brüdern trennt. Die Aktivistin Angela Davis zitierte in diesem Sinn ein Lied von Betsy Rose, in dem es heißt: »Wir kamen vielleicht in verschiedenen Schiffen, aber jetzt sitzen wir im gleichen Boot.«[3]

Der Mode widerstehen, die Mode reformieren, die Mode revolutionieren – über diese Fragen gerät man leicht in Streitigkeiten, und zwar genau deshalb, weil sie ein Ausgangspunkt sind, von dem aus man handeln kann. Hat man einmal beschlossen, dass man die Welt verändern will, muss man entscheiden, wie vorzugehen ist, und dabei sind Meinungsverschiedenheiten ganz normal. Um vorwärts zu kommen, brauchen wir realistische Einschätzungen und Debatten darüber, was funktionieren kann und was nicht. In diesem Kapitel widme ich mich verschiedenen Methoden, durch die organisierte Reformen der Modebranche bereits zustande gekommen sind: Zusammenschlüsse von Konsument:innen, die ihr Einkaufsverhalten veränderten, um so die Welt zu verändern; staatliche Reformen; der wachsende Trend unter multinationalen Konzernen, selbst »Reformen« durchzuführen; und schließlich die internationale Arbeiter:innenbewegung.[4]

Frühe Aktivistinnen

Es ist an sich nichts Neues, dass die Mode eine abscheuliche Branche ist. Schon 1889 veranlassten die katastrophalen Zustände im erst kurz zuvor industrialisierten Nordamerika die Sozialreformerinnen Jane Addams und Ellen Starr in Chicago zur Gründung des Hull House, einer wegweisenden Einrichtung für Bildungs- und Gesundheitsprojekte. Eine der Bewohnerinnen des Hull House war Florence Kelley, ebenfalls Sozialreformerin und Freundin von Friedrich Engels.[5] Sie führte Feldforschungen in der Gegend durch, die das Hull House umgab, und fand heraus, dass sogar dreijährige Kinder in den Sweatshops der Mietshäuser arbeiteten.[6] Später berief man sie auf den neu geschaffenen Posten der obersten Fabrikinspektorin im Bundesstaat Illinois. Ihre Forschungsergebnisse bewogen die zuständigen Behörden des Bundesstaates dazu, ein fortschrittliches Gesetz zu verabschieden, das die Beschäftigung von Kindern unter vierzehn Jahren verbot und die Arbeit von Kindern und Frauen auf acht Stunden pro Tag beschränkte. Es wurde jedoch bereits drei Jahre später, auf Druck des Branchenverbands der Fabrikbesitzer in Illinois, für verfassungswidrig erklärt.

Alice Woodbridge, ebenfalls Aktivistin und Sekretärin der Working Women's Society, betrieb wiederum detaillierte Forschungen zu den Arbeitsbedingungen von Frauen im New Yorker Einzelhandel. Ihre Studien veranlassten die Sozialreformerin Josephine Shaw Lowell 1890 zur Gründung der Consumers' League of New York. Das Bündnis führte Untersuchungen zu der Notlage durch, in der sich ausgebeutete Frauen und Kinder befanden, und machte diese publik. Zudem wurde versucht, die Konsument:innen vor überteuerten und qualitativ schlechten Produkten zu schützen. Bei einer der ersten Studien handelte es sich um die Arbeitsbedingungen in der Produktion von Baumwollunterwäsche.[7] Die Consumers' League betonte immer wieder, dass Konsument:innen Veränderungen erreichen könnten, indem sie nur bei Unternehmen kauften, die ihre Angestellten anständig behandelten.[8] Unter anderem veröffentlichten sie eine »Weiße Liste« der Unternehmen, die angemessene Löhne zahlten sowie vernünftige Arbeitszeiten und Hygienebedingungen garantierten. Als sich in immer mehr Städten Konsumentenschutzgruppierungen formierten, starteten Josephine Shaw Lowell und Jane Addams den bundesweiten, bis heute existierenden Verbraucherschutzbund National Consumers League und luden Florence Kelley nach New York ein, damit sie dessen Generalsekretärin werden konnte.

Unter den bahnbrechenden Programmen von Kelley war ein »White Label«, das Unternehmen zertifizierte, die unter fairen Arbeitsbedingungen und ohne Kinderarbeit produzierten. »Zu leben, bedeutet zu kaufen. Zu kaufen bedeutet, Macht zu haben. Und Macht zu haben, heißt auch Verantwortung zu übernehmen«, sagte Kelley und brachte so Konsument:innen dazu, Kleidung zu boykottieren, die in Sweatshops hergestellt wurde.[9] Als überzeugte Sozialistin war sie der Meinung, dass es keine wirklichen Veränderungen geben würde, solange man nur die Symptome, nicht aber die Wurzeln sozialer Missstände anginge.

Moralisches Kalkül

Unsere Kleiderschränke sind heute ein Ort, an dem zwei weit verbreitete Meinungen zusammentreffen: erstens, dass die Modebranche an sich für unglaublich viel Zerstörung und Leid verantwortlich ist, und zweitens, dass unser Konsumverhalten daran schuld ist. Als ich die erste Version dieses Buches schrieb, machte »ethische Mode« mit nur einem Prozent einen unheimlich kleinen Anteil des Bekleidungsmarktes aus.[10] Heute bieten nicht mehr nur kleine Unternehmen »faire Mode« an. So gut wie jede Marke – sogar Boohoo – hat auch eine »nachhaltige« Linie. Da stellt sich doch die Frage: Wenn ein Konzern eine Schuh- oder Jeanskollektion auf verantwortungsvollere Weise herstellen kann, warum produziert er dann die anderen weiterhin auf so unheimlich zerstörerische Art? Datenanalysen von 2023 des Marktforschungsunternehmens Business Research Company zufolge erreichte der globale Markt für faire Mode im Jahr 2022 einen Wert von etwa 7,5 Milliarden Dollar. Die Schätzungen gehen davon aus, dass dieser Markt bis 2027 auf 11,1 Milliarden Dollar und bis 2032 auf 16,8 Milliarden Dollar wachsen wird.[11] Wenn wir für die Modeindustrie einen Gesamtwert von 2,5 Billionen Dollar annehmen, macht »ethische Mode« aktuell noch immer nur einen Marktanteil von 0,3 Prozent aus. Lösungen, die sich darauf verlassen, den Konsum in diesem Bereich zu fördern, lassen also die restlichen 99,7 Prozent der Modeproduktion außer Acht.

Und vor allem: Was zum Teufel soll ethische Mode überhaupt sein? Die Modeindustrie ist ein dereguliertes System, in dem Unterauftragsvergabe gang und gäbe ist und die Marken ihre eigenen Regeln und Labels erfinden und auf Etiketten drucken können: ökologisch, öko-innovativ, recycelt, upgecycelt, vegan, bewusst, Fair Trade, fair entlohnt, lokal produziert, CO_2-neutral, bio, mit erneuerbaren Energien hergestellt, mit Liebe gemacht, zirkulär, biologisch abbaubar, Zero Waste. Kein Wunder also, dass selbst Stella McCartney sagt: »Ich weiß kaum noch, was das Wort nachhaltig bedeutet.« Man sollte diese willkürlichen Bezeichnungen eher als etwas sehen, das die Menschen dazu bringt, noch mehr kaufen zu wollen, anstatt ihre Einkäufe zu hinterfragen. In einem Artikel der *Financial Times* hieß es so schön: »Es ist ein Haufen verschlüsselter Begriffe, die uns denken lassen, damit fühle ich mich wohl, das kann ich kaufen.«[12]

Laut der britischen Modeforscherin Kate Harper macht die begriffliche Unschärfe des Wortes »nachhaltig« das Konzept nahezu bedeutungslos; Firmen verwendeten es so, wie es ihnen passe. »Es ist fast wie ein Grammatikproblem oder ein Missverständnis, wie das Wort zu verwenden ist«, so Harper. Nachhaltig ist etwas nur, wenn es die Eigenschaft hat, dass man es für immer tun kann. Nachhaltigkeit ist ein Prozess, kein bestimmter Moment und definitiv kein individuelles Objekt. »Es gibt keine nachhaltigen Jeans, denn ›jeansen‹ ist nichts, was man tun kann, kein Verb, man kann nicht ›jeansen‹«. Anstatt den Begriff »nachhaltig« auf ein unbewegliches Objekt anzuwenden, müsste man Kate Harper zufolge vielmehr die Hunderten von Prozessen auf ihre Nachhaltigkeit prüfen, die eine Jeans entstehen lassen.

»Die Frage, was nachhaltiges Verhalten ist, wird auf die Entscheidung ›ich kaufe lieber das hier, und nicht das hier‹ reduziert«. Doch Kleidung mit dem Wort »nachhaltig« zu attribuieren, ist nicht nur ein linguistisches Problem, sondern schützt auch große Firmen vor der Kontrolle ihrer Herstellungsprozesse und Unternehmensführung. »Es ist wirklich irreführend und wenig hilfreich, Menschen dazu zu verleiten, Dinge als etwas mit grundlegend positiven oder negativen Eigenschaften anzusehen«, so Harper weiter. »Es geht nicht um die Eigenschaften der Dinge, sondern darum, wie sie entstanden sind und was mit ihnen weiter passiert.« Daher spielt es keine Rolle, ob ein Artikel aus recyceltem Polyester oder Bio-Baumwolle hergestellt ist, wenn Millionen davon produziert und um die Welt geflogen werden und dann auf Mülldeponien landen. Dazu passen auch die Gedanken des zur Indigenen Mode forschenden Riley Kucheran (siehe fünftes Kapitel): »In einigen Nachhaltigkeitsdebatten taucht immer wieder die Frage auf: Was genau wollen wir eigentlich erhalten?«[13] Die Frage erinnert uns daran, dass es bei tatsächlich nachhaltiger Mode nicht darum geht, das Modesystem zu schützen.

Außer den unzähligen Labels gibt es auch noch eine Flut an Ratgebern zu ethischer Mode. Da sie meist über die gleichen Themen sprechen, liefern sie keine befriedigenden Antworten auf die Frage nach den Problemzonen der Modebranche. Mit am schwierigsten ist es hinsichtlich der fairen Mode, aus all den Problemfeldern, die die Modeindustrie aufwirft, die dringendsten herauszufiltern. Es gibt keine einfache Liste, anhand derer man durch ein Ja oder Nein entscheiden könnte, was nun am wichtigsten ist, heißt es in einem Ratgeber zum ethischen Shopping.[14] Ist es besser, ein Kleid zu kaufen, das in einer indischen Kooperative genäht, aber Tausende Kilometer geflogen wurde, oder eines, das in der eigenen Stadt produziert wurde, aber von einer Firma stammt, die mit Pelz arbeitet? Ist es besser, eine Jeans aus Biobaumwolle von einer Firma zu kaufen, der Arbeitssicherheit ziemlich egal ist, oder eine Jeans von einem regulierten Einzelhändler, dessen Denim aber voller Pestizide ist? Was soll man über einen Pullover aus recyceltem Polyester-Fleece denken, der synthetische Fasern freisetzt und Ozeane, Strände und Meereslebewesen mit Mikroplastik verseucht?[15] Ist es besser, lederfreie Schuhe zu kaufen, die in einem chinesischen Sweatshop produziert wurden, oder Designerschuhe aus Leder, die von einem Menschen kreiert wurden, der über Dicke schimpft?

Die nicht wirklich hilfreiche Lösung der Bücher über faire Mode lautet, mit »moralischem Kalkül« zu überlegen, welche Themen am wichtigsten sind.[16] Dass all diese Ratgeber eine effektive Antwort schuldig bleiben, liegt daran, dass sie den Kapitalismus nicht als den Schuldigen benennen wollen. Das überlässt den Verbraucher:innen die knifflige Frage, welche ethischen Standards am wichtigsten sind.[17] Da die meisten Bücher nicht erkennen, dass das kapitalistische System hinter den Übeln der Branche steht, zeigen sie mit dem Finger auf andere Schuldige: ignorante und apathische Konsument:innen, die menschliche Gier oder Küchenpsychologie.

Die entsprechenden Ratschläge sind wenig zielführend. Sie wollen Menschen dazu überreden, weniger zu kaufen – und geben ihnen Einkaufslisten an die Hand. Die meisten Bücher über ethische Mode nennen auf jeder Seite Marken und bestimmte Produkte, einschließlich großer Geschäfte, die als »Helden der Shoppingmeilen« gelistet sind. Um eventueller Verwunderung über diese widersprüchliche Tatsache zuvorzukommen, heißt es in *Green is the New Black*: »Solltest du ein Problem mit Großkonzernen haben, dann denk daran, dass sie die Fäden in der Hand halten. Wenn sie sich verändern, wird das Wellen schlagen, die wirklich Veränderung auslösen werden. Selbst wenn es am Ende nur eine riesige PR-Aktion sein sollte, was macht das eigentlich aus?«[18]

Nun ja, es macht etwas aus. Und zwar sowohl, weil es sich dabei um neoliberale Denkmuster handelt, als auch, weil PR oft dazu da ist, die eigentlichen Praktiken von Unternehmen zu verschleiern. Unternehmen lassen sich zu den wildesten Behauptungen hinreißen. »Durch unsere Größe und unseren Einfluss stärken wir die Rolle von Frauen in der ganzen Welt«, behauptet zum Beispiel Walmart. Die

Bekleidungsmarke Hanes bringt den Slogan: »Wir sind entschlossen, unseren Teil dazu beizutragen, dass die Welt ein gesunder, sicherer und lebenswerter Ort bleibt.« Textil-Discounter Primark schreibt auf seiner Website: »Wir arbeiten an Veränderungen für alle«, und Bekleidungshersteller Gap verspricht »Wir engagieren uns für die Communities, in denen wir tätig sind.« Die kanadische Journalistin Naomi Klein erklärt: »Jedes Unternehmen mit einer starken Marke versucht ganz einfach, ein Verhältnis zu seinen Kunden aufzubauen, das bei ihnen so großen Widerhall findet, dass sie danach streben oder zumindest damit einverstanden sind, Sklaven der feudalen Markenherren zu sein.«[19] Dass Sprache, Bilder, Symbole und Rhetorik all dieser Markenkampagnen so einfühlsam und überzeugend wirken, liegt daran, dass sie direkt von sozialen Bewegungen übernommen wurden. Die Werbekampagnen von Gap, Levi's und Konsorten verkaufen uns die ganze Zeit unsere eigenen Ideen zurück, allerdings völlig sinnentleert als Feigenblatt für Menschenrechts- und Umweltverstöße. Sie mögen sich zwar einer neuen Sprache bedienen, ihre Praktiken haben sich aber nicht geändert, eher noch verschlimmert. Untersuchungen der gemeinnützigen Organisation Global Fashion Agenda in Kopenhagen haben ergeben, dass die Fortschritte überall – von der Kohlenstoffreduzierung bis hin zur Wahrung existenzsichernder Löhne – im Jahr 2019 um 30 Prozent langsamer vonstattengingen als im Vorjahr. Doch das Produktionsvolumen steigt rasant. Im Bericht der Global Fashion Agenda ist bis 2030 bei Bekleidung und Schuhen von einem Anstieg um 81 Prozent auf 102 Millionen Tonnen die Rede.[20] Der unternehmerische »Causumismus« (eine Wortschöpfung aus den englischen Begriffen *cause*, die Sache, und *consumerism*, Konsumismus; gemeint ist die Verbreitung der Idee, durch strategischen Konsum eine bessere Welt »ershoppen« zu können) steht daher den progressiven sozialen Bewegungen direkt entgegen.

Internationale Konzerne nutzen die moralische Ansprache, weil sich die Öffentlichkeit immer mehr für ethischen Konsum interessiert.[21] Wie im zweiten Kapitel dieses Buches beschrieben, gibt es zum ersten Mal eine weltweite Bewegung gegen unternehmerische Klimakiller wie die fossile Brennstoffindustrie, die Agrarindustrie und die

Modeindustrie. Das führt dazu, dass sich die Unternehmen überschlagen, um als Teil der Lösung und nicht als das Problem zu gelten. Man darf hier nicht vergessen, dass Modefirmen keine Menschen sind. Sie haben keine Persönlichkeiten, Hoffnungen oder Träume. Es handelt sich um Unternehmen, die nur ein Ziel haben: mehr Geld zu verdienen als die Konkurrenz. Sie versuchen, fortschrittlich zu wirken, weil sie eine klare Tendenz der öffentlichen Meinung nicht länger ignorieren können. Das gleiche haben wir beim Feminismus, beim Kampf gegen den Klimawandel und bei Black Lives Matter erlebt. Hinter den Aktionen der Unternehmen steckt jedoch nichts weiter als der Versuch, sich den Schwung einer gesellschaftlichen Dynamik anzueignen; den Menschen vorzugaukeln, sie könnten sich in einer Marke wiederfinden; und vor allem, wie schon erwähnt, so zu tun, als seien sie an der Lösung beteiligt und nicht das Problem an sich. Gesellschaftliche Veränderungen werden niemals von den Modeunternehmen ausgehen. Das Gegenteil zu glauben, ist einfach falsch. Marx stellte in den *Statuten der Internationalen Arbeiter-Assoziation* fest, dass »die Emanzipation der Arbeiterklasse durch die Arbeiterklasse selbst erobert werden muss [...]«.[22] Die Konzerne wollen uns nicht befreien und können es auch nicht. Freiheit kann nur von innen heraus kommen.

Nicht nur den Schrank, sondern die Welt aufräumen

Die Idee des strategischen Konsums birgt noch grundlegendere Probleme. Geld als Stimmzettel einsetzen und mit dem Konsumverhalten scheinbar mitbestimmen zu können, was wie produziert wird, hängt erst einmal davon ab, wie viel Geld man überhaupt hat.[23] Wie soll man die Arbeitsbedingungen in Kerings endlosen Lieferketten beeinflussen, wenn man sich kein Parfum für 100 Euro leisten kann, geschweige denn eine Handtasche für 2500? Die Vorstellung, über Konsum Einfluss zu nehmen, verfestigt die Position, dass in unserer Gesellschaft nur die Macht haben, die über Geld verfügen. Ein bezeichnendes Beispiel für diese Denkweise habe ich bei einer Universitätsveranstaltung miterlebt: Ein Diskussionsteilnehmer sagte vor einem studentischen Publikum, eine gute Form des Protests wäre, keinen Diamantenschmuck mehr zu kaufen. Wenn ihnen die Abbaupraktiken von Unternehmen wie De Beers nicht gefielen, sollten sie sie doch einfach boykottieren! Also das, so viel kann ich Ihnen sagen, kriegen wir auf jeden Fall besser hin.

Durch die Idee des »Causumismus« wälzt man die Verantwortung für alles Übel auf der Welt vom Kapitalismus auf die Konsument:innen ab. »Faire« Produkte gehören oft zu den teuersten, weswegen ethischer Konsum leider sehr stark von der sozialen Schicht abhängt, zu der man gehört. Es ist falsch, diejenigen für die Zerstörung unseres Planeten oder die Existenz von Sweatshops verantwortlich zu machen, die in der Gesellschaft sowieso am wenigsten zu sagen haben, und gleichzeitig den riesigen CO_2-Fußabruck der reichen Konsument:innen zu ignorieren. Gerade jetzt, wo wir auf eine weitere Wirtschaftskrise zusteuern, ist es wichtig, sich daran zu erinnern, dass wir das System Mode nicht isoliert verändern können. Vielmehr müssen wir einen gesellschaftlichen Wandel anstreben, bei dem der Wohlstand gleichmäßig verteilt wird. Dabei gilt es, die Unterdrückungsstrukturen anzugehen, nicht die Unterdrückten. Viele Schritte gehen dem eigentlichen Kauf eines Gegenstandes voraus, wie Design, Materialauswahl, Herstellung und Transport. Indem wir die Verantwortung vollends den Konsument:innen aufbürden, machen wir die unzähligen vorgelagerten Entscheidungen und die dahinter stehenden Gewinnabsichten unsichtbar. Vor allem aber droht die Gefahr, dass ethischer Konsum die Identität der Menschen als passive Verbraucher:innen festigt, anstatt sie als aktive Bürger:innen zu betrachten.

Wer schon sensibilisiert genug ist, um ein Buch über den Kapitalismus zu lesen, darf sich nicht auf individuelles Agieren beschränken, sondern muss kollektiv und politisch handeln und andere motivieren. Das Leben ist mehr als Shopping, und wir dürfen nicht zulassen, dass alle großen gesellschaftlichen Themen diesem Zweck untergeordnet werden. Denn das käme einer Vergeudung unseres Lebens und unserer Macht gleich.[24]

Zurücklehnen und warten?

Man wirft den Menschen, die gegen Reformen und für einen Systemwandel argumentieren, oft vor, sie seien unwillig, im Hier und Jetzt etwas zu verändern. Das ist jedoch ein Missverständnis ihrer politischen Haltung. Wieso sollten ausgerechnet diejenigen, die am meisten nach Veränderung streben, damit zufrieden sein, sich einfach zurückzulehnen und abzuwarten? Sie können nicht, wie es Rosa Luxemburg ausdrückte, »mit verschränkten Armen fatalistisch auf den Eintritt der ›revolutionären Situation‹ warten, darauf warten, dass jene spontane Volksbewegung vom Himmel fällt«.[25] Es ist nicht einfach die Entscheidung zwischen Reform oder Revolution. Beide Positionen bedingen und ergänzen sich gegenseitig.[26]

Die Geschichte derer, die als politische Konsument:innen für sich und andere Rechte erkämpften, ist lang und radikal. Die Russische Revolution begann mit Frauen, die gegen zu hohe Brotpreise demonstrierten. Der Busboykott von Montgomery aus der amerikanischen Bürgerrechtsbewegung (»Walk in dignity not ride in humiliation«) dehnte sich so weit aus, dass nach dreizehn Monaten, im Dezember 1956, die Rassentrennung in Bussen aufgehoben wurde. Ganz ähnlich organisierte die Harlem Housewives League eine Kampagne mit dem Namen »Don't buy where you can't work«, um Geschäfte zu zwingen, auch Schwarze Angestellte zu beschäftigen. Gandhi organisierte in den 1930er Jahren Proteste gegen importierte britische Textilien in Indien; in den 1980er Jahren gab es einen weltweiten Boykott südafrikanischer Agrarprodukte, die im Apartheidregime produziert wurden; und kollektive Mietstreiks gibt es bis heute.

Was all diese Aktionen verbindet, ist, dass der Konsum das Mittel war, um bestimmte Ziele zu erreichen – und nicht nur Mittel zum Zweck. Die Russische Revolution begann zwar mit Protesten gegen hohe Brotpreise, endete aber nicht mit billigem Brot. Im Unterschied zum »Causumismus« arbeitet politischer Konsum mit dem Wissen, dass es unmöglich ist, den Kapitalismus zu reformieren. Der Konsum wird genutzt, um spezifische Veränderungen zu bewirken, aber das eigentliche Ziel ist nicht ein veränderter Konsum.

Folgende Fragen können helfen, bloße Konsumkampagnen von politischen Konsumkampagnen zu unterscheiden: Wird die Kampagne von einem Konzern organisiert? Verdient ein Konzern Geld damit? Sieht sich die Kampagne als Selbstzweck oder als eine Herausforderung der politischen Macht und des Kapitalismus? Ermutigt sie Menschen, mehr zu tun als nur zu shoppen? Wen oder was macht sie für Ausbeutung verantwortlich? Ich bin nicht der Meinung, dass man sich an Konsumkampagnen nie beteiligen sollte, ganz im Gegenteil. Es ist sinnvoll, das zu kaufen, was am wenigsten Schaden anrichtet, und es hat viele Konsumkampagnen gegeben, die erfolgreich das Bewusstsein gegenüber dem Klimawandel oder Sweatshops steigern konnten. Was ich meine, ist, dass der Wille, etwas zu verändern, nicht an der Kasse enden sollte.

Für mein zweites Buch, *Foot Work*, habe ich ein Konzept entwickelt, das ich »Dreieck des Wandels« nenne. Die Idee dazu kam mir im Rahmen der Schulungsreihe FairCademy in Sachsen, als ich merkte, dass die Aktivist:innen in einer Diskussion immer wieder dieselben Argumente für ein anderes Einkaufsverhalten nannten. Die eine Seite führte an, dass Shoppen das Wichtigste sei, was die Menschen tun könnten, um die Modeindustrie zu verändern. Also sollten die Kampagnen sich hauptsächlich auf Aufklärung konzentrieren und darauf, die Menschen dazu zu motivieren, ethisch einzukaufen oder Kleidung zu tauschen, selbst herzustellen und gebraucht zu kaufen. Die andere Seite argumentierte, dies sei zu passiv, zu individualisiert und eigentlich nur innerhalb bestimmter Klassen möglich. Diese Argumentationslinien mit den beiden gegensätzlichen Positionen auf einem Kontinuum zogen sich durch. Hier setzt das Dreieck des Wandels an, indem es individuelle Veränderung, politische Veränderung sowie eine Veränderung des Systems zusammenbringt und uns dabei hilft, die Welt neu zu gestalten.

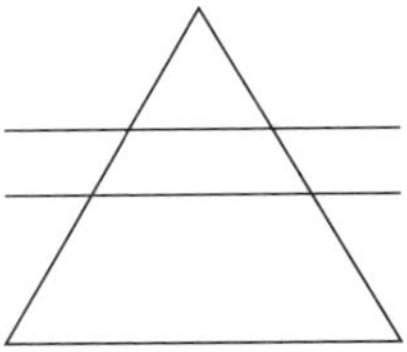

An der Spitze des Dreiecks steht die individuelle Veränderung, der Ausgangspunkt für die meisten, um darüber nachzudenken, wie man die Welt verändern könnte. Und da Kleidung und Schuhe etwas so Persönliches sind, ist es nur natürlich, dass man hier beginnt, mit dem eigenen Kleiderschrank. Individuelle Veränderung ist schön und gut, aber – wie das Dreieck zeigt – eben nur die Spitze des Eisbergs. Es besteht also die Gefahr, von dieser Ebene aus nicht weiterzugehen und zu glauben, dass alles gut wird, wenn man das eigene Leben an seine Überzeugungen anpasst.

Im nächsten Schritt gilt es, sich zum zweiten Teil des Dreiecks hinzubewegen: Politischer Wandel. Auf dieser Ebene tritt man aktiv mit Gruppen von Menschen in Kontakt und setzt sich mit den mächtigen Elementen des Systems auseinander, die dem Wandel im Wege stehen. Wir beschäftigen uns mit Freihandelsabkommen, fehlender Gesetzgebung und Gesetzgebung zur Lohnzahlung, Unternehmensrecht, Landrechten, dem Kampf für gewerkschaftliche Freiheit, Steuerfragen sowie Transparenz, und arbeiten solidarisch mit Arbeitnehmer:innen, Umweltschützer:innen und Menschenrechtsaktivist:innen auf der ganzen Welt zusammen. Wir setzen uns dafür ein, dass Regierungen und Unternehmen gezwungen werden, anders zu handeln und die schlimmsten Auswüchse des Kapitalismus zu regulieren. Hier arbeiten wir bereichsübergreifend und in engmaschiger Abstimmung mit denjenigen, die am stärksten von der Modeindustrie betroffen sind, nämlich den Arbeiter:innengruppen im Globalen Süden.

Die dritte Ebene ist im wahrsten Sinn des Wortes die Basis des Problems, und darum geht es in diesem Buch: die Konfrontation mit dem Kapitalismus und das Herbeiführen eines Systemwandels. Hier stellen wir uns der Tatsache, dass die Modeindustrie ohne die systematische Ausbeutung von Frauen und des Globalen Südens, ohne Kolonialismus, ohne Rassismus und dessen Aufrechterhaltung, ohne die weitläufige Umweltzerstörung und die Zementierung von Klasse und Armut nicht existieren würde.[27] Auf diesen Aktivismus, der den Kapitalismus durch eine neue gerechte Lebensweise ersetzen will, kommt es an. Denn wir müssen uns klarmachen, wer wirklich die Macht hat. Auf dieser Ebene verabschieden wir uns von der Vorstellung, dass man den Kapitalismus zum Besseren verändern kann. Hier wird zum Großteil ähnlich gearbeitet wie für politische Veränderungen, doch zusätzlich geht es darum, den Kapitalismus zu verstehen, indem wir über intersektionale revolutionäre Ansätze lesen, von ihnen lernen und sie als ein Werkzeug für sozialen Wandel weitergeben. Auf diesem Level geht es um die Gründung von und Teilnahme an revolutionären Gruppen, die Bewegungen etablieren wollen (Basisaufbau), sowie um die Umstrukturierung von Institutionen der Arbeiterklasse wie Gewerkschaften, Mietverbände, antirassistische Kampagnen, Selbsthilfegruppen und Umweltschutzorganisationen.[28] Letztlich sollen fortschrittliche gesellschaftliche Kräfte zu einem internationalen Machtblock organisiert werden, der es mit den Ungerechtigkeiten des Kapitalismus aufnehmen kann.

Regulierung?

In den letzten Jahrzehnten haben Unternehmen ihre Macht erheblich ausgeweitet, ohne dass Kontrollmechanismen wie Gesetze und Regulierungen mitgezogen hätten. Das löbliche Ziel einiger Konsumkampagnen ist es, Regierungen dazu zu bringen, Gesetze für besseren Arbeits- oder Umweltschutz zu verabschieden. Staatliche Konzernkontrolle geschieht jedoch nur selten, weil sie, wie Rosa Luxemburg bereits vor hundert Jahren schrieb, »immer mehr von ausschließlichen Klasseninteressen durchdrungen«[29] ist.

Derzeit ist die internationale Rechtslage so, dass sich die Länder aussuchen dürfen, welche Abkommen sie unterzeichnen und welche sie ablehnen. Wenn es um den Schutz von Textilarbeiter:innen und der Umwelt geht, verlassen sich europäische Regierungen auf Corporate-Social-Responsibility-Programme, die sich Konzerne selbst auferlegen. Die Konzerne bevorzugen diesen Weg, da gesetzliche Vorschriften auf diese Weise vermieden werden können. Zum Beispiel im englischen Leicester. Das Motto der stolzen Textilstadt lautete früher: »Leicester kleidet die Welt.« Zwar sind die riesigen Spinnereien aus rotem Backstein heute außer Betrieb, doch an ihre Stelle sind Tausende von Nähmaschinen getreten, deren Surren überall in der Stadt zu vernehmen ist. In diesen neugegründeten kleinen Fabriken, von denen manche kaum mehr als Bretterverschläge sind, arbeiten etwa 11 000 Menschen für einen Stundenlohn von mageren 3,50 Pfund. Es sind in der Regel Frauen mit südasiatischem oder osteuropäischem Hintergrund, die nur sehr begrenzte Beschäftigungsalternativen haben. Für die Arbeiterinnen in diesen »Schattenfabriken«, die Kleider für sechs Pfund produzieren, gibt es oftmals keinen Arbeitsvertrag, keine Lohnfortzahlung im Krankheitsfall und auch keinen Arbeitsschutz.

Im Sommer 2020 gerieten die Fabriken erneut in die Schlagzeilen: Die Organisation für Arbeitnehmerrechte Labour Behind the Label deckte auf, dass Arbeiterinnen in den Fabriken, die hauptsächlich für Boohoo produzieren, dem Risiko einer Ansteckung mit Corona, mit möglicherweise tödlichem Ausgang, ausgesetzt waren.[30] Leicester ist deswegen so interessant, weil hier britische Firmen auf britischem Grund unter britischem Gesetz produzieren und britische Bürger:innen beschäftigen. Der Fall zeigt eine Kultur, in der die Unternehmen straffrei bleiben, das Versagen von Vorschriften zum Schutz der Menschen und die fehlende Haftung in den Lieferkette der Modeindustrie. Es fließt noch von anderer Seite Geld in Leicesters Industrie, und zwar aus der Staatskasse: Sozialleistungen als Unternehmenssubventionen. Der Mindestlohn für über 25-Jährige beträgt 8,72 Pfund. Ihnen 3,50 Pfund pro Stunde zu zahlen, ist möglich, weil die Löhne durch Wohngeld und Arbeitslosenunterstützung aufgestockt werden. Der Staat muss handeln, um Arbeitnehmende in Großbritannien vor Ausbeutung zu schützen. Er muss verbindliche Gesetze für die Lieferkette schaffen, darf die Gewerbeaufsicht nicht abbauen, hat Steuerschlupflöcher zu schließen und muss verhindern, dass Angestellte, die Missstände melden, Gefahr laufen, von den Einwanderungsbehörden verfolgt zu werden. Anstelle der Abschiebungsandrohung, die die Arbeitgebenden noch mächtiger macht, sollte den Arbeitnehmenden ein garantierter Aufenthaltsstatus von mindestens drei Jahren angeboten werden, wenn sie illegale Arbeitspraktiken melden, wie es in Argentinien bereits praktiziert wird. Angestellte, die von den Unternehmen ausgebeutet werden, sollten zudem Zugang zu Rechtshilfe und -dienstleistungen haben, um Löhne und Entschädigungen einzufordern.

Oft wird mehr Transparenz in der Modeindustrie gefordert. In einem ersten Schritt sollten die Unternehmen verpflichtet werden, jährlich eine vollständige, durchsuchbare Liste der Zulieferbetriebe zu veröffentlichen. Diese sollte die Namen der autorisierten Zulieferer aller Produktionsstufen (einschließlich Heimarbeiter:innen) enthalten wie auch die Standortadressen, Muttergesellschaften, die Art der hergestellten Produkte, die Anzahl der Beschäftigten und die Lohnhöhe. Darüber hinaus sollte gefordert werden, dass die im Vereinigten Königreich verkauften Produkte mit einem datenbankgestützten Produktcode gekennzeichnet werden, der Informationen über die Produktionsstätten und eine überprüfbare Aufzeichnung der während des gesamten Produktionsprozesses verwendeten Rohstoffe enthält. Außerdem würde sich eine standardisierte, öffentlich zugängliche Lieferdatenbank auf EU-Ebene empfehlen, die alle Exporte und Importe von Gütern über europäische Häfen enthält. All diese Informationen wären zwar nützlich, doch darf Transparenz nicht zum Regulierungsmechanismus werden, der an die Stelle von Gesetzen tritt. Wie es in anderen Bereichen bereits der Fall war, beispielsweise in der Chemie- und Lebensmittelindustrie, besteht die Gefahr, dass »Politiker:innen zustimmen, dass Menschen ein Recht auf diese Informationen haben, deshalb für Warnhinweise und noch mehr Daten plädieren, und so schwierige oder unpopuläre Entscheidungen vermeiden. Möglicherweise halten sich die Unternehmen dann an die Bestimmungen, finden aber Wege, die Berichte für eine Verbesserung ihrer Marktposition zu nutzen.«[31]

Das (RED)-Manifest

Während des Weltwirtschaftsforums in Davos 2006 gründete Bono, der Frontsänger von U2, die Initiative (RED). Ihre Funktionsweise scheint auf den ersten Blick sehr simpel: Kauft man besonders gekennzeichnete (RED)-Produkte von Unternehmen wie Giorgio Armani, Gap, Converse oder American Express, geht ein (nicht näher definierter) Prozentteil der Einnahmen dieses Produkts an den Global Fund, der in 140 Ländern der Welt im Bereich HIV/Aids tätig ist. Auf der Website von (RED) hieß es: »Gab es jemals einen besseren Grund zu shoppen?«[32] Eine kritische Auseinandersetzung mit dieser Initiative findet sich unter anderem in Lisa Ann Richeys und Stefano Pontes Buch *Brand Aid: Shopping Well to Save the World*. Sie schreiben, dass Großkonzerne durch (RED)-Produkte ihr Corporate-Social-Responsibility-Profil aufbessern können, ohne ihr sonstiges Geschäftsmodell auch nur ein kleines bisschen ändern zu müssen. (RED) konzentriert sich darauf, Symptome zu lindern, anstatt die wirklichen Ursachen anzugehen.

Die Initiative hat sogar ein eigenes »Manifest«. Dort steht jedoch nichts über die sozialen Umstände von Armut, Ungleichheit und Krankheit. Mit keinem Wort werden die ausgebeutete Arbeiterschaft erwähnt, die (RED)-Produkte herstellt, oder die Auswirkungen der Produkte auf die Umwelt. Stattdessen werden HIV und Aids als Notfall dargestellt, dessen Dringlichkeit es rechtfertigt, über rassistische und geschlechtsspezifische Benachteiligungen und die globale Ungleichheit hinwegzusehen.[33] Als man Bono öffentlich damit konfrontierte, stellte er sein eigenes »moralisches Kalkül« an und antwortete: »Wir müssen arbeitsrechtliche Fragen sehr, sehr ernst nehmen, aber noch ernster ist es, wenn 650 000 Menschen in Afrika sterben.«[34] (RED) ruft gar nicht erst dazu auf, weniger oder anders zu konsumieren, sondern gab folgenden Tipp: »Mit Armani bist du schick, mit Converse hip, mit American Express bezahlst du deine Einkäufe – und du kannst dich moralisch gut dabei fühlen.« Die unreflektierten, »mitfühlenden Konsumenten«[35] ersetzen die bewussten Käufer:innen. Sie glauben daran, dass multinationale Konzerne Gutes tun und ein Heilmittel gegen AIDS finden werden. Es ist dies ein bewusster Versuch, die Fortschritte der Kampagnen für ethischen Konsum und der sozialen Bewegungen auszuhöhlen, welche Menschen dazu ermutigten, bewusst und kritisch zu sein. Außerdem wird hier von den eigentlichen Gründen für Krisen wie der Aids-Epidemie abgelenkt.[36]

Kritiker:innen wiesen immer wieder darauf hin, dass es bei der gegen HIV in Afrika gerichteten (RED)-Initiative keine afrikanische Beteiligung gab. Bezeichnend dafür ist, dass die besondere (RED)-Edition der britischen Zeitung *The Independent* eine Kate Moss auf dem Cover zeigte, die schwarz angemalt worden war. Viele (RED)-Produkte sind in Afrika gar nicht erhältlich.[37] Stattdessen wird das Leid der

Menschen in Afrika genutzt, um Designerprodukte zu vermarkten.[38] *Brand Aid* erzählt die Anekdote der Talkshowmoderatorin Oprah Winfrey, die in ihrer Sendung ein Gap-T-Shirt mit dem Aufdruck »INSPI(RED)« trug und sagte, es sei »das wichtigste T-Shirt, das [sie] in ihrem ganzen Leben getragen habe«. Oprah Winfrey schenkte allen im Publikum ein T-Shirt und erklärte, mit der Hälfte der damit eingenommenen Gewinne würden Medikamente für 14 000 schwangere Frauen gekauft. Klingt verlockend, aber was Oprah nicht erwähnte, ist, dass man mit dem Kauf eines Gap-T-Shirts gerade einmal Medikamente für zwei Wochen bezahlen kann. Man bräuchte 27 Shirts, um eine Person während eines ganzen Jahres versorgen zu können, und unzählige, wollte man eine lebenslange Behandlung ermöglichen.[39]

Es sollte eigentlich ganz selbstverständlich sein, dass überall auf der Welt diejenigen Menschen Medikamente zur Behandlung von AIDS bekommen, die sie brauchen – das sollte kein Nebenjob für Großkonzerne sein. Kein Gesundheitswesen sollte auf den freien Markt angewiesen sein. Die letzte Wirtschaftskrise und die darauffolgende Flaute in den Konsumausgaben machen die Schwachstellen derartiger Projekte nämlich mehr als sichtbar. Was wird geschehen, wenn Medikamente gegen HIV den Konzernen nicht länger Profite einbringen? Es reicht nicht aus, einfach nur Medikamente an die Armen zu verteilen. Wir müssen uns in erster Linie auch fragen, wieso die Medikamente nicht einfach schon zur Verfügung stehen, wo sie gebraucht werden.

Die Summe, die (RED) in den ersten fünf Jahren seit ihrer Gründung spendete, war winzig. Sie machte 1 Prozent des Gesamtbetrags der Spenden aus, die der Global Fund insgesamt einnahm.[40] Doch das Hauptanliegen von (RED) ist ja ohnehin, den globalen Handel als Kraft des Guten zu rehabilitieren. In einer Zeit, in der globale Modekonzerne mehr im Kreuzfeuer stehen als je zuvor, sind Aktionen wie (RED) eine willkommene Möglichkeit für sie, ihr Image aufzupolieren und Diskussionen über Sweatshops mit Diskussionen über AIDS-Hilfe zu übertünchen. Das Bild der wohltätigen, lebensspendenden Firmen täuscht über die Ausbeutungsbetriebe, die Umweltzerstörung und die zunehmende Konzentration von Reichtum und Macht in den Händen der Reichen hinweg. Giorgio Armani sagte über seine Teilnahme bei (RED): »Wirtschaft wird nicht länger negativ konnotiert sein.«[41]

(RED) gibt es auch heute noch. 2021 hieß es auf der Website, die »Kavallerie« der Initiative kämpfe »stolz gegen die akute Bedrohung durch Corona«. Ich habe die Buchautorin und Politikprofessorin Lisa Ann Richey gefragt, ob sie überrascht sei, dass (RED) nun nicht nur HIV, sondern auch Corona »bekämpft«. Das sei sie nicht im Geringsten:

> Wo doch alle möglichen Unternehmen dem »Covid-Branding« nicht widerstehen konnten und (RED) bereits über eine feste Infrastruktur verfügte, um ihre Brand-Aid-Kooperationen erfolgreich zu bewerben. Zudem war AIDS in der humanitären Kommunikation nicht mehr so präsent, als Corona zum globalen Virus schlechthin wurde, und so dürfte es sich für (RED) gelohnt haben, diesen Raum ebenfalls zu beanspruchen.

Auf dem Twitter-Account von (RED) wurden Präzisionskocher (»Jeder Kauf hilft, weltweite Gesundheitsnotstände wie AIDS und COVID zu bekämpfen«) und Pickups (die »zur Finanzierung lebensrettender Programme beitragen«) angeboten. Außerdem twitterte die Kampagne noch Vorschläge für »Last-Minute-Halloween-Kostüme, die Leben retten«, bestehend aus (RED)-Produkten, die man ja vielleicht schon gekauft hat.

Sweatshop Warriors

Wie wir in den vorherigen Kapiteln gesehen haben, ist die internationale Arbeiter:innenbewegung noch immer die dynamischste und wirksamste Kraft, um die Modewelt zu verändern. Die folgende Auflistung ist keineswegs vollständig, doch kann man beispielsweise die Gewerkschaft Free Trade Zones and General Service Employees Union (FTZ & GSEU) nennen, die Tausende Textilarbeiter:innen in Sri Lanka repräsentiert, oder die TTCU in Indien. Außerdem gehören Graswurzelorganisationen für Arbeitnehmerrechte dazu wie das Bangladesh Center for Workers' Solidarity oder der nordmazedonische

Verband Glasen Tekstilec (»Laute Textilarbeiter:innen«) sowie große länderübergreifende Gewerkschaften und Organisationen wie UNI Global Union und IndustriALL. Auch »Guerillagruppen« von migrantischen Arbeiter:innen sind Teil der internationalen Bewegung, genauso wie Arbeitnehmerrechtsorganisationen wie die Asia Floor Wage Alliance, das Garment Worker Center in Los Angeles, das Solidarity Centre und das Workers Rights Consortium. Kampagnengruppen wie die Clean Clothes Campaign, Labour Behind the Label, United Students Against Sweatshops (USAS), War on Want und viele andere sind ebenfalls beteiligt. Außerdem sind Kampagnen gegen Konzerne zu nennen sowie politische Bewegungen, die gegen Probleme wie Kriege und Klimawandel eintreten. Hier tun sich immer neue Möglichkeiten für den Aufbau klassen-, sektor- und *race*-übergreifender Fronten auf, an denen radikale Arbeiter:innenbewegungen, Jugendliche, Intellektuelle und Fachkräfte beteiligt sind.[42]

Miriam Ching Yoon Louies Anthologie *Sweatshop Warriors* ist unter anderem eine gute Zusammenstellung der Arbeitskämpfe, die es in den USA gegen neoliberale Maßnahmen gegeben hat. Eine Fallstudie erzählt das Beispiel der Graswurzelorganisation Asian Immigrant Women's Advocates (AIWA), die sich sehr früh gegen die Ungerechtigkeiten in der Modebranche einsetzte und dafür kämpfte, dass Hersteller Verantwortung für ihre Zulieferbetriebe übernehmen. Die Organisation war in den 1980er Jahren aus dem Versuch heraus entstanden, Lohnrückzahlungen für zwölf chinesische Arbeiterinnen zu erwirken, nachdem das Label Jessica McClintock einen Vertrag zurückgezogen hatte und der Betrieb, in dem sie beschäftigt waren, seine Sweatshops schließen musste. Jessica McClintock, die gleichnamige Besitzerin des Labels, das für seine Hochzeitskleider bekannt ist, lehnte jegliche Verantwortung für die chinesischen Arbeiterinnen ab. Sie sah sich aber zu Gesprächen mit AIWA genötigt, nachdem eine Kampagne aus Konsumboykotts, Streiks, Medienberichten und politischem Druck große Erfolge zeigte.

1996, nach vier Jahren, hatten die eingewanderten Arbeiterinnen eine Abfindung in ungenannter Höhe erreicht und konnten darüber hinaus folgende Erfolge für sich verbuchen: Sie hatten zwei Fonds eingerichtet, die Aufklärungsarbeit über die Rechte von Textilarbeiter:innen und Stipendien für deren Kinder finanzierten, eine zweisprachige Telefonhotline initiiert, über die Rechtsverstöße der Betriebe gemeldet werden konnten, mit denen McClintock zusammenarbeitete und außerdem eine beidseitige Vereinbarung erreicht, dass an weiteren Verbesserungen innerhalb der Industrie gearbeitet werden würde.[43] Der Fall McClintock ließ die Vorstellung, dass Herstellerfirmen nicht für die schlechten Arbeitsbedingungen in Sweatshops verantwortlich seien, auf einmal sehr unglaubwürdig erscheinen.

Derartige soziale Bewegungen basieren vor allem auf einem: Solidarität. Große Erfolge wurden beispielsweise erreicht, als honduranische Gewerkschaftsangehörige mit der College- und Universitätskampagne USAS zusammenarbeiteten, um den größten Hochschulboykott der Geschichte durchzusetzen, der je gegen eine einzelne Firma geführt wurde. Es ging um die US-amerikanische Firma Fruit of the Loom, den größten privaten Arbeitgeber in Honduras. Im Zuge der Kampagne kappten über hundert Universitäten ihre Beziehungen zu Fruit of the Loom, bis sich die Firma schließlich dazu gezwungen sah, sich mit der honduranischen Gewerkschaft zu einigen. Infolge der Erkenntnis, dass die Arbeiter:innen in Sweatshops nicht nur Opfer sind, wurde folgendes Zitat einer Aborigines-Aktivistin zu dem Motto von United Students Against Sweatshops: »Wenn du gekommen bist, um mir zu helfen, verschwendest du deine Zeit. Aber wenn du gekommen bist, weil deine eigene Freiheit mit meiner Freiheit verbunden ist, dann lass uns zusammenarbeiten.«[44]

Im März 2015 zog eine Gruppe von Menschen, darunter Kalpona Akter, Geschäftsführerin des Bangladesh Center for Workers' Solidarity, und Mahinur Begum, eine achtzehnjährige Überlebende der Rana-Plaza-Katastrophe, zum Hauptsitz von The Children's Place in New Jersey. Sie wollten die CEO der Kinderbekleidungsmarke auffordern, die Entschädigung für die Opfer des Einsturzes zu erhöhen. Doch als sie das Gebäude betraten, rief man die Polizei, und die Aktivist:innen, auch Akter und Begum, wurden in Handschellen abgeführt und wegen Hausfriedensbruchs belangt. Die Nachricht von dieser Ungerechtigkeit verbreitete sich wie ein Lauffeuer in den Netzwerken.

Aktivist:innen riefen die Website »OrphansPlace.com« ins Leben und planten eine Besetzung der Filialen von The Children's Place in den USA. Aus Sorge vor einem PR-Skandal zahlte das Unternehmen über zwei Millionen Dollar in den Entschädigungsfonds.[45]

Zwar sind Teile der internationalen Arbeiter:innenbewegung antikapitalistisch. Trotzdem habe ich sie in dieses Kapitel zum Thema Reformierung der Mode aufgenommen. Denn wie uns die Coronapandemie gezeigt hat, können im Kapitalismus alle Errungenschaften aus dem Arbeitskampf auch einfach wieder rückgängig gemacht werden. Im Kapitalismus ist keine Veränderung der Arbeitnehmerrechte in Stein gemeißelt, weder die Erhöhung des Mindestlohns oder Gewerkschaftsabkommen noch Sicherheitsvorschriften für Fabriken und so weiter. Die Geschichte verläuft nicht linear in Richtung Fortschritt. Vielmehr ist sie ein Kampf zwischen zwei Seiten, der Arbeiterklasse und der herrschenden Klasse. Gewinne für die eine bedeuten Verluste für die andere. Nicht umsonst verglich Rosa Luxemburg den Kampf um Reformen mit Sisyphusarbeit. Besonders in Zeiten wirtschaftlicher Krisen wird es schwer für Gewerkschaften, da hohe Arbeitslosenquoten und sinkende Löhne manchmal dazu führen, dass die Arbeiterschaft sich spaltet oder das Vertrauen verliert. In diesen Fällen werden gewerkschaftliche Aktivitäten unter Umständen so stark eingeschränkt, dass sie bestenfalls die wenigen noch vorhandenen Rechte zu verteidigen versuchen können.[46] Dabei ist diese Arbeit unheimlich wichtig, da sie bisher echte Fortschritte für die Bekleidungsarbeiter:innen bewirken konnte. Die Bewegung zeigt uns, dass wir die Welt als Menschen, als Bürger:innen, als Arbeiter:innen verändern können. Das ist die Macht, die wir über Regierungen und Unternehmen haben. Sie brauchen uns mehr, als wir sie brauchen.

Gibt es einen gerechten Kapitalismus?

Argumente für Reformen stellen sich oft (ob bewusst oder unbewusst) als prokapitalistische Argumente heraus. Seit der Wirtschaftskrise von 2008 ist die These vom »Kasino-Kapitalismus«, der ganz schön ins Wanken geraten kann, weithin anerkannt. Die Coronapandemie tat das ihrige, um die Fehler im System offenzulegen. Dennoch hält sich hartnäckig der Mythos vom »gerechten Kapitalismus«[47], der auch sein Gutes haben könne. Man solle auf die neoliberalen Werte des freien Markts vertrauen. Die Vorstellung eines gerechten Kapitalismus ist eine Illusion, die grundlegende Veränderungen verspricht, ohne dass Machtverhältnisse angegangen werden müssen.[48] Noch schlimmer ist, dass auf diese Weise das System als Lösung für die verheerenden Probleme angepriesen wird, die es zuvor selbst angerichtet hat.[49]

In einem von Ausbeutung und Umweltzerstörung geplagten System sind kosmetische Oberflächenveränderungen allerdings nicht ausreichend. »Wir müssen uns von der naiven Suche nach einer moralischen und gerechten Form des Kapitalismus verabschieden«, so der Sozialtheoretiker David Harvey. »Am Ende des Tages zählt es kein bisschen, ob wir gute Absichten haben und zu ethischem Handeln tendieren oder maßlos gierig und mit zerstörerischem Konkurrenzverhalten unterwegs sind. Die Logik der endlosen Akkumulation von Kapital und des nie endenden Wachstums begleitet uns immer.«[50] Das Problem ist nicht, dass ich nicht an einen »gerechten Kapitalismus« glaube, sondern, dass er nicht existiert.

Einige der Methoden für organisierte Reformen, die in diesem Kapitel vorgestellt wurden, sind kleine Entwürfe davon, wie ideale Gesellschaften aussehen könnten. Die internationale Arbeiter:innenbewegung und Solidaritätskampagnen sind essenzielle Faktoren, um die Welt zu verändern und an einer neuen Welt zu arbeiten. Kollektive Kampagnen können verbinden, animieren, bilden und inspirieren, aber keine Kleidung produzieren, die komplett frei von Ausbeutung und Umweltverschmutzung ist. Im Kapitalismus ist das schlicht unmöglich. Faire Kleider gibt es nicht, egal wie enttäuschend es auch sein mag, das zu hören. Doch eine kurzzeitige Enttäuschung ist ein geringer Preis, wenn es darum geht, bei dem größten Projekt dabei zu sein, mit dem sich die Menschheit je konfrontiert sah: dem Sturz des Kapitalismus.

Mode revolutionieren

10

> Zieh dich zweckmäßig an: kurze Röcke, feste Stiefel, lass deinen Schmuck bei der Bank und kauf dir einen Revolver.
>
> Gräfin Constance Markievicz, irische Revolutionärin (1868–1927)

> Wie kommt es dann aber, dass wir, wenn es um unser Wirtschaftssystem geht, die Behauptung so bereitwillig geschluckt haben, der Kapitalismus sei die einzige mögliche Option und wir sollten nicht einmal mit dem *Gedanken* spielen, etwas Besseres zu erfinden? Warum sind wir so untrennbar mit den verstaubten Dogmen dieses alten Modells aus dem 16. Jahrhundert verbunden, dass wir es verbissen in eine Zukunft mitschleppen, für die es ganz offensichtlich nicht taugt?[1]
>
> Jason Hickel

Revolution

Das Wort »Revolution« bedeutet zweierlei: Erstens, dass das Ausmaß der Probleme, mit denen die Menschheit aktuell konfrontiert ist, so gewaltig ist, dass nur eine komplette Umwälzung – eine Revolution – die Lösung sein kann. Zweitens widerspiegelt der Begriff den Geist derjenigen, die aus dem Wunsch nach einer besseren Welt heraus gegen Ungerechtigkeit kämpfen.[2] In diesem Kapitel möchte ich über eine postkapitalistische Zeit nachdenken, eine Zeit, in der der Kapitalismus überwunden ist und sich die Welt in permanenter Umwälzung befindet. Obwohl diese Möglichkeit in weiter Ferne zu liegen scheint, ist es wichtig, dieses Kapitel genau in dieser revolutionären Zukunft zu verorten. Das Problem mit halbherzigen Forderungen ist, dass sie in einem vorgefertigten Rahmen und just innerhalb der Grenzen gestellt werden, die der Kapitalismus gesetzt hat.[3] Um eine neue Welt zu schaffen, müssen Fantasie und Hoffnung frei sein dürfen: ganz im Gegensatz zu dem Klima, das uns derzeit umgibt und das eher desillusioniert und verzweifelt stimmt.[4] Genau deshalb soll es in diesem Kapitel erlaubt sein, zu fantasieren und zu träumen.

Der Marxismus ist kein Bauplan für eine zukünftige Gesellschaft und auch kein striktes Regelwerk oder Credo, nach dem man leben sollte. Mehr als all das ist der Marxismus die Forderung, überhaupt anzuerkennen, dass eine andere Gesellschaftsform möglich sein kann. Aber wie soll man sich eine Zeit vorstellen, die wir selbst nicht erlebt haben? Leo Trotzki bemerkte einmal, die Gesellschaft der Zukunft sei ein unbeschriebenes Blatt, denn »die Entwicklung der Kunst [sei] die beste Kontrolle für die Lebensfähigkeit und Bedeutung einer jeden Epoche«.[5] In einem gewissen Sinne ist es egal, wie diese Gesellschaft konkret aussehen würde. Was in wirklicher Freiheit geschieht, ist weniger wichtig als die Tatsache, dass wir diese Freiheit überhaupt erst einmal erreichen müssen.

Obwohl das Erreichen der Freiheit das Hauptziel ist, ohne zu fragen, was diese Freiheit genau mit sich bringen soll, will ich in diesem Kapitel einige der unzähligen Ansätze aufzeigen, durch die eine gerechte und gleichberechtigte Gesellschaft entstehen könnte. Ich möchte zeigen, dass auch wir in einer Welt leben, die vor Ideen nur so sprudelt. Ich habe auch versucht, Antworten auf die Fragen zu finden, die immer wieder aufkommen, wenn darüber gesprochen wird, wie eine Moderevolution aussehen könnte. Fortschritt passiert nicht von selbst, und nichts in diesem Kapitel wird automatisch geschehen, bloß weil ich es aufschreibe. Was ich hier bespreche, sind Möglichkeiten. Ob sie Wirklichkeit werden, hängt allein von unserem Handeln ab.

Am Anfang dieses Buches habe ich Sie dazu eingeladen, sich eine neue Gesellschaft vorzustellen – eine, die auf Gleichberechtigung, Freiheit und Freude basiert – und dann sorgfältig darüber nachzudenken, wozu in einer solchen Gesellschaft die Mode da wäre. Aktuell ist der Zweck der Modeindustrie, den ohnehin schon Stinkreichen weitere Milliarden zu bescheren und ein System der Unterwerfung für den Rest von uns, insbesondere den Globalen Süden, aufrechtzuerhalten. Sie zerstört das Land, vergiftet das Wasser, beutet Tiere aus und versklavt die Menschen. An dieser Stelle verspreche ich Ihnen noch einmal, dass wir das besser hinkriegen. Ich hoffe auch, dass Sie inzwischen eine eigene lange Liste an Dingen haben, die Sie verändern wollen. Dass Sie sich eine viel kleinere, langsamer arbeitende Modeindustrie vorstellen können, lokal und auf die Umwelt ausgerichtet. Das klingt nicht allzu extrem – es sei denn, man bedenkt, was nötig wäre, damit die gesamte Branche in Zukunft so aussieht und nicht nur 2 Prozent von ihr. Dann geht es nicht mehr darum, den Kleiderschrank auf die perfekte »Capsule Wardrobe« zu optimieren, sondern um den Sturz eines katastrophalen Wirtschaftssystems.

Die riesige Lagerhalle des Potenzials: Demokratisieren wir Design!

> Wie schöngefärbt und zwiespältig auch immer: Jedes autoritäre System beginnt mit dem Glauben, dass eine bestimmte Gruppe von Menschen mehr Recht auf die Macht hat als die anderen.
>
> Gloria Steinem

Kunst spielt eine sehr große gesellschaftliche Rolle. Sie kann das Leben schön machen und uns zum Träumen bringen, uns herausfordern oder unseren Blick über den Horizont hinaus auf eine bessere Zukunft richten. Kleidung gehört dazu. Dennoch bewegen sich Kunst und Mode in einem engmaschig gestrickten Netz aus Wirtschaft, Wettbewerb und Exklusivität. Vor ein paar Jahren witzelte eine Freundin bei der Präsentation der Abschlusskollektion der elitären Londoner Kunsthochschule Central St. Martin, ich solle mir keine Sorgen machen, im nächsten Jahr seien die sowieso alle pleite und arbeitslos, und dann könne ich mir ihre Kollektionen für einen Apfel und ein Ei kaufen. Sie sprach aus eigener, bitterer Erfahrung.

Sogar die Jahrgangsbesten unter den Designstudierenden müssen sich darauf einstellen, nach dem Studium unbezahlte Praktika zu machen, arbeitslos zu sein oder sich am Ende doch einer Beschäftigung bei einer Marke zu beugen, die sie weder mögen noch respektieren. Das Schicksal von Designschaffenden, genauso wie das unseres gemeinsamen kulturellen Erbes, liegt in den Händen einiger weniger privater Finanz- oder Wirtschaftsinstitutionen, die der Öffentlichkeit zu nichts verpflichtet sind. Diese Konzerne, und nun auch Social-Media-Unternehmen, verfügen über die Macht, gesellschaftliche Diskurse zu kontrollieren oder sogar zu unterbinden.[6]

Diese Macht der Großunternehmen wird ideologisch durch die romantisierende Vorstellung gestützt, dass berühmte Modeschöpfer:innen gottgleiche Wesen seien, die ihre Kreationen quasi aus dem Nichts erschaffen können.[7] Schon Bertolt Brecht und Walter Benjamin kritisierten einen solchen Kunstbegriff als individualistisch und mystifizierend, denn er blendet aus, dass auch Kunstschaffende Arbeitskräfte sind, die in einer bestimmten Zeit verortet sind und denen bestimmte Materialien zur Verfügung stehen. Modedesigner:innen produzieren das Material, mit dem sie arbeiten, nicht selbst. Ideen werden fortwährend wiederverwertet oder neu angeordnet. Genauso wie in einem Pkw-Montagewerk aus bereits verarbeiteten Materialien Autos gemacht werden, sind die Formen, Mythen, Symbole und Ideologien der Mode ebenfalls bereits verarbeiteter Stoff.[8] »Die Schlüsselfunktion der meisten Kreativen in unserem von Informationen übersättigten Zeitalter ist nicht mehr Innovation, sondern Umgestaltung«, so der Kurator Nicolas Bourriaud.[9]

Man sollte künstlerische Arbeit niemals einfacher darstellen, als sie ist. Kleidung zu entwerfen, ist zweifelsohne eine Kunst, die viel Geschick abverlangt und sich von maschineller Arbeit unterscheidet.[10] Dennoch ist der Gedanke, dass Designer:innen im Grunde genommen lediglich »umgestalten«, ein Gegengift für das in der Branche so stark verbreitete Elitedenken und die Vergötterung einzelner Personen. Es zeigt, dass selbst die Materialien und Fähigkeiten, aus und mit denen große Kunstwerke geschaffen werden, zuvor gesellschaftlich produziert wurden. Das Beispiel hatten wir bereits in der Einleitung: Auch der beste Pianist benötigt zum Spielen einen Flügel, der zuvor gesellschaftlich produziert wurde.[11] Genauso braucht auch die talentierteste Designerin gesellschaftlich produzierte Stifte, Papier und andere Materialien, ein von jemandem erlerntes Skillset und eine Geschichte, der sie folgen oder gegen die sie sich auflehnen kann. Sie könnte auch kaum ohne die Unterstützung von Designteams und Sachbearbeitenden, Sponsoring und Haushaltspersonal funktionieren. Doch die Macht in der Branche ist extrem auf einzelne Personen konzentriert, und man schart sich kriecherisch um sie, in der Hoffnung, etwas von ihrem Ruhm abzubekommen.

Modedesign ist zudem keineswegs ein Bereich, in dem sich Talent mühelos durchsetzt. Die Modebranche mag auf den ersten Blick wirken, als herrsche dort Gleichberechtigung: Eine bedeutende Anzahl von Designschaffenden sind Frauen, und viele kommen aus der Arbeiterklasse oder der LGBTQ+-Community. Dennoch gibt es weiterhin eine Reihe von klassistischen Ausschlussmechanismen, die in Kombination mit Rassismus und geschlechtsspezifischer Benachteiligung vielen Menschen eine kreative Arbeit unmöglich machen. Auswahlprozesse an Kunsthochschulen sind bewiesenermaßen rassistisch und reproduzieren die Ungleichheiten, die es in der restlichen Gesellschaft gibt.[12] Die wirtschaftlichen Voraussetzungen für künstlerische Arbeit – das nötige Material kaufen zu können und die freie Zeit zu haben – sind eine weitere Barriere für viele, die gern künstlerisch tätig wären.[13] Das soziale Risiko, das mitschwingt, wenn man plant, ein mittelloser Künstler zu werden, ist viel geringer, wenn man beispielsweise weiß, dass man ein Haus von seinen Eltern erben wird.[14] Das alles wiederholt sich weltweit auf einem noch größeren Level. Wie viele Schiaparellis und Balenciagas sind wohl unentdeckt nach einem Leben auf Baumwollplantagen oder in Sweatshops gestorben?

Warum sollte das alles so sein? Nichts spricht dafür, dass dies die richtige Art zu leben ist. Was wäre also, wenn wir Design demokratisieren würden? Die Hierarchie begrenzt menschliches Potenzial auf eine drastische, sozusagen kriminelle Weise. Derzeit bleibt eine riesige Menge an Talent ungenutzt. Wer weiß, vielleicht schlummert das Heilmittel gegen Krebs im Kortex eines indischen Slumbewohners? Die Auswirkungen auf die aktuelle kreative Arbeit, darunter eben auch die Mode, sind riesig. Vielen Menschen wird die Möglichkeit der Teilnahme an kreativer Modeschöpfung aktiv verwehrt. Wir dürfen einkaufen und uns stylen, aber das war es dann auch schon. Dennoch schaffen es einige, mit ihren begrenzten Mitteln betörende Schönheit zu schaffen. Ist das ein flüchtiger Einblick in das, was vielleicht möglich wäre? Der marxistische Politikwissenschaftler Bertell Ollman fordert uns auf, uns eine Gesellschaft vorzustellen, in der die Freiheit der Kreativität allen zusteht, in der jeder Mensch »die riesige Lagerhalle, in der sich sein Potenzial befindet, endlich leeren« kann.[15] Was, muss man sich fragen, würde in Sachen Modedesign auf uns zukommen?

Gegenwärtig steht nach den Regeln des Marktes Kreativität immer hinter dem, was zu maximalen Profiten verkauft werden kann, sodass die Kunstschaffenden im mittelmäßigen bürgerlichen Geschmack festgefahren sind.[16] So ist die Arbeit von Designer:innen nicht Kunst um der Kunst willen, sondern Kunst, mit der man Profite macht, also ein entfremdetes Mittel zu einem Zweck, der Inspiration und Potenzial behindert. Die symbiotische Beziehung von Geld und Design muss enden, damit Kunst und Design nicht länger nur als Sprungbretter für Karrieren dienen, sondern wirklich frei sein können. Es darf nicht länger die Vorstellung vorherrschen, dass Kreativität schlechthin für eine kleine Gruppe weißer Europäer:innen reserviert ist.

Aber was, mögen einige nun einwenden, würde passieren, wenn es dann auf einmal eine riesige Flut an Design gäbe, einen Überschuss an Ideen und Kreativität? Wie sollte man dann entscheiden, was am besten ist? »Flut« ist an sich genau das richtige Stichwort. In einer idealen Gesellschaft gäbe es keine Dämme oder Schleusen. Alle wären frei. Nach der Russischen Revolution brach eine Phase des fieberhaften Kunstschaffens aus,[17] und genauso wäre es in der Welt, die ich hier vor Augen habe. Es wäre ein kreativer Tsunami aus neuen Einflüssen und Inspirationen, und »über dieser Gebirgskette werden neue Gipfel aufragen«.[18]

Im Kapitalismus ist es Usus, die Kunst zu beschränken oder einzudämmen, denn sie ist viel mehr Ware als soziales Gut. Pariser Couturiers setzten sich mit allen Mitteln dafür ein, dass ihr Handwerk den Reichen vorbehalten bleibt. Ohne einen derartigen Elitismus wäre ein Überschuss an Design aber überhaupt kein Problem. Dann hätten wir vielleicht endlich die Entscheidungsfreiheit, die uns der Kapitalismus vorgaukelt. Wie John Berger argumentiert, sind Wettbewerb und Elitismus eine Sorge des Kapitalismus: »Künstler nach dem Profit zu sortieren, den sie bringen, ist nutzlos und im Grunde genommen dilettantisch. Worum es geht, sind doch die menschlichen Bedürfnisse, auf die Kunst eingeht.«[19] Wenn junge Designer:innen ihr Studium abschließen, wird ihnen schnell klar, dass sie mit ihren Kommiliton:innen um die wenigen vorhandenen Jobs konkurrieren. Was wäre, wenn die Gesellschaft anstelle von individualisiertem Unternehmertum und wettbewerbsorientierten Leistungen Zusammenarbeit, gegenseitige Anerkennung, Solidarität und Mitgefühl belohnen würde?[20] Heutzutage entscheiden sehr wenige darüber, wer in der Modebranche arbeiten kann. In einer idealen Gesellschaft wären kreative Freiräume unendlich.

Revolutionäre Mode

Ein paar Jahre vor und nach der Russischen Revolution von 1917 durchlebte die russische Kunst eine Zeit, die in der modernen Kunstgeschichte in Bezug auf ihre Kreativität und ihre kraftvolle, bedeutsame Auseinandersetzung mit dem alltäglichen Leben einzigartig war. In seinem Buch *Art and Revolution* schreibt John Berger über die

Ursachen dieses Phänomens. Die Abschaffung der Leibeigenschaft der bäuerlichen Bevölkerung 1861 ermöglichte die Entwicklung des Kapitalismus im Zarenreich und den Aufbruch eines kleinen städtischen Proletariats, das schnell zu den militantesten und revolutionärsten Kräften in ganz Europa gehörte und in direkter Opposition zur absolutistischen und undemokratischen Zarenherrschaft stand.

Als Teil der Intelligenzija waren die russischen Avantgardekünstler:innen zutiefst besorgt über die politische und geistige Zukunft ihres Landes. Durch die kulturelle Rückständigkeit Russlands und das Fehlen eines bourgeoisen Mäzenatentums befanden sie sich in einer ziemlich schwierigen Lage: »Anstelle einer Gegenwart hatten sie eine Vergangenheit und eine Zukunft. Anstelle von Kompromissen hatten sie Extreme. Anstelle eingeschränkter Möglichkeiten gab es Prophezeiungen, die noch nicht eingetreten waren.«[21] Die russische Avantgarde sah sich selbst als Repräsentantin einer befreiten Zukunft. Frauen galten als gleichberechtigt,[22] und man war überzeugt, dass die Kunst eine soziale Aufgabe hat, die mehr bejahend als kritisch ist.[23] Nach der Revolution gab es mehrere Jahre, in denen Kunstschaffende frei entschieden, sich in den Dienst des Staates und der Revolution zu stellen.[24]

Bis man Ljubow Popowa und Warwara Stepanowa 1923 als Designerinnen an die erste Moskauer Textildruckerei berief, waren alle Designs dort nur westliche Importware gewesen. Die beiden Frauen arbeiteten ein Jahr lang in dieser Fabrik und entwarfen 150 Textildesigns, von denen circa zwei Dutzend für die Massenproduktion übernommen wurden.[25] Sie waren Künstlerinnen, die Designs für die industrielle Massenproduktion entwarfen, und ihre Arbeit wurde als erste praktische Umsetzung des Slogans »Kunst in die Produktion« gefeiert.[26] Ihr Einfluss war enorm. Ihre Drucke erreichten den Status von »wirklicher Kunst« und wurden von Kritikern mit den Worten beschrieben, sie hätten »die reichhaltigen Farben und intensiven Ornamente der zeitgenössischen Kunst in die Städte gebracht«.[27]

Ljubow Popowa, die in einem reichen Elternhaus aufgewachsen war und 1924 jung starb, sah ihre künstlerische Arbeit als Pflicht und soziale Aufgabe.[28] Dennoch ist ihre Kunst nicht dogmatisch, sondern

»selbst voll von lebendiger Kreativität«, und sie verkörpert den Geist von kreativem Fortschritt, Erneuerung und Suche.[29] Ihre Herangehensweise an die Kunst war für ihre europäischen Zeitgenossen unvorstellbar. Sie sagte einmal: »Kein einziger künstlerischer Erfolg verschaffte mir so viel Befriedigung wie zu beobachten, dass eine Bäuerin ein Stück meiner Stoffe kaufte, um sich ein Kleid zu nähen.«[30]

Die Designs dieser zwei Frauen sind reichhaltig, grafisch, komplex, bunt und waren in Bezug auf Mode ihrer Zeit weit voraus. Aber in einem gewissen Sinne waren Popowa und Stepanowa, wie viele russische Kunstschaffende, zu dynamisch für ihre soziale und wirtschaftliche Lebenswelt,[31] und man bezeichnete ihre Entwürfe oft als »zu modeorientiert«. »Es gibt immer die Gefahr, dass die relative Freiheit der Kunst sie bedeutungslos machen kann«, so John Berger. »Dennoch ist dies die gleiche Freiheit, die der Kunst, und zwar nur der Kunst, ermöglicht, die am tiefsten liegenden Sehnsüchte einer bestimmten Zeit auszudrücken und zu bewahren.«[32]

Das lässt sich ohne Weiteres auf Popowa und Stepanowa übertragen, schon allein, wenn man ihre Designs mit denen ihrer europäischen Zeitgenoss:innen vergleicht. Denn sie verkörpern die Hoffnung, den Wagemut und die Träume der Russischen Revolution. Im Rest der Welt war die Mode das Spielzeug der Reichen. Es war eine Zeit, die für die arbeitenden Menschen nicht mehr vorsah, als triste Fabrikarbeiter:innen und Kanonenfutter zu sein. Aber Popowa und Stepanowa wollten sie in Licht und Farben kleiden. Ihre Arbeit spricht von einer neuen Welt und trägt leuchtend, schön und trotzig den Satz weiter, den die russische Arbeiterklasse ihren Kontrahenten entgegenhielt: »Ich bin nichts und sollte alles sein.«[33]

Design und Produktion verbinden

Die Umwelt schützen zu wollen, bedeutet nicht, eine Gesellschaft des Mangels anzustreben. Menschen unterscheiden sich dadurch von Tieren, dass sie ihre Bedürfnisse durch Produktion befriedigen können. Für die Kultur ist es wichtig, dass wir uns nicht in einer Situation des Mangels befinden, weil, wie Trotzki sagte, Kultur und Literatur

»großzügige gesellschaftliche, wirtschaftliche und kulturelle Mäzene [brauchen]. Die Kunst braucht Wohlstand, sie bedarf des Überflusses«.[34] Obwohl es wichtig ist, uns durch Produktion von Mangelsituationen zu befreien, gibt es keinen Grund, wieso das Leben segmentiert und einzelne Bereiche voneinander getrennt gehalten werden sollten.[35] Sweatshops und tayloristische Prozesssteuerungen von Arbeitsabläufen verschlimmern Entfremdung. Sie verwandeln hochqualifizierte, selbständige Handwerksleute wie die Seidenweber in Lyon in Fließbandarbeiter, die während Zwölfstundenschichten Dinge oder Teile von Dingen an sich vorbeiziehen sehen.[36] Als aktuelles Beispiel lässt sich anführen, wie Arbeiter:innen in indischen Spinnereien ihr Leben im Bann der Maschinen empfinden. Eine Arbeiterin berichtete: »Den Großteil meines Lebens verbringe ich mit den Maschinen und habe absolut keinen Kontakt zur Außenwelt.« Ein anderer erklärte, dass sie nicht aufhören könnten zu arbeiten, da die Maschinen nie pausierten: »Die Maschinen laufen 24 Stunden am Tag. Ich kann nicht richtig schlafen. Sie wollen ständig, dass wir sowohl die Tag- als auch die Nachtschicht arbeiten.« Und noch auf eine andere Weise tragen die Maschinen zur Unterdrückung bei: Frauen schilderten, dass männliche Vorgesetzte im Schutz des Maschinenlärms sexualisierte und beleidigende Bemerkungen gegen sie machten.[37] Nur wenn dieser geschlechtsspezifischen, rassistischen Ausbeutung ein Ende gesetzt wird, kann sich die globale Arbeiterklasse emanzipieren. Die Maschinen machen nicht 24 Stunden am Tag Druck, weil es wirklich dringend wäre. Dahinter steckt gieriges Profitstreben. Wenn wir uns den Profit wegdenken, können wir uns auf das Tempo des tatsächlichen Bedarfs einstellen anstatt auf die Gier der Unternehmen.

Warwara Stepanowa war gegen eine künstliche Trennung zwischen Modedesign und Textilarbeit. Sie war der Meinung, dass ein:e Textildesigner:in herausfinden sollte, was mit dem Stoff passiert, sobald er die Fabrik verlassen hat.[38] Dieser Ansatz ist wichtiger denn je. Der britische Design Council berichtet, dass 80 Prozent der Umweltauswirkungen eines Produkts in der Designphase festgelegt werden.[39] Und laut dem *European Fashion Waste Index* von Labfresh produziert Deutschland jährlich über 390 000 Tonnen Textilabfall.[40] Die Frage der

Abfallreduzierung muss beim Design an erster Stelle stehen, und das Fachwissen darf nicht von der Entscheidungsfindung getrennt werden. Designer:innen sollten an den Produktionsentscheidungen der Gesellschaft aktiv teilnehmen, anstatt passiv zu sein.[41]

Eine weitere Trennung, die fallen gelassen werden sollte, ist die zwischen Konsument:innen und Produzent:innen. Passiver Konsum heißt, dass den Menschen fertig produzierte Waren vorgelegt werden, an deren Entstehung sie in keiner Weise beteiligt waren.[42] Das hat zur Folge, dass Kleidung verklärt wird und wir von einer visuellen Welt umgeben sind, die wir nicht als von anderen geschaffen durchschauen.[43] Roland Barthes schreibt, der Kapitalismus sei auf Konsument:innen angewiesen, die die wahren Kosten ihrer Käufe nicht berechnen: »Hätten die Produzenten und Käufer der Kleidung ein identisches Bewusstsein, ließe sich Kleidung nur in dem Maße absetzen (und herstellen), wie sie verschleißt, also sehr langsam.«[44] Wären Menschen an der Produktion ihrer Kleidung beteiligt, würden sie zweifellos weniger konsumieren, ihre Kleidung mehr wertschätzen und das entfremdete Bedürfnis nach immer noch mehr Besitz verlieren. In meinem Buch *Foot Work* habe ich über das Konzept der »Prosument:innen« geschrieben: Menschen werden von Konsument:innen zu »Prosument:innen«, wenn sie zwanzig Stunden pro Woche arbeiten und dann weitere zwanzig Stunden pro Woche nutzen, um Waren völlig unabhängig von industrialisierten Produktionssystemen zu reparieren, zu produzieren und zu teilen.[45]

Als Mode noch kein Massenprodukt war, wurde Kleidung oft zu Hause hergestellt. Manche argumentieren, dass es nachhaltiger sei, die eigene Kleidung selbst anzufertigen. Initiativen wie Fibreshed gehen noch einen Schritt weiter und fördern die regionale, landwirtschaftsgestützte Textil- und Farbstoffproduktion.[46] Die russische Revolutionärin Alexandra Kollontai war jedoch der Ansicht, dass es problematisch sei, Haushalte als Produktionsgemeinschaft anzusehen, da auf diese Weise nur »die aktiven Finger der Ehefrau« belastet würden.[47] Die Frau soll, neben ihrer Arbeit und ihren Haushaltsverpflichtungen, jetzt auch noch Kleidung produzieren? Frauen haben lange darum gekämpft, sich von dem Joch der alleinigen Hausarbeit zu befreien, und in einer idealen Gesellschaft wird diese Errungenschaft nicht wieder rückgängig gemacht.

Es gibt bereits gute Ansätze, kollektive Produktion lokaler zu gestalten. Wie wir bei der Indigenen Mode gesehen haben, »berufen die Schöpfer sich normalerweise auf bestimmte universelle Indigene kulturelle Werte wie Respekt und Verantwortung« und pflegen gleichzeitig eine nachhaltige Beziehung zum Land. Riley Kucheran schreibt:

> Indigene Herstellungsmethoden sind auch deshalb von Natur aus gemeinschaftlich, weil der Prozess auf Gegenseitigkeit beruht und viele verschiedene Wissensträger benötigt. Die ›Lieferkette‹ besteht bei der Indigenen Mode aus den Ältesten, die Geschichten weitergeben, an denen sich die Jäger:innen, die Gerber:innen, diejenigen, die Pflanzenfarbe herstellen und Heilpflanzen anbauen, die Weber:innen und Näher:innen sowie die Designer:innen, die den Prozess koordinieren, orientieren können. Somit sind mehr Mitglieder der Gemeinschaft an einer Wirtschaft beteiligt, die die Kultur erneuert. Beispiele dafür gibt es in wachsenden Indigenen Kollektiven und bei Unternehmer:innen, die in ihre Gemeinschaften investieren, wie Bethany Yellowtail vom B. Yellowtail Collective und Tania Larsson.[48]

Gesundschrumpfen und demokratisieren

> Die globale Unternehmenswirtschaft, die von der Vorstellung eines grenzenlosen Wachstums ausgeht, ist zu einer permanenten Kriegswirtschaft gegen den Planeten und die Menschen geworden.[49]
>
> Vandana Shiva

Für unsere Umwelt ist es fünf vor zwölf. Die gute Nachricht ist, dass es kein großes Rätsel ist, was wir zu tun haben, um die Klimakatastrophe abzuwenden. Ganz klar: »Wir müssen aktiv fossile Energie herunterfahren und alles für eine rasche Einführung von erneuerbaren Energien in die Wege leiten [...] um die weltweiten Emissionen innerhalb von zehn Jahren zu halbieren und vor 2050 auf null zu bringen.«[50] Dies ist der größte Kampf, der uns bevorsteht, eine Schlacht um das einzige bekannte Leben im Universum.

In seinem Buch *Weniger ist mehr* schreibt Jason Hickel von »Wachstumismus« als strukturellem Imperativ, als hegemoniale Ideologie, die niemand infrage stellt.[51] »Wachstumismus« ist die Vorstellung, dass alle Bereiche der Wirtschaft ohne Rücksicht auf Verluste unaufhörlich wachsen müssen. »Degrowth« hingegen ist eine geplante Reduzierung des übermäßigen Energie- und Ressourcenverbrauchs – ein Gesundschrumpfen, sozusagen. Man könnte dabei einige Bereiche der Wirtschaft auswählen, die weiterwachsen sollen: das Gesundheitswesen, grüne Energie, regenerative Landwirtschaft. Andere Bereiche hingegen könnte man zurückfahren (oder abschaffen), wie die Rüstungsindustrie, SUVs und die Mode. Auf jeden Fall müssen wir Modeproduktion und -konsum einschränken, aber wir dürfen dabei nicht die Bekleidungsarbeiter:innen im Globalen Süden vergessen. Es stimmt, was Hickel schreibt: »Die globale ökologische Krise wird fast ausschließlich durch exzessives Wachstum in den einkommensstarken Ländern angetrieben, insbesondere durch extreme Akkumulation unter den Superreichen, während die Folgen den Globalen Süden und die Armen überproportional treffen.«[52] Wir dürfen keine »Lösungsansätze« zulassen, die diese Ungleichheit noch verstärken und den Globalen Süden weiter abstrafen.

Deshalb muss der Wachstumsrückgang mit Demokratie einhergehen – und nach der kann man in der Modebranche lange suchen. Derzeit herrscht in der Mode die Diktatur der Unternehmen. Die Menschen in Rana Plaza in Bangladesch mussten sterben, weil sie keinerlei Kontrolle über die Fabrik hatten, in der sie arbeiteten. Man zwang sie dazu, ein Gebäude zu betreten, von dem sie wussten, dass es unsicher war, und sie fügten sich in ihr Schicksal, weil sie Gewalt, Armut und Hunger fürchteten. Das alles war möglich, weil ein einzelner, extrem reicher Geschäftsmann die Fabrik und somit auch das Leben der

Arbeiter:innen in der Hand hatte, und dieser Mann war wiederum den Bedürfnissen der Großkonzerne unterworfen.

Was wäre passiert, hätten sich die Produktionsmittel in kollektivem Besitz befunden? Wenn man den Diktator gestürzt hätte? Was wäre, befände sich jede Textilfabrik, jedes Baumwollfeld, jede Technologieentwicklung und die Pariser Chambre Syndicale de la Haute Couture in kollektivem Besitz? Was, würden sie nicht betrieben, um Profite für wenige herauszuschlagen, sondern zum Nutzen dieser Erde und unserer Gesellschaft?

Mit einer selbstorganisierten, gesellschaftlichen Produktion hätten unsichere Arbeitsbedingungen ein Ende, da niemand dafür stimmen würde, selbst in einer Todesfalle zu arbeiten. Gäbe es eine gleiche Machtverteilung, wäre Schluss mit Rana Plaza und seinesgleichen. Die Gebäudebesitzer:innen würden wie alle andere auch in der Fabrik arbeiten und so mit kriminellen Handlungen auch das eigene Leben riskieren. In einer solchen gleichberechtigten Gesellschaft gäbe es keine gefährlichen und kontaminierenden Arbeitsprozesse mehr wie das Sandstrahlen von Jeans, das Silikose (»Staublunge«) verursacht; keine gefährlichen Generatoren, da die Stromerzeugung durch Sonnenenergie unter kollektiver Kontrolle stünde; und wir würden keine Stoffe mehr aus fossilen Brennstoffen herstellen. In einem Kollektiv würde niemand derart tödliche und unnötige Vorgehensweisen erlauben. Wie im fünften Kapitel beschrieben, würde eine gesellschaftlich organisierte Textilproduktion der Überproduktion ein Ende setzen. Denn kein Mensch, der nicht auf ein Gehalt angewiesen ist, würde für eine Siebentagewoche mit Fünfzehnstundenschichten stimmen, bei der man zwanzig Milliarden Kleidungsstücke am Fließband produziert. Die einzigen, die diese Mengen an Kleidung wirklich brauchen, sind die, die mit ihnen Profite machen. Bei Kollektivbesitz wären sie überflüssig. Ein Ende des Strebens nach Profiten würde den Gebrauchswert zurückbringen und den Tauschwert ablösen, da Menschen Dinge produzieren würden, um sie zu nutzen (und zu genießen), anstatt sie zu verkaufen. Das Ergebnis könnte die beste und langlebigste Kleidung sein, die wir herstellen können – und zwar aus erneuerbaren und recycelbaren Stoffen. Erfreulicherweise würde eine gesellschaftlich organisierte Produktion auch zu weitaus mehr Freizeit führen.

Für die Übergangsphase könnten wir eine »öffentliche Arbeitsplatzgarantie«[53] einführen, sodass all jene, die möchten, einen Job bekommen, der gesellschaftlichen Nutzen hat. Man denkt hier gleich an den Pflegebereich oder an erneuerbare Energien, aber in der Modeindustrie gibt es so viel zu tun: die Modernisierung oder der Abriss von Gebäuden, das Einführen von Sicherheitsmaßnahmen im Elektro- oder Brandschutzbereich, das Sortieren und Recyceln riesiger Abfallmengen, von Stoff- und Garnresten bis hin zu Knöpfen, die Entwicklung sicherer Entsorgungsmöglichkeiten von Chemikalien wie Klebstoffen, Farbstoffen und Gerbereichemikalien, die Reinigung von Wasser und Beiträge zur Regenerierung von Flüssen, Meeren und Seen, von Land und Ökosystemen und die umfassende Rehabilitation von Milliarden von Tieren, die nicht mehr für die industrielle Schlachtung gehalten würden. Diejenigen, die derzeit in den Fabriken arbeiten, wären für die Umgestaltung und Schaffung einer neuen Industrie verantwortlich. Es gibt mehr als genug zu tun, wir müssen die Arbeit nur gleichmäßig verteilen und sicherstellen, dass alle versorgt sind.

Möglicherweise werden einige auch dafür plädieren, Fabriken zu schließen und zur Arbeit auf dem Land zurückzukehren. Denn viele Länder im Globalen Süden wurden dazu gedrängt, exportorientierte Wirtschaften aufzubauen. In Sri Lanka zum Beispiel baute die herrschende Klasse nur zu gern Hunderte von Bekleidungsfabriken und trieb die Arbeiterschaft hinein. Krieg, Armut und die warenorientierte Industrie machten es zudem noch schwerer, durch die Bewirtschaftung kleiner Flächen zu überleben. Studien zeigen jedoch, dass Frauen, die anstatt in den Exportproduktionszonen Sri Lankas wieder in kleinen Gartenbaubetrieben arbeiten, bereits jetzt sagen, dass ihr Leben sich gegenüber der Zeit in der Fabrik verbessert habe. Sie ernährten sich weitaus gesünder, verbrächten viel mehr Zeit mit der Familie und seien unabhängig.[54]

Weitergedacht, könnte eine Diversifikation von Arbeit bedeuten, dass viele Menschen sich bei bestimmten Arbeitsschritten abwechseln und so auch an der Produktion von Kleidung beteiligt wären, was die

Unterscheidung zwischen Konsument:innen und Produzent:innen beenden und Menschen oder ganze Gruppen davor bewahren würde, in einem bestimmten Beruf hängenzubleiben.[55] Roboter und Automatisierung würden sicherlich eine Rolle beim Wandel der Industrie spielen und viele der gefährlichsten Aufgaben übernehmen. Bisher können sie allerdings nicht mit den weichen Stoffen umgehen, die man zur Kleiderherstellung benötigt (mehr dazu in meinem Buch *Foot Work*). Im Kapitalismus wählen Menschen einen bestimmten Beruf (oder bekommen ihn zugewiesen) und bleiben mehr oder weniger dabei, um nicht zu verhungern. In einer idealen Gesellschaft jedoch könnten Menschen einen Teil ihrer Zeit mit dem Entwerfen oder Herstellen von Kleidung verbringen, ohne gleich als Designerin oder Fabrikarbeiter festgenagelt zu werden. Dass Kunst und Design momentan exklusiv für einige wenige reserviert sind, hat zur Folge, dass sie in der großen Mehrheit kleingehalten werden.[56] Am wahrscheinlich wichtigsten ist aber, dass kollektiver Besitz das gegenwärtige Szenario beenden würde, in dem Menschen einem Knochenjob in Vollzeit nachgehen und trotzdem noch hungern. So schrieb Karl Marx:

> Was er für sich selbst produziert, ist nicht die Seide, die er webt, nicht das Gold, das er aus dem Bergschacht zieht, nicht der Palast, den er baut. Was er für sich selbst produziert, ist der *Arbeitslohn*, und Seide, Gold, Palast lösen sich für ihn auf in ein bestimmtes Quantum von Lebensmitteln, vielleicht in eine Baumwollenjacke, in Kupfermünze und in eine Kellerwohnung.[57]

In einer postkapitalistischen Gesellschaft dürfte die »Modeindustrie« so stark geschrumpft sein, dass man sie kaum wiedererkennen würde. Zig Milliarden Kleidungsstücke würden einfach nicht mehr hergestellt. Man würde viel langsamer und lokaler produzieren. In Marge Piercys utopischer Romanwelt in *Woman on the Edge of Time* stellen Maschinen Kleidungsstücke aus Algen her, die sie wie Papiertücher auswerfen. In unserer Welt bleibt die Frage, wie man acht Milliarden Menschen mit Kleidung und Schuhen versorgen kann. Es lohnt sich, über das Konzept der verbandlich organisierten Produktionsgemeinschaft nachzudenken, das auf István Mészáros' Werk *Beyond Capital* zurückgeht. Die venezolanische Regierung unter Präsident Hugo Chávez entwickelte darauf basierend das »elementare Dreieck des Sozialismus«, dem der Umweltschützer John Bellamy Foster ein ökologisches Element hinzufügte. Folgende drei Konzepte sind dabei gleichwertig zu betrachten: Erstens die Auffassung von Produktionsmitteln als Kollektivbesitz und die kollektive Nutzung der Natur, wobei die Natur niemandem gehört. Zweitens die von den Arbeitnehmenden organisierte soziale Produktion und die Regelung des Verhältnisses zwischen Mensch und Natur durch die Gemeinschaften. Und drittens die Befriedigung der gemeinschaftlichen Bedürfnisse heutiger und künftiger Generationen und des Lebens an sich.

In einer postkapitalistischen Gesellschaft sind solche kollektiven Produktionsgemeinschaften kleine, lokal begrenzte Produktionszentren, ähnlich den heutigen Kooperativen, aber eben nicht damit gleichzusetzen, da sie auf echtem Kollektivbesitz aller Ressourcen weltweit beruhen. Im Kapitalismus sehen sich die Arbeitnehmenden in den Genossenschaften leider dazu gezwungen, zu kapitalistischen Unternehmer:innen zu werden. Sie müssen sich disziplinieren, ihre eigenen Löhne kürzen und sich eventuell auch gegenseitig vor die Tür setzen.[58] Die kollektive Produktion ist bei weitem die effizienteste Form zu produzieren, und Kleidung würde zweifellos vor allem in kleinen Fabriken hergestellt werden, die im Besitz verbandlich organisierter Produktionsgemeinschaften wären.[59] Vielleicht sind auch Sie gern kreativ und nähen Kleidung. Das ist ganz wunderbar, aber nicht jedermanns Sache. Zudem bleibt die Frage, wo die individuellen Hersteller:innen ihre Textilien, Fäden, Wolle, Perlen und so weiter herbekämen. Teilweise wird Produktion kollektiv organisiert werden müssen, aber eben nicht an Sweatshops ausgelagert.

Ich halte es für wahrscheinlich, dass die Massenproduktion von Kleidung für einige Jahre völlig eingestellt wird. So kann sich die Natur erholen, die Industrie saniert werden, und man kann die bereits vorhandene Kleidung sortieren, ausbessern, upcyceln und neu verteilen. Viele dieser Ressourcen würden in riesige Kleidersammlungen im Gemeinschaftsbesitz fließen, aus denen man sich etwas leihen kann. Somit würde der Zugang zu Kleidung verbessert und die eigene Garderobe schlanker. Es gäbe Werkstätten für Flickarbeiten, Werkzeuge und den Austausch von Fertigkeiten, genauso wie kommunale Wäschereien.

Nur, wie würde man bei Bedarf darüber entscheiden, was produziert wird? Kollektive Produktionsgemeinschaften (die Einzelteile) wären demokratische Teile der Gesellschaft (des Ganzen). Derzeit funktioniert die Mode hierarchisch von Oben nach Unten, und ihre perverse Zentriertheit vernichtet jede Möglichkeit des Kollektivismus. Denken Sie an Unternehmen wie LVMH oder Inditex, die undemokratisch darüber bestimmen, was und wie produziert wird. Im Postkapitalismus würden das Ganze und seine Einzelteile partnerschaftlich zusammenarbeiten. Wesentliche demokratische Entscheidungsprozesse würden innerhalb der Einzelteile ablaufen. Gleichzeitig würde eine bewusste Planung und Koordination durch das Ganze – zum Beispiel, dass der Kleidungsbedarf der ganzen Gesellschaft gedeckt wird – dafür sorgen, dass die Einzelteile demokratisch als Teile des Ganzen funktionieren können.[60] Es ist notwendig, auf globalem Level für kommunale Bedürfnisse zu sorgen, das heißt, eine ausreichende Versorgung mit Nahrung, Wohnraum, sanitären Einrichtungen, sauberer Luft, Wasser, Gesundheitspflege, Bildung und einem Transportwesen in gesellschaftlichem Besitz über die Produktion von Kleidung zu stellen.[61] Da wir, wie der britische Autor und Ökonom Andrew Simms es ausdrückt, auf einem »Inselplaneten«[62] leben, muss die Idee der gemeinschaftlichen Bedürfnisse auf globaler Ebene funktionieren, bis die wirtschaftliche Ungleichheit Geschichte wird. Diese Bedürfnisse schließen den Planeten selbst ein. An erster Stelle stünde eine Bekleidungsproduktion, die keine dauerhaften negativen Auswirkungen auf die Biodiversität oder den Planeten hat.

Können wir das wirklich schaffen? Ja! Eine vonseiten der Arbeitnehmenden ausgeübte Kontrolle verhieße bei weitem mehr Vielfalt und Innovation, als sie der Kapitalismus bereithält.[63] 1976 wurden die Angestellten einer Rüstungsfabrik im Rahmen des innovativen Programms Lucas Aerospace Plan gefragt, ob sie etwas anderes lieber herstellen würden. Im Ergebnis entwickelten die Befragten 150 Pläne für Güter mit gesellschaftlichem Nutzen, die man anstelle von Militärtechnik herstellen könnte, darunter Rollstühle, künstliche Nieren und Solarheizungen. Hoffnung gedeiht mit Vernunft und Erfahrung, und wir alle verfügen über die Fähigkeiten, die es braucht, um die Gesellschaft umzugestalten. Das aktuelle System zieht es tunlichst vor, diese Wahrheit geheimzuhalten.

Entkolonialisieren

Oft werde ich gefragt, ob ich denn wirklich glaube, dass sich die Modeindustrie verändern kann. Ich muss dann sofort an die Matuail-Deponie am Rande von Dhaka denken. Hier werden Lkw-Ladungen an Müll verkippt, sowohl städtischer, privater und gewerblicher Art. Ein großer Teil der gewerblichen Abfälle kommt direkt aus dem riesigen Netzwerk der Bekleidungsfabriken in Dhaka: Textilien, Chemikalienbehälter, Knöpfe, alte Garnspulen. Matuail ist der verborgene Auswuchs einer ausgelagerten Industrie und, wie es in Max Liboirons bahnbrechendem Buch *Pollution Is Colonialism* heißt, »eine Inszenierung anhaltender kolonialer Beziehungen zum Land«.[64] In dieser weiten Landschaft lebt eine Gemeinschaft von Müllsammler:innen (*waste picker*, ein Begriff, der auf der ersten Weltkonferenz der Müllsammler im Jahr 2008 erstmals nicht abwertend verwendet wurde, und ihren Beitrag zur öffentlichen Gesundheit und zum Umweltschutz würdigte).[65] Sie durchkämmen den Müllberg nach Knochen, Glas, Metall und Resten aus Bekleidungsfabriken. Sie tragen bei dieser hochgefährlichen, schmutzigen Arbeit lediglich Sandalen.

In einem Podcast diskutierte Michelle Murphy vom Environmental Data Justice Lab mit Max Liboiron darüber, wie jedes »bereits geschädigte Lebewesen oder Land« weiter stigmatisiert, als wegwerfbar, billig oder prädestiniert für weitere Verletzungen angesehen wird: »Dort liegt ja schon Müll, also können wir noch mehr dort hinbringen und Müll hauptsächlich dort lagern. Wir leben in einer Welt, in der manche Menschen als entbehrlich angesehen werden. Sie erfahren von vielerlei Seite Gewalt, und die Welt steht ihrer Existenz feindlich gegenüber.«[66] Matuail ist heute die Heimat und Lebensgrundlage für eine Community aus Hunderten Menschen, die das Thema menschenwürdige Arbeit eint. Viele der Menschen, die ich dort traf, waren Klimaflüchtlinge. Sie mussten das Land, das sie seit Generationen bewohnten und wo sie Landwirtschaft betrieben, wegen der steigenden Meeresspiegel und des Abschmelzens von Schnee und Eis verlassen. Die Welt sieht ihre Farmen in den ohnehin stark vom Kolonialismus geprägten Heimatländern als bedeutungslos an. Und das heute von Müllbergen bedeckte Land empfanden die Konzerne, die ihre Produktion nach Bangladesch auslagerten, als entbehrlich. An einem solchen Ort erscheinen die Luxusjachten der Unternehmenseigentümer noch obszöner, und es wird noch deutlicher, dass die kolonialen Ausbeutungsmechanismen weiterhin fortbestehen.[67]

Die Klimakrise bedeutet, dass sich die Modeindustrie verändern wird. Das könnte heißen, dass sie sich zu kleinen, ganzheitlichen, CO_2-neutralen Produktionszentren als Teil einer grünen Zukunft wandelt. Oder aber die Mode wird das Zünglein an der Waage sein und eine Klimaapokalypse einläuten, in der die Überlebenden auf Müllhalden nach Resten suchen. In jedem Fall wird es nicht langfristig so weitergehen wie bisher. Jetzt ist die Zeit, in der unser Handeln darüber entscheidet, welche dieser Zukunftsvisionen eintritt.

Forderungen nach einer »Entkolonialisierung der Mode« entspringen dem Wunsch, die Industrie und ihre Praktiken kritisch neu zu bewerten. Dekolonialisierung kann je nach Region und Kontext etwas anderes bedeuten (wie Max Liboiron es ausdrückte, gibt es für »unterschiedliche Formen des Kolonialismus auch unterschiedliche Formen des Dekolonialismus und des Antikolonialismus«[68]). Doch man darf den Begriff »Dekolonisierung« nicht darauf reduzieren, Bücher zu lesen, zu diskutieren oder neue Verwaltungssysteme einzuführen. Die pakistanische Forscherin Themrise Khan bezeichnete »Entkolonialisierung« als »Lehnwort«, da es in vielen Sprachen von Urdu bis Arabisch nicht existiere. Vielmehr handle es sich um einen eurozentrischen Begriff, der zuerst von britischen Kolonialverwaltern und Politikern verwendet wurde, als sie den Zerfall ihres Imperiums bemerkten. Khan schreibt, dass »Entkolonialisierung für sie die Enttäuschung über die Illusion einer imperialen Dauerhaftigkeit bedeutete – das Ende des Imperiums«. Tatsächlich war die Entkolonialisierung kein segensreicher politischer Wandel oder eine behutsame Neuordnung der Machtverhältnisse, sondern ein gewaltsamer und blutiger Kampf. Jeder Mensch, der die Entkolonialisierung miterlebt hat (oder auch nur den Film *Schlacht um Algier* gesehen oder etwas über den Vietnamkrieg gelesen hat), dürfte verstehen, dass diese Kämpfe, wie Khan schreibt, »ein gewaltsames Ende einer gewaltsamen Besetzung [waren], das von den Besetzten mit gleicher Gewalt *gegen* die Besetzer erkämpft werden musste. Hätte man es den Kolonialherren überlassen, hätten sie es nie hingenommen.« Zu entkolonialisieren bedeutet nicht nur, die Macht an Herrscher vor Ort zu übergeben. Es gehe nicht darum, »Machtungleichgewichte auszubalancieren«[69], sondern um die vollständige Übergabe der Macht von einer sozialen Klasse an eine andere.

Daher haben diejenigen recht, die sagen, dass eine ernsthafte Entkolonialisierung globaler Institutionen wie der Weltbank oder der internationalen Entwicklungshilfe ihrer Abschaffung gleichkäme. Das Gleiche gilt für die Modeindustrie. Eine tatsächliche Entkolonialisierung der Branche würde zu einer Beendigung der Ausbeutung und der kolonialen Praktiken führen; zu einer Übergabe von Macht, Land und materieller Ressourcen von Reich an Arm, von den Unternehmen des Globalen Nordens an die Arbeiter:innen, Bäuer:innen und Indigenen Gemeinschaften des Globalen Südens. Und das wäre das Ende der Modeindustrie. Denn wie wir gesehen haben, kann sie nur existieren, wenn sie Frauen, People of Colour, den Globalen Süden, ja den gesamten Planeten ausbeutet.

Auch Riley Kucheran, der von seiner Heimat am Gchi-gamig (Lake Superior) aus schreibt, hat seine Gründe, die »Entkolonialisierung der Mode« kritisch zu sehen. Er schreibt: »Ich fürchte, dass eine neue ›dekolonisierende Mode‹ selbst neokolonial wäre.« Zu Recht bemängelt er, dass die gegenwärtige Modeindustrie und der dazugehörige wissenschaftliche Bereich nicht in der Lage seien, sich selbst zu dekolonisieren. Denn bei ihnen handle es sich, wie schon im siebten Kapitel zitiert, um eine »strukturell kolonialistische, kapitalistische Institution eines weißen Vorherrschaftsdenkens«.[70] Das kann kein sicherer Raum für Indigene Studierende oder Menschen sein, die die Indigene Kultur leben; im Grunde für niemanden ein gesundes Umfeld. Es ist von entscheidender Bedeutung, dass, wie Kucheran schreibt, das politische Projekt der Dekolonisierung kein »kulturalistisches Repräsentationsprojekt« wird.[71] Kucheran führt weiter aus:

> Dekolonisierungsdiskurse dürfen auf keinen Fall nur erneute oberflächliche Versöhnungsversuche bleiben, indem sie sich ausschließlich auf die ›geistige Dekolonisierung‹ beschränken, ohne explizite materielle Schritte wie die Rückgabe von gestohlenem Indigenem Land und die Wiederherstellung Indigener Souveränität zu berücksichtigen.[72] Dekolonisierte Mode ist daher ein hochgestecktes Ziel: vermutlich unwägbar und etwas, das man keinesfalls auf die leichte Schulter nehmen darf.[73]

Kucheran sieht Dekolonisierung als zweigleisigen Prozess, bei dem »gleichzeitig koloniale Systeme dekonstruiert und Indigene Welten wiederaufgebaut« werden. Wir müssen uns jedoch darüber im Klaren sein, dass eine echte Entkolonialisierung alles grundlegend verändern würde: »Entkolonialisierung muss als ein ausdrücklich materieller Prozess erkannt und begriffen werden: Sie muss finanzielle Entschädigungen und die Rückgabe von gestohlenem und besetztem Indigenem Land beinhalten – das ist das Mindeste.«[74] Kucheran fährt fort:

> Ich denke, die Pandemie hat gezeigt, wie anfällig die globalen Lieferketten sind. [...] Langsam sehe ich den Klimawandel als Chance, der Modeindustrie ein Ende zu machen. Wir werden gezwungen sein, keine billige Wegwerfkleidung mehr zu kaufen. Wir werden gezwungen sein, Kleidung zu flicken. Ich frage mich oft, ob wir nach dem großen Sturm in der Lage sein werden, uns zu ernähren, uns einzukleiden? Die Indigenen bereiten sich auf die schlimmsten Klimaszenarien vor, indem sie

sich auf ihre ursprüngliche Lebensweise und Herstellungsprozesse besinnen.

Diese Zukunft werden wir nicht erreichen, ohne unser gemeinsames Miteinander in der Gegenwart zu sichern. Das bedeutet, explizit dafür zu sorgen, dass die Bewegung für den Wandel in der Mode nicht selbst kolonial vorgeht. Ich erhielt eine Nachricht von einer Person aus dem Globalen Süden, die aus Angst vor negativen Reaktionen lieber anonym bleiben möchte: »Die Organisationen des Globalen Nordens haben das Gefühl, dass sie das ganze Denken übernehmen, dass sie die mit den Ideen sind und genau wissen, wie sie unsere Probleme lösen können – das ist wirklich problematisch.« Weiter beschrieb sie eine Bewegungskultur, der es an Dialog und Diskussion mangelt und in der Arbeitnehmer:innengruppen des Globalen Südens von der Entscheidungsfindung ausgeschlossen sind. Es werde davon ausgegangen, dass dieselbe Lösung für alle greife, schließlich hätten die Bekleidungsproduktionsländer alle dieselbe Geschichte und dasselbe politische System. »Tretet einen Schritt zurück und hört dem Globalen Süden und seinen Stimmen zu, anstatt ihnen ständig zu sagen, was zu tun ist und was ihr braucht«, so die anonyme Quelle. »Ansonsten nimmt man den Blickwinkel von Kolonisierenden ein. Gerade beobachte ich das sehr oft in der Bewegung. Ich denke, wir müssen die Sprache und unsere Denkweise, unser Handeln dekolonisieren.«

Viele Gruppierungen des Globalen Nordens mit den besten Absichten gehen den Modeaktivismus noch immer aus einer Wohltätigkeitsperspektive an anstatt aus einer solidarischen Position heraus, die die Arbeiter:innenmacht fördern möchte. Die Bewegung muss von den Arbeiter:innen an der Front der Bekleidungsindustrie angeführt werden. Wie es die Quelle formuliert: »Arbeitnehmervertretende müssen daran glauben, dass sie diejenigen sind, die wirklich wissen, was am besten für uns ist. Das ist nicht der Fall, wenn sie das Gefühl haben, die Organisationen aus dem Globalen Norden für Ideen zu benötigen, und wenn diese Organisatoren denken, ›wir wissen, was am besten für euch ist‹.«

Ich würde mir wünschen, dass Sie den Slogan der Heimarbeiterorganisation HomeNet International beherzigen, der mir von Janhavi Dave zugetragen wurde: »Nichts für uns heißt ohne uns. Bietet uns nichts an, und plant nichts, ohne uns zu beteiligen, ohne unsere Stimme.« Wenn wir für den Wandel in der Mode eintreten, müssen wir den Menschen zuhören, die der Ausbeutung direkt ausgesetzt sind.

Ich möchte noch einmal Riley Kucheran zum Thema Indigene Gemeinschaften zu Worte kommen lassen, da sich seine Gedanken auch auf die größere Bewegung übertragen lassen:

> Es ist wichtig zu verstehen, dass die Entkolonialisierung bereits vor Ort, in den Communities, stattfindet. Sie entwickelt sich aus den Alltagspraktiken Indigener Einzelpersonen und Kollektive heraus, die aktiv an einer entkolonialisierten Zukunft arbeiten. Die Modeforschung muss vor allem eines: den Weg freimachen und der wieder auflebenden Indigenen Mode zuhören und sie unterstützen; Raum für Indigene Führung schaffen und diesen offenhalten, ohne das Indigene zu vereinnahmen und zu kommerzialisieren.[75]

Die Geschichte der Menschheit ist geprägt von schändlichen Grausamkeiten, die es auch heute noch gibt. Doch mit einer Krise vom Ausmaß des Klimawandels hat es die Gemeinschaft der Menschen noch nie zu tun gehabt. Diese existenzielle Krise beschränkt sich nicht auf die Mode, es ist eine Krise der gesamten Menschheit. Angesichts dieser Bedrohung sollten wir uns erinnern, dass der Kapitalismus es großartig versteht, uns ein Gefühl der Machtlosigkeit und der Spaltung zu vermitteln. Wir müssen uns auf unsere Gemeinsamkeiten konzentrieren, egal welche Unterschiede es hinsichtlich Region, *race*, Gender und so weiter gibt. Uns ist gemein, dass wir diesen Planeten brauchen, und auch, dass wir als globale Arbeiter:innenklasse den Kapitalismus wiederum nicht brauchen.

Antikapitalismus, aber bitte modisch

Dass wir in der Krise stecken, sollte uns nicht in die Depression stürzen. Im Kampf für eine bessere Welt können wir so viel gewinnen. Oft ist es grauenhaft, über den Modebetrieb zu schreiben. Etwas Schönes hat es aber, nämlich sich vorzustellen, wie Mode im Postkapitalismus aussehen könnte. In gewisser Weise ist es einfacher, sich diese postkapitalistischen Veränderungen auf globalem Level vorzustellen, als ihre Auswirkungen im Straßenbild. Inwiefern würden sie unsere Lebenswirklichkeit betreffen? Würde sich unser Alltag verändern? Wie würden die Menschen aussehen? Niemand kann wissen, wie sich Menschen in einer postkapitalistischen Welt kleiden würden. Es gibt keine Antwort auf diese Frage. Kunst und Mode finden bei den Menschen Anklang, denn sie spiegeln und repräsentieren ihre Umgebung.[76] Mode verändert sich mit der Zeit, weil sie aus verschiedenen sozialen Situationen erwächst. Eine postrevolutionäre Gesellschaft hätte Folgen in Bezug auf unsere Kleidung, die wir uns nicht vorstellen können.

Wir können uns aber überlegen, ob Mode wohl noch existieren würde. Ich habe Mode als »sich verändernde Kleidungsstile und Erscheinungsbilder« definiert, »denen Gruppen von Menschen folgen«, womit ich versucht habe, die Diskussion in der materiellen Welt zu verankern und Mode nicht zu verklären. Mode kann den Zeitgeist einer Epoche einfangen oder evozieren. Genau deshalb schrieb Warwara Stepanowa: »Es wäre ein Fehler, zu glauben, man könne die Mode abschaffen, oder dass sie zufällig oder unnötig sei. Mode gibt uns die Linien und Formen an die Hand, um zu einer bestimmten Zeit zu passen.«[77]

Die Kunst ist nicht statischer als das Leben selbst, und es wäre seltsam zu argumentieren, dass es nur die eine Art gibt, sich zu kleiden (oder sich zu verhalten), die niemals verändert werden sollte. Aber während Mode als Symbol der Veränderung nach einer Revolution vielleicht weiter existieren würde, wäre die Modeindustrie nicht mehr zu erkennen. Denn Mode ist die soziale Konstruktion von Kleidung.[78] In der Einleitung habe ich vom »Drumherum« geschrieben – von den Catwalks, dem Medienansehen und den Medienhypes, den aufwendigen Geschäften und der Ideologie –, das wie ein solider Goldrahmen Kleidung zu Mode macht und ihr etwas Pseudoreligiöses verleiht.[79] Diese falsche Religiosität feiert Reichtum und Besitz und zementiert sie gleichzeitig. So wie der Rapper Kanye West in seinem Song *All Falls down* sagt: »They made us hate ourself and love their wealth.«[80] – Sie haben uns dazu gebracht, uns selbst zu hassen und ihren Reichtum zu lieben.

Falsche Religiosität hilft dem System Mode dabei, Konzernen maximale Profite zu ermöglichen. Es werden Altäre für Waren wie Taschen und Schuhe errichtet, denn Verehrung ist die Kehrseite der Industrie. Mode wird gebraucht, um Unsummen für die Unternehmen zu generieren, aber sie wird definitiv auch von den Konsument:innen *gewollt*. Menschen flüchten sich aus allen Arten von Unzufriedenheit in die Mode, weil sie ihnen (auch mir) Freude bereitet, doch diese Freude ist, wenn man genauer hinsieht, nur scheinbar ein Mittel, um mit der Unzufriedenheit fertig zu werden.[81] Mode wird verehrt, weil die meisten das Leben als entfremdet und banal empfinden. Im dritten Kapitel zitiere ich John Berger mit seiner treffenden Aussage, dass sich die Fantasie umso stärker auf die Zukunft konzentrieren muss, je monotoner die Gegenwart ist.[82] Mode besitzt die immer wieder aufs Neue überraschende Fähigkeit, Menschen dazu zu inspirieren, an die »aufregende Möglichkeit eines Neuanfangs«[83] zu glauben. Menschen wollen Mode, weil sie sie mit den Chancen auf einen Job, auf eine Partnerschaft oder auf sozialen Status verbinden.

Was wäre aber, wenn das Leben an sich anregend genug und Grund zur Freude wäre? Was wäre, wenn uns Wohlstand und eine sinnvolle Existenz zugesichert wären? Was, wenn Privateigentum und Wettbewerb ins Wanken gerieten? Was, wenn Arbeit, Liebe und sozialer Status nicht vom Aussehen abhingen? Menschen würden sich nicht dazu gezwungen sehen, vor dem Altar der Mode um Erfolg zu beten. Es kann sein, dass sich manche weiterhin gern sorgfältig kleiden würden, aber die Grausamkeit von Mode und Kosmetika, die daher rührt, dass sie derzeit obligatorisch sind, würde verschwinden.[84] Möglich, dass wir eine Situation erreichen würden, in der eine Frau, die sich nicht schminkt, dieselbe Strafe treffen würde wie jemanden, der sich weigert, ein Aquarell zu malen: überhaupt keine.[85] Eine Gesellschaft ohne Kapitalismus wäre eine Gesellschaft ohne die Modebranche, wie wir sie heute kennen.

Wie, sollen wir etwa alle Mao-Anzüge tragen?

Die chinesische Kulturrevolution zwischen 1966 und 1976 hatte das Ziel, China von »altem« Gedankengut zu befreien. Für die Autoritäten gab es keinen Mittelweg, denn alles und jeder war entweder revolutionär oder reaktionär.[86] Als reaktionär eingestuft zu werden, hatte gravierende Folgen, und aus Angst davor sprachen, kleideten und verhielten sich Menschen so unauffällig wie möglich. Ein Ergebnis davon war der *Zhongshan zhuang*, der »Mao-Anzug«, das vorherrschende Kleidungsstück jener Zeit.

Wie die Designforscherin Juanjuan Wu in ihrem Buch *Chinese Fashion. From Mao to Now* darlegt, gab es zu keinem Zeitpunkt eine Regierungsverordnung, die die Menschen dazu gezwungen hätte, den *Zhongshan zhuang* zu tragen. Seine starke Verbreitung war vielmehr einer Mischung aus Konformismus, Angst und revolutionärem Elan zuzuschreiben.[87] Angesichts des Verbots bestimmter Kleidungsstücke, wie etwa westlichen Anzügen, und der drohenden Todesstrafe für vermeintlich reaktionär Gesinnte kann die Rolle, die die Regierung dabei spielte, dennoch nicht unterschätzt werden. Wenn man es ganz pragmatisch betrachtet, war der allgegenwärtige, eintönig graue oder blaue Mao-Anzug auch ein sichtbares Zeichen für die Notwendigkeit, in einer Zeit großer Knappheit fast eine Milliarde Menschen einzukleiden.

Was der Mao-Anzug allerdings nicht war: das Ende der Mode. Aufgrund einer perversen Laune des Schicksals war er eigentlich das genaue Gegenteil. Die Menschen waren sich in einem »noch nie dagewesenen Maße ihres Kleidungsstils und Aussehens bewusst«, da ein modischer Fauxpas während der Kulturrevolution den Tod bedeuten konnte. Das heißt: »Modetrends wurden eingehend und bis auf das winzigste Detail studiert.« Anstatt die Mode auszulöschen, so Juanjuan Wu, erzeugte die Kulturrevolution eine der modebewusstesten Nationen der Welt (und zwar so sehr, dass es an Paranoia grenzte). Mode war etwas, das schlichtweg niemandem gleichgültig sein *konnte*.[88]

Ganz ähnlich folgen bestimmte politische Gruppen, die behaupten, dass ihnen Mode egal sei, strikten Kleidungsstilen, zum Beispiel die europäischen Anarchisten. Innerhalb solcher Gruppen sind die Eckpunkte des akzeptierten Kleidungsstils fest abgesteckt, was dazu führt, dass alle das Gleiche tragen. Die Gleichgültigkeit der Mode gegenüber ist so wohlüberlegt, und es wird so sorgfältig darauf geachtet, die festgelegten Grenzen nicht zu überschreiten, dass ihr obsessiver und kontrollierender Charakter nur zu deutlich wird.

Der Modeforscher Ulrich Lehmann weist ganz richtig darauf hin, dass das Tragen von Uniformen nicht immer trostlos sein muss. Man bedenke nur, wie gern manche Menschen identische Fußballtrikots tragen.[89] Aber genauso wie man sich keine Gesellschaft wünscht, in der wirtschaftlicher Mangel herrscht, wünscht man sich keine Gesellschaft, die durch Unterdrückung kulturell homogen ist. Eine aufrichtig postkapitalistische, durch verbandlich organisierte Produktionsgemeinschaften demokratisch gestaltete und nicht auf Hierarchien basierende Gesellschaft müsste, wollte oder könnte Menschen nicht unterdrücken, sondern würde Demokratie und Ausdrucksfreiheit für jede und jeden Einzelnen bedeuten.

Gender, race und Klasse

»Ideologisch« zu sein, ist ein Vorwurf gegen linke Kunstschaffende – ganz so als wäre die Kunst von Jan Vermeer, Paul Gauguin oder Christian Dior nicht ideologisch oder als wären Liberale irgendwie »neutral«. Die afroamerikanische Literaturwissenschaftlerin bell hooks betont, dass es keine politisch neutrale Kunst gibt.[90] Dazu zählt auch die Mode. Die Art, wie sich Menschen heutzutage kleiden, wird von dominanten Ideologien bestimmt. Was würde also in einer postkapitalistischen Gesellschaft, in der es ideologische Konstrukte wie Gender, *race* und Klasse nicht mehr gibt, mit der Mode passieren?

Sehr wahrscheinlich würden einige Moderegeln als Relikte einer alten, repressiven Ordnung verworfen werden, zum Beispiel, dass Rosa etwas für Mädchen, Blau etwas für Jungs ist, dass Hosen für Männer und Kleider für Frauen sind. Aber was wäre mit Kleidungsstücken wie High Heels und Korsetts? Absatzschuhe galten lange als das genaue Gegenteil der Ideale des Feminismus.[91] Würde man sie nach einer Revolution verbieten? Die gleiche Frage stellt sich bei Kleidungsstücken wie dem Hidschab, den ein Teil der französischen Linken gern verboten sähe. Die einfache Antwort lautet Nein, denn Freiheit heißt nicht, wie manche französische Feministinnen fälschlicherweise glauben, Regeln durch noch mehr Regeln zu ersetzen. Das 2011 in Kraft getretene Verschleierungsverbot in Frankreich war ein Fehler, genauso wie es ein Fehler wäre, High Heels oder Miniröcke zu verbieten. Frauen werden nicht aus vermeintlichen Käfigen befreit, indem man sie in einen noch größeren Käfig setzt. Der einzige Weg zu Freiheit ist die Emanzipation, die von den Menschen selbst kommt. Eine Hidschab-feindliche Gesetzgebung in Schulen oder an Arbeitsplätzen schafft ein Klima, »in dem die Körper muslimischer Frauen an bestimmten Orten nicht willkommen sind, und in dem kontrolliert wird, was sie sich trauen dürfen und was nicht«.[92] Worum es bei Frauenkleidung gehen sollte, ist Entscheidungsfreiheit. Es sollte gesellschaftlich genauso akzeptiert sein, High Heels zu tragen, wie sie nicht zu tragen.

Die Vorstellung einer einzig gültigen Norm, egal in welchem Bereich, macht eine freie Wahl unmöglich. Würde die Modebranche, so wie sie heute ist, an Macht verlieren, würden die Körper, die heute »nicht passen«, nicht mehr ausgeschlossen. Komplexe würden dadurch ersetzt, dass man alle Möglichkeiten, schön zu sein, liebevoll akzeptieren und feiern würde. Frauen müssen die Freiheit haben, alles sein zu können, was sie wollen, und dürfen nicht länger negativen oder kritischen Kommentaren ausgesetzt sein, wenn sie sich nicht die Bohne um ihr Aussehen kümmern. Oft nähren sich Freiheitskämpfe »an dem Bild der geknechteten Vorfahren, nicht am Ideal der befreiten Enkel«, so Walter Benjamin 1940.[93] Das Gleiche denke ich über Frauenkleidung. Dieses Gespenst der Restriktionen aus der Vergangenheit in Bezug auf Rollenbilder und Kleidung wird für mich am besten verkörpert durch die Frauenkleider der 1950er Jahre. Es ist das, was mich für Veränderungen kämpfen lässt.

Im Kapitalismus zeigt sich der Rassismus in der Modebranche durch die Ausgrenzung nicht weißer Models und durch die gleichzeitige Ausgrenzung *und* Aneignung von Kultur. Verschwänden diese mächtigen Elemente in der Gesellschaft, die darauf bauen, andere auszuschließen, um die eigene Macht zu sichern, gäbe es keine Notwendigkeit, irgendjemanden auszugrenzen. Verschwände dieser Rassismus, hätte mit ihm auch die Vorstellung ein Ende, dass Schönheit nur eine Farbe hat. Es wäre das Ende von Scham und Unterdrückung aufgrund von Äußerlichkeiten, weil es Menschen möglich wäre, ihre eigene Kleidung zu tragen, ohne Übergriffe oder Beleidigungen zu fürchten.[94] Kommerzialisierung und kulturelle Aneignung existieren, weil Kunst als etwas angesehen wird, was eher gekauft oder verkauft als zelebriert wird. Wir brauchen Wege, durch die Menschen Erfüllung erlangen können, ohne etwas besitzen zu müssen.[95] Kulturelle Aneignung als Mittel, um das moderne, monotone Leben mit eskapistischen Fantasien zu füllen, gehörte so der Vergangenheit an.[96] An die Stelle von Entfremdung träten in einer postkapitalistischen Gesellschaft Erfüllung und Kreativität.

Das entscheidende Kriterium, das Menschen im Kapitalismus in Bezug auf Mode nach ihrem Nettovermögen beurteilt, heißt Klasse. Im alten Ägypten markierten verschiedenfarbige Gewänder die unterschiedlichen gesellschaftlichen Positionen. Ein paar Tausend Jahre später gab es in Großbritannien Schiebermützen, Melonen- und Zylinderhüte, und »je höher die Krone, desto höher das soziale Ansehen«[97]. Die gleichen Unterscheidungen werden heute bei Freizeitkleidung gemacht: Will man seinen Reichtum zur Schau stellen, trägt man ein paar teure Teile. Ein Ende einer hierarchischen Gesellschaft wäre auch ein Ende des Kampfes um den Platz an ihrer Spitze. Derzeit untermauert Mode die Macht einer bestimmten sozialen Klasse.[98] Gäbe es »Klasse« nicht mehr, gäbe es keine Mode, wie wir sie heute kennen, weil es keinen Grund gäbe, Reichtum und Klassenmacht durch Kleidung auszudrücken und Dinge zu besitzen, durch die man sich von denen abgrenzen kann, die sie sich nicht leisten können.

Stattdessen gäbe es individuelle Ausdrucksfreiheit und eine Gleichberechtigung, die keine Trennung vorsieht zwischen den Menschen, die wunderschöne Kleidung nähen, und den Menschen, die sie tragen.

Unzählige Möglichkeiten

Man sollte den Kapitalismus als das anerkennen, was er ist, nämlich ein gescheitertes System.[99] Er versorgt die Menschen dieser Welt weder angemessen mit Nahrung noch mit Wohnraum, Kleidung, Gesundheitspflege oder Bildung. Seine Auswirkungen auf diesen Planeten sind zerstörerisch und können geradewegs in die Katastrophe führen, wenn wir nicht handeln. Auf die Menschen wirkt sich der Kapitalismus so aus, dass er sie physisch, mental, spirituell und artistisch lähmt. Durchzogen von Widersprüchen, sind die einzigen Dinge, die er mit sich bringt, Krisen, Kriege und Zerstörung. Jedes kleine bisschen Fortschritt wird flankiert von tausend Ereignissen, deren mögliches Potenzial nicht ausgeschöpft wurde.

Die Modeproduktion ist beispielhaft für diesen Missstand, denn sie verwüstet den Planeten, verstümmelt ihre Arbeiter:innen und stülpt den Menschen eisern die Idee über, dass es nur eine richtige Art und Weise gebe, wie man auszusehen und zu leben habe. Mode wird im Kapitalismus niemals frei sein. Aber sie kann dazu beitragen, diese Welt neu zu erfinden. Sie hat die Fähigkeit, Altes durch Neues zu ersetzen, und uns zum Hoffen und Träumen zu bringen. Genau deshalb könnten aus jedem Bereich, der umgekrempelt werden muss, unzählige neue Möglichkeiten entstehen. So wird das Abenteuer dieser neuen Gesellschaft sein, wie es der Dichter Alexander Blok beschreibt: »Bei allem von vorne beginnen. Dinge so gestalten, dass alles neu ist; so, dass unser falsches, schmutziges, glanzlos hässliches Leben einfach Leben wird, rein, fröhlich, schön.«[100]

Anmerkungen

1 Leo Trotzki, *Literatur und Revolution*, übersetzt von Eugen Schäfer und Hans von Riesen, München 1972, S. 192, S. 213.
2 Elizabeth Hawes, *Zur Hölle mit der Mode*, übersetzt von Constanze Derham, Berlin 2019, S. 13.
3 www.progressive.org/news/2007/07/5078/interview-arundhati-roy (3. Juni 2023).
4 Terry Eagleton, *Ideologie. Eine Einführung*, übersetzt von Anja Tippner, Stuttgart, Weimar 1993, S. 3–4.

Einleitung

1 Liana Foxvog et al., *Still Waiting. Six months after history's deadliest apparel industry disaster, workers continue to fight for reparations*, Clean Clothes Campaign/ILRF, 2013, aufrufbar unter: www.cleanclothes.org/news/2013/10/23/resolveuid/1339b9f126e74206b7e9aeb75f262fee (22. Mai 2023).
2 Ingrid Loschek, *Wann ist Mode? Strukturen, Strategien und Innovationen*, Berlin 2007, S. 159 f.
3 Colin Gale und Jasbir Kaur, *Fashion and Textiles*, London 2004, S. 20.
4 Dana Thomas, *Deluxe. How Luxury Lost Its Luster*, London 2007.
5 István Mészáros, *Marx's Theory of Alienation*, London 2006, S. 175 (deutsche Ausgabe: *Der Entfremdungsbegriff bei Marx*, übersetzt von Wilhelm Höck, München 1973). Virtuose Pianisten benötigen gesellschaftlich produzierte Pianos.
6 Nicolas Ghesquière kopierte in seinen Designs für Balenciaga beispielsweise den Künstler Kaisik Wong: www.businessoffashion.com/opinions/news-analysis/op-ed-who-watches-the-watchmen (24. Mai 2023). Dior, Prada und Celine wiederum kopierten frühere Designs anderer Modehäuser: www.fashionista.com/2013/04/raf-simons-miuccia-prada-called-out-for-copying-historic-designs (24. Mai 2023).
7 Dieser Ansatz stimmt mit dem überein, den Linda Welters und Abby Lillethun vertreten: Linda Welters und Abby Lillethun (Hg.), *The Fashion Reader*, London 2007, S. xxv–xxix. Für weitere Informationen siehe dort die Kapitel von Sandra Niessen und Jennifer Craik.
8 Radu Stern, *Against Fashion. Clothing as Art, 1850–1930*, Cambridge, MA 2004, S. 2.
9 Valerie Steele, *Paris Fashion*, Oxford 1988, S. 18.
10 Jean Allman (Hg.), *Fashioning Africa. Power and the Politics of Dress*, Bloomington 2004, S. 2. »Menschen ohne Geschichte« ist ein Zitat des Anthropologen Eric Wolf, das Allman in »Menschen ohne Mode« übertragen hat.
11 John Berger, *Art and Revolution*, London 1969, S. 157.
12 www.hyllanderiksen.net/blog/2018/12/13/whats-wrong-with-the-global-north-and-the-global-south (24.05.2023).

13 www.forbes.com/sites/pamdanziger/2020/11/22/china-is-headed-to-be-the-worlds-largest-luxury-market-by-2025-but-american-brands-may-miss-out/?sh=1997c74e6a3b (24. Mai 2023).

14 Ich danke der indischen NGO Society for the Promotion of Area Resource Centers (SPARC), die mit der indischen National Slum Dwellers Federation (NSDF) zusammenarbeitet.

15 Terry Eagleton, *Marxism and Literary Criticism*, London 1985, S. 59. Eagleton führt dieses Argument am Beispiel von Schriftsteller:innen und Verlagen aus.

16 Giannino Malossi (Hg.), *The Style Engine*, New York 1998, S. 30.

17 Nach Jean Rostand, zitiert in: Rachel Carson, *Der stumme Frühling*, übersetzt von Margaret Auer, 5. Auflage, München 2019, S. 39. »Die Pflicht zu erdulden gibt uns das Recht zu wissen.«

18 www.businessoffashion.com/articles/news-analysis/springsummer-2013-the-season-that-was (24. Mai 2023).

19 Jeanette A. Jarnow und Beatrice Judelle (Hg.), *Inside the Fashion Business*, New York 1966, S. vii.

20 Bertolt Brecht, »Fragen eines lesenden Arbeiters«, in: Bertolt Brecht, *Kalendergeschichten*, Reinbek 1983, aufrufbar unter: www.sgipt.org/wisms/geswis/brecht.htm (24. Mai 2023).

21 R. T. Naylor, *Crass Struggle. Greed, Glitz and Gluttony in a Wanna-Have World*, London 2013, S. 5.

22 Rede von Audre Lorde, »Learning from the 60s«, 1982, www.blackpast.org/african-american-history/1982-audre-lorde-learning-60s (24. Mai 2023).

23 Manfred B. Steger und Ravi K. Roy, *Neoliberalism. A Very Short Introduction*, New York 2010, S. 53.

24 www.unicefusa.org/press/unicef-too-many-children-dying-malnutrition (24. Mai 2023) und www.bain.com/about/media-center/press-releases/2019/fall-luxury-report (24. Mai 2023).

25 Der Ausdruck wird meist Werner Sombart (1902) oder Elizabeth Wilson (1985) zugeschrieben.

26 CEO Johann Rupert, www.businessinsider.com/how-the-10-biggest-luxury-brands-came-to-dominate-the-world-2012-6 (24. Mai 2023).

27 www.bain.com/about/media-center/press-releases/2020/covid_19_crisis_pushes_luxury_to_sharpest_fall_ever_but_catalyses_industrys_ability_to_transform (24. Mai 2023).

28 Vortrag von Terry Eagleton, Counterfire Conference, London, 5. November 2011.

29 James C. Scott, *Weapons of the Weak. Everyday Forms of Peasant Resistance*, New Haven 1985, S. 301.

30 Terry Eagleton, *Marxism and Literary Criticism*, S. viii.

31 Neil Faulkner, *A Marxist History of the World. From Neanderthals to Neoliberals*, London 2013, S. 152.

32 Ebd., S. ix.

33 Terry Eagleton, *Marxism and Literary Criticism*, S. 5.

34 John Berger, *Ways of Seeing*, Fernsehserie, Teil 1, BBC, 1972, youtu.be/opDE4VX_9Kk (24. Mai 2023).

35 Terry Eagleton, *Marxism and Literary Criticism*, S. 5.

36 Malcolm Barnard, *Fashion as Communication*, London 1996, S. 145 und Kapitel 1.

37 Interview mit dem Historiker und Aktivisten Neil Faulkner vom 26. Februar 2013.

38 Terry Eagleton, *After Theory*, London 2003, S. 100.

39 Louis Althusser, zitiert in: Terry Eagleton, *Marxism and Literary Criticism*, S. 18. Hélène Rytmann war eine bedeutende jüdische Soziologin und ein aktives Mitglied der französischen Résistance während des Zweiten Weltkriegs. 1980 wurde sie von ihrem Ehemann, Louis Althusser, ermordet. Man machte ihm nicht den Prozess, da er für schuldunfähig erklärt wurde. Nachdem ich dies erfahren habe, habe ich seinen Namen aus dem Text dieses Buchs getilgt. Ich möchte ihn nicht unterstützen, obwohl er zur sozialen Klasse geschrieben hat. Diese Fußnote bleibt bestehen, da ich glaube, dass zu wenig Leute von Hélène Rytmann oder Althussers Verbrechen wissen.
40 Bertolt Brecht, zitiert in: Terry Eagleton, *Marxism and Literary Criticism*, S. 49.
41 Terry Eagleton, *Marxism and Literary Criticism*, S. viii.
42 Hier bin ich dankbar für die Punkte, die der britische Abgeordnete Clive Lewis im März 2021 bei der Veranstaltung der Media Reform Coalition »The Solution or the Problem? What Should We Do with Our Public Service Media?« ansprach.
43 South End Press (Hg.), *Talking About a Revolution*, Cambridge, MA 1998, S. 7.
44 Vortrag von Terry Eagleton.
45 www.ursulakleguin.com/nbf-medal (24. Mai 2023).

1 Mode besitzen

1 www.theguardian.com/global-development/2021/mar/09/female-workers-at-hm-supplier-in-india-allege-widespread-sexual-violence (31. Mai 2023).
2 Friedrich Engels, »Die Lage der arbeitenden Klassen in England«, Kapitel »Die großen Städte«, in: Karl Marx und Friedrich Engels, *Werke*, Band 2, Berlin 1972, S. 298 f.
3 Eric M. Sigsworth, *Montague Burton. The Tailor of Taste*, Manchester 1990, S. vii.
4 Ebd., S. 28.
5 Im Original zitiert nach: Diana de Marly, *Working Dress*, Batsford, London 1986.
6 Ebd., S. 145.
7 Sigsworth, *Montague Burton*, S. 42.
8 *Wadsworth Review of Economic Studies*, zitiert in: Christopher Sladen, *The Conscription of Fashion*, Aldershot, Brookfield 1995, S. 11.
9 Ebd., S. 18.
10 Ebd., S. 23.
11 Ebd., S. 37.
12 Ebd., S. 39.
13 Alison Settle, *English Fashion*, London 1959, S. 47.
14 J. Anderson Black und Madge Garland, *A History of Fashion*, London 1990, S. 245.
15 Valerie Steele, *Paris Fashion*, Oxford 1988, S. 263.
16 Ebd., S. 269.
17 www.designmuseum.org/design/christian-dior (24. Mai 2023).
18 Steele, *Paris Fashion*, S. 270.
19 *Harper's Bazaar*, Februar 2012.
20 Lindsey German, *Sex, Class and Socialism*, London 1998, S. 105.
21 Steele, *Paris Fashion*, S. 274.
22 www.designmuseum.org/design/christian-dior (24. Mai 2023).
23 Sladen, *The Conscription of Fashion*, S. 76.
24 Ebd., S. 76.

25 Kurt Lang und Gladys Engel Lang, »The Power of Fashion«, in: Linda Welters und Abby Lillethun (Hg.), *The Fashion Reader*, London 2007, S. 84.
26 Sladen, *The Conscription of Fashion*, S. 54.
27 George Orwell, *Der Weg nach Wigan Pier*, Zürich 2003, Kapitel 8.
28 Sladen, *The Conscription of Fashion*, S. 104.
29 Neil Faulkner, *A Marxist History of the World. From Neanderthals to Neoliberals*, London 2013, S. 255.
30 Ebd., S. 253.
31 German, *Sex, Class and Socialism*, S. 106.
32 Steele, *Paris Fashion*, S. 279.
33 Colin McDowell, *The Designer Scam*, London 1994, S. 20.
34 Tobé Coller Davis, 25th Annual Boston Conference on Distribution, 1953, zitiert in: Jeanette A. Jarnow und Beatrice Judelle (Hg.), *Inside the Fashion Business*, New York 1966, S. 246.
35 Jarnow und Judelle, *Inside the Fashion Business*, S. 158, S. 160.
36 Ebd., S. 246.
37 Steele, *Paris Fashion*, S. 282.
38 www.mckinsey.com/capabilities/sustainability/our-insights/style-thats-sustainable-a-new-fast-fashion-formula (8. Juni 2023).
39 www.vice.com/en/article/n7j43m/boohoocom-uploadsevery-day-fast-fashion (8. Juni 2023).
40 www.bbc.co.uk/news/world-55793575 (8. Juni 2023).
41 www.nytimes.com/2021/03/30/technology/amazon-market-size.html (8. Juni 2023).
42 www.theguardian.com/fashion/2020/dec/03/christopher-wylie-amazon-is-one-of-the-biggest-threats-to-the-fashion-industry (8. Juni 2023).
43 www.forbes.com/sites/pamdanziger/2020/01/28/amazon-is-readying-major-disruption-for-the-fashion-industry/ (8. Juni 2023).
44 www.retailgazette.co.uk/blog/2021/04/asos-profits-skyrocket-253-in-first-half-as-sales-almost-hit-2bn/ (8. Juni 2023).
45 www.thetimes.co.uk/article/mahmud-kamani-net-worth-sunday-times-rich-list-97r67xcp8# (12. Juni 2023).
46 www.forbes.com/sites/markfaithfull/2021/02/10/shein-is-chinas-mysterious-15-billion-fast-fashion-retailer-ready-for-stores/ (12. Juni 2023).
47 www.publiceye.ch/en/media-corner/press-releases/detail/75-hour-weeks-for-shein-public-eye-looks-behind-the-chinese-online-fashion-giants-glitzy-front (12. Juni 2023).
48 www.nytimes.com/2021/03/30/technology/amazon-market-size.html (12. Juni 2023).
49 https://stories.publiceye.ch/respect-by-zara/ (12. Juni 2023).
50 www.forbes.com/billionaires/ (12. Juni 2023).
51 Lucy Siegle, *To Die For. Is Fashion Wearing out the World?*, London 2011, S. 15.
52 www.thetimes.co.uk/article/weston-family-net-worth-sunday-times-rich-list-8ln50rjp6 (12. Juni 2023).
53 www.selfridges.com/GB/en/features/info/our-heritage/ (12. Juni 2023) und https://de.fashionnetwork.com/news/Selfridges-verkauf-stefano-della-valle-wird-ceo-des-neuen-eu-grosskonzerns,1431919.html (12. Juni 2023). Aktualisiert für die deutsche Ausgabe.
54 www.businesswire.com/news/home/20191206005231/de/ (12. Juni 2023).
55 www.gapinc.com/about (12. Juni 2023).

56 Sigsworth, *Montague Burton*, S. 98.
57 R. T. Naylor, *Crass Struggle. Greed, Glitz and Gluttony in a Wanna-Have World*, London 2011, S. 12.
58 www.bbc.com/news/uk-58804504 (12. Juni 2023).
59 www.bbc.co.uk/news/business-39118566 (12. Juni 2023).
60 www.bbc.com/news/business-54831374 (12. Juni 2023).
61 www.thetimes.co.uk/article/pandora-papers-lady-green-spent-millions-on-london-properties-as-bhs-collapsed-b9x9prvtf (12. Juni 2023).
62 www.bbc.com/news/uk-45987084 (12. Juni 2023).
63 www.telegraph.co.uk/news/2019/02/08/sir-philip-green-claims-revealed/ (12. Juni 2023).
64 www.bloomberg.com/news/articles/2014-02-26/ortega-s-zara-fashions-tax-avoidance-by-shifting-profits-to-alps#xj4y7vzkg (13. Juni 2023).
65 wwd.com/business-news/financial/fashion-world-figures-panama-papers-10407011/ (13. Juni 2023).
66 www.forbes.com/profile/bernard-arnault/?sh=21f5be9b66fa (13. Juni 2023).
67 Bernard Arnault, zitiert in: »LVMH Net Boosted by Louis Vuitton«, *WWD*-Ausgabe, 13. September 2003.
68 Dana Thomas, *Deluxe. How Luxury Lost Its Luster*, London 2007, S. 18.
69 wwd.com/feature/newsmaker-of-the-year-nominees-6506060-482799/ (13. Juni 2023) und www.liberation.fr/medias/2012/09/10/le-riche-con-provoque-du-buzz-et-une-plainte_845366/ (13. Juni 2023). Aktualisiert für die deutsche Ausgabe.
70 fashion.telegraph.co.uk/article/TMG9965759/Bernard-Arnault-Knighted-by-Prince-Charles.html (13. Juni 2023).
71 www.bloomberg.com/features/2018-richest-families/ (13. Juni 2023).
72 Pierre Mallevays, Interview, Savigny Partners, Website von *Business of Fashion*, 18. November 2009.
73 www.forbes.com/companies/kering/?sh=3a49172c25e4 (13. Juni 2023).
74 Zur Prada Group gehören Prada, miu miu, Church's und Car Shoes. Miuccia Pradas Nettowert betrug Stand Juni 2021 5,6 Milliarden Dollar.
75 Das Schuhunternehmen Jimmy Choo wurde 1996 von der Unternehmerin Tamara Mellon und von Jimmy Choo, einem wenig bekannten Schuhmacher, gegründet. Jimmy Choo verließ 2001 die Firma, versuchte aber Berichten zufolge, sie mithilfe der malaysischen Regierung 2011 zurückzukaufen, als Mellon sie für über 500 Millionen Pfund an Labelux verkaufte. 2017 erwarb Michael Kors die Marke für 896 Millionen Pfund.
76 www.fashionista.com/2021/06/maeve-reilly-stylist-career-interview (13. Juni 2023).
77 www.businessoffashion.com/articles/luxury/chanel-11-billion-sales-dismisses-rumours/ (13. Juni 2023).
78 Ebd.
79 McDowell, *The Designer Scam*, S. 5.
80 Thomas, *Deluxe*, S. 163.
81 Ebd., S. 168.
82 Tomas Maier, zitiert in: www.newyorker.com/magazine/2011/01/03/just-have-less (13. Juni 2023). Taschendesignerin Luella Bartley nannte It-Bags auch »generell den Anfang vom Ende der Kultur«, Vogue.co.uk.
83 www.businesswire.com/news/home/20201117005990/en/ (13. Juni 2023).
84 Thomas, *Deluxe*, S. 168.

85 Tansy E. Hoskins, *Foot Work. What Your Shoes Tell You About Globalisation*, London 2020, S. 102.

86 www.bloomberg.com/billionaires/profiles/leonardo-del-vecchio/ (die Website ist seit dem Tod Del Vecchios 2022 nicht mehr verfügbar).

87 Bain & Company, Inc., Tmall Luxury Division, *China's Unstoppable 2020 Luxury Market*, 2020, aufrufbar unter: www.bain.com/globalassets/noindex/2020/bain_report_chinas_unstoppable_2020_luxury-market.pdf (14. Juni 2023).

88 Faulkner, *A Marxist History of the World*, S. 279.

89 www.forbes.com/forbes/2010/1122/fashion-bernard-arnault-lvmh-luxury-dior-master-of-brand.html (14. Juni 2023).

90 Richemont-CEO Johann Rupert, www.businessinsider.com/how-the-10-biggest-luxury-brands-came-to-dominate-the-world-2012-6 (24. Mai 2023).

91 www.bain.com/globalassets/noindex/2020/bain_report_chinas_unstoppable_2020_luxury-market.pdf (14. Juni 2023).

92 www.vanityfair.com/style/2021/09/diet-prada-roasting-the-runway (14. Juni 2023).

93 L. K. Cheng, »Li & Fung, Ltd. An Agent of Global Production«, in: L. K. Cheng und H. Kierzkowski (Hg.), *Global Production and Trade in East Asia*, New York 2001.

94 H. Faheem und D. Purkayastha, »Li & Fung. Battling the Global Supply Chain Challenge«, in: *IUP Journal of Supply Chain Management* 17(4)/2020.

95 Ebd.

96 www.mckinsey.com/industries/retail/our-insights/state-of-fashion (14. Juni 2023).

2 Modemedien

1 Zitiert in: Fiona Sampson, *Two Way Mirror. The Life of Elizabeth Barrett Browning*, London 2021, S. 35.

2 www.dazeddigital.com/fashion/article/53877/1/digital-fashion-clothing-industry-saviour-climate-sustainability-the-sims-avatar (15. Juni 2023).

3 Cynthia L. White, *Women's Magazines 1693–1968*, London 1970.

4 Jenny McKay, *The Magazines Handbook*, London, New York 2006.

5 Caroline Seebohm, *The Man Who Was Vogue*, London 1982, S. 38.

6 Ebd., S. 80.

7 David Croteau und William Hoynes, *The Business of Media*, Thousand Oaks, CA 2001, S. 4.

8 Interview mit Jackie Newcombe, ehemalige Geschäftsführerin von IPC Southbank, 16. Mai 2012.

9 Croteau und Hoynes, *The Business of Media*, S. 4.

10 Benjamin M. Compaine und Douglas Gomary, *Who Owns the Media?* Mahwah, NJ 2000, S. 151.

11 Jackie Newcombe, Interview.

12 Dallas Walker Smythe, *Dependency Road. Communications, Capitalism and Canada*, New York 1982, S. 37.

13 McKay, *The Magazines Handbook*, S. 200.

14 Olivia Whitehorne, *Cosmo Woman*, Maidstone 2007, S. 82.

15 Eric Clark, *The Want Makers*, London 1988, S. 350.

16 Robert Merton, *Paul Lazarfeld*, 1948, zitiert in: Smythe, *Dependency Road*, S. 18.

17 Gloria Steinem, *Moving beyond Words. Age, Rage, Sex, Power, Money, Muscles. Breaking the Boundaries of Gender*, New York 1994.

18 Richard Shortway, zitiert in: McKay, *The Magazines Handbook*, S. 200.

19 vestoj.com/will-i-get-a-ticket/ (19. Juni 2023).

20 https://archive.nytimes.com/cityroom.blogs.nytimes.com/2012/08/29/he-skewered-politics-and-new-york-without-actually-existing/ (19. Juni 2023). Ergänzung für die deutsche Ausgabe.

21 Mein Dank gilt an dieser Stelle Cameron Joshi, dem Beauftragten für Jugendarbeit bei Global Justice Now, für seine Bemerkungen während der Veranstaltung »Protest, Dissent and the Media« der Media Reform Coalition im Mai 2021.

22 Ich bin dankbar für die Hinweise von Autor Marcus Gilroy während der Veranstaltung »Protest, Dissent and the Media« der Media Reform Coalition im Mai 2021.

23 Simone Werle, *Style Diaries. World Fashion from Berlin to Tokyo*, London 2010, Einleitung.

24 www.dictionary.cambridge.org/dictionary/english/influencer (20. Juni 2023).

25 https://digitalnative.substack.com/p/onlyfans-and-the-evolution-of-the (20. Juni 2023).

26 Jodi Dean, »The Limits of the Web in an Age of Communicative Capitalism«, Vortrag, aufrufbar unter: www.youtube.com/watch?v=Ly_uN3zbQSU&t=1841s (20. Juni 2023).

27 Ebd.

28 www.dismantlemag.com/2021/05/10/love-island-labor-reality-tv-influencer-pipeline/ (20. Juni 2023).

29 Tavi Gevinson, Interview, *Business of Fashion*, April 2012.

30 Christian Fuchs, »The Internet – serving the revolution?«, 2010, www.counterfire.org/article/the-internet-serving-the-revolution/ (20. Juni 2023).

31 Ebd.

32 www.statista.com/statistics/264810/number-of-monthly-active-facebook-users-worldwide/ (20. Juni 2023).

33 Jaron Lanier, *Zehn Gründe, warum du deine Social Media Accounts sofort löschen musst*, übersetzt von Martin Bayer und Karsten Petersen, Hamburg 2018, S. 41.

34 Ebd., S. 15.

35 Ebd., S. 41.

36 www.news.harvard.edu/gazette/story/2019/03/harvard-professor-says-surveillance-capitalism-is-undermining-democracy/ (20. Juni 2023).

37 www.privacybadger.org/files/pb_journalist_1_pager.pdf (20. Juni 2023).

38 www.eff.org/deeplinks/2009/09/online-trackers-and-social-networks (21. Juni 2023). Das Experiment dazu führte ich am 19. Oktober 2021 durch. Ich nahm die vorgeschlagenen Cookies an und nutzte Google, um auf die Seiten zu kommen und zu surfen.

39 www.vox.com/recode/2021/3/3/22311460/google-cookie-ban-search-ads-tracking (21. Juni 2023).

40 Karl Marx, »Ökonomisch-philosophische Manuskripte«, Drittes Manuskript, Kapitel »Bedürfnis, Produktion und Arbeitsteilung«, in: Karl Marx und Friedrich Engels, *Werke*, Ergänzungsband, Berlin 1968, S. 546 f.

41 www.newint.org/features/2018/01/01/social-media-mental-health (21. Juni 2023).

42 Marx, »Ökonomisch-philosophische Manuskripte«, Drittes Manuskript, Kapitel »Bedürfnis, Produktion und Arbeitsteilung«, S. 547.

43 www.edition.cnn.com/2017/05/19/health/instagram-worst-social-network-app-young-people-mental-health/index.html (21. Juni 2023).

44 www.wsj.com/articles/facebook-knows-instagram-is-toxic-for-teen-girls-company-documents-show-11631620739 (21. Juni 2023).

45 Ebd.

46 István Mészáros, *Marx's Theory of Alienation*, London 2006, S. 144 (deutsche Ausgabe: *Der Entfremdungsbegriff bei Marx*, übersetzt von Wilhelm Höck, München 1973).
47 Ebd., S. 148.
48 Lanier, *Zehn Grün*de, S. 42
49 www.huffingtonpost.co.uk/entry/black-influencer-pay-gap_uk_5ef32959c5b6aa825ac96254 (21. Juni 2023).
50 Lanier, *Zehn Grün*de, S. 120 f.
51 www.news.harvard.edu/gazette/story/2019/03/harvard-professor-says-surveillance-capitalism-is-undermining-democracy/ (20. Juni 2023).
52 www.creativelivesinprogress.com/article/handsome-frank-instagram (21. Juni 2023).
53 www.theguardian.com/commentisfree/2018/mar/27/pioneer-delete-facebook-addiction-social-life (21. Juni 2023).
54 Ich empfehle die Ratgeberkolumne »Culture Therapist« von Megan O'Grady: www.nytimes.com/2020/03/04/t-magazine/artists-creativity-social-media.html (21. Juni 2023).
55 https://commonconf.files.wordpress.com/2010/09/proofs-of-tech-fetish.pdf (21. Juni 2023) und Jodi Dean, *Democracy and Other Neoliberal Fantasies. Communicative Capitalism and Left Politics*, Durham, NC 2009.
56 Dean, »The Limits of the Web«.
57 Ebd.
58 https://blog.p2pfoundation.net/the-trap-of-communicative-capitalism/2009/07/05 (21. Juni 2023), https://commonconf.files.wordpress.com/2010/09/proofs-of-tech-fetish.pdf (21. Juni 2023), und Dean, *Democracy and Other Neoliberal Fantasies*.
59 https://commonconf.files.wordpress.com/2010/09/proofs-of-tech-fetish.pdf (21. Juni 2023).
60 Ebd.
61 Lola Olufemi, *Feminism Interrupted*, London 2020, S. 20.
62 www.theguardian.com/global-development/2021/mar/09/female-workers-at-hm-supplier-in-india-allege-widespread-sexual-violence (31. Mai 2023).
63 www.manchestereveningnews.co.uk/news/greater-manchester-news/nhs-pay-protest-somehow-ended-19985224 (22. Juni 2023).
64 www.globallaborjustice.org/justice-for-jeyasre-vigil/ (23. Juni 2023).
65 Dean, »The Limits of the Web«.
66 Ebd.

3 Die Logik des Kaufens

1 Anne Fogarty, *Das kleine Buch für die gut gekleidete Ehefrau*, übersetzt von Tara Christopeit, Hamburg 2016, S. 50.
2 Friedrich Engels, »Umrisse zu einer Kritik der Nationalökonomie«, in: Karl Marx und Friedrich Engels, *Werke*, Band 1, Berlin 1976, S. 499–524.
3 Benjamin Barber, zitiert in: Tansy E. Hoskins, *Foot Work. What Your Shoes Tell You About Globalisation*, London 2020, S. 35.
4 www.sociologiacritica.es/2011/08/11/the-london-riots-%E2%80%93-on-consumerism-coming-home-to-roost-zygmunt-bauman/ (26. Juni 2023).

5 www.theguardian.com/uk/2011/sep/05/riot-jail-sentences-crown-courts (26. Juni 2023) und www.telegraph.co.uk/news/uknews/crime/8695988/London-riots-Lidl-water-thief-jailed-for-six-months.html (26. Juni 2023).
6 www.sociologiacritica.es/2011/08/11/the-london-riots-%E2%80%93-on-consumerism-coming-home-to-roost-zygmunt-bauman/ (26. Juni 2023).
7 www.businesswire.com/news/home/20201117005990/en/ (26. Juni 2023).
8 Juliet B. Schor, »Why Do We Consume So Much?«, *Clemens Lecture Series* 2001, S. 1. Aufrufbar unter: https://digitalcommons.csbsju.edu/clemens_lectures/21 (26. Juni 2023).
9 Simonetta Falasca-Zamponi, *Waste and Consumption*, New York 2011, S. 16.
10 www.rt.com/usa/half-poor-america-poverty-909 (26. Juni 2023).
11 Alan Tomlinson (Hg.), *Consumption, Identity and Style. Marketing, Meanings and the Packaging of Pleasure*, London 1991, S. 13.
12 www.thesartorialist.com/photos/notgiving-up-nyc (Juli 2016).
13 www.iheartthreadbared.wordpress.com/2009/09/08/tramp-chic-and-the-photograph/ (27. Juni 2023). Blog der Wissenschaftlerinnen Minh-Ha T. Pham und Mimi Thi Nguyen.
14 Friedrich Engels, »Die Lage der arbeitenden Klassen in England«, Kapitel »Die großen Städte«, in: Karl Marx und Friedrich Engels, *Werke*, Band 2, Berlin 1972, S. 298 f.
15 Malcolm Barnard, *Fashion as Communication*, London 1996, S. 107, S. 145 und Kapitel 1.
16 Zitiert in: Ebd., S. 107.
17 Tamsin Blanchard, *Green is the New Black*, London 2007, S. xi.
18 Juliet Schor, »In Defense of Consumer Critique. Revisiting the consumption debates of the twentieth century«, in: *Annals of the American Academy of Political and Social Science* Vol. 611/2007.
19 Elizabeth Wilson, *Adorned in Dreams*, London 1985, S. 17.
20 Karl Marx, »Das Elend der Philosophie«, in: Karl Marx und Friedrich Engels, *Werke*, Band 2, Berlin 1972, S. 76.
21 Sut Jhally, *The Codes of Advertising. Fetishism and the Political Economy of Meaning in the Consumer Society*, London 1990, S. 2.
22 Nicholas Barbon, *A Discourse of Trade*, 1690. www.marxists.org/reference/subject/economics/barbon/trade.htm (27. Juni 2023).
23 Karl Marx, »Einleitung [zur Kritik der Politischen Ökonomie]«, in: Karl Marx und Friedrich Engels, *Werke*, Band 13, Berlin 1971, S. 623.
24 Ingrid Loschek, *Wann ist Mode? Strukturen, Strategien und Innovationen*, Berlin 2007, S. 154.
25 John Bellamy Foster, Brett Clark und Richard York, *The Ecological Rift. Capitalism's War on the Earth*, New York 2010, S. 392.
26 Echte Werte, die »nur noch als Hülle« existieren – Marcus Gilroy-Ware bei der Veranstaltung »Protest Dissent and the Media« der Media Reform Coalition, Mai 2021.
27 Bellamy Foster, Clark und York, *The Ecological Rift*, S. 394.
28 Ebd.
29 www.mckinsey.com/industries/retail/our-insights/state-of-fashion (28. Juni 2023).
30 Jhally, *The Codes of Advertising*, S. 2.
31 https://news.sky.com/story/covid-19-christmas-shoppers-flood-high-streets-in-return-after-lockdown-12152120 (28. Juni 2023).

32 David Croteau und William Hoynes, *The Business of Media*, Thousand Oaks, CA 2001, S. 180.
33 István Mészáros, *Marx's Theory of Alienation*, London 2006, S. 145, mit Verweis auf Karl Marx (deutsche Ausgabe: *Der Entfremdungsbegriff bei Marx*, übersetzt von Wilhelm Höck, München 1973).
34 Ashley Mears, *Pricing Beauty*, Berkeley, Los Angeles 2011, S. 75.
35 *British Vogue*, November 2011, S. 111.
36 *Times Online*, Style Article 3304394.
37 www.vogue.co.uk/article/the-truth-about-fashion-in-a-recession (28. Juni 2023).
38 *Stylist*, Ausgabe 100, 2. November 2011.
39 www.wsj.com/articles/did-catherine-deneuve-design-the-ultimate-zoom-shirt-11607976513 (28. Juni 2023).
40 John Berger, *Ways of Seeing*, London 2008.
41 www.youtube.com/watch?v=I_Zup3wKVF4 (28. Juni 2023).
42 Joseph Hansen und Evelyn Reed, *Cosmetics, Fashions, and the Exploitation of Women*, New York 1986, S. 51.
43 Ebd., S. 39.
44 Sandra Lee Bartky, *Femininity and Domination*, London 1990, S. 75.
45 Ebd. S. 71.
46 G. K. Chesterton, *The New Jerusalem* [1920], Kapitel 4.
47 www.prnewswire.com/news-releases/global-spending-on-advertising-expected-to-surpass-630-billion-dollars-in-2024-301279136.html (28. Juni 2023).
48 John O'Toole, *The Trouble with Advertising*, zitiert in: Eric Clark, *The Want Makers*, London 1998, S. 17.
49 Jon Alexander, Tom Crompton und Guy Shrubsole, *Think of Me as Evil? Opening the Ethical Debates in Advertising*, WWF-UK and Public Interest Research Centre Report, 2011, S. 18.
50 Mészáros, *Marx's Theory of Alienation*, S. 144.
51 Interview mit Neil Faulkner, 26. Februar 2013.
52 Berger, *Ways of Seeing*, S. 125.
53 Ebd., S. 143.
54 Jeanette A. Jarnow und Beatrice Judelle (Hg.), *Inside the Fashion Business*, New York 1966, S. 256.
55 www.debt.org/faqs/americans-in-debt/ (28. Juni 2023).
56 www.wsj.com/articles/SB10001424052748704396504576204553811636610 (28. Juni 2023).
57 https://eu.clarionledger.com/in-depth/news/local/2020/01/09/debtors-prison-miss-still-sends-people-jail-unpaid-debt/2742853001/ (28. Juni 2023).
58 Lawrence M. Berger, J. Michael Collins und Laura Cuesta, »Household Debt and Adult Depressive Symptoms«, in: *SSRN Electronic Journal*, 2013; A. Hiilamo und E. Grundy, »Household Debt and Depressive Symptoms among Older Adults in Three Continental European Countries«, in: *Ageing and Society*, 2018.
59 Wenn die Verschuldung ansteigt und schließlich untragbar wird, kommt es unweigerlich zu Krisen.
60 Larry Elliott und Dan Atkinson, *The Gods That Failed*, London 2008, S. 164.
61 »Ring-a-Ding-Ding«, *Sex and the City*, Folge 16, Staffel 4.
62 www.tribunemag.co.uk/2020/03/david-harvey-anti-capitalist-politics-in-an-age-of-covid-19 (29. Juni 2023).
63 www.manchestereveningnews.co.uk/news/money-saving/martin-lewis-issues-warning-against-19776658 (29. Juni 2023).

64 www.tribunemag.co.uk/2021/03/the-fashion-debt-trap (29. Juni 2023).
65 www.stepchange.org/policy-and-research/covid-impact-report-jan-2021.aspx (29. Juni 2023).
66 www.cnbc.com/2020/09/14/klarna-now-europes-biggest-fintech-unicorn-at-over-10-billion-value.html (29. Juni 2023) und www.cnbc.com/2021/05/27/softbank-to-back-klarna-in-a-round-that-values-it-at-over-40-billion.html (29. Juni 2023).
67 www.workersrights.org/wp-content/uploads/2020/11/Hunger-in-the-Apparel-Supply-Chain.pdf (29. Juni 2023).
68 Matt Haig, *Brand Success. How the World's Top 100 Brands Thrive and Survive*, 2. Auflage, London 2011, S. 117.
69 Jhally, *The Codes of Advertising*, S. 53 f.
70 Engels, »Umrisse zu einer Kritik der Nationalökonomie«, S. 499–524.
71 Interview mit Juliet Schor, in: Hoskins, *Foot Work*, S. 24.
72 Ebd., S. 204.
73 John Berger, *Ways of Seeing*, Fernsehserie, Teil 4, BBC 1972, youtu.be/5jTUebm73IY (29. Juni 2023).
74 Karl Marx, in: Mészáros, *Marx's Theory of Alienation*, S. 130.
75 Dies sind die Anfangszeilen von Patrick Hamiltons Roman *The Slaves of Solitude*, London 2006 (deutsche Ausgabe: *Sklaven der Einsamkeit*, übersetzt von Miriam Mandelkow, Zürich 2006).
76 Hoskins, *Foot Work*, S. 47.
77 Karl Marx, in: Mészáros, *Marx's Theory of Alienation*, S. 145.
78 Karl Marx, in: ebd., S. 158.
79 Raymond Williams, in: Bellamy Foster, Clark und York, *The Ecological Rift*, S. 393.
80 John Bellamy Foster, *Marx's Ecology*, New York 2000, S. 2.
81 Mears, *Pricing Beauty*, S. 25.
82 www.publiceye.ch/de/themen/mode/der-preis-eines-zara-pullovers (3. Juli 2023).
83 www.sociologiacritica.es/2011/08/11/the-london-riots-%E2%80%93-on-consumerism-coming-home-to-roost-zygmunt-bauman/ (26. Juni 2023).
84 Ben Fine, *The World of Consumption. The Material and Cultural Revisited*, London 2002, S. 66.
85 Mészáros, *Marx's Theory of Alienation*, S. 156.
86 www.robertmontgomery.org (3. Juli 2023).

4 Mode nähen

1 Interview, Dezember 2014.
2 www.tansyhoskins.org/rana-plaza-imperialism-vs-internationalism/ (3. Juli 2023).
3 www.livemint.com/Companies/HNZA71LNVNNVXQ1eaIKu6M/British-Raj-siphoned-out-45-trillion-from-India-Utsa-Patna.html (3. Juli 2023).
4 www.ilo.org/dhaka/Areasofwork/working-conditions/lang--en/index.htm (3. Juli 2023).
5 Nach Percy Bysshe Shelley: »Monarchy is only the string that ties the robber's bundle.«
6 Interview, Dezember 2014.
7 www.convergencemag.com/articles/killing-of-bangladesh-labor-leader-spotlights-grievances-of-workers-nytimes-com/ (3. Juli 2023).
8 https://i-d.vice.com/en/article/ywv9wg/in-bangladesh-the-people-who-make-your-clothes-are-striking-for-their-rights (3. Juli 2023).

9 www.thedailystar.net/star-weekend/spotlight/news/dispensable-demands-disposable-lives-1688998 (3. Juli 2023).

10 Sanchita Banerjee Saxena (Hg.), *Labor, Global Supply Chains, and the Garment Industry in South Asia. Bangladesh after Rana Plaza*, London 2020, Kapitel 4.

11 Ebd., S. 11.

12 www.businessoffashion.com/opinions/news-analysis/op-ed-preventing-another-rana-plaza/ (3. Juli 2023).

13 www.bangladeshaccord.org (3. Juli 2023).

14 www.workersrights.org/wp-content/uploads/2020/11/Hunger-in-the-Apparel-Supply-Chain.pdf (29. Juni 2023).

15 Banerjee Saxena (Hg.), *Labor, Global Supply Chains*, S. 1.

16 www.workersrights.org/wp-content/uploads/2021/05/CGWR2017ResearchReportBindingPower.pdf (4. Juli 2023).

17 www.cleanclothes.org/news/2020/garment-workers-on-poverty-pay-are-left-without-billions-of-their-wages-during-pandemic (4. Juli 2023).

18 Michael Piore, »The Economics of Sweatshops«, in: Andrew Ross (Hg.), *No Sweat. Fashion, Free Trade, and the Rights of Garment Workers*, London 1997, S. 135–142, zitiert in: www.workersrights.org/wp-content/uploads/2021/05/CGWR2017ResearchReportBindingPower.pdf (4. Juli 2023).

19 www.workersrights.org/wp-content/uploads/2021/05/CGWR2017ResearchReportBindingPower.pdf (4. Juli 2023).

20 Ebd.

21 Slavoj Žižek, *Gewalt. Sechs abseitige Reflexionen*, Hamburg 2011, S. 10.

22 Sechzig Millionen sind die Schätzung der ILO – https://um.dk/en/-/media/websites/umen/danida/about-danida/danida-transparency/council-for-development-policy/ilo-better-work.ashx (4. Juli 2023).

23 Karl Marx, »Das Kapital«, Band 1, in: Karl Marx und Friedrich Engels, *Werke*, Band 23, Berlin 1968, S. 788.

24 Slavoj Žižek, *Gewalt*, S. 10, S. 17.

25 www.somo.nl/spinning-around-workers-rights/ (4. Juli 2023).

26 Interview mit Bent Gehrt, 2020.

27 Ebd.

28 www.opendemocracy.net/en/oureconomy/report-says-soldiers-shot-three-dead-myanmar-factory-making-us-cowboy-boots/ (5. Juli 2023).

29 www.cleanclothes.org/news/2021/clean-clothes-campaign-condemns-silence-of-garment-brands-on-myanmar-atrocities (5. Juli 2023).

30 www.solidaritycenter.org/guatemala-another-union-leader-murdered/ (5. Juli 2023).

31 Red de Defensores de Derechos Laborales de Guatemala (Netzwerk der Verteidiger von Arbeitnehmerrechten in Guatemala), *Annual-Report on Anti-Union Violence in Guatemala*, 2019.

32 www.wiego.org/home-based-workers-1 (5. Juli 2023).

33 www.homenetinternational.org/event/impact-of-covid-19-on-women-home-based-workers-in-south-asia-and-violence-against-women-in-the-context-of-home-based-work-in-nepal/ (5. Juli 2023).

34 www.bl.uk/learning/timeline/item126716.html (5.Juli 2023).

35 Friedrich Engels, »Die Lage der arbeitenden Klassen in England«, Kapitel »Die großen Städte«, in: Karl Marx und Friedrich Engels, *Werke*, Band 2, Berlin 1972, S. 237.

36 www.radicalmanchester.wordpress.com (5. Juli 2023).

37 Engels, »Die Lage der arbeitenden Klassen in England«, S. 242.
38 Karen Tranberg Hansen, *Salaula. The World of Secondhand Clothing and Zambia*, Chicago 2000, S. 24.
39 Ebd., S. 9.
40 www.bbc.com/future/article/20210316-the-legendary-fabric-that-no-one-knows-how-to-make (5. Juli 2023).
41 Robert J. S. Ross, *Slaves to Fashion*, Ann Arbor 2004, S. 18.
42 Lisa Featherstone und USAS, *Students against Sweatshops*, London 2000, S. 71.
43 V. Roscigno und W. Danaher, »Media and Mobilization. The Case of Radio and Southern Textile Worker Insurgency, 1929 to 1934«, in: *American Sociological Review* 66(1)/2001, S. 21–48.
44 Tansy E. Hoskins, *Foot Work. What Your Shoes Tell You About Globalisation*, London 2020, S. 228.
45 Jewish Women's Archive, www.jwa.org/encyclopedia/article/shavelson-clara-lemlich (5. Juli 2023); Archiv der American Postal Workers Union, www.apwu.org/news/sweatshop-tragedy-ignites-fight-workplace-safety (5. Juli 2023); Archiv von PBS, www.pbs.org/wgbh/americanexperience/features/biography-clara-lemlich/ (5. Juli 2023).
46 Ross, *Slaves to Fashion*, S. 64.
47 Ebd., S. 54.
48 https://link.springer.com/chapter/10.1007/978-3-030-73835-8_2 (5. Juli 2023).
49 www.ecchr.eu/fileadmin/Fallbeschreibungen/CaseReport_KiK_RINA_December2020.pdf (5. Juli 2023).
50 www.theguardian.com/commentisfree/2012/sep/14/karachi-factory-fire-pakistan-health-safety (5. Juli 2023).
51 www.spiegel.de/international/world/criticism-over-damages-offered-by-german-discounter-for-pakistani-dead-a-862918.html (5. Juli 2023).
52 Ross, *Slaves to Fashion*, S. 69.
53 Hoskins, *Foot Work*, S. 55f.
54 Ross, *Slaves to Fashion*, S. 103. Der Begriff »Global Scanning« geht auf Raymond Vernon zurück, »The Product Cycle Hypothesis in a New International Environment«, *Oxford Bulletin of Economics and Statistics* 44(2)/1979, S. 255–67. Global Scanning wird auch verwendet, um Verkaufsseiten zu suchen.
55 Liesbeth Sluiter, *Clean Clothes. A Global Movement to End Sweatshops*, London 2009, S. 39.
56 Oliver Cattaneo, Gary Gereffi und Cornelia Staritz (Hg.), *Global Value Chains in a Postcrisis World*, World Bank 2010, S. 174.
57 Ebd., S. 174.
58 Ross, *Slaves to Fashion*, S. 140–143. Im Januar 2004 erreichten 30000 Bekleidungsarbeiter:innen auf Saipan einen bahnbrechenden Vergleich in Höhe von 20 Millionen Dollar, nachdem 26 US-amerikanische Einzelhändler und 23 Fabriken wegen Menschenrechtsverletzungen auf Saipan von Arbeitnehmerrechtsorganisationen verklagt worden waren. Einer der Einzelhändler war Gap, das für 200 Millionen Dollar auf Saipan produzierte – ein Fünftel der gesamten Produktion der Insel.
59 Sluiter, *Clean Clothes*, S. 40.
60 Yongzheng Yang, »The Impact of MFA Phasing out on World Clothing and Textile Markets«, in: *Journal of Development Studies* 30(4)/1994, S. 892–915.
61 Cattaneo, Gereffi und Staritz (Hg.), *Global Value Chains in a Postcrisis World*, S. 159.
62 www.msmagazine.com/spring2006/paradise_full.asp (Juli 2016).
63 Sluiter, *Clean Clothes*, S. 76.

64 Cattaneo, Gereffi und Staritz (Hg.), *Global Value Chains in a Postcrisis World*, S. 183.
65 Ebd., S. 198, Tabelle.
66 Ebd.
67 Nicholas D. Kristof und Sheryl Wudunn, »Two Cheers for Sweatshops«, *New York Times*, 24. September 2000.
68 Laura Hapke, *Sweatshop. The History of an American Idea*, New Brunswick, NJ 2004, S. 1.
69 www.simpletoremember.com/articles/a/jewish_life_in_america (6. Juli 2023). Im englischsprachigen Raum hatte Tuberkulose daher den Beinamen »Schneiderkrankheit«. Außerdem entstanden damals riesige kommerzielle Wäschereien, und womöglich waren es sie, die mit ihrer schwelenden Hitze und den mangelhaften Hygienebedingungen den Begriff »Sweatshop« prägten.
70 Ross, *Slaves to Fashion*, S. 177.
71 www.thenation.com/article/archive/wikileaks-haiti-let-them-live-3-day/ (6. Juli 2023).
72 www.dawn.com/news/703595/capitalism-a-ghost-story-2 (6. Juli 2023).
73 www.fpif.org/rethinking_sweatshop_economics/ (6. Juli 2023).
74 Interview mit Neil Faulkner. Das Konzept der »industriellen Reservearmee« stammt von Karl Marx: »Das Kapital«, Band 1, Kapitel 23.

5 Eine bittere Ernte

1 Rachel Carson, *Der stumme Frühling*, übersetzt von Margaret Auer, 5. Auflage, München 2019, S. 38.
2 Environmental Justice Foundation, www.archive.is/QRrp (10. Juli 2023).
3 IPE, *Cleaning up the Fashion Industry*, 2012, wwwoa.ipe.org.cn/Upload/Report-Textiles-One-EN.pdf (10. Juli 2023).
4 https://news.climate.columbia.edu/2011/05/05/how-china-is-dealing-with-its-water-crisis/ (10. Juli 2023).
5 IPE, *Cleaning up the Fashion Industry*.
6 www.theaustralian.com.au/news/latest-news/croc-farmer-decries-carbon-tax-impost/news-story/7cbaf8ce2abe03bd98c3b09d00682bed (10. Juli 2023).
7 www.independent.co.uk/climate-change/news/crocodile-farms-is-it-cruel-to-keep-these-wild-creatures-captive-418794.html (10. Juli 2023).
8 Bhopal Medical Appeal, 1994, ryanbodanyi.org/bhopal/WhatHappened.htm (10. Juli 2023).
9 István Mészáros, *Beyond Capital. Toward a Theory of Transition*, London 1995. Kapital führt »unvermeidbar zu einer bitteren Ernte«.
10 www.ejfoundation.org/resources/downloads/ejf_uzbek_harvest_WEB.pdf (10. Juli 2023).
11 Ebd.
12 Ebd.
13 www.hrw.org/world-report/2021/country-chapters/uzbekistan (10. Juli 2023).
14 www.uzbekforum.org/wp-content/uploads/2020/10/Uzbekistan_Cotton_Harvest_2020.pdf (10. Juli 2023).
15 www.ncbi.nlm.nih.gov/pmc/articles/PMC6056267/ (10. Juli 2023).
16 IPE, *Cleaning up the Fashion Industry* und www.ncbi.nlm.nih.gov/pmc/articles/PMC6056267/ (10. Juli 2023).
17 www.newsweek.com/river-red-china-1007818 (10. Juli 2023).

18 www.edition.cnn.com/style/article/dyeing-pollution-fashion-intl-hnk-dst-sept/index.html (10. Juli 2023).
19 www.cdp.net/en/research/global-reports/interwoven-risks-untapped-opportunities (10. Juli 2023).
20 www.riverbluethemovie.eco (10. Juli 2023).
21 www.independent.co.uk/climate-change/news/crocodile-farms-is-it-cruel-to-keep-these-wild-creatures-captive-418794.html (10. Juli 2023).
22 www.scientificamerican.com/article/croc-unlocked-a-gene-map/ (10. Juli 2023).
23 www.fashionunited.uk/news/business/hermes-posts-16-percent-revenue-growth-in-q4/2021021953731 (10. Juli 2023).
24 www.chemservice.com/news/what-is-aldicarb/ (10. Juli 2023).
25 www.bhopal.net/what-happened/that-night-december-3-1984/the-death-toll/ (10. Juli 2023).
26 National Research Council, *The Use and Storage of Methyl Isocyanate (MIC) at Bayer CropScience*, Washington, DC 2012.
27 Über eine halbe Million Menschen wurden bei der Katastrophe verletzt, das Gebiet ist nach wie vor verseucht. Erst 2010 gab es die ersten Urteile: Acht indische Union-Carbide-Führungskräfte erhielten je zwei Jahre Gefängnis und eine Geldstrafe von 2100 Dollar. Warren Anderson, der Vorstandsvorsitzende von Union Carbide, wurde trotz Versuchen, ihn nach Indien auszuliefern, nicht strafrechtlich verfolgt. www.bhopal.net (10. Juli 2023).
28 www.bhopal.org/continuing-disaster/the-bhopal-gas-disaster/union-carbides-disaster/ (10. Juli 2023).
29 Carson, *Der stumme Frühling*, S. 42.
30 www.floridatrend.com/article/31080/fdacs-issues-denial-of-aldicarb-pesticide-usage-application-in-florida (10. Juli 2023).
31 www.scientificamerican.com/article/toxic-pesticide-banned-after-decades-of-use/ (10. Juli 2023).
32 www.bbc.co.uk/news/science-environment-57863205 (10. Juli 2023).
33 Kate Fletcher und Mathilda Tham, *Earth Logic. Fashion Action Research Plan*, JJ Charitable Trust, 2019, S. 22 f. Dieses Buch spricht sich klar dafür aus, Ansätze zu meiden, die »nicht systemisch und ganzheitlich sind«, da sie nicht radikal genug sind und keine wirkliche Veränderung bewirken können und zudem »das Risiko besteht, dass sie radikale Veränderungen hinauszögern, indem sie ein falsches Gefühl des Fortschritts vermitteln«.
34 Azuma Makoto, Interview, *Matto Magazine* 5/2021.
35 Interview mit Dilys Williams, Leiterin des Center for Sustainable Fashion, 23. November 2012.
36 John Bellamy Foster, *Ecology Against Capitalism*, New York 2002, S. 80.
37 John Bellamy Foster, Brett Clark und Richard York, *The Ecological Rift. Capitalism's War on the Earth*, New York 2010, S. 78.
38 David Harvey, zitiert in: Fred Magdoff und John Bellamy Foster, *What Every Environmentalist Needs to Know about Capitalism*, New York 2011, S. 97.
39 Umweltökonom K. William Kapp, zitiert in: John Bellamy Foster, *Ecology Against Capitalism*, S. 57.
40 www.theguardian.com/environment/2018/oct/08/global-warming-must-not-exceed-15c-warns-landmark-un-report (11. Juli 2023).
41 Lucy Siegle, *To Die For. Is Fashion Wearing out the World*, London 2011, S. 105 f.
42 www.changingmarkets.org/wp-content/uploads/2021/06/CM-EX-SUM-FINAL-ENGLISH-SYNTETHIC-ANONYMOUS-WEB-.pdf (11. Juli 2023).

43 Interviewzitat, Dr. Michelle Murphy, Februar 2022, »People can give their own testimony«.
44 www.vox.com/the-goods/2020/1/27/21080107/fashion-environment-facts-statistics-impact (11. Juli 2023).
45 www.technoscienceunit.org/people/lab/ (11. Juli 2023).
46 www.theconversation.com/why-pollution-is-as-much-about-colonialism-as-chemicals-dont-call-me-resilient-transcript-ep-11-170697 (11. Juli 2023).
47 Bellamy Foster, Clark und York, *The Ecological Rift*, S. 394.
48 Ebd., S. 39.
49 Ebd., S. 64.
50 Juliet Schor, »The New Politics of Consumption. Why Americans Want So Much More than They Need«, *Boston Review*, Sommer 1999. Aufrufbar unter: https://pages.ucsd.edu/~aronatas/Schor%20et%20al%20New%20Politics%20of%20Consumption%201999.pdf (12. Juli 2023).
51 www.dailymail.co.uk/femail/article-482849/Pythons-skinned-left-die-The-shocking-reality-fashions-new-obsession.html (12. Juli 2023).
52 https://de.wikipedia.org/wiki/Pelz (12. Juli 2023), ergänzt für die deutsche Ausgabe.
53 https://api.worldanimalprotection.org/country/china (12. Juli 2023).
54 Riley Kucheran, Jessica P. Clark und Nigel Lezama, »Luxury and Indigenous Resurgence«, in: Jessica P. Clark und Nigel Lezama (Hg.), *Canadian Critical Luxury Studies. Decentring Luxury*, Bristol 2022.
55 www.ifwtoronto.com (12. Juli 2023).
56 Siegle, *To Die For*, S. 193 f. Kapitel 9 widerlegt die Argumente, Pelz sei »ethisch/warm/vintage/nachhaltig«.
57 Magdoff und Bellamy Foster, *What Every Environmentalist Needs to Know about Capitalism*, S. 101.
58 Bellamy Foster, *Ecology Against Capitalism*, S. 55.
59 Magdoff und Bellamy Foster, *What Every Environmentalist Needs to Know about Capitalism*, S. 101.
60 Bertell Ollman, *Alienation. Marx's Conception of Man in Capitalist Society*, Cambridge 1976, S. 135.
61 Bellamy Foster, *Ecology Against Capitalism*, S. 81.
62 John Bellamy Foster, »Marx's Ecology and Its Historical Significance«, in: Michael R. Redclift und Graham Woodgate (Hg.), *The International Handbook of Environmental Sociology*, Cheltenham 2000, S. 106.
63 Karl Marx, »Das Elend der Philosophie«, Kapitel »Eine wissenschaftliche Entdeckung«, in: Karl Marx und Friedrich Engels, *Werke*, Band 4, Berlin 1972, S. 75 f.
64 Sandra Lee Bartky, *Femininity and Domination*, London 1990, S. 72.
65 Simonetta Falasca-Zamponi, *Waste and Consumption*, New York 2011, S. 48.
66 Bellamy Foster, Clark und York, *The Ecological Rift*, S. 101.
67 Ebd., Vorwort.
68 www.somo.nl/spinning-around-workers-rights/ (12. Juli 2023).
69 Bellamy Foster, Clark und York, *The Ecological Rift*, S. 101.
70 Riley Kucheran, www.cbc.ca/radio/unreserved/indigenous-fashion-the-politics-of-ribbon-skirts-runways-and-resilience-1.6034149 (12. Juli 2023).
71 Jessica P. Clark, »Putting Canada on the Map. A Brief History of Nation and Luxury«, in: Clark und Lezama, *Canadian Critical Luxury Studies*.

72 Leanne Betasamosake Simpson, »The Brilliance of Beavers. Learning from an Anishinaabe World«, *CBC Ideas* (2020), www.cbc.ca/radio/ideas/the-brilliance-of-the-beaver-learning-froman-anishnaabe-world-1.5534706 (12. Juli 2023).
73 Leanne Betasamosake Simpson, *Dancing on Our Turtle's Back. Stories of Nishnaabeg Re-creation, Resurgence and a New Emergence*, Winnipeg 2011.
74 Riley Kucheran, »Indigenizing Fashion Education. Strong Hearts to the Front of the Classroom«, in: Ben Barry und Deborah Christel (Hg.), *Fashion Education. The Systemic Revolution*, Bristol 2023.
75 www.ricochet.media/en/1863/arthur-manuels-battle-against-the-02-per-cent-indigenous-economy (12. Juli 2023).
76 www.aljazeera.com/features/longform/2021/11/8/the-stench-of-death-life-along-canadas-highway-of-tears (12. Juli 2023).
77 Ebd.
78 »Land Back – A Yellowhead Institute Red Paper«, Yellowhead Institute, Oktober 2019. Aufrufbar unter: www.redpaper.yellowheadinstitute.org/wp-content/uploads/2019/10/red-paper-report-final.pdf (12. Juli 2023).
79 www.aljazeera.com/features/longform/2021/11/8/the-stench-of-death-life-along-canadas-highway-of-tears (12. Juli 2023).
80 www.theguardian.com/world/ng-interactive/2021/sep/06/canada-residential-schools-indigenous-children-cultural-genocide-map (12. Juli 2023).
81 »Indigenous Fashionology with Riley Kucheran«, *Ologies Podcast*, 11. November 2020.
82 www.cbc.ca/news/indigenous/residential-school-children-deaths-numbers-1.6182456 (12. Juli 2023).
83 »Land Back«, Yellowhead Institute, www.redpaper.yellowheadinstitute.org/wp-content/uploads/2019/10/red-paper-report-final.pdf (12. Juli 2023).
84 Riley Kucheran, www.youtube.com/watch?v=WRfPKtfVFHI (12. Juli 2023).
85 Kucheran, »Indigenizing Fashion Education«.
86 Bellamy Foster, *Ecology Against Capitalism*, S. 25.

6 Mode und Körper

1 Susie Orbach, *Bodies. Schlachtfelder der Schönheit*, übersetzt von Cornelia Holfelder-von der Tann, Zürich 2010, S. 117.
2 www.iheartthreadbared.wordpress.com/2013/01/07/ (13. Juli 2023).
3 www.mckinsey.com/industries/retail/our-insights/state-of-fashion (28. Juni 2023).
4 Orbach, *Bodies*, S. 14.
5 www.theguardian.com/theguardian/2012/feb/04/jo-swinson-interview (13. Juli 2023).
6 Caroline Cohrdes, Kristine Göbel, Robert Schlack und Heike Hölling, »Essstörungssymptome bei Kindern und Jugendlichen. Häufigkeiten und Risikofaktoren. Ergebnisse aus KIGGS Welle 2 und Trends«, in: *Bundesgesundheitsblatt*, 2019, S. 1201. Ergänzung für die deutsche Ausgabe.
7 www.mind.org.uk/information-support/types-of-mental-health-problems/eating-problems/types-of-eating-disorders/ (13. Juli 2023).
8 Susie Orbach, Rede vor der UN-Frauenrechtskommission, 6. März 2012. Aufrufbar unter: www.any-body.org (13. Juli 2023).
9 Orbach, *Bodies*, S. 171.
10 Ebd., S. 113.

11 Ebd., S. 104.
12 Jean Kilbourne, Dokumentarfilmreihe *Killing Us Softly*.
13 Sandra Lee Bartky, *Femininity and Domination*, London 1990, S. 72.
14 www.businessoffashion.com/articles/news-analysis/10-of-londons-top-young-fashion-creatives/ (13. Juli 2023).
15 www.newyorker.com/magazine/2008/05/12/pixel-perfect (13. Juli 2023).
16 Bericht von Model Alliance, *Fashioning a Response. Results from the Model Alliance COVID-19 Survey and a Call to Action*, 2020, www.modelalliance.org/published (13. Juli 2023).
17 Ebd.
18 Ebd.
19 Ebd.
20 www.spiegel.de/international/spiegel/spiegel-interview-with-plus-size-model-i-was-asking-how-many-calories-chewing-gum-had-a-653745.html (17. Juli 2023).
21 www.vogue.com/article/spreading-the-word-health-is-beauty (17. Juli 2023).
22 Ashley Mears, *Pricing Beauty. The Making of a Fashion Model*, Berkeley, Los Angeles 2011, S. 182 f.
23 Ann Hollander, *Seeing through Clothes*, New York 1988, S. 151, zitiert in: Naomi Wolf, *Der Mythos Schönheit*, übersetzt von Cornelia Holfelder-von der Tann, Sabine Hübner und Ursula Locke-Groß, Reinbek bei Hamburg 1994, S. 259.
24 www.independent.co.uk/news/the-model-agencies-say-one-of-these-girls-is-the-proper-shape-and-the-other-is-too-fat-are-they-right-1312076.html (17. Juli 2023).
25 Mears, *Pricing Beauty*, S. 183.
26 www.abcnews.go.com/blogs/headlines/2012/01/most-models-meet-criteria-for-anorexia-size-6-is-plus-size-magazine (17. Juli 2023).
27 Interview mit Dunja Knezevic, Vorsitzende der Models Union, 17. September 2012.
28 Mears, *Pricing Beauty*, S. 183.
29 www.spiegel.de/international/spiegel/spiegel-interview-with-plus-size-model-i-was-asking-how-many-calories-chewing-gum-had-a-653745.html (17. Juli 2023).
30 Knezevic, Interview.
31 Laut Weltgesundheitsorganisation sind Menschen mit einem BMI von 16 oder weniger extrem untergewichtig. Der BMI von Luisel Ramos lag bei 14,5 und der von Ana Carolina Reston bei 13,4. Wie geeignet der BMI für die Beurteilung des Gesundheitszustands ist, ist nach wie vor umstritten. Jüngste Analysen der Model Alliance haben ergeben, dass den BMI zu bewerten weniger nützlich ist als für angemessene Pausen und Verpflegung während der Shootings zu sorgen.
32 fashion.telegraph.co.uk/news-features/TMG10701240/Nobody-wants-a-real-person-on-the-cover-of-Vogue-editor-says.html (17. Juli 2023).
33 »Size zero hysteria at London Fashion Week«, www.dailymail.co.uk/femail/article-433829/Size-zero-hysteria-London-Fashion-Week.html#ixzz22q0h8xHZ (17. Juli 2023).
34 Joan Costa-Font und Mireia Jofre-Bonet, »Anorexia, Body Image and Peer Effects. Evidence from a Sample of European Women«, Centre for Economic Performance, Discussion Paper Nr. 1098, November 2011.
35 Knezevic, Interview.
36 Ebd.
37 Bertell Ollman, *Alienation. Marx's Conception of Man in Capitalist Society*, Cambridge 1976, S. 166.
38 Karl Marx, »Die entfremdete Arbeit«, in: Karl Marx und Friedrich Engels, *Werke*, Ergänzungsband 1.Teil, Dietz Verlag Berlin 1968, S. 514.

39 Karl Marx, *Das Kapital*, Band 1, in: Karl Marx und Friedrich Engels, *Werke*, Band 23, Berlin 1968, S. 674.
40 Terry Eagleton, *After Theory*, London 2003, S. 42.
41 Knezevic, Interview.
42 John Bellamy Foster, Brett Clark und Richard York, *The Ecological Rift. Capitalism's War on the Earth*, New York 2010, S. 392.
43 Knezevic, Interview.
44 Robert J. S. Ross, *Slaves to Fashion*, Ann Arbor 2004, S. 21ff.
45 Bartky, *Femininity and Domination*, S. 73.
46 Knezevic, Interview.
47 Tansy E. Hoskins, *Das antikapitalistische Buch der Mode*, Zürich 2016, S. 179.
48 www.ellecanada.com/culture/can-using-different-types-of-models-benefit-brands (18. Juli 2023).
49 Rachel Rogers, Sara Ziff, Alice Lowy und S. Bryn Austin, »Disordered Eating Behaviors and Sexual Objectification during New York Fashion Week. Implementation of Industry Policies and Legislation«, in: *International Journal of Eating Disorders* 54(3)/2020.
50 Orbach, *Bodies*, S. 119.
51 Susie Orbach, »Ad Men Today Are Wrong on Body Size«, www.any-body.org/anybody_vent/2010/8/12/ad-men-today-are-wrong-on-body-size.html (18. Juli 2023).
52 Orbach, *Bodies*, S. 116.
53 Ebd., S. 113.
54 Ebd., S. 20.
55 Karl Lagerfeld im Interview mit CNN, zitiert in: www.ellecanada.com/culture/can-using-different-types-of-models-benefit-brands (18. Juli 2023).
56 www.ellecanada.com/culture/can-using-different-types-of-models-benefit-brands (18. Juli 2023).
57 Ollman, *Alienation*, S. 135.
58 Fred Magdoff und John Bellamy Foster, *What Every Environmentalist Needs to Know about Capitalism*, New York 2011, S. 101.
59 Ruth Frankenberg (Hg.), *Displacing Whiteness*, Durham, London 1997, S. 13.
60 Bartky, *Femininity and Domination*, S. 65.
61 Ebd., S. 79.
62 https://dictionaryblog.cambridge.org/2013/03/11/new-words-11-march-2013/ (18. Juli 2023).
63 www.hup.harvard.edu/catalog.php?isbn=9780674072343 (18. Juli 2023).
64 www.iheartthreadbared.wordpress.com/2013/01/07/ashion-and-americas-culture-of-violence/ (18. Juli 2023).
65 Eagleton, *After Theory*, S. 67.
66 www.franklinonfashion.com/challenging-known-fashion-predator-terry-richardson/ (18. Juli 2023) und www.artforum.com/news/fashion-photographer-terry-richardson-banned-from-conde-nast-71849 (18. Juli 2023).
67 www.dw.com/en/guess-boss-paul-marciano-resigns-over-sexual-misconduct-allegations/a-44198420 (18. Juli 2023).
68 www.reuters.com/article/us-american-apparel-charney-idUSKBN0P401420150624 (18. Juli 2023).
69 wwd.com/eye/people/christy-turlington-burns-harassment-mistreatment-has-always-been-tolerated-in-fashion-industry-11029412/ (18. Juli 2023).
70 Knezevic, Interview.

71 www.vanityfair.com/online/daily/2012/10/kate-moss-years-of-crying-johnny-depp (18. Juli 2023).
72 www.modelalliance.org/respect (18. Juli 2023).
73 https://blogs.lse.ac.uk/management/2018/03/09/taking-metoo-into-global-supply-chains/ (19. Juli 2023).
74 Tansy E. Hoskins, *Foot Work. What Your Shoes Tell You About Globalisation*, London 2020, S. 212.
75 www.theguardian.com/sustainable-business/sustainable-fashion-blog/fashion-industry-letting-down-disabled-disability-cost-beauty (19. Juli 2023).
76 https://i-d.vice.com/en/article/nengmb/how-do-we-ensure-fashions-diversity-drive-doesnt-just-fetishise-the-new-wave-of-models (19. Juli 2023).
77 Ebd.
78 https://fatshionista.livejournal.com/profile (19. Juli 2023).
79 www.huffingtonpost.com/jean-fain-licsw-msw/body-image_b_1583322 (19. Juli 2023) und www.woz.ch/2140/fettaktivismus/es-ist-die-stigmatisierung-die-krank-macht (19. Juli 2023).
80 *What Is Fat Activism? An Interview with Dr. Charlotte Cooper*, 28. Juni 2016, www.kzoo.edu/praxis/what-is-fat-activism/ (19. Juli 2023).
81 https://web.archive.org/web/20140210031150/http://www.xojane.com/fashion/fatshion-blogging-ate-itself-natalie-perkins (19. Juli 2023).
82 www.observer.com/2013/02/fatshion-police-how-plus-size-blogging-left-its-radical-roots-behind/ (19. Juli 2023).
83 Ebd.
84 https://web.archive.org/web/20140210031150/http://www.xojane.com/fashion/fatshion-blogging-ate-itself-natalie-perkins (19. Juli 2023).
85 www.lesleykinzel.com/how-i-lost-my-appetite-for-fat-politics/ (19. Juli 2023).
86 www.bustle.com/articles/149364-body-positivity-needs-to-talk-about-combatting-the-harmful-effects-of-fat-discrimination (19. Juli 2023).
87 www.lesleykinzel.com/how-i-lost-my-appetite-for-fat-politics/ (19. Juli 2023).
88 Ebd.
89 *What Is Fat Activism? An Interview with Dr. Charlotte Cooper*, www.kzoo.edu/praxis/what-is-fat-activism/ (19. Juli 2023).

7 Ist Mode rassistisch?

1 Model Adesuwa Aighewi, zitiert in: www.edition.cnn.com/style/article/fashion-industry-black-lives-matter/index.html (20. Juli 2023).
2 Jean Allman (Hg.), *Fashioning Africa. Power and the Politics of Dress*, Bloomington 2004, S. 2.
3 www.forbes.com/sites/sethcohen/2020/06/10/vouges-anna-wintour-admits-hurtful-mistakes/ (20. Juli 2023).
4 www.edition.cnn.com/style/article/fashion-industry-black-lives-matter/index.html (20. Juli 2023).
5 Ebd.
6 Ich schreibe in diesem Kapitel oft von Models of Colour und verwende nicht nur den politischen Begriff »Schwarz«, da ich mich auf verschiedenste Ethnien beziehe, die von Rassismus betroffen sind, einschließlich afrokaribischer, lateinamerikanischer, asiatischer, südostasiatischer Menschen und Native Americans.
7 www.nymag.com/fashion/11/fall/china-machado/ (20. Juli 2023).

8 www.dailykos.com/stories/2009/04/04/716393/--Whites-Only-Designers-Reap-What-They-Sew-w-Mrs-O-POLL (20. Juli 2023).
9 www.independent.co.uk/news/uk/home-news/fashion-is-racist-insider-lifts-lid-on-ethnic-exclusion-782974.html (20. Juli 2023).
10 Interview mit Dunja Knezevic, 17. September 2012.
11 www.independent.co.uk/news/uk/home-news/fashion-is-racist-insider-lifts-lid-on-ethnic-exclusion-782974.html (20. Juli 2023).
12 www.theguardian.com/sustainable-business/black-model-british-vogue-naomi-campbell-racism (20. Juli 2023).
13 Janell Hobson, *Venus in the Dark. Blackness and Beauty in Popular Culture*, New York 2005, S. 114.
14 www.nytimes.com/2008/09/01/business/worldbusiness/01vogue.html (20. Juli 2023).
15 Ruth Frankenberg, *Displacing Whiteness*, Durham, London 1997, S. 12.
16 Ashley Mears, *Pricing Beauty. The Making of a Fashion Model*, Berkeley, Los Angeles 2011, S. 194.
17 Alek Wek, *Alek. My Life from Sudanese Refugee to International Supermodel*, New York 2007.
18 www.theguardian.com/tv-and-radio/2016/sep/04/thandie-newton-i-wake-up-angry-theres-a-lot-to-be-angry-about (2. August 2023).
19 www.theguardian.com/sustainable-business/black-model-british-vogue-naomi-campbell-racism (2. August 2023).
20 *British Vogue*, Februar 2015, S. 127.
21 www.theguardian.com/media/2017/nov/10/former-vogue-editor-alexandra-shulman-find-idea-that-there-was-a-posh-cabal-offensive (2. August 2023).
22 Estella Tincknell, »Always in with the In-crowd. *Vogue* and the Cultural Politics of Gender, Race, Class, and Taste«, in: Laurel Forster und Joanne Hollows (Hg.), *Women's Periodicals and Print Culture in Britain, 1940s–2000s. The Postwar and Contemporary Period*, Edinburgh 2020.
23 »Ill Doctrine, Ugly Shoes and Good Intentions«, www.vimeo.com/44343389 (Juli 2016).
24 Eduardo Bonilla-Silva, *Racism without Racists*, Oxford 2010, S. 8.
25 Ruth Frankenberg, *White Women, Race Matters. The Social Construction of Whiteness*, Minneapolis 1993, S. 11.
26 Leila Ahmed, *A Quiet Revolution*, New Haven 2011, S. 23.
27 Zitiert in: ebd., S. 24.
28 Maxine Leeds Craig, *Ain't I a Beauty Queen?*, Oxford 2002, S. 9.
29 Ebd., Kapitel 1.
30 Ebd., S. 6.
31 Ebd., S. 25.
32 Hobson, *Venus in the Dark*, S. 7.
33 Leeds Craig, *Ain't I a Beauty Queen?*, S. 37.
34 www.iheartthreadbared.wordpress.com/2011/05/05/whats-missing-in-vogue-italias-tribute-to-black-beauties/ (3. August 2023).
35 »Carine Roitfeld to Depart French *Vogue*«, *WWD*, 17. Dezember 2010.
36 Leeds Craig, *Ain't I a Beauty Queen?*, S. 14.
37 Christopher Boulton, »Rebranding Diversity. Colorblind Racism within the US Advertising Industry«, Dissertationsverteidigung, www.vimeo.com/44500667 (3. August 2023), »white opportunity hoarding«.

38 Penny Jane Burke und Jackie McManus, »Art for a Few. Exclusions and Misrecognitions in Higher Education Admissions Practices«, in: *Discourse. Studies in the Cultural Politics of Education* 32(5)/2011, S. 699–712.
39 www.missionmag.org/racism-in-the-fashion-industry/ (3. August 2023).
40 https://i-d.vice.com/en/article/nengmb/how-do-we-ensure-fashions-diversity-drive-doesnt-just-fetishise-the-new-wave-of-models (3. August 2023).
41 www.theatlantic.com/health/archive/2020/07/fashions-racism-and-classism-are-going-out-style/613906/ (3. August 2023).
42 https://qz.com/1971287/why-rihannas-luxury-collaboration-with-lvmh-failed (3. August 2023).
43 www.reuters.com/article/us-italy-fashion-race-idUSKBN26219Y (3. August 2023).
44 Oliver Wang, Interview, »Yellow Apparel. When the Coolie Becomes Cool«, 2000.
45 Brigette Vézina, »Curbing Cultural Appropriation in the Fashion Industry«, *CIGI Papers* Nr. 213(9)/2019.
46 »An Uneasy Cultural Exchange«, *New York Times*, 14. März 2012.
47 www.truthout.org/articles/opposing-corporate-theft-of-mayan-textiles-weavers-appeal-to-guatemala-s-high-court/ (3. August 2023).
48 Ebd.
49 https://i-d.vice.com/en/article/59gq3x/ktz-respond-to-inuit-cultural-appropriation-claims/ (3. August 2023).
50 »Native Americans Know that Cultural Misappropriation Is a Land of Darkness«, *The Guardian*, 18. Mai 2012.
51 Richard Fung, »Working through Appropriation«, www.richardfung.ca/index.php?/articles/working-through-appropriation-1993/ (3. August 2023).
52 Ebd.
53 Sasha Houston Brown, »An Open Letter to Urban Outfitters on Columbus Day«, *Racialicious* Blog, 10. Oktober 2011.
54 www.alagarconniere.blogspot.co.uk/2010/04/critical-fashion-lovers-basic-guide-to.html (3. August 2023).
55 Erving Goffman, *Wir alle spielen Theater. Die Selbstdarstellung im Alltag*, übersetzt von Peter Weber-Schäfer, 18. Auflage, München 2019, S. 57.
56 www.apihtawikosisan.com/2012/01/the-dos-donts-maybes-i-dont-knows-of-cultural-appropriation/ (3. August 2023).
57 Riley Kucheran, Jessica P. Clark und Nigel Lezama, »Luxury and Indigenous Resurgence«, in: Jessica P. Clark und Nigel Lezama (Hg.), *Canadian Critical Luxury Studies. Decentring Luxury*, Bristol 2022.
58 www.youtube.com/watch?v=qCuSN6Q30R0 (3. August 2023).
59 Raahi Reddy, Interview, »Yellow Apparel. When the Coolie Becomes Cool«, 2000.
60 www.apihtawikosisan.com/2012/01/the-dos-donts-maybes-i-dont-knows-of-cultural-appropriation/ (3. August 2023).
61 »Indigenous Fashionology with Riley Kucheran«, *Ologies Podcast*, 11. November 2020.
62 »Native Americans Know that Cultural Misappropriation Is a Land of Darkness«, *The Guardian*, 18. Mai 2012.
63 Riley Kucheran, »Indigenizing Fashion Education. Strong Hearts to the Front of the Classroom«, in: Ben Barry und Deborah Christel (Hg.), *Fashion Education. The Systemic Revolution*, Bristol 2023. In einem schriftlichen Interview verweist Kucheran in diesem Zusammenhang auf: Audra Simpson und Andrea Smith, *Theorizing Native Studies*, Durham (USA) 2014.
64 Ders., »Indigenizing Fashion Education«.

65 Andreas Behnke, *The International Politics of Fashion. Being Fab in a Dangerous World*, London 2017.
66 Kucheran, schriftliches Interview.
67 Nicola White, *Reconstructing Italian Fashion. America and the Development of the Italian Fashion Industry*, London 2000.
68 »Five Lessons for the Chinese Fashion Industry from the French«, Accenture Report, Januar 2012.
69 Edward W. Said, *Kultur und Imperialismus. Einbildungskraft und Politik im Zeitalter der Macht*, übersetzt von Hans-Horst Henschen, Frankfurt am Main 1994, S. 15.
70 Susie Lau, »Chinoiserie Query«, in: *Pigeons and Peacocks*, Ausgabe 4/2011.
71 www.vogue.com/article/fashion-leaders-on-the-importance-of-standing-up-against-anti-asian-racism (4. August 2023).
72 Christian Diors Schwester, Catherine Dior, war ein bekanntes Mitglied der französischen Résistance; seine Nichte Françoise war eine berüchtigte Faschistin.
73 www.nytimes.com/2011/09/04/books/review/sleeping-with-the-enemy-coco-chanels-secret-war-by-hal-vaughan-book-review.html (4. August 2023).
74 www.businessoffashion.com/articles/news-analysis/chanels-wertheimers-found-11-billion-richer-selling-no-5/ (4. August 2023).
75 »Louis Vuitton's Links with Vichy Regime Exposed«, *The Guardian*, 3. Juni 2004.
76 https://en.wikipedia.org/wiki/Cristobal_Balenciaga (4. August 2023).
77 Paul N. Siegel (Hg.), *Leon Trotsky on Literature and Art*, New York 1970, S. 77.
78 Interview mit Neil Faulkner, 26. Februar 2013.
79 Ebd.
80 Elizabeth Wilson, *Adorned in Dreams*, London 1985, S. 44.
81 Ebd., S. 204.
82 www.harpersbazaar.com/fashion/trends/a421/coco-chanel-karl-lagerfeld-0909/ (4. August 2023).
83 Lola Olufemi, *Feminism Interrupted*, London 2020, S. 85.
84 Said, *Kultur und Imperialismus*, S. 31.
85 Frankenberg, *Displacing Whiteness*, S. 13.

8 Mode widerstehen

1 Karl Marx und Friedrich Engels: »Die deutsche Ideologie«, Band 1, Kapitel »Feuerbach. Gegensatz von materialistischer und idealistischer Anschauung«, in: Karl Marx und Friedrich Engels, *Werke*, Band 3, Berlin 1969, S. 46.
2 Malcolm Barnard, *Fashion as Communication*, London 1996 S. 39.
3 Valerie Steele, *Paris Fashion*, Oxford 1988, S. 18.
4 Barnard, *Fashion as Communication*, S. 41.
5 Ebd.
6 Fred Davis, *Fashion, Culture and Identity*, Chicago 1992, S. 162.
7 Ulrich Lehmann, *Fashion and Materialism*, Vortrag, 2012.
8 https://de.scribd.com/document/38260/Harajuku-Rebels-on-the-Bridge (7. August 2023).
9 Davis, *Fashion, Culture and Identity*, S. 168.
10 Elizabeth Wilson, *Adorned in Dreams*, London 1985, S. 198.
11 Davis, *Fashion, Culture and Identity*, S. 166.
12 James C. Scott, *Weapons of the Weak. Everyday Forms of Peasant Resistance*, New Haven 1985, S. 292.

13 Ebd., S. 293.
14 Ebd., S. 296.
15 Joy James (Hg.), *The Angela Y. Davis Reader*, Hoboken, NJ 1998, S. 277.
16 Steeve O. Buckridge, *The Language of Dress. Resistance and Accommodation in Jamaica 1760–1890*, Kingston 2004, S. 95.
17 Ebd.
18 Jean Allman (Hg.), *Fashioning Africa. Power and the Politics of Dress*, Bloomington 2004, S. 37. Beispiel von Funmilayo Ransome-Kuti der Abeokuta Women's Union.
19 Kirstin Knox, *Culture to Catwalk. How World Cultures Influence Fashion*, London 2011, S. 86. Der Name der hauchdünnen Rohseide »Gaze« stammt vom mittellateinischen Wort »gazzatum«, das mit der palästinensischen Stadt Gaza in Verbindung steht. Dort wurde sie seit dem 13. Jahrhundert für den Export nach Europa hergestellt.
20 www.bmj.com/content/374/bmj.n2168 (7. August 2023).
21 www.psmag.com/news/we-have-come-to-dance-for-our-people (7. August 2023).
22 Riley Kucheran, »Indigenizing Fashion Education: Strong Hearts to the Front of the Classroom«, in: Ben Barry und Deborah Christel (Hg.), *Fashion Education. The Systemic Revolution*, Bristol 2023.
23 Barnard, *Fashion as Communication*, S. 144.
24 Ebd., S. 123.
25 Dick Hebdige, zitiert in: ebd., S. 130.
26 Ebd., S. 132.
27 Davis, *Fashion, Culture and Identity*, S. 168.
28 Leila Ahmed, *A Quiet Revolution*, New Haven 2011, S. 222. Baring gab vor, sich für die Rechte der Frauen in Ägypten einzusetzen, um den Imperialismus voranzubringen, und versuchte gleichzeitig, die Frauenbewegungen in Großbritannien und Ägypten zu zerschlagen.
29 Ebd., S. 209.
30 Ebd., S. 210. Eine interessante Diskussion über den Unterschied zwischen Widerstandskleidung und der Kleidung z. B. der chassidischen Jüdinnen und Juden, die weniger daran interessiert sind, die Gesellschaft herauszufordern, als ihre Lebensweise zu bewahren, findet sich in: Davis, *Fashion, Culture and Identity,* S. 181.
31 www.hrw.org/news/2021/07/19/european-union-court-oks-bans-religious-dress-work (7. August 2023).
32 Alain Badiou, »Behind the Scarfed Law there Is Fear«, Islam.Online.net, 3. März 2004.
33 Joëlle Jolivet, *The Colossal Book of Costumes Dressing up Around the World*, London 2008.
34 Gayle V. Fischer, *Pantaloons and Power*, Kent, Ohio 2001, S. 4.
35 Dexter C. Bloomer und Amelia Jenks Bloomer, *Life and Writings of Amelia Bloomer*, Boston 1895, S. 80.
36 Ebd., S. 30, S. 169.
37 www.guardian.co.uk/world/2009/aug/02/sudan-women-dress-code (8. August 2023).
38 www.nbcnews.com/select/shopping/gender-fluid-clothing-ncna1270831?bestsellers=true (8. August 2023).
39 www.alokvmenon.com/blog/2020/11/13/degenderfashion-harry-styles-on-the-cover-of-vogue (8. August 2023).
40 Ariel Levy, *Female Chauvinist Pigs. Women and the Rise of Raunch Culture*, New York 2005.

41 Beschreibung des Kufija-Musters von der *Sex-and-the-City*-Stylistin Patricia Fields.
42 Buckridge, *The Language of Dress*, S. 86.
43 Shannon Price, »Vivienne Westwood (born 1941) and the Postmodern Legacy of Punk Style«, in: *Heilbrunn Timeline of Art History*, Metropolitan Museum of Art, New York 2000, www.metmuseum.org/toah/hd/vivw/hd_vivw.htm (8. August 2023).
44 Ebd.
45 Barnard, *Fashion as Communication*, S. 132.
46 Ebd.
47 Davis, *Fashion, Culture and Identity*, S. 181.
48 Ebd., S. 161.
49 Der Ausdruck wird meist Werner Sombart (1902) oder Elizabeth Wilson (1985) zugeschrieben.
50 Tim Edwards, »Express Yourself. The Politics of Dressing Up«, in: Malcolm Barnard (Hg.), *Fashion Theory. A Reader*, London, New York 2007, S. 195.
51 Ebd.
52 Elizabeth Fox-Genovese, zitiert in: Barnard, *Fashion as Communication*, S. 123.
53 Thomas Docherty, *Aesthetic Democracy*, Stanford 2006, S. xiv.
54 www.youtube.com/watch?v=U1eVAmIPvAU (8. August 2023).
55 Buckridge, *The Language of Dress*, S. 86.
56 www.racinewir.com/2021/07/16/why-bother-we-set-out-to-change-the-world-ended-up-just-changing-ourselves/ (8. August 2023).

9 Mode reformieren

1 www.theguardian.com/politics/2007/apr/08/greenpolitics.observerpolitics (9. August 2023).
2 Karl Marx, »Der achtzehnte Brumaire des Louis Bonaparte«, in: Karl Marx und Friedrich Engels, *Werke*, Band 8, Berlin 1972, S. 115.
3 Joy James (Hg.), *The Angela Y. Davis Reader*, Hoboken, NJ 1998, S. 244.
4 Dieses Kapitel beschäftigt sich nicht mit kleinen, »ethischen« Unternehmen. Zu diesem Thema gibt es bereits zahlreiche Bücher, die man bei Interesse leicht finden kann.
5 Florence Kelley war eine Anhängerin von Karl Marx und mit Friedrich Engels befreundet. Ihre Englischübersetzung von Engels' »Die Lage der arbeitenden Klasse in England« wird noch immer genutzt.
6 https://socialwelfare.library.vcu.edu/people/kelley-florence/ (9. August 2023).
7 rmc.library.cornell.edu/EAD/htmldocs/KCL05307.html (9. August 2023).
8 www.newworldencyclopedia.org/entry/Josephine_Shaw_Lowell (9. August 2023).
9 www.nclnet.org/about-ncl/about-us/history/ (9. August 2023).
10 https://source.ethicalfashionforum.com/digital/sustainable-fashion-towards-the-tipping-point (Juli 2016).
11 www.thebusinessresearchcompany.com/report/ethical-fashion-market (9. August 2023).
12 www.ft.com/content/d174e7d7-97c4-43fc-8765-95075e5fcce7 (9. August 2023).
13 Riley Kucheran, unveröffentlichter Essay, den er mir im November 2021 zukommen ließ.
14 Duncan Clark, *The Rough Guide to Ethical Shopping*, London 2004, S. viii.

15 www.science.org/content/article/laundry-lint-pollutes-worlds-oceans (9. August 2023).
16 Christina Weil, *Heart On Your Sleeve*, Oxfam, London 2008, S. 18.
17 Ebd.
18 Tamsin Blanchard, *Green Is the New Black*, London 2007, S. 42.
19 Naomi Klein, *No Logo! Der Kampf der Global Players um Marktmacht. Ein Spiel mit vielen Verlierern und wenigen Gewinnern*, übersetzt von Helmut Dierlamm und Heike Schlatterer, München 2001, S. 162.
20 www.ft.com/content/d174e7d7-97c4-43fc-8765-95075e5fcce7 (9. August 2023).
21 www.mckinsey.com/industries/retail/our-insights/survey-consumer-sentiment-on-sustainability-in-fashion (9. August 2023).
22 Karl Marx, »Provisorische Statuten der Internationalen Arbeiter-Assoziation«, in: Karl Marx und Friedrich Engels, *Werke*, Band 16, Berlin 1975, S. 14.
23 N. Craig Smith, *Morality and the Market*, London, New York 1990, S. 6.
24 István Mészáros, *Marx's Theory of Alienation*, London 2006, S. 206 (deutsche Ausgabe: *Der Entfremdungsbegriff bei Marx*, übersetzt von Wilhelm Höck, München 1973).
25 Rosa Luxemburg, »Massenstreik, Partei und Gewerkschaften«, Kapitel VI, in: Rosa Luxemburg, *Gesammelte Werke*, Bd. 2, Berlin 1986, S. 93–170.
26 Helen Scott (Hg.), *The Essential Rosa Luxemburg*, Chicago 2008, S. 89.
27 Hoskins, *Foot Work. What Your Shoes Tell You About Globalisation*, London 2020, S. 223.
28 Derek Wall, *Climate Strike. The Practical Politics of the Climate Crisis*, London 2020, Kapitel 10.
29 Rosa Luxemburg, »Sozialreform oder Revolution?«, Kapitel »Zollpolitik und Militarismus«, in: Rosa Luxemburg, *Gesammelte Werke*, Bd.1, Berlin 1982, S. 369–445.
30 www.labourbehindthelabel.org/report-boohoo-covid-19-the-people-behind-the-profit/ (10. August 2023).
31 Jodi Dean, »Communicative Capitalism«, in: Megan Boler (Hg.), *Digital Media and Democracy. Tactics in Hard Times*, Cambridge, MA 2010, S. 112.
32 Lisa Ann Richey und Stefano Ponte, *Brand Aid. Shopping Well to Save the World*, Minneapolis 2011, Vorwort.
33 Ebd., S. xii.
34 Ebd., S. 187.
35 Ebd., S. 174.
36 Ebd., S 9.
37 Ebd., S. 152.
38 Ebd., S. 1.
39 Ebd., S. 157.
40 Ebd., S. 3.
41 Ebd., S. 5.
42 Ebd., S. 232.
43 Miriam Ching Yoon Louie, *Sweatshop Warriors*, Cambridge, MA 2001, S. 228.
44 Aboriginal Activists Group, Queensland, 1970er Jahre, popularisiert durch die Aktivistin Lilla Watson, www.usasnet.org/ (10. August 2023).
45 http://projects.aljazeera.com/2015/08/rana-plaza/childrens-place.html (10. August 2023).
46 Scott (Hg.), *The Essential Rosa Luxemburg*, S. 58.
47 Craig Smith, *Morality and the Market*, S. 40.

48 Fred Magdoff und John Bellamy Foster, *What Every Environmentalist Needs to Know about Capitalism*, New York 2011, S. 134.
49 John Bellamy Foster, *Ecology against Capitalism*, New York 2002, S. 25.
50 David Harvey, *The Enigma of Capital and the Crises of Capitalism*, London 2011, S. 277.

10 Mode revolutionieren

1 Jason Hickel, *Weniger ist mehr. Warum der Kapitalismus den Planeten zerstört und wir ohne Wachstum glücklicher sind*, übersetzt von Eva Leipprand, München 2022, S. 38.
2 South End Press (Hg.), *Talking about a Revolution*, Cambridge, MA 1998, S. v.
3 István Mészáros, *Beyond Capital. Toward a Theory of Transition*, London 1995, S. 812.
4 bell hooks, Interview, in: South End Press, *Talking about a Revolution,* S. 52
5 Leo Trotzki, *Literatur und Revolution*, übersetzt von Eugen Schäfer und Hans von Riesen, München 1972, S. 9.
6 Edward W. Said, *Kultur und Imperialismus. Einbildungskraft und Politik im Zeitalter der Macht*, übersetzt von Hans-Horst Henschen, Frankfurt am Main 1994, S. 15.
7 Terry Eagleton, *Marxism and Literary Criticism*, New York 1985, S. 68.
8 Ebd., S. 69. Zitat über Schrifsteller von Pierre Mackerey, basierend auf Louis Althusser.
9 Nicolas Bourriaud, zitiert in: Giannino Malossi (Hg.), *The Style Engine*, New York 1998, S. 271.
10 John Berger, *Art and Revolution*, London 1969, S. 43.
11 István Mészáros, *Marx's Theory of Alienation*, London 2006, S. 175 (deutsche Ausgabe: *Der Entfremdungsbegriff bei Marx*, übersetzt von Wilhelm Höck, München 1973).
12 Penny Jane Burke and Jackie McManus, »Art for a Few. Exclusions and Misrecognitions in Higher Education Admissions Practices«, in: *Discourse. Studies in the Cultural Politics of Education* 32(5)/2011, S. 699–712.
13 Audre Lorde, *Sister Outsider*, zitiert in: Janell Hobson, *Venus in the Dark. Blackness and Beauty in Popular Culture*, New York 2005, S. 143.
14 bell hooks, Interview, S. 51 f.
15 Bertell Ollman, *Alienation. Marx's Conception of Man in Capitalist Society*, Cambridge 1976, S. 92.
16 Warwara Stepanowa, *Tasks of the Artist in Textile Production*, S. 190, zitiert in Radu Stern, *Against Fashion. Clothing as Art, 1850–1930*, Cambridge, MA 2004, S. 55.
17 Mikhail Guerman, *Art of the October Revolution*, zitiert in: www.marxist.com/marxism-art-trotsky.htm (11. August 2023).
18 Trotzki, *Literatur und Revolution*, S. 213.
19 Berger, *Art and Revolution*, Vorwort.
20 Michael R. Redclift und Graham Woodgate (Hg.), *The International Handbook of Environmental Sociology,* 2. Auflage, Cheltenham 2010, S. 208
21 Berger, *Art and Revolution*, S. 30.
22 John E. Bowlt und Matthew Drutt (Hg.), *Amazons of the Avant-Garde*, New York 1999, S. 109.
23 Berger, *Art and Revolution*, S. 37.
24 Der bolschewistischen Revolution bereitete der Stalinismus ein Ende, der sich »in einem der verheerendsten Angriffe auf die Kunst in der neueren Geschichte über-

haupt äußerte – einem Angriff, der im Namen einer Theorie und Praxis der gesellschaftlichen Befreiung durchgeführt wurde«. Eagleton, *Marxism and Literary Criticism*, S. 38.

25 Alexander Lavrentiev, *Varvara Stepanova*, London 1988, S. 81.
26 Ebd.
27 Kunstkritiker D. Aranovich, 1926, zitiert in ebd., S. 83.
28 Bowlt und Drutt, *Amazons of the Avant-Garde*, S. 190.
29 M. N. Yablonskaya, *Women Artists of Russia's New Age*, London 1990, S. 115.
30 www.lrb.co.uk/the-paper/v31/n07/peter-campbell/at-tate-modern (11. August 2023).
31 Stern, *Against Fashion*, S. 55.
32 Berger, *Art and Revolution*, S. 47.
33 Zitiert in: P. Walton und A. Gamble, *From Alienation to Surplus Value*, London 1972, S. 218.
34 Trotzki, *Literatur und Revolution*, S. 9.
35 Walton und Gamble, *From Alienation to Surplus Value*, S. 12.
36 Ulrich Lehmann, »Fashion and Materialism«, Vortrag, 2012.
37 www.somo.nl/wp-content/uploads/2021/05/spinning-around-workers-rights.pdf (11. August 2023).
38 Yablonskaya, *Women Artists of Russia's New Age*, S. 156.
39 Matilda Lee, *Eco Chic*, London 2007, S. 82.
40 Labfresh, »European Fashion Waste Index«, www.labfresh.eu/pages/fashion-waste-index (11. August 2023). Ergänzung für die deutsche Ausgabe.
41 Mészáros, *Beyond Capital*, S. 739.
42 Mészáros, *Marx's Theory of Alienation*, S. 205.
43 Susie Orbach, *Bodies. Schlachtfelder der Schönheit*, übersetzt von Cornelia Holfelder-von der Tann, Zürich 2010, S. 172, mit Verweis auf Karl Marx.
44 Roland Barthes, *Die Sprache der Mode*, übersetzt von Horst Brühmann, Frankfurt am Main 1993, S. 10.
45 Tansy E. Hoskins, *Foot Work. What Your Shoes Tell You About Globalisation*, London 2020, S. 194.
46 www.fibershed.org/mission-vision/ (11. August 2023) und www.fibershed-dach.org/fibershed (11. August 2023).
47 Alexandra Kollontai, *Communism and the Family* [1920].
48 Riley Kucheran, Jessica P. Clark und Nigel Lezama, »Luxury and Indigenous Resurgence«, in: Jessica P. Clark und Nigel Lezama (Hg.), *Canadian Critical Luxury Studies. Decentring Luxury*, Bristol 2022.
49 Vandana Shiva, *Making Peace with the Earth*, London 2012, S. 3.
50 Jason Hickel, *Weniger ist mehr*, S. 34 f.
51 Ebd., S. 36.
52 Ebd., S. 34.
53 Ebd., S. 251.
54 Interview mit Buddhima Padmasiri, Dozentin an der Open University in Sri Lanka.
55 Karl Marx, zitiert in: Mészáros, *Marx's Theory of Alienation*, S. 212.
56 Mészáros, *Marx's Theory of Alienation*, S. 211.
57 Karl Marx, »Lohnarbeit und Kapital«, in: Karl Marx und Friedrich Engels, *Werke*, Band 6, Berlin 1959, S. 400 f.
58 Mészáros, *Beyond Capital*, S. 836, mit Verweis auf Rosa Luxemburg, *Sozialreform oder Revolution*.
59 Karl Marx, zitiert in: Mészáros, *Beyond Capital*, S. xxv.

60 Ebd., S. 845.
61 Roy Morrison, zitiert in: John Bellamy Foster, *The Ecological Revolution*, New York 2009, S. 264.
62 Andrew Simms, *Tescopoly*, London 2007, S. 232.
63 Mike Cooley, *Architect or Bee*, Boston 1982.
64 Max Liboiron, *Pollution Is Colonialism*, Durham, NC 2021, Einleitung.
65 www.wiego.org/informal-economy/occupational-groups/waste-pickers (11. August 2023). Je nach Region oder Sprache werden unterschiedliche Begriffe bevorzugt.
66 »Why Pollution Is as much about Colonialism as Chemicals«, Podcast *Don't Call Me Resilient*, www.theconversation.com/why-pollution-is-as-much-about-colonialism-as-chemicals-dontcall-me-resilient-transcript-ep-11-170697 (11. August 2023).
67 Ich habe diesen Teil nach einem E-Mail-Austausch mit Riley Kucheran, dem ich sehr dankbar bin, umgeschrieben.
68 Liboiron, *Pollution is Colonialism*, zitiert auf: www.everydayorientalism.wordpress.com/2021/11/18/the-impossibility-of-decolonizing-anthropology/ (11. August 2023).
69 Themrise Khan, »Decolonisation is a comfortable buzzword for the aid sector«, www.opendemocracy.net/en/decolonisation-comfortable-buzzword-aid-sector/ (14. August 2023).
70 Riley Kucheran, »Indigenizing Fashion Education. Strong Hearts to the Front of the Classroom«, in: Ben Barry und Deborah Christel (Hg.), *Fashion Education. The Systemic Revolution*, Bristol 2023. In einem schriftlichen Interview verweist Kucheran in diesem Zusammenhang auf Audra Simpson und Andrea Smith, *Theorizing Native Studies*, Durham, NC 2014.
71 Kucheran, »Indigenizing Fashion Education«.
72 Ebd., mit Verweis auf: Eve Tuck und K. Wayne Yang, »Decolonization Is Not a Metaphor«, in: *Decolonization. Indigeneity, Education & Society* Vol. 1, Nr. 1/2012, www.clas.osu.edu/sites/clas.osu.edu/files/Tuck%20and%20Yang%202012%20Decolonization%20is%20not%20a%20metaphor.pdf (14. August 2023), »settler moves to innocence«.
73 Kucheran, »Indigenizing Fashion Education«.
74 Ebd.
75 Ebd.
76 Alan Woods, »Marxism and Art«, www.marxist.com/imu22-alan-woods-on-marxism-and-art.htm (14. August 2023).
77 Warwara Stepanowa, 1928, zitiert in: Yablonskaya, *Women Artists of Russia's New Age*, S. 156.
78 Ingrid Loschek, *Wann ist Mode? Strukturen, Strategien und Innovationen*, Berlin 2007, S. 12; und John Berger, *Ways of Seeing*, Fernsehserie, Teil 1, BBC 1972, youtu.be/opDE4VX_9Kk (24. Mai 2023).
79 Berger, *Ways of Seeing*, Teil 1.
80 Kanye West, *All Falls Down*, featuring Syleena Johnson, 2004.
81 Anna Gough-Yates, *Women's Magazines*, London 2003, S. 10.
82 John Berger, *Ways of Seeing*, Fernsehserie, Teil 4, BBC 1972, youtu.be/5jTUebm73IY (29. Juni 2023).
83 Colin McDowell, *The Designer Scam*, London 1994, S. 28.
84 Joseph Hansen und Evelyn Reed, *Cosmetics, Fashions and the Exploitation of Women*, New York 1986, S. 53.
85 Sandra Lee Bartky, *Femininity and Domination*, London 1990, S. 71.

86 Juanjuan Wu, *Chinese Fashion. From Mao to Now*, Oxford 2009, S. 2.
87 Ebd., S. 8.
88 Ebd., S. 2.
89 Ulrich Lehmann, »Fashion and Materialism«, Vortrag, 2012.
90 bell hooks, Interview, S. 50. Der Angriff auf »linke« Kunst ist an sich selbst ideologisch und ein Versuch, die Debatte zu unterbinden und zu verhindern, dass die Kunst eine gesellschaftliche Funktion hat. Die Menschen sollten sich nicht zwischen ihren »politischen Überzeugungen und ihrer ästhetischen und künstlerischen Vision« entscheiden müssen.
91 Vergleiche Publikationen von Debbie Ging, www.dcu.ie/researchsupport/research-profile?person_id=14319 (14. August 2023).
92 Raisa Kabir, »The Veil Debate. Why we Must Respect the Autonomy of All Women«, www.thefword.org.uk/blog/2013/09/the_veil_debate (14. August 2023).
93 Walter Benjamin, »Über den Begriff der Geschichte«, www.textlog.de/benjamin/abhandlungen/ueber-den-begriff-der-geschichte (14. August 2023).
94 Raahi Reddy, Interview, »Yellow Apparel. When the Coolie Becomes Cool«, 2000.
95 Simonetta Falasca-Zamponi, *Waste and Consumption*, New York 2011, S. 47.
96 Vijay Prashad, Interview, »Yellow Apparel. When the Coolie Becomes Cool«, 2000.
97 www.wsj.com/articles/SB10001424052970203479104577124613246783618.html (Juli 2016).
98 Eagleton, *Marxism and Literary Criticism*, S. 6.
99 John Bellamy Foster, Brett Clark und Richard York, *The Ecological Rift. Capitalism's War on the Earth*, New York 2010, S. 103.
100 Alexander Blok, *The Intelligentsia and the Revolution*, Essay [1918].

Bibliografie

Ahmed, Leila, *A Quiet Revolution,* New Haven 2011.

Alexander, Jon, Tom Crompton und Guy Shrubsole, *Think of Me as Evil? Opening the Ethical Debates in Advertising,* WWF-UK and Public Interest Research Centre Report, 2011.

Allman, Jean (Hg.), *Fashioning Africa. Power and the Politics of Dress,* Bloomington 2004.

Anderson Black, J., und Madge Garland, *A History of Fashion,* London 1990.

Barnard, Malcolm, *Fashion as Communication,* London 1996.

Barthes, Roland, *Die Sprache der Mode,* übersetzt von Horst Brühmann, Frankfurt am Main 1993.

Bartky, Sandra Lee, *Femininity and Domination,* London 1990.

Behnke, Andreas, *The International Politics of Fashion. Being Fab in a Dangerous World,* London 2017.

Bellamy Foster, John, *Marx's Ecology,* New York 2000.

Bellamy Foster, John, »Marx's Ecology and Its Historical Significance«, in: Michael R. Redclift und Graham Woodgate (Hg.), *The International Handbook of Environmental Sociology,* Cheltenham 2000.

Bellamy Foster, John, *Ecology Against Capitalism,* New York 2002.

Bellamy Foster, John, *The Ecological Revolution,* New York 2009.

Bellamy Foster, John, Brett Clark und Richard York, *The Ecological Rift. Capitalism's War on the Earth,* New York 2010.

Berger, John, *Art and Revolution,* London 1969.

Berger, John, *Ways of Seeing,* Fernsehserie, Teil 1 und Teil 4, BBC 1972.

Berger, John, *Ways of Seeing,* London 2008.

Berger, Lawrence M., J. Michael Collins und Laura Cuesta, »Household Debt and Adult Depressive Symptoms«, in: *SSRN Electronic Journal,* 2013.

Blanchard, Tamsin, *Green is the New Black,* London 2007.

Blok, Alexander, *The Intelligentsia and the Revolution,* Essay [1918].

Bloomer, Dexter C., und Amelia Jenks Bloomer, *Life and Writings of Amelia Bloomer,* Boston 1895.

Bonilla-Silva, Eduardo, *Racism without Racists,* Oxford 2010.

Bowlt, John, und Matthew Drutt (Hg.), *Amazons of the Avant-Garde,* New York 1999.

Buckridge, Steeve O., *The Language of Dress. Resistance and Accommodation in Jamaica 1760–1890*, Kingston 2004.

Burke, Penny Jane, und Jackie McManus, »Art for a Few. Exclusions and Misrecognitions in Higher Education Admissions Practices«, in: *Discourse. Studies in the Cultural Politics of Education* 32(5)/2011.

Carson, Rachel, *Der stumme Frühling*, übersetzt von Margaret Auer, 5. Auflage, München 2019.

Cattaneo, Olivier, Gary Gereffi und Cornelia Staritz (Hg.), *Global Value Chains in a Postcrisis World*, World Bank, 2010.

Cheng, L. K., »Li & Fung, Ltd. An Agent of Global Production«, in: L. K. Cheng und H. Kierzkowski (Hg.), *Global Production and Trade in East Asia*, New York 2001.

Chesterton, G. K., *The New Jerusalem* [1920].

Clark, Duncan, *The Rough Guide to Ethical Shopping*, London 2004.

Clark, Eric, *The Want Makers*, London 1988.

Clark, Jessica P., »Putting Canada on the Map. A Brief History of Nation and Luxury«, in: Jessica P. Clark und Nigel Lezama (Hg.), *Canadian Critical Luxury Studies. Decentring Luxury*, Bristol 2022.

Cohrdes, Caroline, Kristine Göbel, Robert Schlack und Heike Hölling, »Essstörungssymptome bei Kindern und Jugendlichen. Häufigkeiten und Risikofaktoren. Ergebnisse aus KIGGS Welle 2 und Trends«, in: *Bundesgesundheitsblatt*, 2019.

Compaine, Benjamin M., und Douglas Gomery, *Who Owns the Media?*, Mahwah, NJ 2000.

Cooley, Mike, *Architect or Bee*, Boston 1982.

Costa-Font, Joan, und Mireia Jofre-Bonet, »Anorexia, Body Image and Peer Effects. Evidence from a Sample of European Women«, Centre for Economic Performance, Discussion Paper Nr. 1098, November 2011.

Croteau, David, und William Haynes, *The Business of Media*, Thousand Oaks, CA 2001.

Davis, Fred, *Fashion, Culture and Identity*, Chicago 1992.

De Marly, Diana, *Working Dress*, Batsford, London 1986.

Dean, Jodi, *Democracy and Other Neoliberal Fantasies. Communicative Capitalism and Left Politics*, Durham, NC 2009.

Dean, Jodi, »Communicative Capitalism«, in: Megan Boler (Hg.), *Digital Media and Democracy. Tactics in Hard Times*, Cambridge, MA 2010.

Docherty, Thomas, *Aesthetic Democracy*, Stanford 2006.

Eagleton, Terry, *Marxism and Literary Criticism*, New York 1985.

Eagleton, Terry, *Ideologie. Eine Einführung*, übersetzt von Anja Tippner, Stuttgart, Weimar 1993.

Eagleton, Terry, *After Theory*, London 2003.

Edwards, Tim, »Express Yourself. The Politics of Dressing Up«, in: Malcolm Barnard (Hg.), *Fashion Theory. A Reader*, London, New York 2007.

Elliott, Larry, und Dan Atkinson, *The Gods that Failed*, London 2008.

Faheem, H., und D. Purkayastha, »Li & Fung. Battling the Global Supply Chain Challenge«, in: *IUP Journal of Supply Chain Management* 17(4)/2020.

Falasca-Zamponi, Simonetta, *Waste and Consumption*, New York 2011.

Faulkner, Neil, *A Marxist History of the World. From Neanderthals to Neoliberals*, London 2013.

Featherstone, Lisa, und United Students Against Sweatshops, *Students Against Sweatshops*, London 2002.

Fine, Ben, *The World of Consumption. The Material and Cultural Revisited*, London 2002.

Fischer, Gayle V., *Pantaloons and Power*, Kent, Ohio 2001.

Fletcher, Kate, und Mathilda Tham, *Earth Logic. Fashion Action Research Plan*, JJ Charitable Trust, 2019.

Fogarty, Anne, *Das kleine Buch für die gut gekleidete Ehefrau*, übersetzt von Tara Christopeit, Hamburg 2016.

Frankenberg, Ruth, *White Women, Race Matters. The Social Construction of Whiteness*, Minneapolis 1993.

Frankenberg, Ruth, *Displacing Whiteness*, Durham, London 1997.

Gale, Colin, und Jasbir Kaur, *Fashion and Textiles*, London 2004.

German, Lindsey, *Sex, Class and Socialism*, London 1998.

Goffman, Erving, *Wir alle spielen Theater. Die Selbstdarstellung im Alltag*, übersetzt von Peter Weber-Schäfer, 18. Auflage, München 2019.

Gough-Yates, Anna, *Women's Magazines*, London 2003.

Haig, Matt, *Brand Success. How the World's Top 100 Brands Thrive and Survive*, 2. Auflage, London 2011.

Hamilton, Patrick, *The Slaves of Solitude*, London 2006 (deutsche Ausgabe: *Sklaven der Einsamkeit*, übersetzt von Miriam Mandelkow, Zürich 2006.

Hansen, Joseph, und Evelyn Reed, *Cosmetics, Fashions and the Exploitation of Women*, New York 1986.

Hapke, Laura, *Sweatshop. The History of an American Idea*, New Brunswick, NJ 2004.

Harvey, David, *The Enigma of Capital and the Crises of Capitalism*, London 2011.

Hawes, Elizabeth, *Zur Hölle mit der Mode*, übersetzt von Constanze Derham, Berlin 2019.

Hickel, Jason, *Weniger ist mehr. Warum der Kapitalismus den Planeten zerstört und wir ohne Wachstum glücklicher sind*, übersetzt von Eva Leipprand, München 2022.

Hiilamo, A., und E. Grundy, »Household Debt and Depressive Symptoms among Older Adults in Three Continental European Countries«, in: *Ageing and Society*, 2018.

Hobson, Janell, *Venus in the Dark. Blackness and Beauty in Popular Culture*, New York 2005.

Hoskins, Tansy E., *Foot Work. What Your Shoes Tell You About Globalisation*, London 2020.

James, Joy (Hg.), *The Angela Y. Davis Reader*, Hoboken, NJ 1998.

Jarnow, Jeanette A., und Beatrice Judelle (Hg.), *Inside the Fashion Business*, New York 1966.

Jhally, Sut, *The Codes of Advertising. Fetishism and the Political Economy of Meaning in the Consumer Society*, London 1990.

Jolivet, Joëlle, *The Colossal Book of Costumes Dressing up Around the World*, London 2008.

Klein, Naomi, *No Logo! Der Kampf der Global Players um Marktmacht. Ein Spiel mit vielen Verlierern und wenigen Gewinnern*, übersetzt von Helmut Dierlamm und Heike Schlatterer, München 2001.

Knox, Kirstin, *Culture to Catwalk. How World Cultures Influence Fashion*, London 2011.

Kollontai, Alexandra, *Communism and the Family* [1920].

Kucheran, Riley, »Indigenizing Fashion Education. Strong Hearts to the Front of the Classroom«, in: Ben Barry und Deborah Christell (Hg.), *Fashion Education. The Systemic Revolution*, Bristol 2023.

Kucheran, Riley, Jessica P. Clark und Nigel Lezama, »Luxury and Indigenous Resurgence«, in: Jessica P. Clark und Nigel Lezama (Hg.), *Canadian Critical Luxury Studies. Decentring Luxury*, Bristol 2022.

Lanier, Jaron, *Zehn Gründe, warum du deine Social Media Accounts sofort löschen musst*, übersetzt von Martin Bayer und Karsten Petersen, Hamburg 2018.

Lang, Kurt, und Gladys Engel Lang, »The Power of Fashion«, in: Linda Welters und Abby Lillethun (Hg.), *The Fashion Reader*, London 2007.

Lau, Susie, »Chinoiserie Query«, in: *Pigeons and Peacocks*, Ausgabe 4/2011.

Lavrentiev, Alexander, *Varvara Stepanova*, London 1988.

Lee, Matilda, *Eco Chic*, London 2007.

Leeds Craig, Maxine, *Ain't I a Beauty Queen?*, Oxford 2002.

Levy, Ariel, *Female Chauvinist Pigs. Women and the Rise of Raunch Culture*, New York 2005.

Liboiron, Max, *Pollution Is Colonialism*, Durham, NC 2021.

Loschek, Ingrid, *Wann ist Mode? Strukturen, Strategien und Innovationen*, Berlin 2007.

Louie, Miriam Ching Yoon, *Sweatshop Warriors*, Cambridge, MA 2001.

Luxemburg, Rosa, *Gesammelte Werke*, Bd. 1, Berlin 1982.

Luxemburg, Rosa, *Gesammelte Werke*, Bd. 2, Berlin 1986.

Magdoff, Fred, und John Bellamy Foster, *What Every Environmentalist Needs to Know About Capitalism*, New York 2011.

Malossi, Giannino (Hg.), *The Style Engine*, New York 1998.

Marx, Karl, und Friedrich Engels, *Werke*, Berlin 1959–1976.

McDowell, Colin, *The Designer Scam*, London 1994.

McKay, Jenny, *The Magazines Handbook*, London, New York 2006.

Mears, Ashley, *Pricing Beauty. The Making of a Fashion Model*, Berkeley, Los Angeles 2011.

Mészáros, István, *Beyond Capital. Toward a Theory of Transition*, London 1995.

Mészáros, István, *Marx's Theory of Alienation*, London 2006 (deutsche Ausgabe: *Der Entfremdungsbegriff bei Marx*, übersetzt von Wilhelm Höck, München 1973).

Naylor, R. T., *Crass Struggle. Greed, Glitz and Gluttony in a Wanna-Have World*, London 2011.

Ollman, Bertell, *Alienation. Marx's Conception of Man in Capitalist Society*, Cambridge 1976.

Olufemi, Lola, *Feminism Interrupted*, London 2020.

Orbach, Susie, *Fat is a Feminist Issue*, London 2006.

Orbach, Susie, *Bodies. Schlachtfelder der Schönheit*, übersetzt von Cornelia Holfelder-von der Tann, Zürich 2010.

Orwell, George, *Der Weg nach Wigan Pier*, Zürich 2003.

Piercy, Marge, *Woman on the Edge of Time* [1976] (deutsche Ausgabe: *Die Frau am Abgrund der Zeit* [1986]).

Piore, Michael, »The Economics of Sweatshops«, in: Andrew Ross (Hg.), *No Sweat. Fashion, Free Trade, and the Rights of Garment Workers*, London 1997.

Redclift, Michael R., und Graham Woodgate (Hg.), *The International Handbook of Environmental Sociology*, 2. Auflage, Cheltenham 2010.

Richey, Lisa Ann, und Stefano Ponte, *Brand Aid. Shopping Well to Save the World*, Minneapolis 2011.

Rogers, Rachel, Sara Ziff, Alice Lowy und S. Bryn Austin, »Disordered Eating Behaviors and Sexual Objectification during New York Fashion Week. Implementation of Industry Policies and Legislation«, in: *International Journal of Eating Disorders* 54(3)/2020.

Roscigno, V., und W. Danaher, »Media and Mobilization. The Case of Radio and Southern Textile Worker Insurgency, 1929 to 1934«, in: *American Sociological Review* 66(1)/2001.

Ross, Robert J. S., *Slaves to Fashion*, Ann Arbor 2004.

Said, Edward W., *Kultur und Imperialismus. Einbildungskraft und Politik im Zeitalter der Macht*, übersetzt von Hans-Horst Henschen, Frankfurt am Main 1994.

Sampson, Fiona, *Two Way Mirror. The Life of Elizabeth Barrett Browning*, London 2021.

Saxena, Sanchita Banerjee (Hg.), *Labor, Global Supply Chains, and the Garment Industry in South Asia. Bangladesh after Rana Plaza*, London 2020.

Schor, Juliet, »In Defense of Consumer Critique. Revisiting the consumption debates of the twentieth century«, in: *Annals of the American Academy of Political and Social Science* Vol. 611/2007.

Scott, Helen (Hg.), *The Essential Rosa Luxemburg*, Chicago 2008.

Scott, James C., *Weapons of the Weak. Everyday Forms of Peasant Resistance*, New Haven 1985.

Seebohm, Caroline, *The Man Who Was Vogue*, London 1982.

Settle, Alison, *English Fashion*, London 1959.

Shiva, Vandana, *Making Peace with the Earth*, London 2012.

Siegel, Paul N. (Hg.), *Leon Trotsky on Literature and Art*, New York 1970.

Siegle, Lucy, *To Die For. Is Fashion Wearing out the World?*, London 2011.

Sigsworth, Eric M., *Montague Burton. The Tailor of Taste*, Manchester 1990.

Simms, Andrew, *Tescopoly*, London 2007.

Simpson, Leanne Betasamosake, *Dancing on Our Turtle's Back. Stories of Nishnaabeg Re-creation, Resurgence and a New Emergence*, Winnipeg 2011.

Sladen, Christopher, *The Conscription of Fashion*, Aldershot, Brookfield 1995.

Sluiter, Liesbeth, *Clean Clothes. A Global Movement to End Sweatshops*, London 2009.

Smith, N. Craig, *Morality and the Market*, London, New York 1990.

Smythe, Dallas Walker, *Dependency Road. Communication, Capitalism, Consciousness and Canada*, New York 1982.

South End Press (Hg.), *Talking About a Revolution*, Cambridge, MA 1998.

Steele, Valerie, *Paris Fashion*, Oxford 1988.

Steger, Manfred B., und Ravi K. Roy, *Neoliberalism. A Very Short Introduction*, New York 2010.

Steinem, Gloria, *Moving Beyond Words. Age, Rage, Sex, Power, Money, Muscles. Breaking the Boundaries of Gender*, New York 1994.

Stern, Radu, *Against Fashion. Clothing as Art, 1850–1930*, Cambridge, MA 2004.

Thomas, Dana, *Deluxe. How Luxury Lost Its Luster*, London 2007.

Tincknell, Estella, »Always in with the In-crowd. *Vogue* and the Cultural Politics of Gender, Race, Class, and Taste«, in: Laurel Forster und Joanne Hollows (Hg.), *Women's Periodicals and Print Culture in Britain, 1940s–2000s. The Post-war and Contemporary Period*, Edinburgh 2020.

Tomlinson, Alan (Hg.), *Consumption, Identity and Style. Marketing, Meanings and the Packaging of Pleasure*, London 1991.

Tranberg Hansen, Karen, *Salaula. The World of Secondhand Clothing and Zambia*, Chicago 2000.

Trotzki, Leo, *Literatur und Revolution*, übersetzt von Eugen Schäfer und Hans von Riesen, München 1972.

Vézina, Brigette, »Curbing Cultural Appropriation in the Fashion Industry«, *CIGI Papers* Nr. 213(9)/2019.

Wall, Derek, *Climate Strike. The Practical Politics of the Climate Crisis*, London 2020.

Walton, P., und A. Gamble, *From Alienation to Surplus Value*, London 1972.

Weil, Christina, *Heart On Your Sleeve*, Oxfam, London 2008.

Wek, Alek, *Alek. My Life from Sudanese Refugee to International Supermodel*, New York 2007.

Werle, Simone, *Style Diaries. World Fashion from Berlin to Tokyo*, London 2010.

White, Cynthia L., *Women's Magazines 1693–1968*, London 1970.

White, Nicola, *Reconstructing Italian Fashion. America and the Development of the Italian Fashion Industry*, Oxford 2000.

Whitehorne, Olivia, *Cosmo Woman*, Maidstone 2007.

Wilson, Elizabeth, *Adorned in Dreams*, London 1985.

Wolf, Naomi, *Der Mythos Schönheit*, übersetzt von Cornelia Holfelder-von der Tann, Sabine Hübner und Ursula Locke-Groß, Reinbek bei Hamburg 1994.

Wu, Juanjuan, *Chinese Fashion. From Mao to Now*, Oxford 2009.

Yablonskaya, M. N., *Women Artists of Russia's New Age*, London 1990.

Yang, Yongzheng, »The Impact of MFA Phasing out on World Clothing and Textile Markets«, in: *Journal of Development Studies* 30(4)/1994.

Žižek, Slavoj, *Gewalt. Sechs abseitige Reflexionen*, Hamburg 2011.

Weiterführende Literatur

Albertazzi, Daniele, und Paul Cobley, *The Media. An Introduction*, Newmarket 2009.

Aldridge, Alan, *Consumption*, Cambridge 2003.

Amies, Hardy, *Just So Far*, London 1954.

Badia, Enrique, *Zara and her Sisters. The Story of the World's Largest Clothing Retailer*, Basingstoke 2009.

Barrell, Joan, und Brian Braithwaite, *The Business of Women's Magazines*, London 1988.

Bartlett, Djurdja, *Fashion East. The Spectre that Haunted Socialism*, Cambridge, MA 2010.

Bell, Quentin, *On Human Finery*, London 1947.

BIS, *Never Leave The House Naked*, Amsterdam 2009.

Blyth, Myrna, *Spin Sisters*, New York 2004.

Breward, Christopher, und Caroline Evans (Hg.), *Fashion and Modernity*, London 2005.

Byrne Smith, Laura, *The Urge to Splurge*, Toronto 2003.

Chan, Kwok-bun, Tak-sing Cheung und Agnes S. Ku (Hg.), *Chinese Capitalisms*, Leiden, Boston 2008.

Chang, Ha-Joon, *23 Lügen, die sie uns über den Kapitalismus erzählen*, übersetzt von Henning Dedekind und Anne Emmert, München 2010.

Chow, Gregory C., *China as a Leader of the World Economy*, Singapur 2012.

Ciochetto, Lynne, *Globalisation and Advertising in Emerging Economies. Brazil, Russia, India and China*, London 2011.

Elkington, John, und Julia Hailes, *The Green Consumer Guide*, London 1988.

Elliott, David, *New Worlds. Russian Art and Society 1900–1937*, London 1980.

Fine, Ben, und Alfredo Saad-Filho, *Marx's Capital*, London 2010.

German, Lindsey, *How a Century of War Changed the Lives of Women*, London 2013.

Granger, Michele, *Fashion. The Industry and its Careers*, New York 2007.

Harman, Chris, *Economics of the Madhouse*, London 1995.

Heath, Robert, *Seducing the Subconscious. The Psychology of Emotional Influence in Advertising*, London 2012.

Higham, William, *The Next Big Thing*, London 2009.

Klein, David, und Dan Burstein, *Blog!*, New York 2005.

Kollontai, Alexandra, *The Autobiography of a Sexually Emancipated Communist Woman*, New York 1971.

Lunn, Eugene, *Marxism and Modernism*, Berkeley 1982.

Mészáros, István, *The Structural Crisis of Capital*, New York 2010.

Micheletti, Michele, *Political Virtue and Shopping*, New York, Basingstoke 2003.

North, Richard D., *Rich is Beautiful*, London 2005.

Nystrom, Paul H., *Economics of Fashion*, New York 1928.

Pankhurst, Sylvia, »Communism and its Tactics«, in: *Workers' Dreadnought*, London 1921.

Raymond, Martin, *The Trend Forecaster's Handbook*, London 2010.

Rhodes, Leara D., »Magazines«, in: Erwin K. Thomas und Brown H. Carpenter (Hg.), *Mass Media in 2025*, Westport 2001.

Roberts, Paul Craig, *Alienation and the Soviet Economy*, Albuquerque 1971.

Rosenberg, William G. (Hg.), *Bolshevik Visions*, Ann Arbor 1990.

Sheridan, Jayne, *Fashion, Media, Promotion. The New Black Magic*, Oxford 2010.

Soper, Kate, *Post-Growth Living. For An Alternative Hedonism*. Brooklyn, NY 2020.

Strebbins, Robert A., *Leisure and Consumption. Common Ground/Separate Worlds*, Basingstoke 2009.

Tulloch, Carol (Hg.), *Black Style*, London 2004.

Turow, Joseph, und Lokman Tsui (Hg.), *The Hyperlinked Society*, Ann Arbor 2008.

Waddell, Gavin, *How Fashion Works. Couture, Ready-to-Wear and Mass Production*, Oxford 2004.

Waldfogel, Joel, *Scroogenomics. Why You Shouldn't Buy Presents for the Holidays*, Princeton 2009.

Register

Hinweis: Marken individueller Designer:innen werden unter deren Namen aufgeführt, z. B. Boss, Hugo.

1 Personen und gleichnamige Marken

2 Sachregister

3 Zeitungen, Magazine und Blogs

4 Geografische Orte

5 Organisationen

6 Unternehmen